国家社科基金重大项目"中国东南海海洋史研究"（19ZDA189）中期研究成果

国家社科基金冷门绝学项目"中国海洋遗产：闽台民间造船濒危绝技抢救与传承研究"（19VjX158）中期研究成果

闽台文化概论

MINTAI WENHUA GAILUN

刘芝凤　邱晓东　等◎著

厦门大学出版社
XIAMEN UNIVERSITY PRESS
国家一级出版社
全国百佳图书出版单位

图书在版编目（CIP）数据

闽台文化概论 / 刘芝凤等著. -- 厦门：厦门大学出版社，2024.4（2025.8重印）
（厦门社科丛书）
ISBN 978-7-5615-9348-6

Ⅰ.①闽… Ⅱ.①刘… Ⅲ.①文化史-研究-福建②文化史-研究-台湾 Ⅳ.①K295.7②K295.8

中国国家版本馆CIP数据核字(2024)第077078号

责任编辑　章木良
美术编辑　蒋卓群
技术编辑　朱　楷

出版发行　**厦门大学出版社**
社　　址　厦门市软件园二期望海路39号
邮政编码　361008
总　　机　0592-2181111　0592-2181406（传真）
营销中心　0592-2184458　0592-2181365
网　　址　http://www.xmupress.com
邮　　箱　xmup@xmupress.com
印　　刷　厦门集大印刷有限公司

开本　720 mm×1 000 mm　1/16
印张　19.75
插页　5
字数　344 千字
版次　2024 年 4 月第 1 版
印次　2025 年 8 月第 2 次印刷
定价　68.00 元

本书如有印装质量问题请直接寄承印厂调换

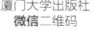

厦门社科丛书：

总 编 辑：中共厦门市委宣传部
　　　　　厦门市社会科学界联合会
执行编辑：厦门市社会科学院

编委会：

主　　任：吴子东
副 主 任：潘少銮
委　　员：彭心安　郑尚定　李晓燕　林奕田　苏秋华
　　　　　徐祥清　施琦婷　陈艺萍　吴文祥　方　颖
　　　　　王丽霞　洪文建　方晓冬　官　威　李包明
　　　　　李　桢　徐　隆

编辑部：

主　　编：潘少銮
副 主 编：陈艺萍　吴文祥　王彦龙　李　桢　徐　隆
编　　辑：陈戈铮

《闽台文化概论》课题组成员

主　任：　刘芝凤

委　员：　林寒生　徐　辉　段宝林　郭肖华　邱晓东　林江珠
　　　　　欧　荔　方　奇　曾晓萍　和立勇　黄金洪　李秋香
　　　　　张力智　庄荣志　范积军　王　晓　谌香菊　袁雅琴
　　　　　蔡清毅　段凌平　吴应其　谢赐龙　廖贤德　徐　苏
　　　　　姜　艳　戚丹丹　胡　丹　李　钰　邱　静　苏冬梅
　　　　　李艳波　陈姣艳　王士林　梁亚林　范嘉伟　宋毅燕

《闽台文化概论》参与调研学生

王煌彬　朱秀梅　张凤莲　林婉娇　康加宝　黄辉海　刘少郎
陈春香　陈伟宏　谢晓微　宋　克　张奇勇　康　莹　李秋玲
陈华妹　柯水城　唐文瑶　卢艺强　叶志鹏　卓小婷　黄雅芬
池荣秀　陈燕婷　曾丽莉　郑慰琳　王美琴　郑振嗣　吴炜强
刘丽萍　谢翠娜　冯银淑　郑元聪　林春红　匡　妙　谢　楠
陈子冲　沈少勇　郭文源　黄雅瑜　张丽婷　庄忆雯　傅素勤
高自宋　黄艺娜　林龙明　袁　庆　游燕燕　蔡庆卫　上官婧

目 录

绪论　闽台文化产生的历史背景与主要影响因素 ……………… 1
　　一、闽台文化形成的自然环境 ……………………………………… 1
　　二、闽台文化形成的特殊人文环境 ………………………………… 5
　　三、闽台人口迁徙对闽台文化形成的影响 ………………………… 21
　　四、宗祠文化对闽台文化形成的影响 ……………………………… 28

第一章　闽台文化概念 ……………………………………………… 33
　　一、"闽"的概念 …………………………………………………… 33
　　二、"台"的概念 …………………………………………………… 34
　　三、"文化"的概念 ………………………………………………… 36
　　四、"闽台文化"的概念 …………………………………………… 36

第二章　闽台信俗文化 ……………………………………………… 37
　第一节　神人化信仰 …………………………………………………… 37
　　一、天神信仰 ………………………………………………………… 37
　　二、地祇信仰 ………………………………………………………… 38
　　三、动植物崇拜 ……………………………………………………… 41
　　四、其他原始自然崇拜 ……………………………………………… 43
　第二节　人神化信仰 …………………………………………………… 47
　　一、鬼神信仰 ………………………………………………………… 48
　　二、公德神信仰 ……………………………………………………… 48
　　三、英雄神信仰 ……………………………………………………… 54
　　四、家神信仰 ………………………………………………………… 60

五、祖师信仰 …………………………………………… 61
第三节　民间禁忌 ………………………………………… 63
　　一、生产禁忌 …………………………………………… 63
　　二、生活禁忌 …………………………………………… 66
　　三、居住建筑禁忌 ……………………………………… 71
　　四、行业禁忌 …………………………………………… 73
第四节　外来宗教信仰 …………………………………… 75
　　一、佛教 ………………………………………………… 75
　　二、基督教 ……………………………………………… 79
　　三、天主教 ……………………………………………… 82

第三章　闽台方言及民间文学 …………………………… 84
第一节　闽台方言 ………………………………………… 84
　　一、闽方言定义与特点 ………………………………… 84
　　二、闽南方言 …………………………………………… 85
　　三、畲族方言 …………………………………………… 86
　　四、台湾方言 …………………………………………… 86
第二节　闽台民间文学 …………………………………… 87
　　一、闽南民间传说 ……………………………………… 87
　　二、闽南民间歌谣 ……………………………………… 89
　　三、闽南民间对联与猜谜 ……………………………… 91
　　四、台湾民间文学 ……………………………………… 92

第四章　闽台民间艺术与体育 …………………………… 94
第一节　闽台民间音乐 …………………………………… 94
　　一、南音 ………………………………………………… 94
　　二、北管 ………………………………………………… 96
　　三、将乐县食闹音乐 …………………………………… 97
　　四、十番音乐 …………………………………………… 97
　　五、十音八乐 …………………………………………… 98
　　六、客家山歌 …………………………………………… 99
　　七、金文音乐 …………………………………………… 99

八、闹厅 ………………………………………………………… 100
　　九、莲花褒歌 …………………………………………………… 101
　　十、古亭音乐 …………………………………………………… 101
　　十一、大鼓吹（笼吹） ………………………………………… 102
第二节　闽台民间曲艺 ……………………………………………… 102
　　一、闽台民间曲艺定义 ………………………………………… 102
　　二、闽台民间曲艺简介 ………………………………………… 103
第三节　闽台民间舞蹈 ……………………………………………… 111
　　一、闽台民间舞蹈种类 ………………………………………… 111
　　二、闽台民间舞蹈简介 ………………………………………… 112
第四节　闽台民间戏剧 ……………………………………………… 118
　　一、闽台民间戏剧种类 ………………………………………… 118
　　二、福建民间戏剧简介 ………………………………………… 118
　　三、台湾民间戏剧简介 ………………………………………… 127
第五节　闽台民间体育 ……………………………………………… 129
　　一、健步体能类民间体育 ……………………………………… 129
　　二、竞速体能类民间体育 ……………………………………… 135
　　三、杂耍表演类民间体育 ……………………………………… 138
　　四、操舞表演类民间体育 ……………………………………… 143
　　五、游戏竞赛类民间体育 ……………………………………… 146
　　六、武术健身类民间体育 ……………………………………… 152
　　七、瞄准投掷类民间体育 ……………………………………… 156
　　八、棋艺娱乐类民间体育 ……………………………………… 157

第五章　闽台物质生产民俗文化与茶文化 ……………………… 159
第一节　闽台物质生产民俗文化 …………………………………… 159
　　一、闽台物质生产民俗文化概念 ……………………………… 159
　　二、闽台物质生产民俗文化分类 ……………………………… 159
第二节　闽台茶文化 ………………………………………………… 161
　　一、福建茶文化 ………………………………………………… 161
　　二、台湾茶文化 ………………………………………………… 167

第六章　闽台传统节日与饮食文化 ··················· 171
第一节　闽台传统节日 ························· 172
  一、闽台传统生活节日 ······················ 172
  二、闽台传统生产节日 ······················ 185
第二节　闽台饮食文化 ························· 193
  一、闽台传统饮食文化特点 ···················· 194
  二、闽台副食文化特点 ······················ 198

第七章　闽台传统服饰文化 ······················· 201
第一节　闽台传统服饰的历史沿革 ··················· 202
  一、福建传统服饰的历史沿革 ··················· 202
  二、台湾传统服饰的历史沿革 ··················· 205
第二节　闽台特色服饰文化 ······················· 208
  一、客家传统服饰 ························ 208
  二、惠安女服饰 ························· 209
  三、湄洲妈祖装 ························· 209
  四、蟳埔女头饰 ························· 210
  五、闽台少数民族特色服饰 ···················· 211

第八章　闽台传统建筑文化 ······················· 230
第一节　闽台迁徙历史对传统建筑的影响 ················ 230
  一、闽北与闽东地区 ······················· 230
  二、闽南地区 ·························· 232
  三、闽西地区 ·························· 233
  四、闽中地区 ·························· 234
  五、台湾地区 ·························· 235
第二节　闽台传统建筑特征 ······················· 235
  一、闽南大厝 ·························· 235
  二、台湾大厝 ·························· 237
  三、闽南、闽西土楼 ······················· 238
  四、闽西横堂式民居 ······················· 240
  五、闽中土堡 ·························· 241

  六、闽北、闽东"多进天井式"住宅……………………………… 242
  七、闽东大宅 ……………………………………………………… 243
 第三节 闽台传统建筑装饰艺术特色 ………………………………… 244
  一、寺庙、宗祠建筑装饰艺术 …………………………………… 244
  二、民宅屋柱基石石雕技艺 ……………………………………… 248
  三、红砖古厝建筑装饰艺术 ……………………………………… 248
  四、木雕技艺 ……………………………………………………… 250

第九章 闽台传统手工技艺 ……………………………………………… 251
 第一节 雕工技艺 ……………………………………………………… 252
  一、石雕 …………………………………………………………… 252
  二、木雕 …………………………………………………………… 252
 第二节 陶瓷技艺 ……………………………………………………… 253
  一、德化古瓷 ……………………………………………………… 253
  二、建窑、建盏 …………………………………………………… 254
  三、晋江磁灶窑 …………………………………………………… 256
 第三节 福建漆艺 ……………………………………………………… 257
  一、厦门漆线雕 …………………………………………………… 257
  二、福州脱胎漆艺 ………………………………………………… 257
  三、泉州漆线工艺 ………………………………………………… 258
 第四节 闽台纸画与刺绣工艺 ………………………………………… 258
  一、漳州木版年画与棉画 ………………………………………… 258
  二、永春纸织画 …………………………………………………… 259
  三、剪纸技艺 ……………………………………………………… 259
  四、刻(凿)纸工艺 ……………………………………………… 260
  五、彩扎工艺 ……………………………………………………… 261
  六、绣工技艺 ……………………………………………………… 262

第十章 闽台传统中草医药 ……………………………………………… 264
 第一节 闽台传统中草医 ……………………………………………… 265
 第二节 闽台传统土方甄选 …………………………………………… 266
  一、宫庙药签 ……………………………………………………… 266

二、普药奇效 ………………………………………………… 268
　　三、闽南民间药方 …………………………………………… 269
　第三节　闽台传统医药历史名人 ………………………………… 271
　　一、董奉 ……………………………………………………… 271
　　二、吴本 ……………………………………………………… 272
　　三、苏颂 ……………………………………………………… 272
　　四、杨士瀛 …………………………………………………… 274
　　五、宋慈 ……………………………………………………… 275
　　六、陈修园 …………………………………………………… 275
　　七、李明光 …………………………………………………… 276

第十一章　闽台文化调研方法 ………………………………………… 277
　　一、参与观察法 ……………………………………………… 277
　　二、全面观察法 ……………………………………………… 278
　　三、比较法 …………………………………………………… 278
　　四、田野调查报告 …………………………………………… 278

参考文献 …………………………………………………………………… 301
后　　记 …………………………………………………………………… 308

绪 论

闽台文化产生的历史背景与主要影响因素

闽台地区因地缘关系,受制于地理、地貌及海洋气候的影响,形成与内地不同的海洋文化地理民俗与稻作文化地理民俗。形成和体现这两类文化鲜明界线的元素是台湾海峡两岸人口多次变迁形成的俗中有俗、南北交流、互相磨合等。这些错综复杂的人口迁徙组合,最终形成闽台地区"二元结合的文化结合体"[①],即特殊的闽台地理民俗。

一、闽台文化形成的自然环境

文化形成的主体是人类,人类生存的主要条件是自然环境。福建与台湾属于亚热带海洋性气候,自然形成区别于内陆的自然条件和环境。

福建位于中国东海与南海交接处,台湾海峡西岸,属基岩海岸型,海岸线漫长而曲折,岸线长达3751.5千米,仅次于环渤海与黄海的山东省,居全国第二位。其岸线曲折率为1∶7.01,为全国第一位。自然地理环境呈北或北东走向,与闽西、闽中两大山带的走向一致。这说明福建和台湾的地貌深受断裂构造影响,形成了俗称"八山一水一分田"的自然地表现象。稻作季节长于内地,使得闽台地区盆地稻田肥沃,但沿海沙土多于肥田,风灾、地震、赤潮多发生。

高风险的海洋性生产夹带着巨大利益和希望,促使闽台人口迁徙有增无减。因此,闽台地区迁徙史也是一部边疆开拓史和海洋文明发展史。民俗因需要产生,高风险作业迫使闽台地区的人们,不论是先住民还是迁徙民

---

① 陈支平,徐泓.闽南海外移民与华侨华人[M].福州:福建人民出版社,2007:1.

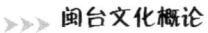

众,为了求生、保平安和发展需要,产生相比内地更浓、更深的信仰民俗。

明代前,福建省沿海5个地区22个县区基本上都是以渔民捕捞生产为主要生活方式,由于位于中国东南角,退可守土生存,进可离开大陆,向海上发展,直驱东南亚乃至欧洲和非洲。因此,成为各个历史时期逃避战乱、海上冒险贸易、海盐生产和海上捕捞等海资源利用的理想地理空间。正如学者所言,"历史是一条无尽的因果链。人类不断迁徙、不断开拓生存空间,促进了人类社会的发展;而人类社会的发展又使人类的生存空间不断扩大。二者的互为促进就构成了这样一种因果链"。① 正是这种因果链,反映出因海岸陆地地理空间及沿海渔业生存聚居的渔民村社。因此,在漫长的社会实践中形成两类不同性质的民俗文化现象,形成闽台地区稻作文化与海洋文化共存的文化并存体,并具备中国海洋地区稻作文化与海洋民俗的代表性与文化性。

(一)影响闽台民俗的海洋性气候

闽台自然环境优势在于山海统一,山之林,海之航,是闽台人口迁徙相对理想的民生之本。

福建夏长冬短,气温较高。据气象部门资料统计,除闽东地区海拔较高的山地外,全省各地年平均气温多在17℃～22℃,最热月(7月)平均气温多在28℃以上,最冷月(1月)平均气温多在6℃～13℃。除闽西北地区的一些海拔较高的山地外,全省各地全年霜日数一般在20天以下,内陆地区绝大部分地方无霜期在260～300天,沿海地区无霜期在300天以上,东南沿海地区全年无霜。

福建气候深受海洋的影响,绝大多数县市的大陆度在50%以下。资料显示:"气温年较差和日较差均较同纬度的内陆小,年较差一般在14℃～22℃,日较差一般在8℃～10℃。冬季较温和,较少出现严寒和破坏性的低温;夏季少酷暑。福建由于靠近夏季风的发源地,受其影响时间较长,影响程度较深,因而成为全国多雨省区之一。全省大部分地区年降水量在1100～2000毫米,逐月相对湿度在75%～85%。从地区分布上看,降水量大致从东南向西北逐渐增加。闽江口以南的沿海地带降水偏少,时有旱象。从降水的年内分配上看,降水主要集中于春季和夏季,3—6月降水占年降

---

① 陈支平,徐泓.闽南海外移民与华侨华人[M].福州:福建人民出版社,2007:1.

水量的50%～60%；7—9月由于多台风，降水也不少，约占年降水量的20%～35%，但不稳定。10—2月降水量少，约占年降水的15%～20%，但就全国而言，是冬雨较多的地区之一。"①

台湾岛是我国第一大岛屿。台东、花莲面临太平洋，是我国大陆通往太平洋的唯一出入口岸。南隔巴士海峡与菲律宾相望，西濒台湾海峡与福建省中南部、广东省东部相邻，北滨东海，东北与琉球群岛间相距约600千米。

位于台湾西部的沿海平原盆地，是台湾早期迁徙移民最早开垦之地。北起彰化、南至高雄的嘉南平原，面积约为4500平方千米，是岛上最大的平原，其居住人口和耕地面积均占全岛的40%以上。

台湾地形狭长，山高谷深，坡陡流急，雨水、河水多数直接入海。因此，台湾夏天受副热带高压控制时，干旱少雨；平原地区人口稠密，人均用水量在世界平均量之下。过去因中央山脉高低落差大，开发区域少，森林植被积累时间久，在高温、高湿气候下时常产生有毒气体，《台湾通史》记载中的"草莽瘴毒，居者辄病死"的情况经常发生。

早期上岛的开发者，首先要面对的是波涛险恶的台湾海峡，历史上的移民称澎湖一带的水域为"黑水沟"。《台湾通史》称："巨浸隔之，黑流所经，风涛喷薄，瞬息万状，实维无底之谷。"九死一生进入台湾后，瘟疫横行又让移民面临二次生命挑战。

(二)自然环境对闽台民俗形成的影响

史前远古时期并无海洋区域名称，当人类产生、迁徙并形成相对稳定的生活地区后，为便于国界、区域的管理和航线开通记忆，便产生海洋区域名称。

闽台人民世代依居的台湾海峡，外连浩瀚的太平洋。因此，太平洋气象、水文特征直接影响闽台地区。正因为海上航线的四通八达，人们利用海洋资源生产和运输各种海产品，从事捕捞、商品交易等，港口与沿海城市也随着海上丝绸之路而产生发展。如福建泉州，从南北朝到明代1000多年时间内，就开发出24个古港口(码头，当地人称渡)，13世纪意大利著名的航海家、商人马可·波罗结束在中国17年的游历经历，就是从泉州上船离开中国回到故乡的。此外，据文献记载："(仅明末清初时期的台湾)郑氏时代

---

① 刘芝凤,林江珠,曾晓萍,等.闽台海洋民俗史[M].北京:人民出版社,2018:3.

全部耕地所产谷物可供10.2万~12万人食用,其中郑氏时代新开耕地所产谷物可供5.6万~5.8万人食用。这就是说,郑氏时代汉人人口在10.2万~12万人,其中郑氏时代新增汉人为5.6万~5.8万人。与荷据时代汉人人口(4.5万~5.7万)相比,也说明郑氏时代增加了6万人左右。"①说明人口迁徙跟社会发展有直接关系,社会发展与自然环境又有直接关联。台湾一年中水稻生产受气候和日照的影响,可生产2~3季,产量相对大陆稍多,自然成了人口迁徙的一个主要目的地。加之近现代又开发出更多更好的港口、生物、海水化学、能源、矿产和旅游等资源,自然环境和气候优势都比较突出,人们应对自然灾害的能力和经验也有很大进步,迁徙至台湾的人口有增无减。

早期渡海来台的移民非常艰苦,加上明清时期长期海禁,海盗走私、抢劫猖獗,迁徙之路十分危险。但广东与福建沿海渔民为了生计和一丝发财希望,每每选择在月黑风高之际偷渡,驾一舢板出海,冒着葬身鱼腹危险的同时,时刻防备海盗劫财害命,因此,为求平安,每一波移民出发时,通常都会迎奉一尊家乡某个寺庙里的神像随行。在海上航行时,把神像供在船上。有的实在太贫困,或因其他原因不方便带神像,就随身携带寺庙的香炉灰随行。入台之后在落脚的地方,一般先建一座草庵,把神像或香灰袋供奉在草庵神龛坛上,或者供奉在家中。如台湾鹿港天后宫供奉的黑脸妈祖木雕小神像,就是清初施琅率兵攻打郑氏,战前亲自去莆田湄洲岛恭请的六尊妈祖之一。施琅军顺利登岛,取得台湾后,在登岛之地鹿港建庙供奉,后人延续至今。在台中大肚区一位张姓法师家中,供奉着一尊黑脸关公小木雕神像。据采访,张姓祖先来自泉州,先在澎湖生活了两代人,因澎湖生存环境太恶劣,又举家迁徙入台,在大肚区繁衍了16代。这尊黑脸关公神像就是祖先从家乡泉州带到澎湖,又随船入台,一条街的乡亲都说很灵验。这是福建民间信仰传播到台湾的最初形式。

中国民间信仰之盛,其形式和数量均以闽台为最。不论是福建(尤其闽南地区)还是台湾,几乎每个村都有阳庙、阴庙。课题组考察中发现,有的村庙宇多达17个。泉州有句民谣:"出海的、骑马的只有三分命。"因此,求神拜佛祈求平安和表达心理期盼已成为人们生活中的常态。可见,闽台地区的民间信仰正是因闽台自然环境和生产方式而约定俗成的。

---

① 陈孔立.清代台湾移民社会研究[M].厦门:厦门大学出版社,1990:88.

二、闽台文化形成的特殊人文环境

(一)福建闽文化形成的特殊人文环境

1. 福建先民与闽越族群

福建地处中国东南,气候温暖,雨水充沛,自然条件优越,非常适合人类的生存和发展。据考古发现,20万年前,福建三明境内就有原始人类出现。距今8万—4万年,闽南漳州也有原始人生活遗迹。有学者认为,距今3万—2万年的台湾左镇人正是从闽南迁徙入台成为台湾的先民。此外,福建武夷山、三明、清流、泉州、厦门、漳州、东山、宁德、龙岩等地区均发现距今1万年的原始人活动遗迹。

早在距今10000—4000年,迁徙而来的先民足迹已遍及福建各地。从福建博物院展览的新石器时代展品中,可见福建远古人类生活遗址分布的特点是"大分散,小聚落"。说明福建先民的定居生活是从游动不定到择水而居,生产也是从游猎、采集到就地开发,沿海居民则从滩涂采集拾贝类到出海捕捞,从独木舟到帆船的建造,从近海讨小海到远洋捕捞、远洋运输。

正是从史前开始陆续迁徙到闽地的先民,在漫长的生产、生活实践中积累了丰富的经验和技能,也因交流需要产生共同语言和习惯。从福建和台湾出土的新石器时代的工具看,闽台两岸生产工具具有高相似度的文化共性,是新石器时代文化的典型代表。在长期的共同生产和生活过程中,经过交流、融合,逐步形成具有共同交流语言、共同生产方式、共同祭祀对象和共同图腾崇拜的古代原始民族——闽越族。

《福建渔业史》载,闽越族的生活文化特征和华夏族有所不同。越族使用胶着语(一字多音),华夏族用孤立语(一字一音);越族断发文身,华夏族束发;越族多食海产蛇肉,多使用石锛、印纹陶,华夏族多使用石斧、彩陶等。从福建出土的文物推断,3000多年前生活在福建境内九龙江口一带及厦门岛上的人类,就是古代百越族中闽越族的后代,他们依靠渔猎和采贝为生。[①]

2. 福建港口城市的发达

从福建南平市武夷山兴田镇汉代闽越王城博物馆展示的铁锄、五齿耙、

---

① 《福建渔业史》编委会.福建渔业史[M].福州:福建科学技术出版社,1988:432.

铁门臼等文物分析，当时福建地区就有使用铁器制作生产工具。从闽越王城遗址轮廓看，它已经具备了城市的规格。

一座城市的形成，其条件是具备一定市场规模、物资流通和人气聚散之场地。但有个概念问题需要厘清，即"由市而城"还是"由城而市"，这是一个追本溯源的理论问题。

城市自古以来有两种功能：一种功能是防卫。城指城郭，代表着军事，具备保卫民众安全，防范侵略来犯之敌之功能。所谓"筑城以卫君，造郭以守民"，说的就是城的由来。另一种功能是贸易。市，是一种贸易平台，即市场，代表着经济。所谓"懋迁有无化居"就是此理。①

就城市而言，是先有城还是先有市，在学界一直是个争议话题。一般规律是先有人再成集，继而成寨，最后形成市。人多成集，生活成市。有了财富，安全第一，具有防卫功能的城池便出现了。这种思维模式较早实践在我国中原地区及欧洲。

在欧洲，真正意义上的城市大都是工商业发展的产物。如意大利之所以成为横扫欧洲的强大帝国，最早的主要原因就是其特殊地理位置形成的商业流通便利，促使世界上最早的资本主义萌芽城市诞生。意大利处于地中海沿岸，是欧洲最早接触海上商贸并受惠的国家，也是欧洲中世纪文艺复兴时期最早形成资本市场、出现资本主义社会和资产阶级的国家。正是因为资产阶级的产生撼动了不可一世、绝对神权的基督教教会地位，加上意大利成为欧洲中世纪商贸富贾之地后，吸引了欧洲各国文化人和手工艺者，他们带去了本国的知识和技术，也因为欧洲黑死病流行，引发各界人士对文艺复兴的积极响应，教会神权终于从圣坛走下来，改写世界历史的意大利文艺复兴最终取得胜利。这一切的一切，都源于"由市而城"的经济基础。

在古代中国，"由城而市"和"由市而城"有着明显区域性差别。

"由城而市"，以皇权政治、军事边塞之地为主，城市往往由军事防卫设施发展而来，因维持政治和军事机构的物质需要而逐渐形成市场。此时的商业主要为军事、政治服务。西安古城、开封古城、厦门城、崇武古镇（城）等是典型代表。

"由市而城"，沿江河湖泊商贸通衢形成，多产生在长江、黄河及水陆交

---

① 出自《尚书·益稷》。从字面理解，"懋迁"是勉劝迁移之意。《王力古汉语词典》却以《尚书》此句为例，释"懋迁"为"贸易"。化，变化。居，"谓所宜居积者"（《尚书孔传》），全句意为：勉劝人们通过相互交易互通有无，来改变各自的生存状况。

通发达之地。湖南洪江古商城、广东梅岭古道和珠玑巷、贵阳古城、云南丽江古城等为典型范例；福建福州城（三坊七巷）、武夷山城村和下梅村古城等都是以市兴城且具有双重性的个案。这些古商城反映出中国以市兴城的演变历程。尤其是中国东南沿海地区，随着航运航线的拓展，港口的繁荣带动了沿海城市的兴旺和繁荣，并形成特殊的人文环境与地理民俗。在福建，位于武夷山市兴田镇闽越王城遗址北侧的城村，是应市而生的古村。始建于隋唐，兴于宋元，荣于明清，衰于民国之际。时至今日，其自然景观、村庄格局和文化遗存尚完整地保留了明清时期古村镇的风貌。古村由一坊二楼三街四门五亭六渡九庙三十六巷九十九井构成。主街呈"工"字形，街道用河卵石铺面，两旁分设排水系统，由西向东、由北向南注入崇阳溪。城村古民居至今保留 40 余座，皆具明清风格，有"潭北名区"之美誉。

(1) 福建最早的外贸港口城市泉州

泉州因其海洋资源优越条件而先成市后为城，成为古代东南最繁华且具双重性的沿海城市。泉州又称鲤城、刺桐城、温陵，被联合国教科文组织定性为海上丝绸之路的起点。宋元时期泉州港被誉为"东方第一大港"，与埃及的亚历山大港齐名。同时泉州也是国务院第一批公布的 24 个历史文化名城之一，有"海滨邹鲁""光明之城"的美誉。

泉州和漳州、厦门、台湾等地通行同一种方言：闽南话。据考古发现，距今三四千年，晋江一带的闽越族"处溪谷之间，篁竹之中"，使用石制工具，并掌握了种植水稻、纺织、陶器制作等技术。他们还擅长造舟航海，"以舟为车，以楫为马""水行而山处"，过着渔猎农耕的生活。隋开皇九年（589 年），改州、郡、县三级制为州、县两级制，改丰州为泉州（治所在今福州），南安郡撤销，晋安县改为南安县，归其管辖。于是，福建历史上首次出现"泉州"之名。[①] 唐太宗继位后，对州、县大加并省，并依据山河形势、地理区域分全国为十道。福建属岭南道，下辖丰州（治所在今泉州）、泉州（治所在今福州）、建州（治所在今建瓯）。贞观元年（627 年），丰州撤销，南安、莆田、龙溪三县并入泉州（治所在今福州）。景云二年（711 年），武荣州改称泉州，隶属闽州都督府，泉州建制自此开始。开元年间（713—741 年），泉州辖南安、莆田、龙溪、清源、晋江 5 县，约 37000 户 24.95 万人。宋乾道七年（1171 年），泉州

---

① 泉州方志编纂委员会. 泉州方志［EB/OL］.［2016-12-12］. http://www.fjsq.gov.cn/frmAnnalsCounties.aspx.

知州汪大猷在澎湖建造房屋200间,派水军长期驻守,并编管台湾户籍。乾道八年(1172年),毗舍耶人再犯晋江沿海,始置水澳寨(官称永宁寨),驻扎水军60名,以为防御。嘉定年间,真德秀知泉州整修,增驻水军50名,并于永宁石湖新造军房50所,额定兵员325人。

早在宋代之前,泉州造的福船和从泉州出国门做国际海上贸易的盛况空前。据泉州船史考古学者刘志成介绍,南北朝时期在泉州九日山下修建的金鸡渡口曾辉煌了上千年,在九日山上留下珍贵墨宝的名人都是从泉州湾的各个码头进出国门。在泉州市地名、街名叫厂口的地方,就是自古以来官家造船厂址。城南第八至第九码头一大片都是古代造船的遗址,均为厂口之地。在西沙群岛打捞的沉船从发掘出的船板、船锭(石碇,泉州特有)看是泉州造的福船,发掘的瓷器都是福建瓷器。从考古信息看,菲律宾和印度尼西亚发现的沉船也是泉州造的福船,可从船板(三层)和石碇上确认。船上的瓷器也是泉州德化瓷器等。北京故宫博物院一位专家在丹麦发现一个拍卖会上拍卖的汤匙,也是中国德化瓷。在大英博物馆展示的一个白色熏香炉也是明代德化瓷器。可见泉州建造的船只到过欧洲,福建的瓷器遍及世界。

泉州中山路是古泉州因海上商贸繁荣千年的见证。中山路位于泉州鲤城区,北起爱国路、模范巷口,南抵新桥(顺济桥)头,南北贯穿整个古城区,横向宽度为10～12米,全长2495米,为我国保存最完整的连排式骑楼商业街之一。海丝文化在这里交融,东西合璧在这里辉映。2010年,泉州中山路被评为"中国十大历史文化名街"之一;2001年,获联合国教科文组织颁发的"亚太地区遗产保护优秀奖"。

据史料记载,武周久视元年(700年),泉州鲤城置武荣州,唐景云二年(711年),武荣州改称泉州,自建城之初起,泉州城的中心地带逐渐形成了一条南大街。元至正十二年(1352年),泉州因海运、海贸繁盛,已成为东方第一大港,人口剧增,由于拓城的需要,"坊市空间"的南大街自崇阳门、镇南门延伸至德济门,升级为"街市空间",这时的南大街已经"可容十四匹马齐驱"。直到1923年,南大街大改造,延伸至顺济桥。1926年修至威远楼,至此整条中山路全线建成,始建时路面是用从城墙拆下的条石铺砌的,1929年改成水泥路面,20世纪60年代再翻铺一次路面。

据中国海外交通史研究会顾问、泉州海交馆名誉馆长王连茂介绍,1923年初东路军何成濬部入泉,当时著名的华侨陈新政、徐剑虹、戴愧生等人从南洋回国,力促东路军总指挥黄展云拆城辟路,兴办市政。黄展云表示同意,即委刚从菲律宾回国的同盟会会员叶青眼主持其事。叶青眼慨然应允,着手组成泉州市政局,聘英国爱丁堡大学留学生雷文铨(南安人)为工程师,局址初设于新门街苏氏祠堂,后迁清源书院,又向县商会借款3000元为开办费。王连茂说,按雷文铨最初的设计,中山路中间有电车轨道,两边是露天人行道,再加上骑楼通道,比如今所见的中山路还要宽很多,后来因为种种原因,才修成了如今的样子。2018年11月23日,《泉州市中山路骑楼建筑保护条例》获福建省第十三届人大常委会第七次会议批准,于2019年1月1日起正式施行。中山路保护提升工程开工,遵循修旧如旧的原则,保存原形制、原结构、原材料、原工艺,真实完整地保存建筑物的历史原貌和建筑特征。①

(2)由城而市的典型海上城市厦门

厦门,是中国典型的"城在海上,海在城中"的副省级城市、经济特区,东南沿海重要的中心城市、港口及风景旅游城市,是我国典型的先城后市城市,更是晚清最早五口通商的城市之一。美国前总统尼克松曾称赞厦门为"东方夏威夷"。

早在唐开元二十年(732年),厦门时称"新城";大中元年(847年)设嘉禾里,仍为南安县属地。后唐长兴四年(933年)改隶同安县。宋代厦门仍称嘉禾里,归同安县绥德乡管辖。元至元十六年(1279年)置嘉禾千户所,后改里为都。厦门设4个都,即二十一都、二十二都、二十三都和二十四都,仍隶属同安县绥德乡。此时已粗具集市规模。明洪武二十年(1387年)始筑厦门城。二十七年(1394年)徙永宁卫中、左千户所驻守嘉禾屿,并在嘉禾屿西南处俗称厦门(一称下门)的地方筑城,此后遂以中左所所在地厦门(下门)作为岛名。严格意义上,明代之前,整个厦门岛都是以渔业为主的离陆岛。厦门城是因防卫筑的城。晋江籍户部侍郎何乔远有诗为例:"滇渤周遭绕戍城,苍苍寒月海头生。北风正卷南夷舸,山垒全屯水战兵。吹浪鱼龙遥灭没,争枝乌鹊近分明。周侯泽普当年役,此夕登临万古情。"

清代《厦门志》记载,当时何乔远登上的这座厦门城,周长425丈,城高1.9丈,城中居住的是戍守兵士。这个只要十几分钟就可以环绕一周的小

---

① 解密:泉州中山路是怎样建成的?[EB/OL].[2019-08-01]. http://www.qzwb.com/gb/content/2019-08/01/content_6025520.htm.

城,与现今遗存的泉州崇武古城规模相差不多。厦门城也只是中国万里海岸线上一个普通的海防据点。除了海陆之别,它的功能和格局与嘉峪关、崇武城一致。明代后期,葡萄牙人、倭寇和荷兰人相继侵扰东南沿海,厦门的防卫力量也陆续增强,渐成闽南海防的重镇。① 至清初,军事重于经济,厦门尚未形成由城兴市的局面。

厦门依托海上经贸兴城的第一次高潮,归功于明末清初的郑氏家族。这个家族的第一代郑芝龙是东亚著名的海商兼海盗,经过一系列的贸贩、争夺乃至火并,他的势力迅速膨胀,成为中国、日本和菲律宾之间广阔海面上最强大的一支力量。据叶扬研究,郑氏商舶遍达日本、菲律宾、暹罗、柬埔寨等国,厦门是当时东亚世界毫无争议的海上贸易中心。郑成功收复台湾以后,厦门与台湾贸易更为顺畅。时人记载:"成功以海外弹丸之地,养兵十余万,甲胄戈矢,罔不坚利,战舰以数千计,又交通内地,遍买人心,而财用不匮者,以有通洋之利也。"明清易帜以后,郑成功未随父亲郑芝龙降清,据守厦门、安平和漳州,坚持抗清。同时郑成功继承了郑芝龙的海上贸易网络,厦门是他最重要的进出口岸和后方训兵之地。清廷为了困厄郑氏,再次实行海禁与迁界,片帆不许出海,反而给郑成功提供了天赐良机。他以厦门为中心,继续开辟海外航线,垄断海上贸易,每年获利近百万两白银,以至于东南巨商无不"潜通郑氏,以达厦门,然后通贩各国"。②

厦门岛内"市"面积很小,海上"市贸"活跃,厦门成为中国城市由军事防卫功能顺利转换成通商贸易功能的典型范例。但是,厦门海外贸易的繁荣源于军事,服务于军事,也必然受制于军事。当郑氏灭亡,厦门、台湾相继归清,厦门海上贸易的大潮也就随着政治局势潮起潮落。

如果说清初的战火成就了厦门与台湾的亲缘,厦门海上贸易的续接,应从清早期厦门与台南鹿耳港的对渡开始,且在商贸对渡一百年后,清政府陆续又开了三条与台湾对渡的口岸。厦门以市兴城出现二次繁荣。尤其是晚清的巨变连起了厦门与香港的商务纽带。此因果源自清政府被迫与英国签订的《南京条约》开放的五口通商中的一个口岸就有厦门。英国人想占有厦门,鸦片战争发生前8年,英国就曾派人在福建、浙江沿海刺探考察,刺探者的航行日记中这样写道:"不论就它的位置、财富还是出口的原料来说,厦门

---

① 本课题组根据《厦门志》《由城而市:厦门的前世今生》等资料整理而成。
② 叶扬.由城而市:厦门的前世今生[J].万科周刊,2010(569).

无疑是欧洲人前来贸易的最好港口之一。"从另一个角度看,厦门所处的地理位置和沿海城市规模,非常符合英国人不劳而获、以最低成本获得最高利益的侵略初衷。

有学者认为,厦门开埠以后,正式进入世界资本主义体系。厦门海上贸易的对象从东亚、东南亚扩大到了西方。晚清的中外商贸交往,使处于英国殖民统治之下的香港成为亚洲新兴的贸易之都。甲午战争后,日本侵占台湾,厦门与台湾之间的贸易急剧衰落,香港成为厦门进行对外贸易的主要平台。根据20世纪30年代厦门旧海关的资料,近代每年由香港输入厦门的洋货占到厦门进口总数的70%以上,部分年份甚至将近90%,而出口的土货也有相当部分输出到香港。宋代昌盛的"海丝"重心从泉州转移到厦门。

《由城而市:厦门的前世今生》一文认为,厦门在晚清的繁盛与它在清代初年的兴起一样,起因都是战争。战争促进了贸易,但是在郑成功时代,贸易直接从属于战争,或者说贸易就是战争的一部分。到了晚清,战争变成贸易的工具,外国为了贪图中国的物产资源,发动战争进行疯狂掠夺,贸易成了战争的结果。

由城而市的沿海城市,对各代政权而言,其海上贸易中心的地位虽重,但首先是大陆的一个军事防卫重地;对商人而言,水至清则无鱼,乱世好发财,贸易虽为军事服务,但也培养了一批"鸟为食亡"的冒险家。正如五口通商时代的厦门,生意做大了,这一地区的主要发展方向便由城转市,晚清的厦门并非敌我战场,因通商关系,反而成为大陆东南沿海进出的重要口岸。"贸易掩盖了军事,利润粉饰了太平,商船替代了炮艇,'市'的存在逐渐转换成'城'的意义。"①

(3)以市兴港的漳州

漳州是"海上丝绸之路史迹"联合申遗的9个城市之一,是自元代末期因泉州港泥沙淤积及明代封海政策后泉州港逐渐荒废后,由海上贩私兴港而由市兴港兴城之地。漳州也是著名的侨乡和港澳台同胞祖居地,旅居海外的华侨、港澳台同胞有70万人,台胞三分之一祖籍漳州。

漳州历史悠久,相传远古时代便有太武夫人在此拓土而居。从发现的旧石器看,早在4万~8万年前就有先民在这里生息。现全市已发现古文化遗址292处、古窑址22处,其中新石器时代贝丘遗址4处,商周至西汉时

---

① 叶扬.由城而市:厦门的前世今生[J].万科周刊,2010(569).

期文化遗址3处,岩画30多处。

东晋义熙九年(413年),在今漳州境域内梁山下建置了绥安县。梁大同六年(540年),在九龙江畔建置龙溪县;不久因人口稀少,撤销。隋开皇十二年(592年),并绥安、兰水入龙溪县。不久龙溪县撤销并入南安县,后南安县也撤销,直到唐朝中期漳州一带才再设县。唐高宗总章年间(668—670年),闽粤一带少数民族常联合反抗唐王朝。陈政率兵入闽后,屯兵中营西林(今云霄县境内)江边时,改西林溪名为漳江。陈政死后,其子陈元光继承父志,并"开屯于漳水之北"。唐垂拱二年(686年)正式建州置郡,陈元光为漳州第一任刺史。州治最初设在今云霄县的西林,西林傍漳江而立,陈元光建州时又为州治,便命州名为漳州。

漳州月港位于厦门湾南岸,水深、航线宽广,是一天然的深水港口。明代之前,国外入中国口岸的船舶均从泉州进出,漳州月港只是本地渔民的出海码头和海上走私码头。明代禁海后,漳州月港成为以走私繁荣闻名台湾海峡两岸的港口,由于泉州港口泥沙积淤,航道改去厦门湾,漳州月港便成为中国东南沿海的"海丝"始发港。① 据报道,漳州月港最繁华时拥有7条往西洋、3条往东洋的直接航线,与东南亚、印度支那半岛以及朝鲜、琉球、日本等47个国家和地区有直接贸易往来。

(4)中国最早对外开放的五口通商港口之福州

福州,俗称榕城,简称"榕",福建省省会,建城于前202年,历史上长期作为福建的政治、经济、文化中心。福州也是鸦片战争后晚清政府被迫对外开放的五口通商口岸之一,福州马尾是中国近代海军的摇篮、中国船政文化的发祥地。福州也是改革开放后首批14个对外开放的沿海港口城市之一,福州也是9个联合申报"海上丝绸之路史迹"单位之一,是中国(福建)自由贸易试验区三片区之一、中国历史文化名城。

福州是福建历史最悠久的沿海城市,属由城而市。据福建省考古队考古发现,5000年前的平潭壳丘头文化遗址与3000年前的闽侯县石山文化遗址出土的文物中,发掘出新石器时代晚期特征的磨制石锛、石斧、石刀等石器,说明闽族先民已在此渔猎、采集,或从事原始农耕生产,并应该掌握纺织、制陶等生产技术和相应的装饰艺术。据文物部门公布的信息分析,1992

---

① 出宝阳,陈建中.海丝申报世界文化遗产与东亚海洋考古研究[M].厦门:厦门大学出版社,2016:22.按:原文上写的是漳州月港是明代中后期唯一合法的"海丝"始发港,笔者认为与史不符。

年、1998年、1999年分别在福州"鼓屏路钱塘巷西口基建工地、屏山菜市场基建工地、欧冶池畔省财政厅基建工地等发现的汉文化堆积层,出土有汉代龙凤纹瓦当、万岁纹瓦当、布纹砖、筒瓦、板瓦堆积和福州建筑基址等;与此同时,在新店古城村发现汉代城址遗迹等,都为《史记》有关闽越国都冶城的记载提供新的实物佐证"①。

学界亦有争论,认为福州冶山是闽越王建国之城,而非武夷山闽越王城遗址。前306年越国灭亡后,南逃的部分越国贵族与福州当地居民融合。前222年,秦朝设闽中郡(今福州隶属于它)。前202年(汉高帝五年),无诸被正式封为闽越国国王,在今福州冶山一带的冶城建都,又称东冶,为福州建城之始。前110年,汉灭闽越国,部分闽越人被强制迁徙到江淮一带,冶城衰落,直到前85年(汉始元二年)才在此设立冶县。

晋太康年间,晋安郡首位太守严高修筑了福州子城,开凿东湖、西湖和运河(即今天的晋安河),奠定了后世福州城的雏形。唐开元十三年(725年),原闽州改名为福州,为福州之名肇始。中晚唐中原动荡,北方汉人持续移民入闽。乾符六年(879年),福州城一度被黄巢军队攻占。景福元年(892年),王潮、王审知的光州、寿州军占领福州,并以福州为据点统一福建。后梁开平三年(909年),王审知开创闽国,并带来中原移民潮,史称"十八姓从王"。福州城在五代非常繁荣,城池的扩建将乌山、于山、屏山圈入城内,从此福州得名"三山"。1276年,元朝军队攻占临安后,南宋益王赵昰以福州为行都称帝,改年号景炎;十一月,蒙古军队攻占福州,赵昰从海路南逃。元代之后,福州一直作为福建省会。

福州的造船历史可追溯到三国时期,史书记载,福州是东吴的一个造船中心。明代初期,福州造船业已相当发达,航海技术先进,浙江沿海船只一半以上是福船。据《海上丝绸之路的明清福建商人》一文记载:"据统计,在清康熙二十七年(1688年)中国商船194艘到达日本长崎港……在194艘中国商船中,共有船员9291名,其中福船有80艘,居第一位,占中国商船的41.2%,福船在对日贸易中,占有举足轻重的地位。在福船80艘中,福州船45艘,厦门船28艘,潮州船6艘,漳州船1艘。""《备边司誊录》载,清朝嘉庆十八年(1813年),黄宗礼的商船(福船)从福建载着砂糖(福建产)、胡椒

---

① 福州地理基本情况与建制沿革[EB/OL].[2016-12-12].http://www.fuzhou.gov.cn/.

(两广、海南和东南亚产)、苏木到天津卖掉,再买回大枣准备回福建销售。返程途中遭遇大风漂流到朝鲜。据朝鲜官方询问记录记载:船主黄宗礼除了被台风刮走的900余两银子和1600余两铜钱之外,船上还保留了个人财物4个金佛、7360余两银子、铜钱334两。"①一个船主一趟外贸行程可赚白银1万余两,便知福建人都知道"上船出海只有三分命"但仍然有无数商人和船工冒风翻船、海盗杀人越货的生命危险出海的原因了,应验了"人为财死"之古理。沿海城市福州因海上丝绸之路带来的繁荣可想而知。清代《定海县志·渔盐记》载:"钓冬船,闽邦约五六百号,霜降出洋,谷雨回洋,有大钓、小钓之别,大钓容量约十万斤,小钓容量约七八千斤。"说明清代闽地利用海洋资源进行捕捞生产,收获也很可观。

福州还是中国和古琉球国交往的枢纽,福州的柔远驿站是专门用于接待琉球使者、商人之所。据载,1396年,福建有三十六姓迁居琉球,主要来自福州。福州还是郑和下西洋船队物资采办地及开赴西洋的起点,郑和曾将长乐县太平港作为停泊基地补充给养。有学者认为郑和的船队应该是福州制造的福船,且郑和船队上的水手大多是福建籍。1474年福建建立市舶司,落户福州。嘉靖年间福州府倭患甚重,戚继光曾两度入闽平定倭寇。自明朝晚期起,泉州湾港口逐渐衰退,福州港口便成为葡萄牙、西班牙、荷兰、意大利等国进出福建口岸,福州与欧洲、东南亚的接触渐趋频繁。1624年底,艾儒略将天主教传入福州。1645年,明唐王朱聿键在福州建都称帝,改元隆武。1646年,清军击溃隆武政权后攻占福州。②

(二)台湾闽文化形成的特殊人文环境

1.台湾考古发现与历史文献中的闽文化

据台湾地区考古发现,早在6000年前,台湾岛上就有先民居住,说明当时就有人类从大陆迁徙到岛上居住。最早居住在台湾岛上的是现今台湾少数民族的先民。中科院古脊椎所巧妹考古团队研究发现,现今广泛分布于台湾海峡、东南亚和太平洋南部南岛语系人群,与新石器时代的中国南方沿海人群有着非常密切的遗传联系。这表明最早的南岛语系人群起源于中国

---

① 袁晓春.海上丝绸之路的明清福建商人[M]//出宝阳,陈建中.海丝申报世界文化遗产与东亚海洋考古研究.厦门:厦门大学出版社,2016:102-103.

② 福州[EB/OL].[2016-12-12].https://baike.so.com/doc/5206019-5437950.html.

南方的福建及毗邻地区,且首次明确将时间追溯到 8400 年前。这是第一次通过古基因组数据明确中国 8000 多年前的中南方人群是南岛语系人群的祖先来源。①

1971 年和 1974 年两次在台南市左镇区考古发现台湾迄今最早的人类化石"左镇人"。泉州学者刘志成认为,台湾左镇人与泉州石狮发现的"海峡人"头骨化石有血缘关系。也有学者认为,左镇人和北京周口店的山顶洞人有亲缘关系,同属中国旧石器时代的晚期智人,于 3 万年前从大陆经由福建长途跋涉移居台湾,是最早开发台湾的先驱。台湾早期住民中还有少部分属于尼格利陀地域人种的矮黑人和属于琉球人种的琅峤人。上述台湾早期住民是台湾先住民(高山族)的祖先。从距今 3500 年的台湾芝山岩遗址发掘出的捕捞、生产工具看,有石锄、鱼叉、骨锄、网坠等,还有骨制的装饰品,木器有掘棒、矛、陀螺形器等,可以分析出台湾北部先民已掌握了较为高级的生产技术,从事渔猎和农耕的生活。

230 年,吴王孙权派将军卫温、诸葛直率一支由 1 万余名军士、30 多艘船组成的船队到达夷洲(今台湾),是大陆居民利用先进的文化知识开发台湾的开始。三国东吴丹阳太守沈莹的《临海水土志》详细记载了当时台湾的生产和生活形态,是世界上对台湾最早的记述。② 南北朝时,中央朝廷对大陆周边岛屿进行过调研,据《北史》载:"流求国居海岛,当建安郡东,水行五日而至。土多山洞。其王姓欢斯氏,名渴剌兜,不知其由来,有国世数也。"③ 此处的"流求"应为台湾。

因海洋环境形成的闽文化现象在台湾民间信仰中非常普遍。据台湾《安平县杂记》载:"三月,北港进香,市街里保民人沿途往来数万人,日夜络绎不绝,各持一小旗,挂一小灯(灯旗各写'天上圣母、北港进香')。迨三月十四日,北港妈来郡乞火,乡庄民人随行者数万人。入城,市街民人款留三天。其北港妈驻大妈祖宫,为合郡民进香。至十五、十六日出庙绕境,沿途回港护送者蜂拥,随行者亦同返。此系俗例,一年一次也。三月二十日,安平迎妈祖。是日,妈祖到鹿耳门庙进香,回时庄民多备八管鼓乐诗意故事迎

---

① 巧妹团队.寻根东亚南北方人群 探源华夏族群与文化:创新古 DNA 技术,揭秘中国史前人群迁徙与族群源流[J].科学,2020(369):282-288.
② 台湾[EB/OL].[2016-12-12].https://baike.so.com/doc/1923887-2035414.html.
③ 李延寿.北史:卷一〇[M].北京:中华书局,1974:3132.

入绕境,喧闹一天。是夜,禳醮踏火演戏闹热,以祈海道平安之意。一年一次。郡民往观者几万。男妇老少或乘舟,或坐车,或骑马,或坐轿,或步行,乐游不绝也。"①

鹿港位于台湾中部,隶属彰化县,清康熙二十三年(1684年)台湾设府,乾隆四十九年(1784年)开放福建蚶江与鹿港通商,之后鹿港开始繁荣发达。从道光年间到五口通商为止,前后150余年被称为台湾文化的"鹿港期",当时有"一府二鹿三艋舺"之称。

据课题组实地调查,鹿港镇有五六十座神庙,老街天后宫供奉的黑面妈祖神像,传说是300多年前施琅将军到台湾时请过去的六尊妈祖中的第二尊,又称"二妈"。后来,施琅将军就把这尊妈祖像留在了鹿港天后宫供奉着,以保大家平安。为提高自己在军队和民众中的形象与地位,施琅上奏朝廷,建议对宋徽宗时期颁赐"正妃"称号、元朝时皇帝又赐封为"天妃"的福建妈祖神再次赐封,以示皇恩浩荡,爱民如子。康熙二十三年(1684年),康熙帝准奏,颁赐福建的妈祖神为"护国庇民妙灵昭应仁慈天后",将台南的宁靖王府改为大天后宫,并派礼部侍郎(三品)致祭,吸引更多的信民信仰,妈祖祭最终演变为官祭,妈祖巡境保平安的习俗也传承至今。

在台湾,每逢农历三月二十三日妈祖诞辰前一个月左右,全台湾由鹿港天后宫分出香火的70多座妈祖神像,由各地香火社团组织銮驾陆续前来鹿港朝谒祖庙。而大天后宫的妈祖要回莆田湄洲妈祖祖庙进香,回台湾时,全城所有庙宇的神灵都将出来参加恭迎,当日巡城绕境,人山人海,万人空巷,人数多时达到10万人以上。

2011年12月14—18日,台中市大甲镇妈祖庙回泉州恭迎翡翠妈祖上台湾岛,一支由600人组成的回大陆迎玉妈祖的队伍尚未离开大甲,就已形成浩浩荡荡上万人的祭典大队伍。沿途居民家家户户在门前摆上供桌祀品焚香祭拜,许多怀抱婴儿的年轻妇女和老人都等候妈祖轿路过身边时,钻到轿底,虔诚地恭迎妈祖轿从身体上跨过。

上述文献和实况说明早在清代至日据时期以前,台湾神灵巡境祈福求平安的习俗就风靡一时。2010—2019年间,课题组每次赴台均能遇到台湾各地不同神灵祭祀与巡境盛况,如2019年5月25日,台南南鲲鯓代天府一年一度王爷祭,全台湾数万信民乘车组团赴南鲲鯓代天府举行诞辰进香民

---

① 范胜雄.府城的节令与民俗[M].台南:台湾建筑与文化资产出版社,2000:98.

俗活动。代天府是全台湾最早的王爷信仰之地,全台湾1万多个大小王爷庙都会赶来祝贺。仪式持续一个月。

如上所述,正是福建和台湾通达的海洋环境,使其文化内涵不同于内陆纯农耕地区。台湾受闽南文化影响,传承闽南传统文化元素至今。

2. 闽台对渡和台湾的地理优势,成就了台湾港口的发达

《尚书》是中国现存最早的史书文献,其《禹贡》篇载,大禹治水之后,分天下为九州,东南沿海的扬州:"岛夷卉服,厥篚织贝,厥包橘柚,锡贡。沿于江海,达于淮泗。"①据此,台湾有文字记载的历史可追溯到大禹时期,台湾在九州中的扬州管辖范围之内。且大禹时期台湾岛上的人,应该是传承至今的先住民,他们编织竹筐,将美丽的贝壳编串成可交易的工艺品,还把橘子和柚子用纺织的包装好,等待锡命来进贡,沿着长江、大海、到达淮河、泗水。考古学者和历史学者多数认为大禹生活的年代正是龙山文化时期,距今应有4000多年,说明台湾因特殊海洋自然环境,早在三皇五帝时期就通过海上交流与大陆互通有无。

海上丝绸之路最早给台湾带来繁荣的沿海城市主要有北港、台南和高雄。

(1)北港

北港,古称笨港,位于台湾云林县西南部,古时濒海。从史书记载看,宋代福建漳州人、泉州人就开始陆续从北港迁徙入台或做海上贸易。连横《台湾通史》载宋代:"漳泉边民,渐来台湾,而以北港为互市之口。""当宋之时,华人已至北港贸易,其说虽不可考,然已开其端矣。"②然而,从宋代到清代康熙年间,北港虽已成街市,却无城市之繁荣,究其原因,为受制于自然环境。

《台湾地名溯源》载,北港历史上因被溪道截断后,成一北一南,溪北者称之为"笨港北街",明代末年的天启年间(1621—1627年),一位名叫顾思齐的人率3000余人,乘13艘商船从笨港登陆,开始垦荒围田定居下来。清初,笨港正式改称"北港街",康熙年间北港已形成街镇,乾隆年间民间已习惯称之为南港与北港,并一直沿用至今。③ 由于历代泥沙淤积,嘉南平原地面升高,海口不断西去,至20世纪初,北港已完全失去河港机能。北港因与

---

① 尚书·禹贡[M].长春:吉林人民出版社,1996:16.
② 连横.台湾通史[M].南宁:广西人民出版社,2005:4.
③ 陈名实.台湾地名溯源[M].福州:海风出版社,2013:362.

福建对渡带来的繁荣也逐渐消失。

(2) 台南

荷兰人侵占台湾之前,台南尚无行政区域名称,本地人和外省人称之为"赤崁"或"大员",以渔业捕捞为主。据《台湾地名溯源》考证,台南前身"赤崁"(Saccam)或"大员"、"大窝湾"(Tayouan)源自当地先住民西拉雅人(Siraya)番社名。明初,海盗猖獗,朱元璋为杜绝海盗供给,减少沿海百姓损失,下令禁海。禁海后,海盗没了大陆的供给,转向台湾岛及周边离岛活动和走私,一时间,海盗和西方冒险家、商贸船在海上航行更加自由、随意、活跃。荷兰人发现台南天然的港口条件和丰富资源,登岛侵占。荷据时期在台南形成"普鲁民遮街",可见当时台南地界商贸之兴旺。

明末清初,郑成功因不愿降清,为建根据地,从台南一带登岛收复台湾,赶走荷兰人,建立郑氏集权。之后,清王朝令跟随郑成功父亲郑芝龙降清的将领施琅去攻打郑氏,台湾归清。在康熙五十六年(1717年)的《诸罗县志》中,出现台南区域地名,时指整个台湾南部。据《台湾地名溯源》考证,光绪元年(1875年)沈葆桢奏折中的台南为广义之词,实指今日台南、高雄、屏东三县市区域。光绪十年(1884年),刘铭传至台,始称今台南市为台南。光绪十三年(1887年),台湾建省,将台湾全境划分为台北、台湾和台南三府,改原台湾府为台南府。日据时期称台南府为台南街,1909年改台南市。1945年台湾光复后,台南市名称沿袭至今。

台南是海上丝绸之路带来的沿海发达城市。《台湾地名童谣》载:"台南市府城,点心真出名,鼎边锉,棺材板,担仔面,烧肉粽,安平古堡赤崁楼,亿载金城看大炮。"[①]可见台南旧时已然是台湾南部最繁华的商贸城市。

(3) 高雄

高雄在台湾的西南方向,是台湾南部的海路大门,南临巴士海峡,西扼台湾海峡南口,西南至南海畅通无阻,战略位置十分重要。

高雄建市很晚,但在明清时就一直是海上商贸的集散之地。1664年,高雄曾经被划入南明之万年州。1684年,被划入台湾凤山县,有一时期县治设在兴隆庄。清雍正四年(1726年),一位荷兰传教士所编纂的台湾地图中,高雄被称为"汉德那斯"。

明末清初,高雄旗津港口已然是台南最成熟和繁华的码头。2015年课

---

① 陈名实.台湾地名溯源[M].福州:海风出版社,2013:363.

· 绪论 闽台文化产生的历史背景与主要影响因素

题组在高雄考察海洋文化,于旗津码头天后宫门前看到两块清代碑刻,一块是制止码头欺行霸市、向商客敲诈勒索之风的官文公示;另一块是海难救助措施奖罚碑。

左碑

左碑文:清同治六年(1867年)五月,因台湾高雄港常出现当地痞人坐地敲诈往来商客和路过粤闽人之事,为解决此事,钦加知府衔补用同知直隶州署台湾海防、安平水师协镇府公布此条例。主要内容:据粤籍举人徐春锦等人上书,每年由东港搭船内渡省亲或乡试或经商等人多受当地人勒索。自咸丰八年(1858年)以来,越发严重,或把行李散丢,或私抽税赋。本府勒令,凡通过本港口者,未带禁品,一律放行。若发现私设关卡或有人举报,一律严办。

右碑

右碑文为咸丰九年(1859年)竖的船户公约:

　　易操舟楫之利,达诸四裔蛮貊。虽云舟车所至,实由人力所通。兹我同人,船只来台,贸易必经之打狗诸港,凡遇风帆不顺,出入必以竹筏导头。历古□□□因筏人与我船夥,偶有萑□,然□□□以□须□□怨□共济之大节,不肯为我船导头。爰集我同人,特申禁约:今后凡我船来港,倘遇风帆不顺,尚在港外,岂能望目坐视,袖手旁观?所□□□□并化解塞港之弊,同列条规于左:

　　一、凡我下郊诸船只到港,遇风帆不顺,尚在港外,旧例原系竹筏导头,倘有人不肯,我同人有先到港内者,务须驾驶三板向导。倘三板不合用,宜借竹筏自撑向导。负约者,公议罚戏一台,彩灯一付,以儆将来。

　　二、凡该□钱,顷就各港口同船,按担均摊,不得推诿。违者公罚加倍。

三、凡轻船者下沙重,到港需全上岸,不可私行就了卸下两旁港路。违者罚戏一台,彩灯一付。无稍私宥,其永远率循。毋替。

总爷文武抽分,金桉春,厦门金进发、金进到各港等。咸丰玖年桐月　日,仝立公约。

可见,清代的高雄旗津港口已是闽粤人海上贸易、交通的主要中转之地和集散地。

日据时期,日本殖民者于1920年9月开始改革行政区域,在高雄,除了将地名从"打狗"改为高雄外,还将该市划为高雄郡高雄街,隶属于高雄州;4年后废除高雄郡,直接将高雄街改设为高雄市,仍隶属于高雄州。

三、闽台人口迁徙对闽台文化形成的影响

闽台人口迁徙在历代县府志上均有记载,内容较多的有弘治《八闽通志》、乾隆《莆田县志》。近二十年,福建省地方志编纂委员会编纂《福建省志·人口志》,陈支平著有《近五百年来福建的家族社会与文化》《民间文书与明清东南族商研究》及论文《明清福建家族与人口变迁》《从闽台粤客家庄氏族谱看家族的门楣标榜》,以及王宜强《封建社会福建外省移民开发时空演进与特征分析》、黄英湖《福建汉族人口的变迁及其向外迁移》、林汀水《也谈福建人口变迁的问题》、郑振满《神庙祭典与社区发展模式——莆田江口平原的例证》等。近五年相关研究成果主要有苏文菁《海洋与人类文明的生产》《海上看中国》和赖正雄《东海海域移民与汉文化的传播:以琉球闽人三十六姓为中心》。这些研究成果均有部分章节从不同角度对闽台二地因宗祠产生的庙祭活动或人口迁徙产生的社会变化进行论述。

台湾地区及海外学者主要相关研究成果有李昭容《鹿港丁家大宅》,新加坡学者柯木林(Kua Bak Lim)《从龙牙门到新加坡:东西海洋文化交汇点》,马来西亚学者黄裕端(Wong Yee Tuan)《19世纪槟城华商五大姓的崛起与没落》,新西兰学者李海蓉(Phoebe H. Liusr)、约翰·特纳(John B. Turner)《历史影像中的新西兰华人》,英国传教士陆一约(Edwin Joshua Dukes)的《中国人的日常生活:福建河流及道路沿途风光》等专著。这些学术研究主要从在地华人或在地外国人看闽人的日常生活,并进行理解性的记述,其中蕴含着许多闽籍华人迁徙过程中的闽文化及闽人精神,对当下研究闽人迁徙和宗族文化具有非常珍贵的作用。

(一)战国至南北朝时期福建人口迁徙概况

战国末期,越人大批南迁,进入闽中之后,他们与当地土著闽人结合而形成闽越族。无诸作为勾践子孙,凭借才干和实力,逐步消灭割据局面,统一闽中各地的主要闽族支系和于越族武装,并乘战国之世、诸侯争立的机会,自封闽越王,建立闽越国,并奉祀越国先祖。这些措施既加强了越人的统治地位,又加速了闽、越两族的融合。秦始皇在扫灭六国之后,曾经陈兵闽越边境,但无力荡平"逃入深山林丛"的越人,只能虚设闽中郡。

汉初,朝廷无力进入闽越地区直接实施统治,汉高祖复立无诸为闽越王,无诸结束了闽中地区种族分隔与政治势力割据的局面,建立起统一的闽越王国。无诸立国后,与汉廷保持良好关系但拒绝向汉廷朝贡。汉元鼎六年(前111年)秋,无诸后裔余善公开反汉,汉武帝下令发四路兵马征讨,翌年,闽越国投降。汉武帝认为,闽越地势险要,而越人剽悍多反复,路远难制,遂下令"悉徙其众于江淮之间,东越地遂虚"。这是汉代继南海、东瓯国之后,第三次采取"虚地徙民"政策,也是最大的一次政治移民。汉朝廷在闽中仅留下少量驻军,由都尉下属的候官率领。大批闽越宗族和军队被迫迁往江淮之间,其他闽越人大多逃亡进入山林,成为后世之所谓"山越"。原先繁华的都城大邑,一炬成为废墟,福建社会经济的发展历史因而停滞近300年。直至东汉末年,闽中仅设五县,人口十分稀少。孙吴集团崛起于江东,为了扩展势力范围,着意向南发展,经营闽中,先后5次派遣军队入闽,更带动了大批北方汉民入闽。经过东汉末、三国时期北方人民的南迁,在闽中的闽江流域及沿海地区,北方汉人的移民社会已经形成初步的规模,这一时期闽中的人口数量在10万~20万人。①

两晋南北朝时期北方汉人陆续迁入福建,出现第一次北方汉人入闽高潮,其中规模较大的有三次。

第一次发生在西晋末永嘉年间(307—313年),为了躲避战乱,北方汉人大批入闽。志书称:"永嘉二年(308年)中州板荡,衣冠始入闽者八族,林、陈、黄、郑、詹、邱、何、胡是也。以中原多事,畏难怀居,无复北向,故六朝间仕宦名迹,鲜有闻者。"②实际上入闽的远不止八姓。

---

① 葛剑雄.简明中国移民史[M].福州:福建人民出版社,1993.
② (乾隆)福州府志:卷二五[M].福州:海风出版社,2001.

第二次发生在东晋末年,卢循率农民起义军攻入晋安,在福建活动达三年之久。失败后,其余部散居在福建沿海。

第三次发生在南朝萧梁末年,因侯景之乱,福建成了避乱之所,移民的数量很多,处境悲惨。

从汉代至魏晋南北朝时期,北方汉人入闽的主要路线大致有以下几条:(1)由江西鄱阳、铅山经分水关入闽;(2)由江西临川、黎川越东兴岭经杉关入闽,这一条路较为平坦;(3)由闽浙边界山口入闽;(4)由海路入闽。这一时期北方汉民的入闽,不仅增加了众多的劳动力,而且带来先进的农业生产工具和技术,从而使闽中的许多地区得到开辟耕作,社会经济逐渐发展。闽越族和北方移民来的汉族相互通婚,逐渐同化、融合成为今天福建沿溪、沿江、沿海汉族渔民最早的始祖。①

(二)唐宋元时期福建人口迁徙概况

唐代前期,出现第二次北方汉人入闽高潮。

据《闽台海洋民俗史》载,唐初,九龙江流域爆发所谓"蛮獠"的"啸乱",唐高宗麟德年间(664—665年),朝廷派曾镇府驻扎九龙江东岸。总章二年(669年),复派陈政、陈元光率府兵3600多名,从征将士自副将许天正以下123员入闽。平定叛乱后,朝廷准元光之请,在泉潮之间置漳州,委陈元光任漳州刺史,把所属军队分布于闽南各地。陈军将士所到之处,且守且耕,招徕流亡,就地垦殖建立村落。根据近人的统计,先后两批府兵共约7000人(也有文献载,陈政被土著设计毒害后,陈元光急征老家子弟兵25000人),可考姓氏计有60余种,还有随军家眷可考姓氏者40余种。这数十姓府兵将士及其家眷繁衍生息,形成了唐代开发九龙江流域的骨干力量,逐渐缩小了漳州与泉州等地社会经济发展上的差距。如果说第一次北方汉人入闽高潮是灾荒移民和战乱移民为主的话,那么这一次入闽高潮则是以军事移民为主。

唐末至五代,中原战乱加剧,军阀各据一方,民不聊生,北方士民再次南迁,形成汉人入闽的第三次高潮。其中尤以唐末王潮、王审知兄弟率部入闽的数量为巨。光启元年(885年),王氏部队进入福建,并逐渐控制整个福建,后来其子弟建立了闽国,在福建建立了第一个地方性割据政权。这次入

---

① 《福建渔业史》编委会.福建渔业史[M].福州:福建科学技术出版社,1988:432.

闽的北方汉民主要由几部分组成:一是随王潮、王审知兄弟入闽的军队和家族,利用政治上的优势,各自在福建寻找合适的地点定居下来,从而成为地方上的显姓旺族;二是众多北方的政客、士子、文人;三是漂泊不定的僧人;四是北方各地的士民,其中包括仕宦、流卒、商贾及一般的贫民。①

宋代,中国的经济重心已继续南移,北方汉人大量向南方迁徙已成为当时人口发展的一种趋向。自南宋以来,宋元战乱,不愿意降元的南宋军民二十余万人跟着南宋朝廷皇室及将领往福建迁徙,并在福州重建朝廷。朱熹在《跋吕仁甫诸公帖》中说:"靖康之乱,中原涂炭,衣冠人物,萃于东南。"②庄季裕在《鸡肋编》中云:"建炎之后,江浙、湖湘、闽西北流寓之人遍满。"宋元时期北方汉民入闽后,相当一部分落居于闽西、闽北地区,促使这一地区人口数量显著增长,进而促进闽西、闽北山区经济、社会的迅速开发。

在海上丝绸之路兴盛的宋元时代,外国人大批移居福建,众多的"蕃客"侨居在泉州、福州等沿海港口,形成"蕃坊""蕃人巷";他们还在侨居地建"蕃学"、传"蕃文"、播"蕃俗";有些长期侨居的"蕃客"还与本地人通婚,出现"夷夏杂处"的局面,成为宋元福建移民史上的一大特色。

(三)明清时期福建人口迁徙概况

明清以后,随着北方移民不断入闽和人口的繁衍,福建人稠地狭的矛盾越来越突出,所谓"闽中有可耕之人,无可耕之地"③,"十五游食于外"④。因此,这个时期的福建移民出现新的特点:结束了一千多年以输入人口为主的移民史,开始以输出人口为主的移民史。

1.向相邻省份移民

主要迁徙到江西、浙江和广东等省丘陵山区,从事经济作物种植和粮食生产以及手工业生产等。众多闽人在山区搭棚居住,被称为"棚民"。他们披荆斩棘,用自己的血汗开垦了许多荒山旷野,对促进当地社会经济文化的发展起了重要作用。

2.向台湾移民

台湾与福建一衣带水,隔海相望。宋元之时起,闽南人就移居澎湖,聚

---

① 刘芝凤,林江珠,曾晓萍,等.闽台海洋民俗史[M].北京:人民出版社,2018:14.
② 朱熹.晦庵先生朱文公文集:卷八三[M].北京:国家图书馆出版社,2006.
③ 谢杰.虔台倭纂:下卷[M].明万历二十三年.
④ 谢肇淛.五杂俎:卷四[M].上海:上海书店出版社,2015.

居繁衍,元朝政府还在澎湖设立行政机构——巡检司,征收盐课,行使管辖权。由于澎湖一年中有七个月为风期,生存生产条件太恶劣,一般闽人在此生活两三代后,更多的人一旦创造条件就向台湾本岛移居。如台湾苗栗县后龙镇洪姓、卢姓等人家,族谱记载着其先民在澎湖上繁衍两代后,再移居至苗栗之历史。在台湾考察时,发现台湾闽人家族中多有类似经历。

明末郑芝龙占据台湾时,曾到闽南招募上万饥民去台湾垦荒,这是台湾历史上第一次有组织的大规模移民活动。1624—1662年,荷兰殖民者侵占台湾时期,也有不少福建人移居台湾,在赤崁附近形成了一个约有25000名壮丁的居民区,全岛有4.5万～5.7万人。1662年郑成功收复台湾后,除了郑氏军队外,又新增加移民2万～3万人,使台湾的汉族移民增至10万～12万人。台湾归清后,福建解除海禁,并动员福建人向台湾移居,此时移居台湾的闽人人数大增。

3.向海外移民

一是移民东南亚。闽人移居东南亚始于唐宋,人数不多。元代之后逐渐增多,特别是明清时期,福建移民东南亚形成高潮,整个东南亚地区华侨总数应不少于10万人,其中泉州籍华侨人数有四五万人。明嘉靖年间,吕宋的中国商贩达数万人,其中漳州籍海商占十之八九,逐渐形成一个个小规模的华侨社会群体。

二是移民日本。明嘉靖后期倭寇被平定后,海禁稍宽,福建东南沿海地区前往日本从事私人贸易的商船与日俱增,长崎为主要贸易港口。17世纪40—60年代,由福建起航的商船约占赴日商船总数的60％～70％。"通倭之人,皆闽人也。合福、兴、泉、漳共数万计。"①除商人外,还有因避战祸而移居长崎的贸易商、船主及其眷属,也有不愿仕清而随商船东渡移居长崎的明末遗臣、士大夫文人及其仆从眷属,以及应邀前去主持寺院的佛教高僧和建筑华侨所修寺庙的工匠、雕刻师、画家等。日本元禄年间(1688—1704年),旅居长崎的中国人约有1万人,部分商人定居下来,成为华侨,其中福建籍华侨人数居多。

此外,也有前往其他地区的移民。鸦片战争之后,中国进入半殖民地半封建社会,光绪十九年(1893年),清政府再次废除海禁,允许人民自由出入国境,对闽人移民海外产生巨大影响。这个时期,闽人移民欧美等地区,既

---

① 明神宗实录:卷四九八[M].北京:中华书局,2016.

有大量的契约华工，也有许多从事经商贸易的商人与小贩，以及从事各种手工业、种植业等营生的自由移民；既有零散的血缘性、地缘性的"连锁移民"，也有有组织的民间集体移民，形成向海外移民的高潮。①

（四）闽台人口迁徙形成的闽台文化特征

由于闽台地区历史上人口迁徙成分的复杂性和多重性，迁徙人口与当地先民在长期交流融合的基础上形成的闽台文化具有与众不同的特殊性，概括起来有如下四点特征。

1.鲜明的地域性

闽北和闽西具有与江西、浙江一脉相承的稻作文化特征。其主要表现在农耕民俗文化上。这两个区域的民俗祭祀与稻作过程紧密相关。正月十二至十五日，各地都有抬菩萨巡田习俗；二月二有闹春牛习俗；三月三有吃社饭习俗；清明节挂亲祭祖，清明前后，种瓜种豆；四月八牛放假过节；端午前早稻插完田，端午当天有扫寨打醮习俗，沿河地区还有赛龙舟驱疫除灾、家家挂艾草等习俗；六月六有新谷尝新祭祖习俗；七月半过鬼节；八月半过中秋等。民居建筑也是典型的吞口式和干栏式稻作民族传统建筑风格。

闽南和闽东沿海地区则明显带有海洋文化特征。尤其是闽南地区，其重要特点是它的地域性，即与自身的地理环境相融合的区域文化色彩。闽南文化在其历史变迁中历经沧桑，但始终保留独特的地域文化。无论是土木建筑（红砖古厝、燕尾脊），还是石雕木刻（以海洋文化、妈祖信仰和渔耕文化为主要内容）；无论是造船打铁，还是婚丧礼仪、节日庆典等，都可以从中领略到闽南特有的文化余韵。

由于台湾74%闽人后裔中有90%以上的人口都是闽南人，故台湾汉人在地文化特征传承自闽南文化，民间方言为闽南话，民居建筑为闽南红砖古厝燕尾脊式。

2.岭南中土（中原）性

福建地区的文化还有一个非常典型和重要的文化特征，就是岭南中土性，即南北文化交融形成的俗中有俗的文化特征。

闽北和闽西是北方汉人最早进入福建的地区，北方汉人往南迁的主要路径是从北方经江西中转，故福建许多姓氏族谱中都有祖籍江西一说，在江

---

① 刘芝凤，林江珠，曾晓萍，等.闽台海洋民俗史[M].北京：人民出版社，2018：20.

西与广东交界的珠玑巷村,有198个姓氏来寻根。经调研,该地的先民多是从北方迁徙而来,在此地居住几代人后,陆续往广东其他地区迁徙,也有的经过龙岩往福建迁徙或做生意。龙岩市长汀县童坊镇彭坊村就是自古以来江西人迁徙必经之地和闽赣二地商贸交通要道。往返江西的商人或脚夫在此落脚休息,补充给养、修理行头,一开始形成小手工艺一条街,后逐步形成一个上千人的村庄。

南平市浦城县与浙江交界,河姆渡稻作文化与干栏式建筑文化在此有很明显的传承遗迹。南宋末年,不愿意降元的皇室及20余万军民除了利用海船逃往福建的少数人外,大多数是从陆路离开浙江进入福建地区。

由此,形成了岭南与中原文化交融的特性。这也是区别于其他地区文化特性的特殊文化现象,这个特征在民间祭祀中得到明显体现。福建民间举行祭祖或祭神仪式时,神龛上一定有两种不可或缺的祭品:一种是米龟或糯米粿;另一种是麦面制作的发糕。从民俗分析,米龟或糯米粿是稻作民族祭祀的主要祭品,而发糕则是北方粟麦农耕民族祭祀不可或缺的主要祭品。在民俗中,传承最长且很少受外界影响的,当属祭祀仪式,后人往往可以从中找到历史的遗迹。

3. 军史性

闽台地区另一个文化特征是戍边的军史性。最明显的表现形式就是在闽台一些古村落中,所有民居如军营营房一样,整齐有序。但凡看到整个村落民居建筑,尤其是具有闽南文化特征的红砖古厝式建筑群排列整齐规范,就知道这个村的先民是戍边的军人。且一个村的姓氏少则十多种,多则四五十种。在闽南沿海一带,这个文化特征非常明显。

如漳州市云霄县列屿镇大部分村子都保存着古代军营式列队形的民居布局。其中,人家村有47种姓,迄今为止还保存着护城的城墙和城门。采访得知,该村先人为郑成功军队后人。厦门市集美区后溪镇城内村,20多年前,全村所有老宅均是排列整齐的红砖古厝,随着厦门市集美区的开发,许多村民在原址上推倒古厝重新修建水泥高楼。但村内还保存了10多栋联排古厝,为村民留作祭祖之屋。据考证,该村原是清初施琅攻打台湾前练兵屯营之地。

4. 宗教混合性

闽台地区,由于人口迁徙、人员结构重组演变,民间信仰远比内地复杂。信仰因需要产生,台湾的民间信仰主要传承自闽南地区民间信仰,以海洋保护神和生命、生养保护神信仰为主，闽北和闽西则以农业保护神为主。民间信仰中没有典型、单一的寺庙。宗教混合性是闽台文化的又一个特征。

在闽南，几乎所有村庙供奉的都不是单一的崇拜对象，有佛像，有祖先神，有因需要而产生的本地神灵。闽南传统庙宇多，一个村少则4～5个，多则20多个。有为祖先建的庙；为有名有姓而神化的人建的庙，如妈祖庙、保生大帝庙、关公庙、开漳圣王庙、王审知闽王庙、陈靖姑庙等；为神仙建的土地庙、玄天大帝庙、观音庙等；还有给非正常死亡在海上打捞出来的"好兄弟庙"和为民服务非正常死于水中的王爷庙，以及专为没有后人但生前乐善好施的村民建的阴庙等。除了阴庙会单独建筑祭拜之外，神庙大多是多神合一，一起祭拜。闽南沿海一带还有海祭、九日山祈风祭、烧王船等海洋祭祀仪式。

四、宗祠文化对闽台文化形成的影响

闽台文化之所以成为中国传统文化中的一枝奇葩，除了上述文化特征外，还有一个重要的组成结构就是源于中原又区别于中原文化的宗祠文化。

福建和台湾因历史上若干次的人口迁徙和长期的文化融合，形成诸多不同地区的不同民俗，可谓"十里不同风，百里不同俗"。但寻根溯源的民俗永远不变。不论是从河南来，还是从山东、山西、浙江、广东、江西、云南、湖南等地迁徙入闽，或是迁徙出去的闽人，所有先民都带着对故土的依依不舍。台湾人有74%是闽人后裔，台湾后人传承的是闽文化，闽文化秉承的是源自祖籍地的原文化。异地寻源，认祖归宗，追溯同源文化，是闽台地区以宗祠为单位进行社会构建的一种方式。

例如厦门同安的望族苏氏（其堂号为芦山堂），在北宋出了中书侍郎（宰相）苏颂，其发明的水运仪象台是世界上最早的天文钟，他所留下的天文仪器机械传动视图是世界上最早最完整的机械图纸，通过台湾海峡海洋交通走向欧洲、走向世界。瑞士十大名表之首百达翡丽的钟表博物馆把苏颂元素放在重要的位置；英国剑桥大学著名科技史专家李约瑟故乡建造1∶4大小的苏颂水运仪象台；日本精工表的故乡长野县建有1∶1大小的苏颂水运仪象台。芦山堂又号称"十八进士第"，《宋史本传》载，芦山堂有"三杰"：苏绅（999—1046），苏颂父亲，官至翰林院学士，是皇帝智囊团重要成员，一生重视教育，苏颂和苏缄的成才离不开他的教育。苏缄，苏颂堂叔，官至邕州（今南宁市）知州，在抵抗交趾（今越南）李朝入侵时，全家36人英勇牺牲，后

被民间追封为邕州城隍。苏缄是中华民族忠贞爱国精神的一面旗帜,宋神宗钦赐"忠勇",宋仁宗御赐"怀忠"。苏氏望族繁衍至今,有45代裔孙。据不完全统计,仅改革开放40余年间,苏氏出了上百位硕博士。芦山堂后裔遍布大陆十几个省市,迁徙台湾地区及海外的裔孙25万人。

(一)闽台宗祠文化带来的社会现象

秦汉以来,中原多事之时,北方士民不断南迁,特别是两晋南北朝、唐末五代,是北方士民大规模入闽的高潮时期。北方士民的迁入切断了闽越土著文化的自身发展脉络,带来了中原地区高度发达的政治、经济、军事、文化制度。闽南的泉州平原和漳州平原有着较好的农业生产环境,北方汉民入迁闽南,这两个沿海平原地域首先得到开发。

宋代繁荣的海上贸易是闽南开发最大的推动力量,此后这里长期是全国最为重要的贸易口岸,泉州港、漳州月港均是世界闻名的港口,所以闽南居民受到海洋文明的深刻影响。海上贸易投入大,风险也大,一个商人的成功往往背后都有整个家庭的支持,故而闽南人十分重视宗族关系。

一个商人往往只能带动一个小家庭的富裕,大家族若想获得利益,前提必须是一个个小家庭的成功——商业在促进家族富裕的同时还促进了房派的分化。所以闽南大小宗祠多,房派械斗和倾轧事件更多。宗祠多并不代表宗族组织严密,而是宗族分化、支派势力强大的象征。落实到建筑层面,大厝固然实现了家族聚居,但大厝的扩建方法限制了聚居的规模,并且大厝中每个居住单元都相对独立,每个院落也都相对独立,有自己独立的入口,这为分家提供了方便。所以说,闽南在聚居之中保持小家庭的独立,是海洋文明与儒家文明共同塑造的结果。

(二)闽台宗祠文化的符号——堂号、灯号

堂号、灯号,即区别其他姓氏的文化符号,以增强"木本水源""敬宗睦族"的血缘亲情,达到同宗认亲之目的。

古越人乃至之前的南方原居民,原本没有姓氏,多以名称呼。许多地方父子连名,如父亲叫郎岩,儿子就会叫岩某等,这种现象至今还存在于西南许多少数民族中。

远古时以部落为单位进行攻略,古时则多以姓氏为旗帜,组成战斗力量(如人们熟悉的杨家将等),即使是民国时期,蒋介石也以他当校长的黄埔军

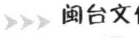

校学生为亲信,组成宗派势力。在民间,家族也成了最聚力量的群体。所以,堂号这一代表着一脉传承的大家族的文化符号,在氏族中占有非常重要的地位和分量。

堂号是怎么产生的呢？这得从"郡号"谈起。秦始皇统一六国后,把全国分为三十六郡,每郡都有显贵的世族,称之为"郡望"。其世居某郡即以发祥地的郡名为"郡号",以区别其他姓氏。比如2012年春节,长汀县举河村刘氏家族的"彭城郡刘氏族幡谱"就是一个以活态形式传承至今的"郡号"。像长汀县刘氏这样的"族幡谱",在全国非常鲜见,已近消失,属于濒临灭绝的文化遗产。而大量保存的堂号,则多体现在族谱、大厅或大门上,也有写在宗氏祠堂的灯笼上,民间称此为"灯号""灯者,丁也",寓"添丁进财"、宗族"人丁兴旺"之意。

堂号的取名有几种由来：

(1)随着子孙的繁衍播迁,各支派的族人又在落籍地另起堂号,作为郡号的望出。如陈氏颍川、林氏西河、洪氏敦煌、潘氏荥阳、廖氏汝南、杜氏京兆等。

福建长汀县童坊镇举河村刘氏"彭城郡刘氏族幡谱"

(2)以皇帝赐字为堂号。古时皇帝是至高无上的,若能获得皇帝的赐封、赐字、赐物、赐名都是世世代代无上的荣耀。据民国《同安县志》载,唐代林披生生九子,均官至州刺史(又称州牧),皇帝为此赐予"九牧之荣",故其子孙以"九牧"为堂号。在闽南还有一个佳话,传说庄氏入闽始祖庄森是王审知外甥,入闽居永春桃源里鬼笑山,皇帝便御赐名"锦绣山",故庄氏以"锦绣"为堂号。如今同安西桥祥露和鼎尾祥露的庄氏同是"锦绣"支派。同样,同安马巷城场(原名诗场)的林氏是"九牧林"三十一世孙林实和林诚兄弟后代。因其先祖林悦在宋代时官至金紫光禄大夫侍御史,向皇帝乞归故里祭墓,宋仁宗为其谱首御书"忠孝"二字,故马巷城场林氏将其定为堂号至今。

(3)以传说掌故为堂号。例如同安黄氏堂号"紫云",郭氏"松莲",杨氏"四知",洪氏"柏埔",梁氏"梅镜"等,一般一个堂号背后都流传着一个动人的故事。

如同安梁氏"梅镜"堂号的由来就有一个感人的爱情故事。传说,梁氏入闽三十一世梁克家游学潮州时,其表叔陈彦光(同安人)时任揭阳县令。表叔见梁少年英俊,博学多才,便想把女儿许配给他。一天,陈小姐对镜晨妆,蓦见玉镜中显出一枝白梅,表叔便以梅镜为题让梁克家赋诗一首。梁克家见后花园梅花盛开,脱口便吟诗:"老菊残梧九月霜,谁将先暖入东堂。不因造物于人厚,肯放寒枝特地芳?九鼎燮调端有待,百花羞涩敢言香?晓来得共巡詹笑,更诵龙吟古乐章。"陈小姐深深爱上了表哥,但梁克家却不动此情,心系国事。绍兴三十年(1160年),梁克家高中状元,官拜左丞相,终未能与陈小姐缔结秦晋之好。而陈小姐痴情决绝,终身未嫁。其父为其抱养一子姓梁,养子成人后,为其感动,取堂号为"梅镜"。这段爱情故事后为潮剧所用,编为《梅镜记》。

南安张氏堂号"珠宝",也源于一个传奇的故事。传说在元代时,张世杰的后裔张汝南为广东主簿,其女出嫁,他将珠宝作为女儿陪嫁。后来珠宝遗失,亲家翁疑是张家所为。事态扩大,朝廷下诏追珠,张家因珠惹祸,逃到南安避难。后经过数载坎坷,珠宝冤案始白,裔孙即以"珠宝"为堂号,以示警惕。现安溪县高甲戏中的《玉珠串》情节与此有些相似。[1]

---

[1] 陈国栋.同安风情习俗[Z].

（4）以祖先官职或封爵为堂号。如凤志的周氏堂号为"封川"，因其祖先周英曾任广东封川县知县；柯氏有"龙图学士"堂号，因柯氏入闽二世柯仲翔宋时曾任龙图阁学士；郭氏有"汾阳"堂号，因先祖郭子仪平安史之乱有功，封为汾阳王等。

此外，还有以祖先的道德才学为堂号、以吉祥物为堂号的，在此不详细解读。总之，闽台文化中的宗祠文化特征，其表现的主要方式之一就是通过宗氏堂号顽强地传承着与中原的血缘关系，让后人不忘族源之本。

第一章

闽台文化概念

一、"闽"的概念

福建位于祖国的东南沿海,东北部与浙江省毗邻,西、西北与江西省接壤,西南与广东省相连,东、东南隔台湾海峡与台湾相望。辖9个地级市(其中厦门为副省级市)、31个市辖区、11个县级市、42个县,常住人口4100多万人。

福建是中国著名侨乡,旅居世界各地的闽籍华人华侨1000多万人。其中,菲律宾、马来西亚、印尼三地的闽籍华人华侨最多。福建与台湾源远流长,关系最为密切,74%的台湾同胞祖籍为福建。福建居于中国东海与南海的交通要冲,是中国距东南亚、西亚、东非和大洋洲最近的省份之一。福州、厦门曾被辟为通商口岸。泉州港曾是古代世界第一大港口和海上丝绸之路的起点。闽江口的马尾港是中国近代造船工业的先驱和培养科技人才的摇篮。

福建历史悠久,上古时期就有人类活动。1999年,福建三明市岩前镇万寿岩灵峰洞内发现了70多件距今20万年的打制石器,下层的船帆洞遗址距今3万—2万年,还有一块由人工铺就的石头地面。这是华东地区迄今发现最早的洞穴类型的旧石器时代早期文化遗址,它不仅在全国绝无仅有,在世界范围内也极其罕见。它体现了2万~3万年前,福建先民在生活上就已经有了高质量的要求和人工修路技艺的出现,因此这一发掘被列为2000年全国十大考古新发现的第一位。

三明万寿岩发现的旧石器时代遗址把福建人文历史的开端提早到20

万年以前,在万寿岩发现的锐棱砸击石器与贵州、广西两地的发现有相似之处。福建漳州、清流等地还发掘出更新世晚期至全新世早期8件人类化石标本(距今1万年),为此有学者认为,福建是南方蒙古人种发祥地之一[①],生活的族群属于古越族的一支,被称为"东越"。战国时期,越国为楚兵所败;越国一些王族南逃至福建和浙江南部,其后裔与福建的闽族人融合,成为闽越人。前221年秦始皇统一中国后,福建设闽中郡,第一次作为一个行政区划单位出现在中国版图上。

《山海经·海内南经》载"闽在海中",这说明福建在远古时代还是海浸之地。有学者认为,闽是当时居住在福建的七个部落"蛮"的总称。八闽作为福建的别称,是之后逐渐演化而来。另一种说法是,古闽人以蛇为图腾崇拜,常将蛇奉于家里。闽字,从虫门声。虫,是蛇的意思。

"福建"这一称呼源自唐代。开元二十一年(733年),朝廷为加强边防武装力量,从福州、建州(今建瓯市)各取一字,设"福建经略使"(军事长官职称),它和福州都督府并存。这是历史上第一次出现"福建"名称。

北宋时,福建称福建路,行政区划为福、建、泉、漳、汀、南剑六州和邵武、兴化二军。南宋后升建州为建宁府。福建因此包括一府五州二军,共计8个同级行政机构,故号称"八闽",共辖42县。

宋后历朝基本沿袭旧制。康熙二十三年(1684年)增设台湾府,光绪十二年(1886年)单独设省。清末福建共有9府2州,58县6厅。辛亥革命后,民国二年(1913年)废除府、州制,设省、道、县三级制,几经调整,至新中国成立时止,福建省设2市、7个行政督察区,共有67县。新中国成立后,福建省设2市、8专区,共有67县。1951年,增设泉州、漳州2市,委托专署领导。此后20多年间,行政区划又曾数次调整。改革开放以来,福建根据自己的特点,调整了行政区划,地区改为地级市,形成市带县体制。

二、"台"的概念

台湾是中国的第一大岛屿,与福建东南部隔海相望。台湾岛东部多山脉,中部多丘陵,西部多平原,高山和丘陵面积占全部面积的三分之二以上。台湾由台湾本岛及兰屿、绿岛、钓鱼岛等附属岛屿和澎湖列岛构成,1949年后台湾地区还包括靠近大陆的金门与马祖等岛屿。台湾本岛南北长而东西

---

① 卢美松,陈龙.闽台先民文化探源[M].福州:福建人民出版社,2003:13.

狭。南北最长达394千米、东西最宽为144千米，呈纺锤形。台湾海峡为中国南北方之间的海上交通要道，是著名的远东海上走廊。台湾与庙岛群岛、舟山群岛、海南岛构成一条海上"长城"，为中国东南沿海的天然屏障，素有"东南锁钥""七省藩篱"之称。

台湾居民中，汉族占总人口的97%，少数民族占约3%。根据语言、风俗的不同，台湾少数民族有16个族群部落，分为阿美、泰雅、排湾、太鲁阁、拉阿鲁哇、卡那卡那富[①]、布农、卑南、鲁凯、邹、雅美、邵、噶玛兰、撒奇莱雅、赛夏、赛德克等，分居台湾各地。台湾地区使用繁体中文，以及闽南话、客家话和台湾少数民族语言。

在历史长河中，台湾与大陆几次分连，地质学家推测，最后的一次分离是在5000～10000多年前。换句话说，台湾与福建、浙江、广东曾经是连为一体的大陆。东山路桥是一历史见证。台湾海峡又是闽粤浙台的地理走廊。台湾岛西部第四纪地层中，发现了许多普通象、剑齿象、野牛、犀牛、剑虎等大型哺乳动物的化石，这些动物都是远古东亚大陆特有的，在浙江、川西、滇中也有类似发现。它们不会飞翔和游泳，但却出现在台湾岛上，对这种现象的解释只有一个：远古时代，台湾海峡可能是一片低洼的陆地或有陆桥，它们由此迁徙过去。

台湾有着得天独厚的海洋渔业生态环境、丰富的淡水溪河、富饶的土地，这些人类赖以生存的物质条件，台湾全部具备。因而，千百年来，与台湾一海之隔的福建、广东等地生活艰苦，环境恶劣的渔民和农民，冒着生命危险，千方百计地赴台开辟新生活。他们将与生俱来的习俗带到台湾，自然传承给后代，形成台湾的习俗文化。

在中国古代文献里，台湾被称为"蓬莱""瀛洲""夷州""琉球"等。明朝万历年间，中国官方正式使用"台湾"这一名称。从三国时代开始，大陆人民便逐渐开拓、经营台湾，到清光绪十一年（1885年）台湾正式建立行省。

[①] 其中，拉阿鲁哇族群（旧称沙阿鲁阿族人），清代文献称四社"生番"，主要居住在高雄市桃园区，部分居住于那玛夏区，人口只有几百人。传统语言为拉阿鲁哇语，但通用语是布农语。以往被官方归类为台湾先住民邹人的一支，和卡那卡那富族群合称"南邹"，台湾地区行政管理部门于2014年6月26日承认其为台湾先住民的第15个族群。卡那卡那富族群，旧称卡那卡那布，清代文献称干那雾番，人口也只有几百人，主要居住在高雄市那玛夏区。传统语言为卡那卡那富语，但目前通用语言是布农语。以往被官方归类于邹人，和拉阿鲁哇族群合称"南邹"，台湾地区行政管理部门于2014年6月26日承认其为台湾先住民的第16个族群。

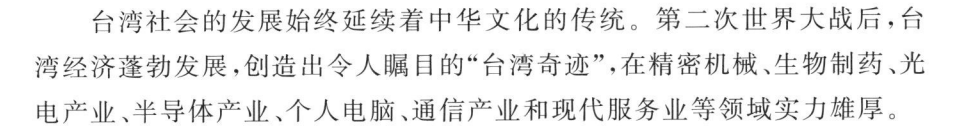

台湾社会的发展始终延续着中华文化的传统。第二次世界大战后,台湾经济蓬勃发展,创造出令人瞩目的"台湾奇迹",在精密机械、生物制药、光电产业、半导体产业、个人电脑、通信产业和现代服务业等领域实力雄厚。

三、"文化"的概念

文化是一个非常广泛的概念,国内外多少哲学家、社会学家、人类学家、历史学家和语言学家一直努力地试图从各自学科的角度来界定文化的概念。然而,迄今为止仍然没有一个文化概念获得公认。因此,给它下一个严格和精确且能令学术界都认同的定义,是一件非常困难的事情。

但是,文化概念的基本内涵是公认的。文化是一种社会现象,是人们长期创造形成的产物,同时又是一种历史现象,是社会历史的积淀物,文化是人们精神与物质的总和。确切地说,文化是凝结在物质之中又游离于物质之外,是能够被传承的国家或民族的历史、地理、风土人情、传统习俗、生活方式、文学艺术、行为规范、思维方式、价值观念等,是人类之间进行交流的普遍认可的一种能够传承的意识形态。

四、"闽台文化"的概念

就闽台人文环境形成的条件分析,理论上说,文化源于民俗,而民俗是每个人及其族群约定俗成的习惯。一个人与生俱来的民俗,源于他的家庭;一个族群的民俗,则源于这个族群所生活的环境及社会生产方式。本书讲述的闽台文化,主要是指福建和台湾有着文化共性和差异的民俗文化。

第二章 闽台信俗文化

闽台民间信仰的主要载体是庙宇,除此之外,家家有神龛。全国农村都建有民间寺庙,数量最多的要数福建和台湾,例如闽南几乎每个自然村都有寺庙;在台湾苗栗县后龙镇,一个自然村阴庙多达11座;马祖列岛的东引乡10座、北竿乡22座、南竿乡22座、东莒和西莒16座。

第一节 神人化信仰

神人信仰本意为将神拟人化。远古时期,当古人无法用现代科学解释和破解大自然的风雪雷电时,便产生敬畏之心,认为上天有像人类一样会思考的神灵,世间万物都有灵。于是信仰因需要而产生。

一、天神信仰

闽台地区信仰的天神主要指日月星辰、山川雷电等自然现象相应的主宰。随着人类文明的进化,古人有了天地概念,于是根据自然界呈现出的状态辨色和形象化,自然而然将神拟人化,因此天神渐渐人格化。当古人进入原始社会阶段,有了集团、公社、氏族概念后,原始自然的万物崇拜也进一步有了组织概念,认为万物都应有其相应的主宰,而其最高的主宰天帝(民间称玉皇大帝)统辖天、地、人三界。

据"台湾寺庙网"上的统计数字,台湾主祀玉皇大帝的宫观大约有140座。台湾流传着"早期有三间半天公庙"的说法,一般指台南天坛、沙鹿玉皇殿、新竹天公坛(金阙殿)和彰化元清观。台南天坛,原来称"天公埕"。郑成功收复台湾后,曾于台南建天坛祭天;嗣后郑经又在台南西安坊建天公坛祀玉皇大帝。台南为清代台湾首府,台南天坛号称"台湾首庙天坛",当之无愧。沙鹿玉皇殿于嘉庆八年(1803年)由泉州的同安县分灵而来,"为大肚中堡53庄信仰中心"。新竹天公坛位于新竹市中山路431巷36号,主奉玉皇大帝(天公),是一座由道教为主的寺庙演变为混合教的综合寺庙。配祀有三官大帝、太阳、太阴、风、雨、雷、电神及五谷神、土地公、文昌帝君、玄天上帝等。彰化元清观,俗称"天公坛",大门有"温陵福地"匾额,由泉州籍移民创建于清乾隆年间。所谓"半间",或说因元清观后殿奉祀佛祖;或说因后来街道拓宽,元清观被毁大半。

福建的习俗也影响到台湾,曾经庙中很少摆设玉皇塑像或画像。日本铃木清一郎的《台湾旧惯习俗信仰》一书记载:"本省人很敬畏玉皇上帝,所以极少有供奉神像的。"①而元清观是历史上台湾唯一供奉玉皇大帝塑像的宫观(民国后,台湾多家宫庙雕塑了玉皇金身)。②

二、地祇信仰

地祇信仰为对地面上的一些自然物或物品的神化,如土地、五谷、山岳、河海等的神化,还有对日常生活百物的崇拜,诸如床、灶等物品的崇拜。

(一)土地爷(福德正神)崇拜

土地爷崇拜是闽台乃至全国民间信仰中最普遍的地祇信仰,每个村都有土地庙。闽台地区与国内其他地区土地爷崇拜稍有不同的是,闽台地区将本土的土地爷崇拜与从中原传入的福德正神崇拜融为一体。

(二)五谷神崇拜

五谷神崇拜在闽台稻作文化区域普及。由于闽南地区多为中原迁来的移民,因此在闽南的老庙中供奉的五谷神与闽北和闽西供奉的五谷神稍有不同,即前者老庙中五谷神手中举着的谷不是水稻穗而是麦穗。如漳州列屿镇人家村老庙中的五谷神手中举着的是麦穗,而闽北浦城老庙里的五谷神手中举着的则是稻穗。在台湾,但凡庙中供奉有五谷神的,神

---

① 汪毅夫.客家民间信仰[M].福州:福建教育出版社,1995:35.
② 陈国强,陈炎正.闽台玉皇文化研究[M].香港:闽南人出版有限公司,1993:148-151.

像手中多是举着稻穗。

(三)山神崇拜

山神崇拜源自原始宗教的自然崇拜。五岳是指东岳泰山、西岳华山、南岳衡山、北岳恒山、中岳嵩山,东岳大帝是指泰山之神,而东岳泰山被认为五岳之首,则泰山神为五岳神首尊。泰山君"主治死生,百鬼之主帅也,血食庙祀宗伯者也。俗世所奉鬼祠邪精之神而死者,皆归泰山受罪考焉"①。东岳庙奉祀东岳大帝,传说东岳大帝是天帝的孙子,主管人间的贵贱尊卑,又有掌十八层地狱、寿命长短的权力。

泰山位于今山东省,又名岱山。古代帝王登基之初,或国家有重大庆典时,都要来泰山举行祭拜大典,祭告天地,因此泰山名声很大。"岳者,地祇,其祭坛而弗庙。"所以,一开始五岳崇拜并没有庙宇,只设祭坛。汉代,民间盛行泰山神主冥府、能决定人年寿长短的信仰。泰山神逐渐人格化,并有生前正直者死后充任泰山府君的传说。隋唐以来,由于泰山神主宰幽冥十八层地狱及世人生死贵贱,职务繁重,因此庙中一般配有众神分管众务。其中最有名的是速报司,以包拯(或岳飞)为司主。

"五岳四渎总立庙,自拓跋氏始。唐乃各立庙于五岳之麓。东岳(庙)之遍天下,则肇于宋之中叶。"(《集说诠真》)唐和宋的统治者喜欢通过宗教进行统治,经常到泰山封禅祭天,泰山神也因此常受封赠。宋辽"澶渊之盟"后,宋真宗屡屡假借托梦制造天降天书的祥瑞神话,宣示赵宋受命于天、国祚延永,并改元大中祥符,加封泰山神为东岳天齐仁圣大帝。"敕下,从民所欲,任建祠祀。"②于是"土木祷祠之事兴,天下靡然向风。而东岳之庙,遍寰宇矣"③。

明清以来,东岳大帝和阎罗王两种信仰逐渐合流,两位神往往并祀于东岳庙,而民间则以东岳大帝为阎罗王的上司,主司地府阴曹。东岳大帝对作奸犯科、作恶多端的人都能够明察秋毫、赏罚分明,所以民间对东岳大帝极为敬畏。闽台地区祖源自中原的古村多有东岳庙信仰,如厦门市集美区英村东岳庙有400多年历史。④

---

① 古今图书集成·神异典:卷二二[M].
② 王鼎.东岳庙碑[M]//胡聘之.山右石刻丛编:卷一二.
③ 王鼎.东岳庙碑[M]//胡聘之.山右石刻丛编:卷一二.
④ 连心豪,郑志明.闽南民间信仰[M].福州:福建人民出版社,2008:14.

闽南的自然崇拜以天、地、云、雷、水(雨)、山、树、龙、虎、蛇为主,其中山神比较突出,有中原传来的东岳大帝、西岳大帝,广东的三山国王,本地的靠九龙江的良岗圣王(良岗山神)、靠海的梁山尊王(梁山神)、山伯公等。良岗山在长泰的龙津平原拔地而起,其上千米高峰为该县第二高峰,巨石危崖,显得巍峨壮观。良岗尊王的信仰还传到台湾。漳浦的梁山为该县的母亲山,濒临大海,花岗岩地貌,群山与大海相映,令人震撼。地近平原的山峰让人印象深刻,所以这些地区的山神崇拜反而突出,也较好理解。

(四)江海井水神崇拜(如龙王太子信仰)

闽台地区原始宗教中,万物有灵观念表现在方方面面,人们认为但凡有水的地方都有神灵,于是江有江神,海有海神,井有井神。在台湾高雄旗津港和福建连城渔村,都有"太子庙",专门祭祀龙王太子。连城的渔村每年正月十三到十五日还有龙王太子巡境保平安习俗。

(五)灶神崇拜

闽台地区腊月二十三至二十四日送灶神的习俗传承至今,且古风纯朴而普遍。台湾但凡仍然居住在红砖古厝的闽籍后人,节日期间,都会在老灶的大锅里放上装有糖粿等的三个菜碟,再在老烟囱的壁上贴上吉祥语。在现代建筑居住的居民,这一天也有个简单的仪式。

(六)城隍爷崇拜

城隍祭祀,起于汉代,兴于唐宋。所谓"城"就是城墙,而"隍"即城墙之外的护城壕沟。古代将城墙与外环的护城河合称为"城池",后世便用"城池"指城市建筑聚落,"城隍"一词则逐渐成为城市守护神的代称。官方祭祀城隍是将城隍神视同超自然界的各级首长官吏,但民间相信城隍爷管人的吉凶祸福,比如贫穷、厄难、疾病,甚至生死。所以,民间对城隍爷的敬畏远超过地方官。[①]

闽台城隍庙的根源是一体的。台湾现有的城隍庙中,大部分是以福建的城隍庙为祖庙,福建的城隍对台湾有很大的影响。每逢正月十五日的元

---

① 谢宗荣.台湾的庙会文化与信仰变迁[M].新北:博扬文化事业有限公司,2006:127-131.

宵、五月二十五日的城隍寿诞、十一月初七日夫人妈的生辰以及清明节、七月十五日、十月十五日的祭孤,城隍庙都要举行庙会活动。这些庙会规模大,范围广,人数多。城隍庙每年都有钱、米、衣服、棉被、医药等的施舍,台湾府城隍庙每年农历十二月二十五日的施舍为最大的一次施舍活动,每月初一和十五日亦有小规模的施舍。城隍庙还有为人主持公道、排解纠纷的活动。

台湾最早的城隍庙为台南的台湾府城隍庙,创建于 1669 年,其前身为漳州籍的陈永华在天兴州承天府东安坊创建的"东宁府城隍庙"。台湾归清以后,政府亦根据祀典在各级府、州、县、厅等设置城隍庙。

城隍庙不像文庙只有县以上才能设置,只要有城就可设置。泉州和漳州都是府治、县治同城,同时拥有府、县两座城隍庙。城隍神多为历史上的英烈,许多福建人(如俞大猷、施琅、吴英)或与福建有关的杰出人物(如戚继光)被尊奉为城隍神。①

三、动植物崇拜

(一)蛇崇拜

闽台地区蛇崇拜传承在闽北地区和台湾少数民族之中。闽越人图腾为蛇,《说文解字》云:"闽,东南越,蛇种。从虫,门声。"这里的"蛇种"就是"蛇族",即信仰蛇神的氏族。闽越人之所以以蛇为图腾,是因为其祖先生活在温湿的丘陵山区,溪谷江河纵横交错,许多蛇类繁衍滋生其中,对闽越人的生命和生产造成极大的威胁。《太平广记》引《宣室志》云:"泉州之南有山焉,其山峻起壁立,下有潭水,深不可测,周十余亩。中有蛟螭,尝为人患,人有误近或马牛就而饮者,辄为吞食。泉人苦之有年矣。"因此人们在近山的岩石上刻画蛇形以祈求神灵的保护,并建庙供奉,希望能借助于祈祷来取得好的结果。②

南平市樟湖镇是福建现今传承蛇崇拜的区域之一,有一专门的蛇王庙。樟湖蛇王庙始建于宋朝,正名称"福庆堂",庙内主祀蛇王连公,又称"连公庙"。当地人习惯上称连公庙为"师父殿"。每年蛇王巡境活动集中在农历

---

① 郑镛,涂志伟.漳州民间信仰[M].福州:海风出版社,2005:30.
② 何绵山.福建民族与宗教[M].厦门:厦门大学出版社,2010:28.

七月初七日,以求蛇王保佑全村平安无事,风调雨顺。

在台湾少数民族中,排湾人、阿美人、布农人、卑南人和赛夏人都有蛇崇拜的遗存。例如,排湾人在祖屋中,以蛇为崇拜物立柱于正堂之中,关于蛇的禁忌也非常之多。

(二)蛙崇拜

蛙崇拜也是古越稻作民族的习俗之一。南平市樟湖镇有一庙名为张公庵,供奉蛙神。樟湖镇奉张圣君为蛙神,每年农历七月二十一日是樟湖镇溪口村蛙神巡境之日,以求保佑本村风调雨顺,五谷丰登。

(三)猴崇拜

在福建,猴崇拜主要集中在南平市的樟湖镇、政和县、浦城县、武夷山市和三明市将乐县一带。

樟湖镇信仰猴神"齐天大圣"的风俗极为普遍,集镇上同时存在着三个齐天大圣庙,即钟灵庵、聚灵庵、显灵庵,分别位于坂头街、上坂街、下坂街。笔者经实地细致考察,发现这三个猴神庙的来源各不一样,即有三种相对独立、来源不一的猴神信仰,但是在庵堂祭祀、节庆活动开展上大同小异。其中,显灵庵主祀齐天大圣,配神白将军、黑将军,三者造型均为人像。香案上另有齐天大圣立像一尊,为猴王形象。农历七月二十三日为齐天大圣诞辰,举行祭祀和演戏酬神活动;正月十八日请齐天大圣绕境巡游,保佑合境平安,财丁兴旺。

(四)盘瓠崇拜

盘瓠崇拜主要遗存在闽东畲族地区。福建是全国畲族最多的省区,多分布在闽东宁德地区。畲族与苗族、瑶族一样,是我国山地稻作民族,都有关于盘瓠的传说和盘瓠崇拜习俗。

(五)神树崇拜

神树崇拜是闽台地区老村的共同信仰。该信仰源于最早的万物有灵的原始宗教心理。人们认为神树关系到全村人的生命质量,不论是渔村还是农村,对神树的敬仰古而有之,但凡有许愿和还愿都会寻一棵枝繁叶茂的百年古树为神灵寄托物加以祭祀崇拜。

榕树公则是闽南典型的植物崇拜。闽南人认为大榕树可以庇荫人群，一个乡村如果能有一两棵树龄百年的大榕树，必可免受某些灾难。因此，人们就会在逢年过节时准备一些果品食物，摆在树下拜拜，祈求榕树公的保佑。甚至有的村庄会在显灵的榕树旁建一座榕树公庙。除了榕树公外，闽南还有樟树公、杧果树公等。①

四、其他原始自然崇拜

石崇拜早在原始社会时期就已存在。石器时代，人们磨制天然的石块，作为主要的工具。原始人对石器怀有特殊的感情，死去时往往把石器作为随葬品。原始人还用燧石摩擦起火，以为石块具有某种灵性，就把它作为神石崇拜。

闽台多山，有山必有石，先民们把石头分为"死石"和"活石"，认为多数石头是死石，供人们作为生产和生活的基本材料；少数有"灵性"的石头是活石，冲犯活石就要遭殃，因此对一些活石进行崇拜。闽台的石崇拜在形式上主要有两种：一是崇拜原生态的石头，二是对石制品进行崇拜。

对原生态的石头的崇拜，多是针对一些形状怪异、功能特殊的石头。福建连江县有座名叫灵津侯庙的宫庙，俗称浮石王庙，因乡人看见一块石头漂浮在水面，以为有神灵依附在上面，遂建庙祭拜这块石头，香火颇盛。建阳辰山的牛心洞内，"中悬一石如牛心"，遇到干旱，当地百姓来洞中求雨，用纸向石擦一下，不一会儿，石头就会像流汗一样流出水来，求雨的人用干净的盆子将水盛起来，敲锣打鼓地回去，称作迎仙，甘雨马上就会到来。类似这样的例子在方志中随处可见。

台湾以石头为主神的庙宇多达11座，如花莲凤林镇凤义里的石头公庙、台南的赤山岩庙、嘉义县的三台宫、宜兰县冬山乡的神石庙和石圣公庙、南投茄冬脚的石头公庙、台中市神冈区的振兴祠等。苗栗县义民街义民庙旁有一个石母祠，里面供奉石母娘神位。据当地老乡说，年轻父母常常领着幼儿到此庙礼拜，祈求石母娘娘保佑孩子健康和幸福，也有将孩子许给石母娘娘做干儿子、干女儿的。俗信石头具有使幼儿脑袋坚固的神力，生儿三天和满月时，台湾有送油饭给亲朋的习俗，亲朋收到油饭后，要在送来油饭的盘子上回送一块石头，祝愿幼儿脑袋如石头一般坚固，健康成长。南投茄冬

---

① 厦门市闽南文化研究会.闽南文化百问[M].北京：文史出版社，2006：89.

脚的石头公庙供奉的石头是嘉庆年间一群孩子游戏时用的。据说,这群孩子游戏时,其中一个孩子突然神灵附体,做出乩童状,百姓就把这块石头奉祀在庙内。宜兰县冬山乡的石圣公庙供奉的石头,据说是一块搬到别处后又会自动回到原处的通灵怪石。

对石制品的崇拜,是针对民间镇妖驱邪的石制品,包括石狮、石虎、石人、石敢当等,其中石敢当崇拜最普遍。在厦门市中华街道纵横交错的闾巷丁字路口,可看见墙上安放着一尊尊石制雕像,有的状如石狮,民间称之为"石狮爷""石狮王";有的则仅置一块长方形石条于墙根,上面镌刻"石敢当"三字,或干脆素面无纹;有的则取一方石,四面刻上佛像,称"四仙石"。人们将之统称为"石敢当",在中山路附近的石顶巷、石壁街、草埔巷、外清巷、四仙街等地随处可见,被视为小巷的镇巷神。而在与厦门仅一水之隔的金门也有许多类似的石制雕像,名唤"风狮爷"。

(一)石敢当崇拜

汉民族的石崇拜主要反映在建筑民俗中,即所谓的"灵石镇宅法"。"灵石镇宅"民俗在我国由来已久。北周庾信的《小园赋》有:"镇宅神以𧅁石,厌山精而照镜。"意思是要镇定宅神,使其常护左右,就必须于造屋时埋石为祭。另外,宗懔的《荆楚岁时记》也写道:"十二月暮日,掘宅四角,各埋一大石为镇宅。"正是基于古人对石的崇拜,派生出埋石镇宅的风俗,也衍生出石敢当。

"石敢当"三字最早见于西汉史游的《急就章》:"师猛虎,石敢当。所不侵,龙未央。"唐代训诂学家注:"敢当,言所向无敌也。"据称,石敢当实物最早见于唐代,"(宋)庆历中,张纬宰莆田,再新县治,得一石铭。其文曰:石敢当,镇百鬼,压灾殃;官吏福,百姓康;风教盛,礼乐张。唐大历五年,县令郑押字记"[1]。可见至迟在盛唐时,中原石敢当厌邪的习俗已流传到福建。金井镇围头街有一方道光二十五年(1845年)公立的"围江石敢当",并有碑记:"本乡之中有大路,其直如矢,由来久矣。是年也,叨蒙主帅爷降乩,命立石碑,则人众和睦,闾里有磐石之固焉。"[2]金门的振威第屋后墙角立有三座石敢当石碑,其中两座仅于花岗岩上书刻"石敢当"三字并嵌入墙面,另一座

---

[1] 王象之.舆地纪胜[M].北京:中华书局,2003.
[2] 郑振满,丁荷生.福建宗教碑铭汇编:泉州府分册[M].福州:福建人民出版社,2003:370.

则以石座立于屋角,造型尤其罕见。

石敢当的来历,历史上的说法很多,大体可以分为神灵说与真人说。

其一,神灵说。传说石敢当是古代的大力神,专司抓鬼镇邪、破邪驱魔,在门前立石敢当能辟邪。又传石敢当是当年女娲挫败蚩尤的利器。黄帝时代,蚩尤残暴,头角所向无敌,再坚硬的岩石也抵挡不了,黄帝屡遭其害。一次,蚩尤登泰山狂呼:"天下有谁敢当?"女娲投下一枚刻有"泰山石敢当"的炼石,蚩尤溃败而逃。黄帝乃遍立"泰山石敢当",震慑嚣张一时的蚩尤,使其不敢再作祟。还有一种传说是,姜太公封神,封来封去,到最后却忘记了自己的姓名,便自封为泰山石敢当。

其二,真人说。关于石敢当的真人传说皆可上溯到上古时期,其中流行比较广的有:泰山脚下有一位猛士,姓石名敢当,好打抱不平,降妖除魔所向无敌,豪名远播。一日,泰安南边大汶口镇张家年方二八的女儿因妖气缠身,终日疯疯癫癫,多方医治未见起色,特求石敢当退妖,当晚石敢当就吓跑了妖怪。妖怪逃到福建,一些农民被它缠上了,请来石敢当,妖怪一看又跑到东北,那里又有一位姑娘得病了,人们又来请他。石敢当想:这妖怪我拿它一回就跑得老远,可天南地北这么大,我也跑不过来。干脆,泰山石头多,我找个石匠打上我的家乡和名字——"泰山石敢当",谁家闹妖气就把它放在家的墙上,那妖怪就跑了。从此传开,大家知道妖怪怕泰山石敢当,就找块石头或砖头刻上"泰山石敢当"来吓退妖怪。

在真人说的版本里,除了上述的"猛士石敢当",还有"晋朝将军石敢当""神医石敢当""李世民卫士石敢当"等。关于石敢当的传说虽然很多种,但有一个共同的特点就是中心情节和主人公的命运始终不变——石敢当虽然有很多职业,但都是匡扶正义、除暴安良的楷模,以此得到了世人的尊重,遂镌石以纪念。

石敢当入闽之后,人们将石敢当与石狮子或龙九子之一狴犴同刻,以石敢当的勇敢忠诚和石狮子或狴犴的雄伟威力互相合作,提升镇妖驱邪的能力,以增强人们的安全感。

(二)风狮爷崇拜

狮型石敢当,在厦门称为"石狮爷",石顶巷的风狮爷小庙宇是岛内唯一一座石狮爷庙宇。它并非高堂大殿,而是嵌在一座多层砖构楼房后壁的一隅,由墙底嵌入一个一米见方的凹洞。蓝色琉璃筒呈扇形作顶,紧贴于楼墙之上。石狮爷前小平台上放有花瓶、烛火与青石雕香炉,其前木桌上系着红桌帏,前面巷道一侧依着墙壁建半爿金炉。不仅石狮爷的庙宇奇特,其相貌也很奇特。造像不但不会面目狰狞、阴森可怖,反而显得形态夸张、面貌可亲。蓝脸膛,白眉毛,白眼圈,黑瞳仁,开裂的嘴唇,露出两排齐而长的白牙齿,颇似喜庆的吉祥物。以前,尚未有庙宇的时候,常有孩童上前抚摸,举止只要不过分,大人也不加责骂。

石狮爷还随着先人的足迹传入金门,在金门叫作"风狮爷"。主要是因为郑成功占领金门时期把大树砍去造船,在清康熙时的迁界又放火烧林,所以金门风沙多,当地居民常受其害,为抵风灾,特别将石狮爷与风伯结合。民间尊称风神为"风伯""风师""风狮""风王公"。宋元祐二年(1087年)设福建路市舶司于泉州,古代帆船航海全靠季风(又称"信风"),市舶司与地方长官每年夏冬两季要到九日山延福寺举行祈风仪式,祈求出航一帆风顺。

闽台许多地方都有风狮爷,如石狮市莲厝村的风狮爷[①],宝盖镇玉浦村彩色的风狮爷[②],在九日山延福寺遗址出土的一尊大型花岗岩风狮爷和两枚灰陶质风狮爷瓦当[③]。澎湖的风狮爷也是在屋脊墙头的"瓦将军"。

金门风狮爷是"镇风止煞,祈祥求福"的村落守护神,已成为金门的象征,也是金门特有的人文景观。目前,金门风狮爷有80尊,分布在56个村落里。金门风狮爷分为两种,一种安置于村落外缘地面,称"村落风狮爷",其防护范围以整个村落为主,属于公设性质。另一种在屋顶上或墙壁上面,称"瓦将军"。除风狮爷外,金门还有其他石崇拜。如金门的金宁乡湖下村和金城镇东门里等地有风制石,俗称"皇帝石"[④],应当是因闽南话"风制"与"皇帝"谐音,企图附会皇帝的权威来镇煞风灾。金宁乡安岐村路口至今遗留金门唯一一座镇煞风灾的"风鸡咬令箭"石碑。[⑤] 金门烈屿乡(小金门)有"北风爷"。[⑥]

风狮爷最重要的功能是除妖镇邪,且其功能有扩大的趋势。例如金门风狮爷的形态和功能主要有四种:文风狮爷,手执朱笔、帅印,狮唇微启,喻

---

① 洪亚男.石狮发现高个子"风狮爷"[N].石狮日报,2004-08-17.
② 吴云龙,陈少恭.石狮也见彩绘"风狮爷"[N].东南早报,2004-11-16.
③ 陈智勇.九日山出土最大"风狮爷"[N].泉州日报,2004-10-26.
④ 杨天厚,林丽宽.金门寺庙巡礼[M].台北:稻田出版有限公司,1998:126.
⑤ 杨天厚,林丽宽.金门寺庙巡礼[M].台北:稻田出版有限公司,1998:136.
⑥ 金门县政府.走访金门古厝[Z].金门:金门县政府,2002:95.

文人能言善辩。武风狮爷,手执刀剑,张牙怒目,或抿嘴不苟言笑。财风狮爷,手拎铜钱,意味福星高照、招财进宝。雄风狮爷,雄性特征为葫芦状,带有助人丁兴旺的功能。① 如金门金城镇官路边村村后草地的榕树下,有座1米高的风狮爷,雕工精美。面部表情似舞狮状,右手持令牌,左手握文笔,胸前浮雕铃铛。下身的雄性特征雕成鲜明的葫芦形,颇引人注目。

第二节 人神化信仰

闽台民间都承认万物有灵,通常分"鬼"和"神"两类。何谓鬼与神呢?有些生物在世时通常以正面形象出现,善终后为善灵,成为神;有些生物在世时是邪恶的,或者在世为善,因种种变故冤死后变为恶灵,即为鬼。闽台民间都认为人分为躯体和灵魂两部分,人死后成鬼,俗称魂。但为什么有的会成为神呢?成为神一般有三种情况:一种是去世后被亲属供奉,按闽台民俗,在"对年"(周年)以后,将姓名列入公妈神牌,称"公妈",成为祖先神的一部分。另一种是生前有功德之人,逝世后受人们供奉,可以成神。《礼记·祭法》:"法施于民则祀之,以死勤事则祀之,以劳定国则祀之,能御大灾则祀之,能捍大患则祀之。"②此乃中华民族历来的传统。还有一种是非正常死亡、冤死或客死他乡的亡魂,当地人给其收尸并供奉起来,成为地方的保护神,如有应公、大众爷等,都是这样成为神灵的。

闽台民间信仰中的鬼与神之间是可以互相转化的。比如在厦门流行"蜈蚣阁"习俗,是祭祀保生大帝仪式的组成部分,其游境活动主要集中在厦门市海沧区东屿、锦里、钟山和青礁。民间传说在明代,东屿要建王爷庙时,破土惊动蜈蚣精,使之不悦,经常施法搞乱地方的安宁,并使庙宇屡盖不成。后来王爷知悉不甘示弱,与之斗法,把蜈蚣精降伏,并收其为徒。以后蜈蚣精修成正果,得道升天,称"百足真人"。于是世间少了一个祸害,多了一位真人。

人神化信仰,以字义解释,即将人神化。闽南的神明多数是从人转化过来的。以漳州为例,本地的500多种神明中,从人转化为神的占绝大多数,共约480种,且当中多为祖先神,占漳州主神总数的96%;而从山水、动植

---

① 金门县政府.风狮爷千秋[Z].金门:金门县政府,2008:68.
② 十三经注疏·礼记正义[M].北京:中华书局,1979:1590.

物等转化为神祇的约有20种,占主神总数的4%。这种情况也影响到台湾,据学者段凌平统计,台湾约300种的主神中,不是由人转化为神的各类神明只有约30种,占主神总数的10%。

一、鬼神信仰

(一)王爷信仰

王爷信仰是闽台地区区别于其他地区民间信仰的最大特点。闽台地区,王爷庙比妈祖庙还多,王爷是闽台地区建庙供奉最多的神祇。

王爷是指生前有功德且非正常死亡之人,逝世后受人们供奉,可以成神。如闽台地区庙中供奉的施王爷、谢将军、李将军、池王爷等。

(二)有应公信仰

闽台地区民间认为死后没人供奉的,或者非正常死亡的、冤死者会转为鬼。亡魂会留在去世的现场,成为孤魂、野鬼,到处飘荡、作祟,甚至"找替身",拉人替死。故为求自身和他人平安,不无辜被鬼拖累,都会在村里建庙(即阴庙)供奉,民间普遍称之为有应公或大众爷。沿海渔民出海捕捞时捞出的无名遗骸,不论是人骸还是鱼骸,都会运回村或堆在阴庙中集中供奉祭祀,或装进瓮中封上祭祀。

二、公德神信仰

(一)妈祖信仰

妈祖信仰是闽台沿海地区因公德而人神化的信仰中最普遍和影响范围最广泛的。独具特色的妈祖文化对台湾同胞具有很强的凝聚力和吸引力。目前世界上40多个国家和地区、国内30多个省市500多个县市建有10000多座颇具规模的妈祖分灵庙宇,妈祖信众近3亿人。每年前往湄洲妈祖祖庙朝圣的海内外香客游人超过100万人次,湄洲岛因之被誉为"东方麦加"。

妈祖确有其人,原名林默,是闽都巡检林愿的第六个女儿,生于宋太祖建隆元年(960年)农历三月二十三日,雍熙四年(987年)农历九月初九日在莆田湄洲岛羽化升天。相传她逝世后经常显灵护佑过往船只,救助海难,因此被渔民视为航海保护神,在民间被尊称为"妈祖""娘妈"。

宋代以降,我国航海业迅速发展,中华民族的目光投向了海洋,这位地方性的民间神祇很快地受到朝廷的重视。北宋宣和五年(1123年)朝廷赐予"顺济"庙额,南宋绍兴年间(1131—1162年)、淳熙年间(1174—1189年)又先后赐予"灵惠夫人""惠灵妃"封号,从而开始确立了妈祖海神的地位。此后,元代、明代、清代历朝帝王对妈祖一再褒扬诰封,封号从妃到天妃,直至天后、天上圣母,徽名懿号愈加显赫,规格不断提升。据史料记载,在历代对妈祖的褒封中,宋代14次,元代5次,明代2次,清代15次,共达36次。每年农历三月二十三日妈祖生日,湄洲岛祭祀妈祖的情形可谓是人山人海,全岛香烟缭绕,有时还挤得水泄不通。湄洲岛渔民每逢三月二十三日前后数日,不会下海捕鱼或垂钓,以示对妈祖的纪念。①

妈祖信仰至今已跨越1000余年历史。妈祖由人入神,从一个海边女子到四海之神,从民间信仰到朝廷钦定的历程,显示出妈祖女神的特有魅力。特别是民间对妈祖女神的大祭日期选在每年农历三月二十三的妈祖诞辰和九月初九的妈祖升天之日,这与历代朝廷御定的春秋二祭不谋而合,异曲同工。宋代著名诗人刘克庄在《白湖庙二十韵》诗中写道:"灵妃一女子,瓣香起湄洲。巨浸虽稽天,旗盖俨中流。驾风樯浪舶,翻筋斗千秋。既而大神通,血食羊万头。封爵遂綦贵,青圭蔽朱旒。轮奂拟宫省,盥荐皆公侯。始盛自全闽,俄遍于齐州……"民间的祭祀一呼万应,普遍而热烈;官方的祭祀重于礼制,庄严而肃穆。二者互为推动,互为影响。

据《天妃显圣录》等文献记载,我国御祭妈祖最早的当推南宋绍兴二十六年(1156年),宋高宗在临安郊祭后敕封妈祖为灵惠夫人。以后,历代帝王又加以继承和发展。如《元史·祭祀志》载:"岁遣使赍香遍祭,金幡一合,银一锭……用柔毛、酒醴,便服行事。祝文云:维年月日,皇帝特遣某官等致祭于护国庇民广济福惠明著天妃。"元天历三年(1330年),元帝御祭妈祖,特遣大臣至莆田虔修祈事,其祭文曰:"天开皇元,以海为漕。降神于莆,实司运道。显相王家,弘济兆民。盛烈麻光,终古不灭。"《明史·礼志》载:"永乐七年封护国庇民妙灵昭应弘仁普济天妃,以正月十五日、三月二十三日,皆遣南京太常寺官祭……诸庙皆少牢。"明代郑和、王景弘七下西洋时,朝廷对妈祖的御祭就达14次之多。清康熙五十九年(1720年),妈祖被列为春

---

① 何绵山.福建民族与宗教[M].厦门:厦门大学出版社,2010:31.

秋谕祭之神,编入国家祀典。在清代祀典中,能享此殊荣的仅有三位圣人——宣圣孔子、武圣关帝、女圣妈祖,足见妈祖地位之尊荣,也说明了妈祖祭典与孔子、关帝是相同的规格。雍正十一年(1733年),诏准福建总督郝玉麟提请,凡各省、府、县地方建有的妈祖庙,照例春秋致祭,并行三跪九叩之礼。至乾隆年间,各府县官祭妈祖的礼仪基本统一,有的还载入地方志。如《长乐县志》载:"每岁春秋日及三月二十三日诞辰致祭,设帛一(白色)、爵三、铏一、簠一、簋一、笾四、豆四、羊一、豕一……正祭日五鼓,正印官诣庙,朝服行礼,前后三跪九叩,三献饮醴,受胙仪与关帝同。"

据宋代廖鹏飞《圣墩祖庙重建顺济庙记》和其他文献资料分析,宋代的妈祖祭典已经形成了迎神、初献、亚献、终献、送神的祭祈程式,而且当时就以《迎神》《送神》二章使乡人歌而祀之:"神之来兮何方?戴玄冠兮出琳房。玉鸾珮兮云锦裳,俨若存兮热幽香。鼓坎坎兮罗杯筯,奠桂酿兮与椒浆。岁岁祀兮民乐康,居正位兮福无疆。"(《迎神》)"神之往兮何所?飘葳蕤兮步容与。礼终献兮彻其俎,鹤驾骧兮云旗举。灵恍惚兮非一处,江之墩兮湄之屿。旗摇摇兮睇莫睹,稽首送兮拜而俯。"(《送神》)

元代的祭典沿袭宋制。刘伯温于元至正年间在《台州路重建天妃庙碑》中记述:"复作迎亨、送神之章,俾歌以祀神。其词曰:洁珍兮羞肥,芳椒兰兮菲菲。盼灵舟兮驻云旗,神不来兮渺予。思轻霞兮长烟,风飔飔兮漪涟。神之来兮翳九玄,伐鼓兮铿钟。吹羽笙兮舞宽幢,回旋兮留六龙。乐具奏兮斋肃雍,鸿熙洽兮厘祝从。江安流兮海恬波,伏蛟蛇兮偃鼍鼍。蔚桑麻兮稔麦禾,有寿考兮无夭瘥。穆幽潜兮动天和,于神功兮世不磨。"歌中描述了妈祖祭典的盛大场景:"伐鼓""吹羽笙""舞宽幢""斋肃雍"……

明代人赖聚在《重修天妃庙记》中记述迎神、送神之辞曰:"神苞坤兮宣扬,昭灵和兮越裳。出显入幽兮神无方,扬云旗兮海若藏。神之来兮紫霞輧,运化机兮鞭雷霆,宣鲲鳌兮靖沧溟。神之去兮陟天庭,寰瀛顺轨兮水波不兴,神恩汪兮天地清宁。"

清代人祁顺也在《天妃庙记》中记述:"复作迎亨、送神之词,俾邦人歌以祀之。其词曰:苏壁兮药房,辛夷楣兮兰桂梁。杂芬菲兮成堂,神之奠兮海旁。吉日兮将事,女巫兮蕙芳。清蒸兮芳醴,衣彩兮传葩,吹参差兮舞婆娑。神不来兮奈何?轻风飔兮水扬波。神之来兮容与,载云旗兮驾风驭……"

民国时期,妈祖的官祭仪式照同清例,但因兵乱之由,时断时续。新中国成立之初,传统的民间妈祖祭典和官方祭典曾被禁止。改革开放之后,妈祖文化迅速升温,20世纪80年代,湄洲岛开始了妈祖祖庙重修的浩大工程,1985年起逐步恢复了民间祭祀活动。1987年农历三月二十三日,妈祖祖庙举行了"妈祖千年祭"盛大祭典活动,赢得了中外游客和有关专家的高度赞誉。1994年,福建省旅游局与莆田市人民政府联合举办妈祖文化旅游节,把湄洲妈祖祖庙祭典的大型活动作为旅游节的重点内容之一。这次祭典活动经过认真筹备,投入大量的人力物力,由一批历史学家、文物专家、民俗学专家共同研究,恢复完善《湄洲祖庙祭典仪注》和《祭典仪程明细表》等,并搜集整理和复制了祭典所需的道具器物,反复排练,分别于1994年4月27日和5月7日在湄洲妈祖祖庙预演和正式举祭,应邀观看祭典表演的领导、专家和学者一致认为:"湄洲妈祖祖庙祭典气势磅礴,恢宏壮观,是一种更为系统化、规范化,与中华传统文化结合得更紧密的祭典模式。"

1997年5月,湄洲妈祖祖庙举行妈祖1010年祭大典。2000年5月,又隆重举行了千禧年妈祖祖庙祭典,这次活动以空前的规模和精密的安排,产生强烈的震撼力。特别是乐舞和音乐的艺术氛围渲染,使祭典提高到一个新的水平,达到了一种人神交融的境界。此后,湄洲妈祖祖庙祭典的程式和内容基本定型,并每年依例举行春秋二祭,还应邀到香港、澳门、台湾等地举行示范祭仪活动,产生了巨大影响。[①] 2009年,妈祖信俗成为世界非物质文化遗产。

(二)保生大帝信仰

保生大帝,俗称大道公,生前姓吴名夲,北宋泉州府同安县人,宋太平兴国四年三月十五日(979年4月14日)生于同安县积善里白礁村(现属漳州龙海)。民间草医,因医术高明、医德高尚,闻名遐迩,人称其为真人,尊为神医。景祐三年五月初二日(1036年5月29日),因上山采药,坠崖谢世。

吴真人谢世后,民间谥为"医灵真人",于龙湫坑畔建龙湫庵作为神仙供奉。南宋绍兴年间,由乡绅吏部尚书颜师鲁向朝廷奏请获准立庙,即今青礁慈济宫。吴真人由于神灵显赫,得到累朝褒封,天圣三年(1025年)封御史太医妙道真人;乾道七年(1171年)赐庙额"慈济",谥曰"大道真人"(今俗称大道公);淳熙元年(1174年)敕凡立宫处,皆书"慈济"悬挂之;庆元二年

---

① 林金榜.湄洲妈祖祖庙祭典[Z].此为莆田市国家非物质文化遗产项目申报材料。

(1196年)封为忠显侯;开禧二年(1206年)改封英惠侯;宝庆三年(1227年)增封康佑侯;端平二年(1235年)封灵护侯;嘉熙三年(1239年)封正佑公;嘉熙四年(1240年)改封冲应真人;淳祐元年(1241年)诏改庙为宫;淳祐五年(1245年)封孚惠真君;德祐元年(1275年)封孚惠妙道普佑真君。明洪武五年(1372年)封昊天御史医灵真君;永乐十七年(1419年)封为"恩主昊天金阙御史、慈济医灵妙道真君、万寿无极保生大帝",简称保生大帝。有关保生大帝的历史文献,除《同安县志》《海澄县志》《泉州府志》外,还有南宋嘉定二年(1209年)乡进士杨志所撰《慈济宫碑》、元蒲寿晟《龙湫青礁宫》词、明胡宗华《游青礁东宫》诗、清杨浚《四神志略》等。

当时慈济宫有两座,除青礁慈济宫外,另一座在吴夲的出生地白礁。这两座慈济宫以其历史悠久,具有古建筑文物价值,于1996年11月20日被国务院公布为全国重点文物保护单位。由于两地毗邻,公布的文物保护单位名称合名为"青礁、白礁慈济宫",因青礁慈济宫在东边,白礁慈济宫在西边,人们分别简称东宫、西宫。青礁慈济宫始建于南宋绍兴二十一年(1151年),历代均有修葺,现存清代木结构、重檐歇山顶宫殿式建筑,宫内遗存的古代石雕、木雕、彩绘等弥足珍贵。

在缺医少药的时代,疾病,尤其是瘟疫夺去了许多人的宝贵生命,慈济宫中的药签以抽签问卜的方式增加神秘的色彩,在病家的心中产生心理作用,造成神效,使吴真人的形象在群众心中愈来愈变得崇高伟大。他的功能范围也愈来愈大,成了一方的医神和保护神,不仅仅是求医问药,凡祈福禳灾之事皆求之。为供奉方便,自宋代以来,闽西南、粤东广大地域的信众纷纷从慈济宫分炉到其所居住地建新的保生大帝庙。明末清初,移居到台湾的漳泉地区百姓携带保生大帝的神像同往,既保佑他们平安渡过波涛汹涌的台湾海峡,又保佑他们在披荆斩棘的创业道路上能战胜疾病、水旱、虫蛇等灾害。各地的保生大帝庙都信众甚多,香火旺盛。青礁、白礁慈济宫一直被分炉于闽、粤、台广大地域数以百计的、不同名称的保生大帝宫庙奉为祖庙。据初步统计,福建省厦、漳、泉三市祀奉保生大帝的庙宇皆有上百座。在台湾的400余座保生大帝庙,其中认青礁、白礁慈济宫为祖庙的都是自明末清初以来分炉到台湾的。青礁慈济宫于20世纪末前后得到台中市元保宫捐资重修,已废的龙湫庵也由屏东县海埔万寿宫捐款重建。台湾信仰保生大帝者数以千万计,神缘广泛,影响深远,保生大帝信仰被视为两岸宗教文化交流、联系乡亲情谊的金桥和纽带。在吴真人祖籍地安溪感德镇石门村现存有始建于宋的玉湖殿,是当地奉祀吴真人的庙宇,殿中悬有"真人古地"之匾。还有安溪官桥五里埔双鲤堂、湖头清溪宫、参内大厝龟峰堂(石堂宫)、长坑衡阳庵,都奉祀吴真人。

(三)陈靖姑信仰

陈靖姑信仰又称临水夫人崇拜。陈靖姑是闽台民间主持婚姻、生育的神灵,此外还有两个神职,一是祈雨神,此信仰主要传承在闽北、闽西至江浙一带。二是法师,传说陈靖姑可作法,辟邪除灾、迎祥纳福。在南平樟湖一带,传说有百蛇作怪祸害百姓,百姓请了张姓真人来作法制服蛇妖,但张真人法力不够,就请师妹陈靖姑来帮忙,最终收服了蛇妖,从此蛇妖不再害人,而是承担起保护地方平安的责任。

陈靖姑为唐代人,小名陈十四,一般认为她是福州南台下渡陈家之女,生于唐大历元年(766年)正月十五日,卒于贞元六年(790年)七月二十八日。相传她因身殉产厄,故立誓"吾死后不救世人产难,不神也",其灵魂赴闾山恳请许真君再传救产保胎之法,以救女界之难产,因此她具有"护胎救产,催生保赤佑童"的神力。妇女临产时,常供临水夫人神像于家中,婴儿生下第三日,要煮糯米供于神像前。①

福建省民间称陈靖姑为娘奶、奶娘、夫人奶、临水夫人、陈奶夫人、顺天圣母等。人们普遍认为临水夫人的信仰形成于唐朝后期,其时传播范围主要是在闽北与闽东两大区域,即以福州方言为主的区域。宋淳祐年间(1241—1252年),陈靖姑受到朝廷敕封为"顺懿夫人"(一说此封号为五代十国闽王鏻所封)之后,陈靖姑的崇拜活动开始升级,其信仰范围随之扩展,有关陈靖姑的灵异传说亦日趋完善。迨明清时期,临水夫人屡受朝廷敕封,神阶一直达到极顶的"圣母""太后",足以与福建的另一女神妈祖相媲美,其信仰范围也辐射到浙江南部、江西东北部。鸦片战争后,福州被辟为五口通商口岸之一,临水夫人的信仰随着福州地区的移民漂洋过海传播到了台湾地区以及东南亚一带。据不完全统计,全世界的临水夫人宫观有5000多座,特别是台湾地区临水夫人宫观数以千计。全球的临水夫人信仰者有8000多万之众,遍及26个国家和地区。

---

① 何绵山.福建民族与宗教[M].厦门:厦门大学出版社,2010:31.

三、英雄神信仰

英雄神信仰源于闽台地区特殊的历史。闽台地区位于中国东南沿海，是中国的东南对外门户。台湾地区位于扼西太平洋航道的中心，是太平洋地区各国海上联系的重要交通枢纽。不光中国东海和南海之间往返的船只从这里通过，从欧洲、非洲、南亚和大洋洲到中国东部沿海的船只，从大西洋、地中海、波斯湾和印度洋到日本海的船只也经过这里。正是因为特殊地理位置，自古以来闽台地区就是兵家必争必守之地。从无诸建闽越国到唐代中原兵入闽，陈政陈元光父子开漳建州，从晚唐王审知自立闽王到南宋末年福州建都，从明末清初郑成功收复台湾到施琅将台湾纳入清朝版图，各个朝代都因战争在闽台地区留下数万军人，形成一个个特殊的群体，英雄神信仰也随之而生。

（一）开漳圣王信仰

开漳圣王指的是唐代中原入闽将领陈政的儿子陈元光。

唐高宗总章二年（669年），泉（时为福州）潮（今广东潮州）间"蛮獠啸乱"，泉州奏请朝廷搬兵，朝廷任归德将军陈政为朝议大夫，统岭南行军总管事，率府兵自丰州（今泉州）莆田仙游入漳境。13岁的儿子陈元光随父母戍闽。遇阻，退守九龙山，以兵少请援。咸亨元年（670年），陈政之二兄敏、敷奉诏领府兵五十八姓增援，沿大运河南下，经江浙入闽。母魏氏随同万里长征，其子敏、敷及孙元敞、元扬均道卒，赖魏氏继续提兵抵闽南。援军一到，声威大振。经休整后，即循九龙山古道向南推进。府兵以镇抚兼施，终于次年突破薄葵关，越过盘陀岭。陈政即率军进驻绥安故县云霄营地。陈政早年曾随唐太宗李世民出征临汾、上党（今山西长治市）等郡，对当地清漳河印象颇为深刻。当他入闽后，屯兵中营西林（今云霄县境内）江边时，便借旧喻新以激励士气说"此水如上党之清漳"，遂名西林溪为"漳江"。西林傍江而立，陈元光建州时又为州治，便命州名为漳州。

仪凤二年（677年）四月，陈政殁于云霄住所，享寿62岁，谥忠肃。陈元光时年21岁，袭职任佐郎将，代领父众。适广东崖山流寇陈谦联结诸"蛮"，攻陷潮阳，守将告急。陈元光即率兵讨平之。翌年，母司空氏辞世，乃就戍地奉敕合葬考妣于云霄山之麓。因葬陈政将军于此，其后此山遂改称将军山。永隆二年（681年），群盗复起南海边郡。陈元光再次提兵入粤，与循州司马高王定配合,突袭敌垒,又获全胜。陈元光在平乱时采用威惠并济、区别对待措施。至此,岭表悉平,还军于漳江流域之屯营地。继而立行台于四境,时加巡逻,方数千里无桴鼓之惊。事闻,进正议大夫、岭南行军总管。陈元光时年25岁。永淳二年(683年),陈元光上奉《请建州县表》,谓"其本则在创州县,其要则在举庠序",以期长治久安。至垂拱二年(686年)十二月初九日获准于泉潮间增置一州,如请设治所于云霄屯营地之漳江畔,因名漳州,下设漳浦、怀恩两县,诏令陈元光兼任刺史。其时年30岁。随而开村落,并设立"唐化里",兴农重教,通商惠工,从此变荒榛为乐土,使原来之大片流移地逐步改观。垂拱四年(688年),陈元光上《请置吏表》,以其知人善任,深受部众拥戴。是年,祖母魏氏卒,享寿93岁。次年,葬魏妈于云霄半径仙人山之麓。陈元光结庐墓左,守制3年,当时漳人称其为半径将军。陈将军久牧兹土,既有绥靖之功,又重文治,特于州治设员专司文学,后复设立书院。且于政务之余,躬自倡行诗教,著诗赋多首,现存53首,有《龙湖集》传世。其影响所及,为本省区成为东南海滨邹鲁之滥觞。

景云二年(711年),值粤东流寇陈诚复起于潮,十一月初五日潜抵岳山。陈元光将军于出巡途中闻警,率轻骑讨之,因步兵后至,为贼将所刃,竟以身殉。同时赴难者,尚有营将马仁等。陈将军终年55岁,权葬于云霄之大崎原(原墓遗址犹存)。开元四年(716年),徙州治于李澳川(即今漳浦县城)。迨贞元二年(786年),州治再迁龙溪(今芗城区),为祭祀之便,乃移陈将军墓葬于州治之北,以迄于今。将士后人及漳州民众即建庙于云霄加以朝拜。宋神宗时封为忠应侯,徽宗赐庙额"威惠",后又封"忠泽公",1168年再加封"灵著顺应昭烈广济王",而闽南民众都尊之为"开漳圣王"。①

(二)郑成功信仰

郑成功通常称"延平郡王"或"国姓爷",台湾又称"开台圣王"。郑成功祖籍泉州南安,赴台前,以漳州和厦门为基地,进行抗清复明活动。郑成功曾出征延平,取得显赫战功,受封为"延平郡王"。1661年出兵台湾,并于次年收复宝岛。郑成功在福建和台湾都留下很大的影响。两岸的祭祀形式略有不同,台湾多以开台圣王庙宇的方式祭拜,福建则多是以宗祠的形式保留,这与清朝初期严禁祭祀郑成功有关。当时由于大陆控制得更紧,有关郑

---

① 厦门市闽南文化研究会.闽南文化百问[M].北京:文史出版社,2006:91.

成功的庙宇全被废除，只有郑氏后人以宗祠为保留，而台湾民间却改换名称，偷偷祭拜。现在，台湾地区的开台圣王庙有70余座，庙宇数进入前20名，表明台湾人民对郑成功的敬仰。

闽台地区为郑成功信仰建祠祭祀的主要神庙有：

(1) 厦门延平郡王祠，其修建有特殊的意味。清末的台湾屡遭外敌侵扰，光绪皇帝于是下旨，命令沈葆桢在台南、台北和厦门修建延平郡王祠，鼓舞御敌斗志。

(2) 泉州南安郑成功庙建筑群，其延平王祠原是郑成功故乡石井郑氏家庙，人们为缅怀郑成功的威风雄烈，将其改称延平王祠。厅中供奉郑成功塑像，有"三世王爵""威风雄烈"等匾额和官阶总录。1996年被列为省级文物保护单位。

(3) 漳州诗浦郑氏祠堂，二进三开间。原来祠堂前厅是拜三界公（本村观音、土地和灶君），但后来三界公文物被盗，前厅成为专门祭拜郑成功之处。相传郑成功曾于顺治十年（1653年）驻兵漳州，诗浦为郑军军火库所在，郑成功本人亲往该祠堂拜谒。诗浦郑氏怀念其功德，因在祠堂内供奉。诗浦村为赵、郑、陈三姓杂居。农历七月十四日，郑成功生日诗浦郑氏专门祭拜。十月十四、正月十四日拜三界公，正月初九日拜天公的时候，也一起祭拜郑成功。三月初一日到青礁保生大帝祖庙，回村时也顺便祭拜。

(4) 台南郑成功祖庙，为奉祀郑成功的郑氏家庙，为1663年郑经所建之专祠，奉祀其父郑成功与其母董氏。归清后，宗庙历经沧桑，曾被他姓占有，后由郑氏族人赎回，称"昭格堂"。然而大门为店面所挡，家庙进出要从侧门巷道，至1984年道路拓宽，才拆除了大门前店面，恢复原貌。2002年"郑成功文化节"时改称"郑成功祖庙"。[①] 正殿奉祀郑成功神像与历代郑氏祖先、圣贤等神位，并悬有清乾隆三十六年（1771年）的"三圭世锡"匾额，为郑成功第四代孙郑汝成至台湾祭拜祖先时所立。堂内石柱联刻"昭毅无双开疆复土承天续，格思靡既迪后光前擘海祠"，彰显郑氏开拓之功劳。

(5) 台南延平郡王祠，又名开山王庙或郑成功庙，位于台南市中西区，为最早的官祀郑成功纪念祠。其前身为民间所建的开山王庙，日据时期曾改名为开山神社。但现今样貌实为1963年动工改建的结果，祠庙的本体是三

---

① 郑万进，郑惠聪.功盖千秋：延平王郑成功[M].北京：大众文艺出版社，2008：252-253.

进合院类型,坐西朝东,由山门、正殿、后殿与两侧厢房组成。山门之左有过廊接到"甘辉①将军祠",祠前有一门通往北边的庭院,而自祠前往东则为东庑,供有明郑殉难文武诸臣牌位,而山门之右为"张万礼将军祠";从祠前往西为西庑,除供有诸臣牌位外,仪仗所也设于此处。此外在太妃祠前的庭院内有古梅一株,据说乃郑成功亲自种植。

台湾当局确定每年4月30日郑成功登台日为春祭之日,而秋祭之日则是在8月27日。春秋二祭由台湾当局公祭,公祭后由各地郑氏宗亲家祭。民间则以农历正月十六日为郑成功寿诞,每年正月十五日开始,沿袭自清朝的"心同敬""诚心敬"两个郑成功信仰团体就会举行祭礼,直至十六日下午。

(6)宜兰进兴宫,位于宜兰冬山乡珍珠村,原名进兴庙,创建于清光绪十六年(1890年),1933年始在庙内恭奉郑成功。1967年与1987年均曾扩建,现貌则是1997年重建落成启用。庙高三层,一楼为古公三王殿,二楼为开台圣王殿,三楼为观音佛祖殿。庙中关于不同神祇的对联很多,"开台逐外夷光复宝岛勋业彪炳,国圣崇封号泽被台澎万德流芳"等是与郑成功相关的楹联。

(三)王审知信仰

王审知(862—925),字信通,又字详卿,光州固始(今河南固始)人,五代十国时期闽国建立者。

王审知初与兄王潮跟随王绪,后王潮废杀王绪,诸将便拥戴王潮为首领。唐乾宁四年(897年),王潮去世,王审知继其位,朝廷任他为武威军节度使、福建观察使,累迁至检校太保、同中书门下平章事,封琅琊王。天祐四年(907年),后梁太祖朱温升任王审知为中书令,封闽王。

王审知在位时,选贤任能,在福州大兴"四门学",以教闽士之秀,在各地广设庠序,搜集整理文献,使闽中文教事业得到发展;重视发展农业生产,采取轻徭薄赋的政策,鼓励垦荒,围垦造田,扩大耕地面积,又兴修水利,扩浚福州西湖、福清祭苗墩海堤、长乐海堤、连江东湖等,鼓励农民种茶,每年输出茶叶五六万斤,福州鼓山的茶叶还被列为贡品;重视商业、外贸,开辟福州的外港——甘棠港,使福州成为东南地区对外贸易的重要港口;撤除关卡,

---

① 甘辉(?—1659),海澄县(今属福建龙海)东园村下房人。郑成功的五虎将之首,跟随郑成功南征北战十余年,英勇善战,屡建战功。

免除苛税,由是贸易额扩大,财政收入增加,人民生活相对安定,百姓得以休养生息。

王审知笃信佛教,主政时兴建或修复的佛寺达200多座;还铸造金铜大佛,用金字缮写四藏经送入开元寺。925年,王审知去世,谥号忠懿王。其子王延钧称帝后,追谥为昭武孝皇帝,庙号太祖。

民间有庙奉祀,祖庙为福州鳝溪白马尊王庙。关于祖庙有两种传说。一说此处有潭,潭中鳝鱼危害民众,白马王射杀鳝鱼,百姓感念,故此地名鳝溪。宋梁克家编撰的《三山志》载:"善溪,冲济广应灵显孚佑王庙,鼓山之北,大乘之南,山峡间有二潭,下潭广六丈,深不可计。昔闽越王郢第三子有勇力,射中大鳝于此潭,其长二丈,土人因为立庙,号白马三郎。"二说本庙为王审知宫。王审知曾以"白马三郎"为号,死后也被尊为白马王神灵。随着地方史志和民间传说不断创造,白马尊王信仰内容不断丰富,信仰系统不断扩大,其上承汉闽越王信仰,下衍五大元帅等部属神灵信仰,影响遍及福州城乡各地,是福州地方道教神仙信仰体系中从人到神的典型神灵。

主祀白马尊王的宫庙本省有分香300多处,马祖有20多处,台湾本岛也有。马祖2007年300多人来祖庙,以后也常有人来进香。2011年10月祖庙组织160人去马祖巡境。祖庙大殿主祀白马王及夫人(夫人像小),"六部"神像列下方两边,殿两侧是"大爷""二爷"像,乃白马王手下武士也。大殿外侧配殿还祭祀临水夫人。

祖庙在本地信众不少,市里专程来进香的人也不少。每年二月初二日是白马王的生日,进香的人最多。每年正月初八至十五日来"转香"的信众大多是宁德、闽侯、连江、罗源、闽清等地的信众。信众拜白马王为求平安。

莆田市仙游县盖尾镇前连村"朝南社(小庙)"也是供奉王审知的庙。门口对联为"泽普闽疆名垂青史,神昭海表气贯长虹"。中间奉祀王审知,左边配祀玄天圣母。

(四)三公信仰

三公信仰主要传承范围在闽南漳州至广东潮州一带,祭祀南宋末年为保宋抗元而牺牲的忠良之臣文天祥、张世杰和陆秀夫。

南宋时因元兵攻进临安,太皇太后率宋恭帝投降之后,不愿投降的陆秀夫和张世杰等人率20万军民在福州立益王为帝,在泉州、潮汕、海南一带坚持抗元。江西才子文天祥卖光家产,招兵买马组建抗元队伍投奔益王,1278

年,当了两年宋帝的益王病死,抗元三义士又率众拥立6岁的卫王为帝。两年后张世杰在海上大战牺牲,文天祥被俘后宁死不降,陆秀夫命家人跳海尽忠,自己也背着8岁的幼帝投海自尽。这些将士的后人不论是逃到台湾还是藏匿在福建、广东和海南,都建庙供奉"三公"。漳州长泰江都村连氏每年农历九月初八日都有举行排大猪祭三公仪式,家家户户都专门喂养了比赛的大猪,100多头大猪祭祀时抬出来,非常壮观。传承至今,形成一种具有地方特色的饮食文化和信仰民俗。

(五)陈文龙信仰

陈文龙为南宋抗元英烈,"生为名臣,死为明神",民间建庙祭祀。在福州、莆田、长乐以及台湾岛和马祖列岛,先后都建有信奉陈文龙的数十座祠、庙、堂、阁、馆,并有人数众多,遍布各阶层的虔诚信仰者。在福州信奉陈文龙的庙宇原有5座,台江区占其三,即万寿(坞尾)、龙潭和笔下林尚书庙;在仓山区靠近闽江下游之南也建有阳岐和新亭2座尚书庙,形成了特色的"尚书文化"陈文龙信仰的自然、人文和神缘景观。新中国成立后,在长乐阜山有"后山陈氏宗祠";在莆田,陈文龙祖籍地阔口村有"陈氏祖祠",城关有陈瓒和陈文龙叔侄共祀的"二忠祠",涵江有"百龙阁""二相堂""陈文龙纪念馆",古山村有"兴化祖庙";在马祖北竿塘有"水部尚书公府";在台湾有数十座"陈文龙尚书庙"等。

南宋恭帝德祐二年(1276年)正月,都城临安(今杭州)被元兵攻占后,五月,主战派文天祥、张世杰、陆秀夫等拥益王赵昰在福州称帝,是为端宗,改元景炎。陈文龙临危受命,任参知政事(副宰相)、闽广宣抚使兼知兴化军,担负起抗元重任。元兵攻陷福州,赵昰南逃。陈文龙则从福州转移到兴化(今莆田)继续坚持抗元斗争。陈文龙原在福州任职的官邸所在地,宋代称"新美坊"(今台江区坞尾街),被元兵焚毁。明太祖朱元璋灭元统一中国后,十分重视南宋抗元英烈,于洪武元年(1368年)曾令中书省派员到全国各地访求应祀的神祇,"凡有功于国家及惠爱在民者,具实以闻,著于祀典,令有司岁时致祭"。在所定的全国各地崇祀名单中,特别重视宋末抗元的忠臣义士,如文天祥、陈文龙、陈瓒、陆秀夫等;并令全国各地建城隍庙,奉他们为所在地城隍庙的主神。陈文龙由人变神自此始。明初曾3次敕封陈文龙为"水部尚书",于明永乐年间(1403—1424年)在陈文龙原官邸所在地建"陈忠肃公神祠",俗称"万寿尚书庙",至今已有600余年的历史。陈文龙成为以闽江流域为主体的江河交通安全的保护神,受到闽江下游两岸和水上疍民,以及莆仙地区到省垣经商的商贾的景仰和崇拜,民间香火不断。

万寿尚书庙历经明天启年间(1621—1627年),清康熙三十年(1691年),乾隆十三年(1748年)、三十四年(1769年)、四十七年(1782年),嘉庆六年(1801年)、九年(1804年)、十二年(1807年)、二十三年(1818年),道光五年(1825年)、八年(1828年)、三十年(1850年),光绪三年(1877年)和民国十年(1921年)等10多次重修,是一座极为难得的保存至今的古庙宇。

(六)施琅信仰

施琅(1621—1696),字尊侯,号琢公,晋江衙口人,出身于农民家庭。年少时"有识度,膂力绝人",从师"习战阵击刺诸技,于兵法无不兼精,遂智勇为万人敌"。清顺治三年(1646年),施琅投军,1651年从属郑成功,在南澳抗击清兵。郑芝龙降清时随同降清。康熙二十二年(1683年)六月十四日,施琅督率清军,由铜山出发,攻克了郑氏集团在澎湖的守军刘国轩部,给郑氏集团以致命打击。此后,施琅一面加紧军事行动,一面对郑氏集团施以大义进行招抚。在施琅大军压境之下,郑氏集团自知大势已去,上表向清政府投降。八月十三日,施琅率领舟师到达台湾,刘国轩等带领文武官员前往迎接,各乡社百姓亦沿途"壶浆迎师"。

施琅从1662年上疏议请复台,至1683年攻台,20余年百折不挠,终酬夙愿,卒成大业。施琅复台捷报抵京时,正值中秋佳节。康熙帝玉宇银盘圆洁,华夏金瓯无缺,喜不自胜,即解所御龙袍驰赐,亲制褒章嘉许,封施琅为靖海侯,世袭罔替,令其永镇福建水师。康熙三十五年(1696年),施琅卒于住所,葬在惠安黄塘虎窟口。康熙帝加赠太子少傅,谥襄庄,命官3次谕祭,并于泉州府学前建祠祀之。其是,"两岛八闽皆颂德",纷纷为之树碑扬誉。地方建"靖海侯"坊以祭祀,"上将能宣力,南纪尽安流",同安等地立"绩光铜柱""泽普南天""勋高大树""泽沛甘棠"等牌坊,表彰施琅的丰功伟绩。

四、家神信仰

(一)宗祠信仰

闽台民间在家族中被供奉为神的,多数是本族的名士贤人或部将首领。他们由于生前品德卓越,造福一方而被后人崇拜。如沈祖公、林祖公、胡祖公、邹公爷等,从各姓之神转化为闽南地方神。

唐朝的陈元光,因开拓漳州的功绩而被尊为神;和尚杨义中,因除害治病,保一方平安而被建庙;姜公辅原为唐德宗时的宰相,因谏阻当时的奢侈之风而受贬,降为泉州别驾,泉人亦为之立祠。

宋朝的朱熹,在漳州任职,因为改革风俗、学识渊博而被崇拜;龙海的吴夲,由于"医人无贵贱,按病受药",而为"乡人祠祀之"①;蔡襄,仙游人,宋至和到嘉祐年间为泉州知府,由于"威惠兼行,民畏而爱之"②,在任期间建洛阳桥,泉州人于桥南刻碑立祠祭祀;王十朋,宋高宗时中状元,乾道四年(1168年)起为泉州知府,由于当时泉州为全国著名都市,人们认为其"德政在人,有百年之思"③,立祠供奉;倪思,归安人,嘉泰元年(1201年)知泉州,为政清廉,忠节直言,泉人建祠祀之。

元朝时,在长泰,陈耸因勤于公务、孝顺母亲,去世后被尊为"孝子公"。

明成化年间的姜谅太守"为政严终""监贼屏息"④,被祠于城南;诏安姑娘张云,天性善良,关爱婴儿,18岁就去世,被尊为祖姑供奉。

清初漳浦的黄道周因反对暴虐、一身正气而被祀;郑成功以金、厦为基地,开通海外贸易,收复台湾而成神。

(二)先祖信仰

闽台地区与全国各地一样,家神主要为祖先神,即本家仙逝的长辈。家家堂屋都设有神龛,逢年过节焚香供品祭祀,以求祖辈在天之灵保佑儿孙平安和幸福。

家神在诸神中是地位最低的神。一般家庭设神龛,按序为天、地、君、亲、师,下坛设家神坛。

五、祖师信仰

(一)清水祖师信仰

清水祖师俗称"祖师公",又称"麻章上人",福建一带多称"乌面祖师",

---

① 庄夏.慈济宫碑[M]//海澄县志:卷二〇.福州:海潮摄影艺术出版社,2017.
② (乾隆)泉州府志:卷二九[M].泉州:泉州市地方志编纂委员会,2003.
③ 吴幼雄.泉州宗教文化[M].福州:福建人民出版社,1998:55.
④ (光绪)漳州府志:卷二五[M].北京:中华书局,2011.

台湾则称"祖师爷"。台湾全省近百座的清水祖师庙中,祖师爷的"分身"又称"蓬莱祖师""昭应祖师""辉应祖师""落鼻祖师"等,为佛教俗神。据宋代人写的《清水祖师本传》,清水祖师俗姓陈,名普足,永春县小岵乡(福建永春县岵山镇铺上村)人,生于宋庆历五年(1045年),元丰六年(1083年)为安溪县祈雨获得成功,在当地百姓极力挽留下,清水祖师移居清水岩,直至建中靖国元年(1101年)圆寂。

清水祖师的主要功绩,一是热心于慈善事业,一生劝造数十座桥梁,修桥铺路功德无量;二是清水祖师在祈雨方面很灵验。仅南宋时期,有文献记载的向清水祖师"祈祷雨,无不感应"的"灵异"就多达16次。清水祖师还有治病、驱逐蝗虫、防御盗贼等职能,志称:"凡人有疾病,时有雨旸,及盗贼之忧,随祷随应。"在百姓看来,祈雨获应是因为"道行精严,能感动天地",所以百姓赋予清水祖师以神奇甚至神秘的色彩。清水祖师去世后,就被当地百姓奉为神灵,加以崇拜。南宋时期,清水祖师的神阶大大提高,先后4次得到朝廷敕封,反映了南宋时期清水祖师信仰的影响扩大,并且得到了官方的扶植,取得了正统的地位。

清水祖师祈雨的功能,在与泉州相邻的漳州县份影响较大。漳州农业较发达,百姓渴望风调雨顺。如长泰毗邻安溪,是漳州地区清水祖师庙宇最多的。漳州地区共有数十间庙宇主祀清水祖师。

明代中期以后,清水祖师信仰传入台湾,成为民众敬奉的主要神祇,庙宇数居台湾前十名之列。早期的移民仅仅把祖师香火供奉于家中,随着移民人数的增多和村落的形成,清水祖师庙被陆续建造出来。已知台湾最早的清水祖师庙是建于南明永历年间的台南楠梓区清水寺和彰化二林镇祖师庙。清代康熙年间以后,台湾祖师庙如雨后春笋般涌现,其中规模最大的是台北市万华清水祖师庙。台湾的清水祖师又有"落鼻祖师"之称,传说艋舺祖师庙的一座清水祖师神像非常灵验,每次只要有天灾、人祸,祖师神像的鼻子就会掉落,以之向信徒示警,信众皆称之为"落鼻祖师"。

清水祖师信仰带有浓烈的福建区域文化特点,在泉、漳、厦和莆田籍的乡亲中有一个很大的信仰群体。每年农历正月初六日祖师诞辰,各庙宇均举行隆重的清水祖师祭祀庙会活动,连续数日绕境游神,信众拈香祈求消除灾祸、社里平安。

(二)巧圣先师信仰

福建民间信仰中最高神祇为玉皇大帝,所有鬼神都归其号令指挥。玉皇大帝之下有三官大帝，分别管理天界（天仙）、地界（凡人）、水界（阴鬼）；三官大帝之下有分管职业的神明，如农务的神农大帝、工务的巧圣先师、商务的关圣帝君、医务的保生大帝等；而地方一级的神灵有县市级的城隍，各乡村基层有土地爷[①]，形成从天庭至凡间的神灵结构。

巧圣先师为工匠的祖师鲁班。台中大肚区的巧圣先师庙是台中最大的祖师庙，逢年过节凡手工业者、建筑行业者及家人必将挑供品入庙祭祀。

（三）乩童傩师信仰

闽台地区神灵巡境，必请乩童、道士作法，举行隆重祭祀仪式。

闽台的乩童是巫傩仪式的执行者，在巡境中为开路行者。道士作法后，请"神"上身，"神"上身后，即可入"法"，扮神明回答信众问题，以及以傩技（刺球击背、上刀山、下火海等）展示其"特异功能"。

乩童的傩技为魔术技巧，"扮神"含有很大的迷信成分。

第三节　民间禁忌

一、生产禁忌

（一）农业生产禁忌

闽台立春习俗比中原丰富，有拜土地神、闹春牛或在自家田地上启用锄头挖三锄等祭祀仪式，以祈求丰收。

台湾客家人重视惊蛰节气，禁忌很多。如认为惊蛰闻雷则年岁丰稔，反之就意味着是年要歉收。对于农耕为主的客家人来说，惊蛰闻雷即意味着春耕开始繁忙，没有停歇。若未到惊蛰先响雷，第一反应是那一年的雨水会特别多。第二反应是容易产生低温阴雨天气。例如2005年，从过年到农历二月，温度4℃～8℃是常有之事，高山下雪，合欢山雪花飞扬，积雪甚厚，气温低而不少人冻死，这与北方谚语"未到惊蛰一声雷，四十九日雪花飞"相应。第三反应是寒害。2005年农历二月，台湾高山下雪，遭殃的是正要发芽的春茶、正要收成的蔬菜、正要开花萌芽的作物。一夜之间，损失难以估

---

① 林进源.台湾民间信仰神明大图鉴[M].台北：进源书局，2007：53.

计,所以说"未到惊蛰一声雷,家家田禾无收成"①,这样的春雪,客家人认为不吉利。未到惊蛰就打雷,除了预测气象以外,更有为人处世的启发警示作用。时机未成熟、处事不圆融、轻率躁进、随便操觚,这些都是未蛰之雷。

（二）渔业生产禁忌②

渔业生产是一项高风险的劳动产业,为保平安,渔民在长期的生产、生活过程中形成许多禁忌,以图心理平衡。

旧时闽台地区渔业生产禁忌很多,如：

造船、新船下水时不许服丧孝之人和孕妇在场。

莆田造船村料板数不能用3、6、9。因为当地人流行"兴、旺、衰"口诀,3、6、9三个数都在"衰"字上,故用木板料时,很忌讳这三个数。

尤溪县造船工人很忌讳农历初二、初八、十二、二十、二十六的日子动工。因为这几个日子都是"龙日",若造船动工,怕得罪龙王,被龙王误会与龙争高低,将来常会碰到大风浪。

钉龙骨时不许讲不吉利之话,比如捕不到鱼或翻船之类的话。

出海在海上作业时,忌讳谈及海难等不吉利之事。

出门下海捕鱼,遇上杀鱼不吉利。

船工不能站在船头撒尿,会被认为对海神大不敬。

撒网时不许大喊大叫,有事打手势,才不会把鱼群惊吓得四处逃散。

船上不能吹口哨,会招来海怪。

忌讳乌鸦在船桅杆上叫,那是报丧的信号,很不吉利。遇到此事的船会立即返航。

船上有老鼠不能捉,老鼠叫则表示有晦涩之运,要小心避开。

闽清渔船在航行中,不能吃煮蛋。因为方言"蛋"与"浪"谐音,怕吃蛋（浪）要翻船。

航行时船工不能把碗丢进水里,意味着丢饭碗（失业）。

渔民捕捞时捕到海龟,一定要恭恭敬敬地送回海里。因为海龟寿命长,是吉祥物,也是渔民的保护神。

---

① 谢乾桶.台湾农业谚语[Z].刘芝凤总主持的福建省软科学重点课题"闽台农业非遗与文化产权问题分析"成员之作。

② 本部分是利用平潭、东山采访资料与参考摘录《福建省志·民俗志》综合成文。

捕鱼时若遇到鱼随着波浪自动跃进船舱,会立即放生,绝对不留。因为"自投罗网"的鱼被认为是不祥之兆。

厦门厦港渔民还忌讳抓一种鱼,本地人称"镇港鱼"。惠安沿海渔民也有此俗。

渔民在生活上的忌讳也很多。如煎鱼时只能煎一面,不能把鱼翻身煎,怕出海打鱼时翻船;吃鱼时吃完上面的不能翻鱼吃,只能用筷子把鱼刺挑开再吃;长乐渔民吃鱼时不能先吃鱼尾,意思为后代留着一些;霞浦县渔民不吃鱼眼睛,怕吃了后眼睛看不清航道,容易触礁;在渔民家做客,不能先吃鱼头和鱼尾,否则被视为对主人家不尊重;在服装上,白与丧服一致,渔民忌讳穿白。

渔民说话时的忌讳也很多,比如"翻""沉""倒""搁""破"等都被视为不吉利之话,尤其在节庆祭祀、讨海等重大事情发生时最为忌讳。遇到"翻",改字说"转","搁"说成"放","破"说成"旧"等。因渔民忌讳说"板",故船老板不能称老板,一般称"船老大"或"掌柜的"。

(三)林业生产禁忌

民国以前,山区育林时,要先放火烧山,俗称"炼山"。焚烧山草前,须先祭拜山神。祭神礼毕,就可放火烧山,但要遵守若干传统的禁忌。比如进山后不能随便说话,特别是不能说不吉利的话,如跌倒、起火、流血等。光泽县的禁忌是忌讳在山上叫别人的名字和别人叫自己的名字,若有人喊你的名字,不能去答应。据说如果搭腔了,山鬼就会记住名字,日后上门来勾魂索命。炼山后,等到春天来临,再上山挖穴植树。各地习惯在清明节前后进山植树。这个习俗在整个越人地区都保存着。

上山砍伐前,闽台地区的伐木工人必须先敬山神,烧香纸。即在进山的地方事先找好一株粗大挺拔的常青树,择为山神,除了大节要去祭拜保平安之外,主要祭拜的时间在进山之前。上山伐木作业,由于山势陡峻、地形复杂,树木藤条盘根交错,很容易引发一些意想不到的事故。轻者伤到皮骨,重者危及生命。因此伐木工人为了祈求砍伐过程平安、顺利,自古以来就有若干乡规民约之类的伐木禁忌。

林业山神崇拜还体现在林木贮运上。树木的运输自古就主要靠河运,即把木头从山上放倒后,找一处垂直度强、坡度大的地方,把树木剔枝留杆后放下,让其自然滑到山脚下的溪河边。而后将一排排木头扎成木排,顺溪河漂流而下。福建的尤溪、大田、屏南、浦城等地,大凡押运木排的人,进山前都要拜山神,出山前再在心里拜山神祈祷平安顺利。出山后,每过一座山头或主要河口,都要去当地神庙进香上烛,求助神灵保佑一路顺风、平安。据课题组田野调查,旧时,放排人还在木排上搭造方形小木屋,除用于休息外,内部还放置祭祀的神像或牌位,在遇险滩的前后,都要烧香祈佑。

在闽台地区,除了林农进山造林、育林、砍伐、贮运时要拜山神,生活在林区和山里的猎人对山神信仰也十分虔诚。

二、生活禁忌[①]

人的一生,从出生到死亡,短短的几十年间经常要面临着各种不可知的影响因素。怀着对美好生活的向往,人们往往用趋利避祸的言行应对可能产生的种种不利结果,因而形成许多约定俗成的言行规制和禁忌。生活禁忌与各种人生礼俗相伴而生,在闽台各地也呈现出不同的特色。生活禁忌中有许多迷信成分,但又是闽台传统文化中不可回避的重要组成部分。

(一)婚嫁禁忌

1. 婚嫁年龄

闽台各地的男女年龄普遍以相差3、6岁为结婚禁忌,俗信3岁偏冲、6岁正冲,若结合在一起,婚后诸事将可能不谐。在信仰女神临水夫人的闽东许多地方,女子不可于18岁和24岁出嫁,乃因陈靖姑18岁出嫁、24岁升天之故;在漳州长泰,男25岁不娶,女19岁不嫁;在平和,男女双方年龄合起来50岁暂不成亲(50为百之半,意为会做半路夫妻)。

2. 结婚时间

结婚时间上闽台各地择日时都忌农历单日,且在月份的选择上,一般不挑农历四、五、六、七月,因"四""五"在各地方言中与"死""误"谐音;六月是一年一半,有夫妻不到头之讳;七月为鬼月,会娶鬼妻,不吉利。在云霄,除上述月份外,还忌正月(因方言"正"与妖精的"精"同音,平和亦是)、三月(清明节在此月,是祭亡灵的月份)和九月(方言"九"与"狗"同音)。在永定,农

---

① 黄金洪.闽台传统人生礼仪习俗文化遗产资源调查[M].厦门:厦门大学出版社,2014:201-205.

历逢七、八的日子不相亲。在长汀,农历年无立春节气为"瞎目年",不宜上学、结婚。

3. 属相五行

闽台各地大都在婚前有合婚、排算生辰八字的环节,因此对男女属相和五行非常讲究。生肖和五行相克的,婚事皆不可续谈。许多地方尤其是福州各县区有"白马畏青牛""猪猴不到头""龙虎两相斗"之说,即属马与属牛、属猪与属猴、属龙与属虎的不能结合;在闽南和闽西等地还有属猪的不能和属虎的结婚的说法,认为虎会吃掉猪,从而克死夫妻中的一方;在马尾,妇女忌属羊,俗信肖羊的女子将来必克夫而守寡,因而在生辰八字上要把上半年出生的改为肖马,下半年的改为属猴以避嫌。另外,在五行忌讳上,多数地方如土克水、水克火、火克金、金克木、木克土都不宜婚配。

4. 血缘姓氏

受"同姓不蕃"观念的影响,旧时闽台许多地方不仅禁止直系血缘"五服"以内的男女结婚,甚至出了"五服"外,只要同姓就不可通婚。有的因在历史上祖先互为仇家或其他原因,其子孙后代通常也忌与仇姓通婚,如姓岳的忌和姓秦的结婚。在永定有林、翁两家忌通婚之俗,相传两姓后代曾同时携带祖先骨灰还乡,巧遇于客栈,因双方骨灰混在一起无法辨认分开,只得各取一半带回故土埋葬。从此,为避免同宗联婚之嫌即互不通婚。

5. 其他情况

(1)忌喜丧相值。闽台各地结婚都忌遇出殡。如遇上了,喜事一方要摔掉东西以禳解。如在平潭,轿子到夫家路上如遇到出殡队伍、寡妇或孕妇,新娘须马上捏破衣袋中预先放的桂圆干,以趋吉避凶;许多地方,如仙游,在新婚前后当事人及其亲属都忌参与丧葬礼仪。俗信红白会相克,不利喜家。

(2)忌双喜对冲。在闽南许多地方,如南安、同安,同一个月里结婚或生育,或一方结婚、一方生育,都不互相祝贺和探访。在云霄,一个家庭一年中不能办两件大的喜事,认为会"喜事相冲",遇到不可避免情况时(如结婚与生孩子在同一年),要想办法增加一喜,俗称"三打散",且在办喜事后4个月内不能参与别人的红白事活动。在长汀,同一大门出入的,一年内不能两次嫁娶,可一嫁一娶,但须先嫁后娶。

(3)忌孕、寡妇入洞房。各地普遍以孕妇为有喜之身,而将寡妇视为不吉之人,因此不论从喜冲喜和喜丧相冲的角度,这两种人都忌讳在别人新婚时进洞房。在龙海,孕妇忌入未满四个月的洞房。

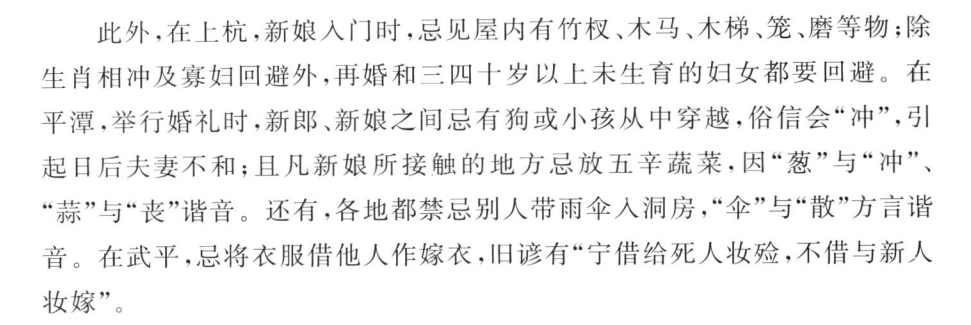

此外,在上杭,新娘入门时,忌见屋内有竹杈、木马、木梯、笼、磨等物;除生肖相冲及寡妇回避外,再婚和三四十岁以上未生育的妇女都要回避。在平潭,举行婚礼时,新郎、新娘之间忌有狗或小孩从中穿越,俗信会"冲",引起日后夫妻不和;且凡新娘所接触的地方忌放五辛蔬菜,因"葱"与"冲"、"蒜"与"丧"谐音。还有,各地都禁忌别人带雨伞入洞房,"伞"与"散"方言谐音。在武平,忌将衣服借他人作嫁衣,旧谚有"宁借给死人妆殓,不借与新人妆嫁"。

(二)生养禁忌

1.生育禁忌

从怀胎到产后各地都有一系列禁忌。各地孕妇大都有不可看戏、不吃兔肉和狗肉、不在卧室里钉钉子和搬移物件、不可在娘家或别人家生产的禁忌;生育后的月子里,都有外人不可进月子房,产妇不可碰冷水和洗头、洗澡、吹风、食生冷食物等禁忌。具体如:

蕉城,孕期忌看戏,怕胎儿会给戏中人换掉,变成红脸、黑脸;忌观看裁缝裁剪衣服,怕胎儿会"缺嘴"(兔唇);忌到宫庙烧香拜佛,怕会生怪胎;忌至葡萄树下游玩,怕生葡萄胎;忌与丧葬事情接触,怕"凶冲喜";忌应酬、酗酒、相争、相打,怕对胎儿不利;忌夜间外出、出门远行,怕遇冲煞等。产后"坐月子",不论寒暑,忌袒胸露首,要用布把头部包起,用红肚兜把肚脐盖严,即使是夏天也忌打扇;忌外人(乞丐)高声叫喊,或在产房附近劈柴、打闹,随便进入产房等。要在门口用红纸贴上"添丁"二字,赤溪一带是在房门前挂件裤子,表示屋内有产妇,"乞勿高声"等。

鼓楼和马尾,孕妇不能动用剪刀、针线,更不能捆绑、穿刺、切割等,以免伤害胎儿;不看戏,尤其是不能看傀儡戏;忌出入寺庙观看僧道的佛事活动,以及其他迎神赛会和丧事等,以防"煞神"伤及胎儿;夜间不出门,以防凶神恶煞感应胎儿或投换怪胎。分娩时,胎盘及其他污物要埋入地下,以免亵渎神明。坐月子时,属虎的及着丧服的不能入房,以防冲克;更忌带雨伞进房,以防恶死的产妇鬼"找替身";忌孕妇和外人进入月子房,忌带金属器进房,以防"踩断"或"带走"母乳。产妇出院时,在担架床上要盖蓑衣避邪。赞婴儿时忌说"胖"等。

晋江和安溪,孕妇忌看作(砌)灶。灶未砌好,灶口缺上沿,怕感应生兔唇儿;问新生儿出生日子称"旦"不称"日"(只有问丧事才称"几日");赞人婴儿长得好,不说"肥"(胖),忌折福损寿;忌和另一孕妇同坐一条椅子、同一床沿,怕被换胎(闽南各地大多有此俗);忌看提线木偶戏、马戏、猴戏,怕生怪胎;忌吃鸡爪,怕会生下手脚卷曲的孩子;忌吃兔肉、麻雀(俗信孩子长大了会好淫)和姜母(怕生畸指儿);忌参加红白喜事、跨牛绳;进入月子房的人一个月之内不得到神庙等。

长汀,俗称孕妇为"四眼妇娘",小孩尤其是婴儿忌被"四眼妇娘"看见,更不能让她抚摸怀抱;忌食兔肉、狗肉;不宜去墓地;不跨井桶索,以免难产等。

大田,孕妇忌看傀儡戏(怕婴儿以后不会说话、软骨);忌跨牛绳(怕延长孕期);忌看棺木、参加丧礼(怕婴儿会百日啼);忌抱别人的幼儿(怕幼儿受惊);忌吃兔头(怕生缺嘴子)等。忌在娘家生产(否则会带走娘家福运,使娘家衰败)。产房一月内忌外人进入(忌血光秽气,不洁)。月内忌冷水洗涤(否则患月内风痛)。婴儿"落地时"忌人知(防人做扣)。赞婴儿忌说"肥""重"(否则折福损寿)。婴儿忌入宫庙(因魂魄不全,怕见鬼神)。婴儿面前忌说"猴"字(否则易患"猴损",发育不良)。忌抱婴儿参加丧事等。

台湾的闽南人普遍存在以下的孕期禁忌[①]:

不可拍孕妇的肩膀,以免造成流产。

孕妇忌看布袋戏,以免生出无肝肺内脏的孩子;忌看傀儡戏,以免生出无骨或软骨病的孩子。

孕妇忌看月食、月晕(白虹),以免贫血、流产或生下残障的孩子。

孕妇忌跨过牛绳,否则会像牛一样怀胎12个月,有难产之兆;忌跨过磅秤,因其十六两一斤,会让孕妇怀孕16个月。

孕妇忌接触喜丧之事,前者会"喜冲喜",后者会"凶冲喜",皆不利于胎儿。

孕妇不可接触其他孕妇和产妇,有喜冲喜之忌,尤其前者还会将肚子里的胎儿相换。

孕妇忌手臂上举,怕腹中胎儿本含着的奶头(奶筋)脱落,导致死胎或流产。

孕妇忌吃烧烤类食物,以免生下有痣、胎印(紫斑)的孩子;忌吃螃蟹,怕

---

① 李秀娥.台湾的生命礼俗:汉人篇[M].台北:远足文化事业股份有限公司,2006:10.

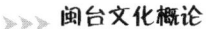

将来胎儿横生,导致难产。

孕妇忌晚归或露宿室外,前者怕遇黑虎神、白虎神或其他邪祟的煞气,伤了胎儿;后者因夜间有雾气,会"误"了胎儿。

2.成长禁忌

各地大都有不让小孩吃鱼卵的禁忌,其原因有两种代表性的说法:闽东的鼓楼和马尾等地,民间认为吃一口鱼卵就是吃大量鱼,超过小孩福分,可能导致夭折;闽南的南安和同安等地则俗信因鱼子成团,难以计数,会导致小孩长大后不会数数。此外,小孩也不能用手指月亮,各地普遍认为月亮是太阳娘娘,手指对其不敬,会被割耳朵等。其他的如:

鼓楼和马尾,忌小孩8岁入学读书,有"七上八下"之说;忌小孩在屋里打伞,怕小孩会长不高;忌小孩入睡后在其脸上涂抹,怕灵魂归来时认不得自身而长睡。

罗源,赞扬小孩长得聪明、强壮、可爱,要说"长得瘦""长得坏(呆)"。每逢日辰属丁,忌让孩子理发,因"丁""疗"谐音,怕理了发头上长疗疮。

同安和南安,小孩忌食鸡爪,怕写字手抖。

龙海,忌小孩吃老母鸡肉,特别是鸡尾椎,说是吃了会多病,不聪明,皮肤会变粗糙;小孩掉牙,忌乱扔,要立正,上齿丢床下,下齿扔屋顶,俗信牙齿才会长得整齐。

平和西部,忌"四",因"四"与"死"谐音。如果小孩4岁,就说"两双岁"。新生婴儿未满月,忌见戴孝的人、病人、孤寡、陌生人、新娘、孕妇。小孩忌食鸡、鸭、鹅的肠,也不吃脚尖。

永定,与罗源一样,也不让小孩丁日理发;孩童4岁,与平和一样要说"两双岁"。

长汀,小孩生病忌说病字,改说"做狗"或"冻感"(莆田和仙游说"怀好");农历年无立春节气为"瞎目年",不宜上学(指开蒙,俗称"破学"),要上学者应在前一年提前去孔庙拜孔夫子。

(三)丧葬禁忌

闽台各地普遍忌讳说"死"字,老人去世通常说"百岁""老了""过后",小孩或年轻人死了说"走了";亲人哭泣时,大多忌将泪水滴在尸体上或棺材里,俗信会让死者的魂灵不安,舍不得离去而作祟于生人;守灵时,都有不能让猫接近或跨过尸体的禁忌,怕死者会起身抓人;到丧家的人,当天

不得再到别人家;孝眷服孝期间,尤其是穿丧服不得进入别人家等。其他的如:

马尾,"发引"用的布,不能用尺量,要以筷子计长,亦要量奇数。停棺在家时,不得掀动杵臼、石磨等。遗体未入殓遇到打雷时,要撑支雨伞遮住死者头部,或取黄泥撒于死者身上,表示已入土。戴孝之人忌打扮,更不能穿红戴花。子女挂孝穿的素服,不能在七旬内洗涤。死者所有寿衣不能有带子和口袋,袋与代谐音,意不能让后代被死者"带"去。出殡队伍遇另一家丧事,要避过或暂停前进。

罗源,老人死了,应说"百岁""万寿""过身";青年人或小孩死了,说"走了""无命在"等。棺材板或灵柩,分别称"寿部""柴"。

永定,丧家用餐,桌面上的盘碗不宜层叠,忌防丧事层出不尽。

大田,忌说"死",而说"走了""百年""过身";忌说"棺材",而说"老寿""寿器";魂杆忌砍多根,只能砍一根;送丧礼忌用红纸包,只能用黄纸;参加吊唁的亲戚忌串门;孝男忌在大厅同亲友一起就餐,忌坐桌吃饭;忌重丧日(春为甲、乙,夏为丙、丁、己,秋为庚、辛、戊,冬为壬、癸、己)、三丧日(春辰、夏未、秋戌、冬丑)及己亥日安葬;亲友来吊丧,要回家时,孝家忌说"再来";与和尚、道士告辞,忌说"再来";丧家忌春节贴春联、放鞭炮等。

三、居住建筑禁忌

(一)上梁禁忌

梁要出头,代表子孙后代出人头地。

上梁时,不能用绳子拉红布,只能直接提装有万年历、毛笔、粽子、香、粮米的红布,挂到梁子上去。如果红布经过岁月的洗礼,坏掉了,不能立即换新的,要换梁时一起重新换。重新换梁时,房子的主人要自己先动手。

上梁时,在场人员的出生年月份不能与上梁的年月份相冲,即八字相冲者不宜在场。孕妇也不宜在场,因为孕妇有"四眼",看了会生病,很难医治。同时上梁时,在场人员不宜说有关死、病等不吉利的话。

(二)民居禁忌

1.居家礼俗

大厅:红砖大厝的大厅是全族人聚会的中心,老人做寿、家族大事商讨和逢年过节祭祀都是在大厅举行。中案桌上摆放佛龛和祖公龛,佛龛中摆放观音、天公、土地公和其他神明。祖公龛摆放祖、爷、父的牌位。

房间:大厝中房间和厅堂有一定的等级关系,传统上要严格按家族的辈分和尊卑分配使用住房。大厅的左边(东侧)是上大房,理应分配给大儿子;右边(西侧)是上二房,分配给二儿子;东榉头间住着爷爷辈的,西榉头间住着父辈的;正大门的称下厅,下厅的东侧叫下房,东侧住三儿子,西侧住四儿子。女儿通常住在两侧或后面的院子里。用人一般住在后面或护厝里面。如果家族比较大,人口众多,一般东边的护厝是给辈分比较小的儿孙,西边护厝给用人住。

天井:红砖大厝中忌讳左右两边的榉头"伸长手",所以一般大厝的天井没有做得很深。庭院里面有固定的摆设,如石桌摆花盆、花卉。护厝两边都会各留两口天井,东护厝的前边天井为日井,后边为龙井;西护厝的前边天井为月井,后边为虎井。

灶头:闽南话分家称分灶,分灶越多说明人丁兴旺,因而闽台地区对灶头比较重视。灶口的方向一般都与大门同向,灶头上也一定要安排灶君公的位置。崇拜灶神,是闽南地区诸多拜神活动中的一项重要内容。腊月二十三或二十四日祭拜灶君称"送神",到正月初四日,又复请灶君回位,称"接神",又是一番祭敬。龙海民间就是据此古俗,于送神那天在灶头换上一张用红纸刻印的新"灶神",上面横书"司命灶君",中间是神像,两边一副对联:"上天奏好事,下地保平安。"上供三牲祭礼,并供奉花生糖、麻片糖等糖果伴以祭祀。

大门:大门在闽南话里称"门户",往往要在大门上安置辟邪之物,有的地方放八卦、镜子和犁铧,有的在大门的位置建一堵墙,俗称照墙。龙海则常见大门之外置以竹屏,并在上面画八卦。

2.吉祥物和厌胜物

吉祥物:红砖大厝有特有的空斗组砌的墙,以红砖砌成万字形、寿字形、菱形、八角形、双环金钱形等吉祥图案,也有的在红砖上雕刻或墙体彩绘梅兰竹菊、石头、蝴蝶、喜鹊、龙、凤、人物故事的吉祥图案。一般庭院也会种上象征多子的木瓜和石榴。

厌胜物:石敢当碑经常被立于街巷口,相传民间邪魔会沿人间街道行走,如果碰到石敢当的碑石就会被挡回,不敢再次进犯。瓦将军和风狮爷在现在台湾和金门地区的大厝中经常出现。八卦牌具有"镇宅"之用,是闽台的普遍辟邪之物,其表面通常刻有太极或八卦的图案,一般放置在大厅门额上,八卦牌上通常也会挂尺子、镜子、剪刀、木锥、毛笔等配饰吉祥物。

(三)择址定位禁忌

中国传统的建房择址都有着自己的禁忌,福建土楼也不例外。福建土楼强调阴阳调和,追求建筑与自然的和谐,讲究依地形安排布局,并结合周围的环境,对土楼的朝向、位置、高低、出入口、道路进行规划。选址时首先要看"来龙",即背后靠山,山后又有山岭护卫。山上草木茂盛,山势蜿蜒起伏如行龙才有生气。其次必须判明"水路",寻找地势较高、开阔平坦、干燥适合建楼的地方,而不能把楼建在山窝中。"窝"的地方潮湿,阴气重,虫子多,细菌多,定居"窝"地,人易生病,人丁不会旺,俗称"窝煞"。接下来是看"来水",即水源、河川的走向。入水口可以多支流汇聚,象征财源广进。讲究"门要对水,座要对龙",若溪水笔直地对着房子流来,称"溪煞",即风会沿溪直冲房门,这是不利的,要将大门转个角度。此外还要看"水口",水口是水的总出处,出水口忌多头,象征财不会漏走。楼基选择要"以口定向",即土楼大门位置应与水流很好地配合,最后看"分金",即使用罗盘确定楼的方位,就是依据金木水火土五行相生相克的原理,选择土楼方位。

通常土楼选址都有以下几个标准作为参照:

一是利于生活、生产、出行,注意选择向阳避风、傍水近路的地方作为楼址。

二是从楼的外部环境审视,以左有流水,右有山坡,前方开阔,后方坚实为最佳,要"左青龙,右白虎,前朱雀,后玄武"。这样的地势不仅可以避开北风,而且可以获得最佳的阳光、新鲜的空气、适宜的温度和一目千里的视野。

三是讲究"四忌",即忌逆势,忌坐南朝北,忌前高后低,忌正对山寨。

四是从依山就势上把握,要看山势高低、山坡缓急选择楼址,使楼和山体、山势遥相呼应,又匹配适当,彼此和谐统一。[①]

四、行业禁忌

铁匠:铁匠铺里有设祖师神位祭拜,流动的铁匠也会在临时的工作坊贴一张红纸作为祖师的神位祭拜。铁匠要想打出好铁器,就得靠炉火旺,所以

---

① 王忠强.中国文化知识读本:土楼[M].长春:吉林文史出版社,2010:81-82.

要供奉太上老君。祭祀时，用嘴咬破大公鸡的鸡冠，将鸡血滴进炼铁炉，称"割花"。铁匠的禁忌：一是择吉日祭神明开炉，忌遇到孕妇、生女婴的产妇和服丧（一年内）的人在场。二是忌铁锤打在砧子上，叫"打空锤"。铁匠都将这些当作事故发生的前兆，会马上停工，再择日开工。三是铁匠的砧子忌外人敲打。

竹篾匠：忌外人跨过破篾刀和工具。

石匠：上山凿岩炸石动工前，要用酒菜祭土地神和山神，称牙祭。石匠的墨斗、曲尺不能让人随便跨过去，认为是触犯祖师神灵，会遭灾。采石时，如果看到炸石向人躲藏的方向飞来，认为是采石不利的预兆，有血光之灾，会立即停工返回。古田县的石匠进山动锤之前不能讲话，动锤以后才能开口说话；非常忌讳直呼人家的名字，说是山神听到后会找他的麻烦。惠安石匠采石时最忌讳看到石头上有血，不论是人血还是动物的血都是不吉利的预兆。

窑匠：建窑、烧窑前要择吉日、吉地。一般不在大江边或社坛、庙旁建窑。窑门不能朝住宅，以免对人家不利。破土时，要在窑地祭祀神明，请神明、祖师、山神、土地神到位敬祭。严禁孕妇、儿童进窑。最忌讳祭祀时遇到挑着粪桶从前面经过，认为是对神明大不敬，会招来祸害。入窑时忌讳晦气入窑，都要讲吉利话。陶瓷匠烧窑时窑边安放一张小桌和太师椅，椅子只能大师傅坐。桌上要点一盏长明灯，示意生生不息。烧窑过程中，不能讲粗话、脏话，怕触犯窑神，使烧的陶瓷开裂或变形。起窑时，妇女和服丧的人以及家有产妇的男人都不能介入，怕亵渎火神，影响窑中成品的质量。自封窑到开窑期间，不能放鞭炮（寓意炸窑），即使是大节庆，也只能点香、烧纸。窑工在窑场吃饭时不能说话，不能碰响桌子，更不能把筷子架在碗上。

泥水匠：忌讳妇女跨过瓦刀，认为会给他带来晦气；也很忌讳吊锤被人跨过。在莆田，忌讳"虎日"出工，说老虎会咬人，这天出工会受伤。[①]

木匠：忌讳别人跨过墨斗和曲尺，也忌讳别人去摸它，认为运气会被摸走，所以木匠常把曲尺挂在脖子上。如果还是被人触摸，要用咒符点火，绕曲尺或墨斗一圈，叫"焚净"。厦门钟宅木匠开工时最忌讳一年内还有孝在身的人看他干活，戴孝的男人也不行。据《福建省志·民俗志》介绍，将乐县木匠不喜欢替人修缮旧房子，认为干修补的活会把今后的活路堵死，若不好

---

① 福建省地方志编纂委员会.福建省志·民俗志[M].北京：方志出版社，1997：48.

推辞,就叫徒弟去做。永安木匠出工时要杀只雄鸡,滴血于工具上,说是能祛邪除妖。

其实,迷信因惧怕而产生。手工技艺从业者,手上使用的都是利器,稍不留意,就会伤到自己或别人,以致心悚而产生避免危险的精神需求。这就导致了手艺人禁忌的产生。

第四节　外来宗教信仰

外来宗教与中国传统宗教一样,是中国文化现象的一类。因特殊的历史原因,基督教、天主教等外来宗教早在100多年前就在闽台地区传播;佛教则在1000多年前的晋代就开始普及,据相关研究资料,晋代福建境内的佛寺多达400座以上。

一些学者认为文化帝国主义的政策是最微妙的。它的成功表现在其目的不是征服领土和控制经济生活,而是征服和控制人们的心灵,以此作为改变两国之间权力关系的手段。当今中国面临这样一个问题,即如何建构一套新的观念或意识形态、道德伦理以及与之相应的话语系统。恩格斯在《反杜林论》中说:"一切宗教都不过是支配着人们日常生活的外部力量在人们头脑中的幻想的反映,在这种反映中,人间的力量采取了超人间的力量的形式。"外来宗教在当下社会功利性明显张扬的环境中如何超出常规的发展,对国家治理和社会发展有何作用与实效,均是我国乃至全世界意识形态领域中不可回避的问题。

一、佛教

佛教起源于古印度,由迦毗罗卫国(今尼泊尔境内)的王子乔达摩·悉达多创立。悉达多属于刹帝利种姓中的释迦族,后被尊称为释迦牟尼,意为释迦族圣人。① 佛教在前3世纪孔雀王朝阿育王统一印度后才被尊为国教,得以传播。经诸多学者研究,佛教最早传入中国的路线是因西域贸易,由新亚细亚、新疆传入中原,《魏略·西戎传》记载的时间大约在汉元寿元年(公元前2年)。② 据相关历史文献载,北魏孝文帝太和初年,全国有寺院

---

① 詹石窗,林安梧.闽南宗教[M].福州:福建人民出版社,2007:103.
② 陈寿.三国志:卷三〇[M].北京:中华书局,2010.

6478座,僧尼77258人。① 可见在5世纪的中国,佛教已具一定规模。

佛教传入福建和台湾的时间及路线,一直是宗教学者研究的主要内容。综合学界观点,认为佛教最先从闽南路径入闽地。先是在两晋南北朝初期传入,据课题组搜集的历史文献统计,两晋南北朝时期,福建仅福州一带的寺庙多达500余座。可见福建早在两晋南北朝时期已传入佛教且已成规模。

被称为闽南文化发祥地之一的泉州,在两晋南北朝时期建有的寺庙多达数十处。泉州在佛教界素有"泉南佛国"之称,被学术界认为是佛教文化传入闽南较早较集中的地方之一。如市区清源山、南安九日山、晋江青石山等,均遗存"泉南佛国"的摩崖石刻。

以南安九日山为例,此山佛教遗物多,发掘出南朝古墓,墓砖印有佛像,还发掘出五代的石佛座像。东汉末年,外来僧侣在此地译经传教。晋太康九年(288年)延福寺建在九日山下。据载,南朝时,印度高僧拘那罗陀也到延福寺翻译佛教经典。

泉州还遗存隋末皇泰年间(618—619年)建的安海龙山寺,唐垂拱二年(686年)建的开元寺等佛教寺院。从唐末至五代,泉州城东隅增建了承天寺等。宋之前,泉州佛道俱兴,有寺观"千百数"。其间又在城东北隅增建了崇福寺等佛教建筑,并将泉州开元寺原有的两座木塔改建成石塔,以"三大佛寺"建筑——开元寺、承天寺、崇福寺的建成,形成唐宋时期闽南佛教中心。据诸多学者研究,宋代以后,福建儒道释三教合一,闽南的佛教信仰渐趋世俗化,但仍继续发展,并逐步与当地原始宗教融合。在民间信仰中,释迦牟尼和观音菩萨是整个闽台地区从始至终崇拜的佛教神明,每年都有专门的纪念祭祀朝拜日。闽南佛教信俗中有一延续至今的特殊现象,即自北宋开始,寺中有带发修行的女性,俗称菜姑。

信仰崇拜因需要产生,福建省佛寺之多,反映出民众的心理需求。如宁德市华藏寺(华严寺),建于唐朝,由高丽僧人元表法师始建。宋开宝四年(971年)吴越王敕赐"华严寺"额,封了悟禅师为国师,主支提法席,并依《华严经》铸铁佛千尊,即"千圣天冠";雍熙二年(985年),宋太宗敕赐"雍熙禅寺"额;淳化元年(990年),又赐了悟禅师法嗣辩隆禅师继席支提,并赐"佑

---

① 魏书·释老志[EB/OL].[2019-03-11].https://baike.baidu.com/item/魏书释老志/630187? fr=Aladdin.

国记室禅师"封号、紫衣、御书等。至康熙、同治两代,两度撰写《宁德支提寺图志》,共计 6 卷。民国三十六年(1947 年),兼辉法师的高徒心严法师重建大殿。1983 年,泉州王静远居士发心重塑大殿佛像,后又重修,华藏寺面积 3700 多平方米,坐北朝南。1000 多年来香火不断,信徒崇拜不断。

据诸多新闻报道,福建多地均发现唐代以后肉身佛。不仅泉州发现多处肉身佛,2015 年网上热闹一时的还有"肉身暴露空气中千年不腐"的漳州活佛"肉身和尚公案"。1911 年,日本牙医山崎父子从漳州活佛宫运走一尊肉身佛,取道厦门运回日本。2015 年因一位农民在漳州龙文区步文镇玄坛宫村挖地基时,刻有"活佛宫"三字的香炉被发现,再次在漳州文史学界、佛教界掀起向日本讨回真佛的高潮。这一文物让百年前的"肉身和尚公案"有了明确结论,印证了日本横滨总持寺肉身和尚来自漳州龙文区"活佛宫"。此文物还引发一些历史谜题,包括现身在日本的肉身和尚是否为唐高僧无际大师,肉身和尚为何千年不朽等。漳州市龙文区委常委、宣传部部长表示,区里正着手收集材料,把活佛宫和肉身和尚的事件汇编成册,区政府将根据相关程序,要求向日本讨回肉身和尚。龙文区村民将集体联名请求迎回还在日本的"和尚干"。

台湾地区信仰佛教的信民约 548.6 万人①,其信仰人数与原始宗教、儒教或其他民间信仰人数有重复。在台湾,佛教信仰主要遗存在漳泉人和从大陆入台的其他省汉人之中。单一的佛教寺庙相比闽南地区的佛教寺庙稍多。2015 年课题组在台湾调研时,遇到全台湾佛教僧侣在新竹举行菩萨巡境的法事活动。数百僧人集中举行仪式诵经普法,然后沿街巡境,路两旁站满信民,向路中的僧人布袋塞钱。巡境从中午行进到晚上 9 点多才结束,足见台湾信民之虔诚。

(一)弘一大师崇拜

弘一大师(1880—1942),俗名李叔同,字息霜,号圹庐老人。据历史文献与民间文书载,弘一异名极多,39 岁出家,释名演音,号弘一,晚号晚晴老人,别署笔名多至 200 余个,以叔同、弘一两名为多。佛学界称之为近代高僧。

---

① 台湾佛教[EB/OL].[2019-03-11].https://baike.baidu.com/item/台湾佛教/7589169? fr=aladdin.

弘一大师在杭州出家后,立佛24年,在闽南弘法先后达14年,最终圆寂于泉州温陵养老院晚晴室。在闽南的这段时间,无疑在弘一大师弘法活动中占有极为重要的地位。①

弘一大师重振律宗,在艺术、文学方面为佛教的弘扬做出了巨大贡献,参与一定的文化交流、传播活动。单从文学活动来看,他探寻文学先贤遗踪,与文学名人笔墨往来,撰写体裁多样的佛学著作和文学作品,推动了近现代佛教的复兴。

(二)闽台观音崇拜

观音原来是印度大乘佛教的菩萨,最早翻译作观世音。唐朝人避太宗李世民的讳,略称观音,沿袭至今天。

1.称呼与性别

民间对观音的称呼很多,如观世音菩萨、观音妈、观音佛祖、南海观世音菩萨、大悲菩萨、大慈大悲观世音菩萨、圣宗古佛、妙善夫人等,法名为正法明如来。

佛教认为,佛、菩萨都无生无死,也无性别。他们在世人面前可根据不同需要,示现各种化身。所以,南北朝时的观音菩萨造像有男相,也有女相。可是,从唐开始到如今,观音造像多为女相,民间也有以观音为一妙龄女子。《楞严经》曾说到其中原因:"若有女子好学出家持诸禁戒,我于彼前见比丘尼身,而为说法。"但《南史》《北史》所记之传说中观音均为女性。"巧笑倩兮,美目盼兮。""彼美人兮,西方之人兮。"宋朱弁《曲洧旧闻》:"过去国庄王,不知是何国,王有三女,最幼者名妙善,施手眼救父疾……"②可见,据佛经的记载,观音本为男子形象,佛教传入中国后,为吸引广大妇女信佛,将其化为女身。这样做也造就了众多出家为尼的妇女(比丘尼)。民间以观音为女神加以崇拜,日久遂与道教之"娘娘神"信仰混合,而有"观音娘娘"之称。

作为女性的观音,表现出许多女性神的职能。如"送子观音",妇女们通常在观音诞辰日前往寺院,供奉水果、寿桃、寿面,烧寿金。有的信众会以金牌或银牌刻上观音名号,佩戴在小孩的脖颈上,以求保护。还常常在孩子出

---

① 何绵山.弘一大师与近代闽南佛教[J].近代史研究,1996(1).
② 陈小冲.台湾民间信仰[M].厦门:鹭江出版社,1993:39-41.

生后到观音庙许愿,有的契给观音娘娘,给孩子取名为娘龙、娘狗、娘喜等。此外,还有一种"补运"的习俗,即观音圣诞当天,准备纸制的人形、米糕和与家属数目一样的龙眼干或鸡蛋,到寺院里观音佛祖前祈福消灾。

2.应身、协侍与节庆

观音被认为有六、十五、三十三、三十七、八十四个应身。常见的有白衣观音、紫竹观音、鱼篮观音、净瓶观音、千手观音、送子观音、洒水观音等。实际上观音的形象是出于信众着意制造和画工塑匠的艺术需要而产生的。闽台崇尚白衣观音。沿海对航海保护神紫竹观音也极推崇,紫竹观音又称南海紫竹,端坐岩上,下为海水。民间也认为妈祖为观音化身。杨柳观音手持净瓶和柳枝,瓶里有甘露,以柳枝沾洒,点化众生。

观音的协侍是善财和龙女。据说龙女是龙王女,八岁成佛。善财出生的时候,家中涌现出很多珍宝。"善财童子五十三参",经参五十三位大师、菩萨等。由于《西游记》的缘故,民间也有认为善财是红孩儿。民间对善财特别钟情,有认为会使人发财,还有认为可以祈求得男婴。

观音诞生日为农历二月十九日,成道日为六月十九日,出家之日为九月十九日,民间将这三个日子都当作观音的生日。在台湾,多以农历二月十九日或六月十九日为观音圣诞,而举办各项庆祝祭典活动。

二、基督教

《人民日报》2014年8月6日《中国基督教三自爱国运动委员会成立60周年纪念会举行》显示,中国基督教在改革开放以来获得了超常规的增长,基督教信徒人数在2300万~4000万,占我国总人口的1.7%~2.9%。国家宗教事务局2012年6月公布的数据显现,我国现有经批准开放的宗教活动场所近13.9万处,其中基督教教堂、聚会点约5.6万处。2015年1月16日《福音时报》报道,2015年1月1日,古田县大甲镇山里村新建教堂举行献堂典礼,吸引宁德市乃至福建省牧者与信徒700多人共聚。老苏区山里村成为古田县唯一一个福音村,全村村民信仰基督教。1月13日,莆田市基督教莆田堂举行轰轰烈烈的牧师就职感恩礼拜活动。

以南平樟湖镇为例,基督教在樟湖传教的历史可以追溯到1866年,美国传教士薛承恩先后从福州到南平樟湖、顺昌、洋口等地传教,在樟湖设有一个堂口。1872年始设立了延平教区,分设延平、樟湖牧区,华人传道士为潘贞惠、邓观荣。

(一)樟湖传教的历史

1873年,宝精英在樟湖创办了女子圣经学校。1911年,兴建了"福源堂",并办起了教会学校,名为"湖光小学"。时至1955年,教会有信徒61人。1988年,随着宗教信仰自由政策的落实,基督教房产得以恢复,教堂重新开放,信教者可以定时定点做礼拜,教堂活动正常化。1992年,有信徒700多人。随着基督教会的发展,福源堂成为樟湖牧区中心堂会,建立了剧头、溪口、香山、武步、新岭等分支堂,形成了以中和街基督教堂(福源堂)为中心,辐射樟湖外围8个村的格局。

樟湖镇民间信仰根深蒂固,善良朴实的群众对于外来的基督教,在大度包容的同时,又保持着传统的矜持。直至1955年,全镇信仰基督教的只有61人,但是到了1992年,信徒达到了700多人。近两三年发展很快,有村民说这两三年就发展了两三千人。每逢重大节日,教堂里挤满了人。樟湖镇某文化工作者告诉笔者,估计信仰人数每年有10%的增长。笔者仅在溪口村获得了一个不很精确的数字,就是该村1000多名常住人口中就有200多名是基督教徒。有村民告诉笔者,只要家里有人生病,便带动全家以及亲戚朋友入教以得到基督教会的资助。

除了基督教以外,与樟湖基督福源堂邻近的,还有天主教堂和安息教堂(安息日会)各一座。人数估计各有四五十人,且发展缓慢,据说天主教会要求做礼拜时要跪一整天是其发展缓慢的原因。

(二)积极发展教徒的措施

樟湖镇福源堂的一个牧师,是整个镇级别最高的教会领导,通过辐射外围8个村的基督教网络,教会很好地掌握了全镇人员的基本信息和日常情况。有了这些信息资源,教会能随时知晓哪个家庭遇到不顺、谁生病住院了,就主动到家中慰问、到医院祷告,帮助群众。这些及时的人文关怀很能感动淳朴的乡民。

1.活跃的公益活动

通过信徒的"奉献",基督教会有可供自己支配的资金,能够有效率地办好一些公益活动,以树立教会形象。以樟湖镇溪口村颂恩堂为例,笔者在前往溪口村的轮渡上与村民交谈时,村民对颂恩堂建设饮水工程的事交口称赞。不仅如此,教堂还做了很多长期的工作,比如每年寒暑假举办英语夏令营,邀请外教对报名参加的同学进行辅导,吸引了很多青年学生,也令家长心存感激。教会每年年终还主动去困难户、孤寡老人家中慰问,为他们买油买米,必要的还送点钱,福源堂就给 60 岁以上老人送 50～100 元的慰问金。开展贫困助学活动,村里考上大学的学生如果家境困难,将给予每年 2000 元的助学金等。接受基督教堂帮助的大多是处于相对弱势地位的人,他们往往出于感谢教会的恩惠,在心理上逐步倾向于基督教。

在台湾,基督教又称"面袋教"。清代基督教入台后,为吸收教徒,针对贫苦民众尤其是台湾少数民族,只要入教,就给一袋面粉。经过上百年的发展,台湾少数民族村寨几乎都有基督教堂。

2.信徒的自主传播

樟湖镇基督教的发展,有一个特点是有不少当地知识分子成为基督教徒。这些知识分子包括乡镇退休干部、当地教师(退休者为主)、乡村医生等,他们一般社会地位较高,比较有威信,在他们的以身作则下,追随者甚众。

(三)促使樟湖镇民众入教的因素

1.家庭成员和邻里亲戚的影响

家庭中有成员已经是基督教徒的,非基督教徒更容易被同化为基督教徒。在樟湖镇有一个非常独特的现象——媳妇的信仰往往决定全家的信仰。普通农村家庭子女成家立业后,老人不再是家里的经济支柱,话语权就减弱了很多。男方忙于生计,女方会慢慢改变全家的信仰。

此外,邻里亲戚也是影响信教与否的因素。邻里亲戚之间交流相对频繁,中国人对邻里亲戚表现出的信赖使他们往往容易受影响而信教。笔者在调查中就发现了很多家庭是因为教徒通过串门、聊天而带入教的。

2.农村留守人口更倾向于信教

以樟湖镇溪口村为例,该村 4000 多名人口,青壮年劳动力有近四分之三外出打工,守在村里的大多是老人、妇女和小孩。这些留守人口的普遍特征是文化程度不高,经济活动能力一般不强,缺乏日常文化娱乐参与条件等。在这种情况下,基督教会发展似乎更顺风顺水,其关心慰问、群众性的宗教活动(如周日的礼拜、圣诞节活动)凝聚人气,显得异常吸引人。

3.民间信仰信众流失

樟湖镇的民间信仰属于较原始粗放型的,组织上的松散性使其对群众约束力甚微,导致部分信众改变了宗教信仰。这无疑也是基督教较容易获得群众的心理认同,得以较快发展的一个重要原因。

三、天主教

1624年(明天启四年)12月29日,意大利耶稣会传教士艾儒略偕同告老还乡的当朝宰相叶向高(福建福清人)由杭州乘船达福州。叶向高将艾儒略介绍给省城的士大夫。艾儒略能讲一口流利的官话,通过以诗会友、学术交流,结交官吏乡绅,得到"西来孔子"的美誉,10年后福州城内教徒已达数百人。叶向高的2个孙子、1个曾孙和1个孙媳也入了教。叶向高的长孙捐资兴建了福州第一座天主堂——三山堂(Tripartite Hill Church)。

1645年,唐王朱聿键在福州称帝(隆武帝),身边的重臣郑芝龙、黄道周都是天主教徒,隆武帝还下令重修三山堂,门前立"敕建天主堂"牌坊。

1848年,西班牙多明我会在法国领事馆的支持下于福州南门兜澳尾巷建堂。1864年,天主教会得到南台岛泛船浦菖蒲墩4亩多土地,抵偿福州城内的三山堂旧址。1868年,教会在此块地皮上建起泛船浦天主堂。

1883年,天主教福建代牧区南北分立,福建北境代牧区的主教座堂设于福州南门澳尾巷天主堂。此时,福州府属各县教徒人数约为5000人,教堂公所10余座。

1912年,福建北境代牧区主教座堂从澳尾巷移往南台泛船浦。1924年,福建北境代牧区改称福州代牧区。

1923—1931年,福建北境代牧区陆续一分为五,分为福州代牧区、福宁代牧区、汀州监牧区、建瓯监牧区(1929年)、邵武监牧区(1931年);此后仅负责福州、南平二府十八县教务。下设5个总铎区,29个本铎区。1946年,福州代牧区升格为总教区。1949年,福州市区计有天主堂9座。其中崇爱堂为建瓯监牧区驻榕办事处,救世堂为邵武监牧区驻榕办事处。福州教区在册的外国传教士计有14人(另有4名外国传教士系省内其他传教区驻榕人员)、外国修女13人、中国籍神职人员25人、女修道85人(不含在家的守贞女)、男传道员30人,福州市区天主教徒人数为13000余人。至1950年达127个教堂,1961年减至30多个。"文化大革命"期间,一切宗教活动均被禁止。1979年福州教区恢复宗教活动,1985年恢复教务机构。①

在台湾,天主教的信仰次于基督教,其主要活动区域在城市,农村少数民族地区也较为普遍。

---

① 天主教福州总教区[EB/OL].[2019-03-11].http://baike.haosou.com/doc/2365819-2501632.html.

第三章 闽台方言及民间文学

语言是民俗文化的符号,也是民俗文化的镜像。民俗文化的内涵和仪式往往是以语言符号为载体来表达和体现的。福建和台湾,地理相近、血脉同源、文化同根,两地渊源深厚,台湾的语言源于大陆,它是历史上世世代代大陆移民陆续带过去的。闽东、闽南、莆田、闽客四大方言均曾流播台湾,使得闽台两省方言习俗关系密切,惊人的一致。

方言词汇是反映某一地域民俗文化的重要载体,但不等于方言词汇系统中的所有词语均与当地民俗文化有关。最能反映民俗文化的是常用词、古语词、地名词、民俗词、外来词等五大类。拥有大量"有音无字"的"单音词",是闽方言的一大特色。方言区群众在口语交际过程中往往对这类不见于或罕用于普通话的语词知其音义而不知其具体书写形式。[①]

第一节 闽台方言

一、闽方言定义与特点

(一)闽方言定义

闽方言在我国主要通行于福建、广东、台湾和浙江省南部,江西、广西、

[①] 林寒生.《闽台传统方言习俗文化遗产资源调查》一书的主要特色[Z].刘芝凤总主持的"闽台历史民俗文化遗产资源调查"课题的总结资料。

江苏的个别地区,具体包括福建省的 54 个县市、广东省东部的 12 个县市、海南省的 19 个县市、台湾地区的 21 个县市、浙江省南部部分地区等。总计县市有 120 个以上,使用人口约 4000 万。

闽方言按其方言特点,总的可以分为 5 种:以厦门话为代表的闽南方言,以福州话为代表的闽东方言,以建瓯话为代表的闽北方言,以永安话为代表的闽中方言,以莆田话为代表的莆仙方言。

(二)闽方言特点

由于特殊的历史背景和人文渊源,台湾现居人口中有 74% 都是祖籍福建,这其中 90% 左右是闽南人,故闽台方言以闽南方言为代表。

闽方言最大的特点,就是一村一乡都有可能有不同的方言。闽南地区人文背景复杂,方言的同源词差别较大。例如我们在做田野调查时,发现安溪、同安的闽南学生,听不懂云霄县的闽南话。

二、闽南方言

(一)闽南方言简介

闽南方言又叫闽南话,也有人叫它河洛话或福佬话。它早期以泉州话为代表,现在以厦门话为代表。但泉州话的影响仍然很大,闽南早期剧种梨园戏至今仍以泉州音为标准音。

闽南方言有狭义和广义之分:狭义指福建南部和台湾一带说的闽南话;广义指福建南部和台湾一带以及其他地区、国家说的闽南话。全世界操闽南方言的有 6000 多万人。闽南方言是全国八大方言之一。

它分为 5 个次方言区:

(1)厦门话区:厦门、金门。

(2)泉州话区:泉州、石狮、晋江、惠安、南安、永春、德化、安溪等 8 个县市。

(3)漳州话区:漳州、龙海、漳浦、云霄、东山、诏安、华安、长泰、平和、南靖等 10 个县区市。

(4)龙岩话区:龙岩、漳平。

(5)大田话区:大田、尤溪的一部分。

(二)闽南话的形成

闽南话是在古闽越语的基础上,融合了外来方言而在漫长的历史发展过程中逐步形成的一种有别于其他地区的语言。闽南话最早应该是以泉州话为代表的,因唐代王审知入闽以及陈政、陈元光开漳,又因南宋宋末文天祥、陆秀夫和张世杰拥立小皇帝另立朝廷带来的二十余万军民入闽南,都在泉州待过一段时间,方言发生了重大变化。

明清之后漳州得到较大发展,又形成了与泉州腔有明显差别的漳州腔。随着近代厦门的崛起,漳泉两地的移民聚居岛上,形成了混合漳州腔和泉州腔的厦门话,俗称"漳泉滥"。由于厦门话在沟通漳州、泉州两地上有更大的效能,也由于厦门在现代社会里的地位逐渐上升,现代闽南方言的代表已经从泉州话转移为厦门话。

作为闽南话的发祥地,漳泉厦地界相连,没有崇山峻岭相隔,相互间历来联系密切,因此,虽然彼此有若干差别,内部的一致性还是很明显的。

三、畲族方言

福建是中国畲族的原生地之一,浙江、安徽、江西、广东也居住有部分畲族。浙江景宁畲族自治县的畲族是从福建迁居浙江省西南落户的,距今有1200多年历史。畲族不是一个散居民族,而是一个典型的大聚居小分散的民族,主要集中在福建、广东、江西三省交界之地。

畲族是我国古老的土著民族,在最早的文献资料《诗经》《易经》中就有体现。方言中,畲有两种读音:读"yú",指刚开垦的田;读"shē",意为刀耕火种。最早开垦稻田的畲人逐步形成一个民族族群,其文化特点是原始的游耕经济,其后形成的文化是山地稻作文化。

全国畲族有70多万人。福建省有畲族35万多人,占全国畲族的52.87%,使用的语言有畲族方言和闽方言。

四、台湾方言

台湾方言概括起来,有五大类:

1.闽南方言:由明清时期随郑成功入台的2万多名将士,或因生存需要迁徙入台的闽南人,或经商入台的闽南人带去的方言。

2.客家方言:由明清前后至民国时期从广东境内入台的客家人,以及从广东省经福建省入台的福建客家人所使用的语言。

3.自古入台的汉方言(普通话),包括光复后入台的国民党军民所使用的方言。

4.台湾先住民方言。

5.台湾人称"新居民"的"台湾新娘",她们都保留着老家的方言。

第二节　闽台民间文学

闽台民间文学是闽台人民在漫长的生产、生活实践过程中形成的民间文化现象。许多民间文学都带有祖籍地的文化基因,从祖籍地到迁徙入闽、入台湾的祖辈中一代代口传下来。

闽台民间文学与其他地区民间文学一样,也分有民间传说、民间歌谣、民间对联与猜谜等类别。

一、闽南民间传说

中国民间传说指中国民间口头叙事文学,由历史事件、历史人物及地方风物有关的故事组成。学界对于传说的界定大致有两种看法。广义的民间传说,俗称"口碑",是一切以口头方式讲述生活中各种各样事件的散文叙事作品的统称。与广义的民间传说概念的宽泛性不同,狭义的民间传说是指民众口头创作和传播的描述特定历史人物或历史事件、解释某种地方风物或习俗的传奇性散文体叙事。

据此,闽南民间传说是指在闽南人民群众的生产生活中,由民众口头创作和传播的描述历史人物、历史事件,解释闽南风物或习俗的传奇性散文体叙事。涉及的题材包括国家民族的大事、阶级斗争、生产斗争、文化创造、杰出人物的贡献,以及家庭、婚姻、民间的风俗习惯等方面。

闽南民间传说大体分为以下三个类别。

1.人物传说

人物传说是以历代社会生活中实有其人的著名人物为中心,通过艺术加工、幻想、虚构等手法,叙述他们的行为、事迹或遭遇等的传说。闽南地区人物传说故事丰富,根据传说中人物身份的不同大致可以分为六种类型:

(1)神仙传说。相对于神话而言,神仙传说也被称为"仙话",是人物传说中特殊的组成部分。这类传说与宗教,特别是跟中国民间影响较大的道教有千丝万缕的联系,其产生的历史比较久远,流传也相当广泛,传说的人物有超乎凡人的神通,大多是虚构的,但也有少量的真实人物。

(2)文人传说。这种传说主要讲述历代杰出文人包括诗人、作家、书法家、哲学家的生活轶事。用生动有趣的故事来渲染他们在事业上的精深造诣,或讲述他们成才的艰辛刻苦,用来激励后人用功。

(3)巧匠名医传说。这种传说的内容多是渲染巧匠名医技巧高超、品格高尚,且惩恶扶弱。这类传说中,在闽南地区及其周边地区流传最广、最具有影响力的当属神医大道公——保生大帝吴夲的故事。

(4)帝王将相传说。这种传说又可分为帝王传说和将相传说。帝王传说讲述帝王的神奇出生、宫廷轶事,或者讲述帝王如何残暴、贪婪、好色等的故事,如关于三皇五帝、秦始皇、汉武帝等的传说。将相传说又可分为名将传说、清官(贤相)传说和奸臣传说。名将传说讲述百姓理想中英雄式的著名将军的作战故事。清官(贤相)传说讲述贤明、勤勉、疾恶如仇、不畏强权、主持正义或幽默风趣的大臣、官员的事迹。奸臣传说揭露的是封建传统社会统治阶层中的一批腐朽官员。

(5)起义英雄传说。这种传说是反映官逼民反的历史事实,歌颂造反起义的英雄好汉的传说。民间传说对这些人物的评价一般不为统治者和正史观点左右,不管起义者最后能否成功,大多会把他们当作正面人物和英雄来传颂。这可能是因为起义者往往都出自下层民众,代表了民众的利益和愿望。

(6)政治历史人物传说。这种传说指近代以来的政治家、革命家的传说,也包括政坛上反面人物的传说。

2.历史事件传说

历史事件传说,也称史事传说,是以历史事件为叙述中心的传说。这类传说往往与人物传说有所交叉,但是两者各有侧重,史事传说重在记事,而人物传说重在记人。史事传说在描述历史事实的同时,也刻画历史人物,但这些人物多是普通的百姓,并且在传说中反映的是集体性的群众英雄;而人物传说中的历史人物往往是著名的人物,包括反抗外来侵略和发动农民起义的首领等。

3.地方风物传说

(1)山川名胜传说。这种传说是解释特定地方的自然物与人工物的由来、命名和特征的传说,如泉州姑嫂塔的传说。

（2）物产传说。这种传说是关于各地、各民族的土特产品的产生、特征和名称由来的传说。

（3）动植物传说。这种传说是解释动植物的名称、习性或特征由来的传说。

（4）习俗传说。这种传说是关于各地、各民族的风俗习惯形成原因的解释性传说。种类很多，最常见的有三种：解释节日习俗由来的节日习俗传说、婚丧习俗传说，以及解释娱乐游艺活动由来的游艺习俗传说。

二、闽南民间歌谣

歌、谣分称，最早见于《诗经·园有桃》："心之忧矣，我歌且谣。"

关于歌与谣的不同，主要有两种解释："曲合乐曰歌，徒歌曰谣"（《毛诗故训传》）；"有章曲曰歌，无章曲曰谣"（《韩诗章句》）。一般说来，歌因为配乐和受曲谱制约，歌词有与之相适应的句法章法结构，节奏比较舒缓。谣不配乐，没有固定曲调，取吟诵方式，章句格式比较自由，节奏比较紧促。古人对歌与谣也常联用，统称"歌谣"，简称"民间歌谣"为"民歌"。

民间歌谣指民间短篇诗歌，包括抒情性的民歌与民谣，是劳动人民集体的口头诗歌创作，属于民间文学中可以歌唱和吟诵的韵文部分。它具有特殊的节奏、音韵、章句的曲调等形式特征，并以短小或比较短小的篇幅和抒情的性质与史诗、民间叙事诗、民间说唱等其他民间韵文样式相区别。

闽南民间歌谣指的是在闽南这一特定区域里的民众在生产生活中所创造和流传的民歌和民谣。闽南民间歌谣的分类，从内容出发，结合某些特殊功能，大致分为劳动歌、仪礼歌、时政歌、生活歌、情歌、儿歌六类。

1. 劳动歌

有狭义、广义之分。狭义的专指号子，以与劳动动作相配合的强烈声音节奏和直接促进劳动的功用为其基本特征。广义的包括在劳动中唱的歌，如同安莲花褒歌、采茶歌等。后一类歌，有些也配合劳动动作而歌唱，一般也能起一定的鼓舞和情绪调节的作用，但无明显的与劳动动作相配合的强烈声音节奏。

2. 仪礼歌

伴随民间祈年庆节、贺喜禳灾、祭祖吊丧等仪式及日常迎亲送友等习俗活动而吟诵演唱，大致有诀术歌、仪式歌、习俗歌三类。诀术歌，是被认为具有法术作用的民间歌诀与咒语。仪式歌，是与节令庆祝、祭祀等仪式相结合而诵唱的歌,主要内容为祭神求福、祈保丰收等,如祭灶王爷求福、祭龙王爷求雨所唱的歌。习俗歌,用于婚娶、生子、祝寿、送葬、造房等红白喜事和迎宾待客的场合,如撒帐歌、哭嫁歌、盖房歌、敬酒歌等。这是仪礼歌中数量居多、迷信色彩较少、文学价值较高的部分。

3.时政歌

主要内容是反映人民群众对某些政治事件、人物的认识和态度的,有相当高的文献价值。中国古代的时政歌,不少以童谣形式出现,其书面记录较多见于各朝史书的《五行志》中。

4.生活歌

反映人民一般的社会家庭生活和日常劳动生活的各方面,尤以表现农民和妇女生活的为多。关于农民生活的歌,反映了广大农民在旧社会所过的非人生活,揭露地主残酷剥削和贪婪吝啬的本质。流传相当普遍的《十二月长工歌》,比较集中地反映了长工与地主的尖锐矛盾。关于妇女生活的歌,大部分出自民间妇女之口。女性从一出生即受歧视的童年到像货物一样被买卖的出嫁,从备受虐待摧残的小媳妇生涯到熬成婆后仍无幸福可言的毕生悲惨遭遇,在妇女生活歌中都有所反映。在大量的苦情歌中,又常蕴含着对美满生活的憧憬,尤其在资本主义兴起后的近代歌谣中,常迸发出反抗的时代强音。

5.情歌

据有些学者的看法,大概最早产生于对偶婚与对偶婚从夫居的一夫一妻制的交替时期,是民间歌谣中数量最多,也更加脍炙人口的一种,在历代劳动人民特别是少数民族的爱情生活中,占有十分重要的地位。

6.儿歌

中国"五四"以后才普遍使用,古代称"孺子歌""小儿谣"等。儿歌有狭义、广义之分。狭义的专指由儿童自己创作以及由大人教唱但内容符合儿童生理、心理特征和理解能力的歌。广义的还包括由妈妈、奶奶等教唱、反映旧社会大人特别是妇女生活情感的但由儿童传唱开来的歌。具有时政歌谣性质的所谓"童谣",一般非真正的儿歌。儿歌按其功用,大致可分为三类:游戏儿歌、教诲儿歌、训练语言能力的绕口令。

三、闽南民间对联与猜谜

（一）民间对联

对联又称楹联、对偶、门对、春贴、春联、对子等，是一种对偶文学，起源于桃符。它是利用汉字特征撰写的一种民族文体，一般不需要押韵（律诗中的对联才需要押韵）。对联大致可分诗对联和散文对联。对联格式严格，分大小词类相对。传统对联的形式相通、内容相连、声调协调、对仗严谨。

对联的种类有节令联、喜庆联、哀挽联、名胜联、行业联、题赠联、杂感联、学术联、趣巧联。以喜庆联为例，闽南农村地区春节敬神拜佛时，一般以传统轮流的方式或者自愿报名后由卜神决定，选出一些家庭作为"头家"（或称"佛头""首事"等），负责该年所有敬神拜佛大小事务，必须热热闹闹地给自己家张灯结彩。像泉州安溪县，一般家庭在春节很少有张贴对联的习惯，而"头家"是必须张贴的，而且所张贴对联大多是在闽南民间流传甚广的"佛头联"。

（二）闽南灯谜

古代，每年元宵节，人们总要分曹射覆，引为笑乐。灯谜最早是由谜语发展而来的，起源于春秋战国时期，它是一种富有讥谏、规诫、诙谐、笑谑意味的文艺游戏。当时一些政客为了宣传自己的主张，说动各国君主，往往在发言中采用民间故事传说的隐喻方法，巧妙影射。当时把这种方法叫作"隐语"或"瘦词"。到汉代时，逐步演变成为破译文字形义为主的谜语。这时的谜语还是比较粗糙的，有民间老百姓创作的，也有文人创作的。到了三国时，谜语书面创作形式已十分盛行。谜语悬之于灯，供人猜射，开始于南宋。《武林旧事·灯品》记载："以绢灯剪写诗词，时寓讥笑，及画人物，藏头隐语，及旧京谑语，戏弄行人。"元宵佳节，帝城不夜，春宵赏灯之会，百姓杂陈，诗谜书为灯，映于烛，列于通衢，任人猜度，所以称"灯谜"。并且，宋代游乐场所"瓦舍"兴起，给灯谜的发展创造了物质条件。于是，当时不少的文学家都成为制谜高手。

泉州元宵花灯习俗包括挂灯、送灯、赏灯、点灯、游灯、猜灯谜等。传统的灯谜答案显然很容易被猜谜者在网上查到，这也促使了制谜者花心思在灯谜的原创上。比如在泉州灯谜上有一谜面是"没有真心，难有敬意"，要求猜一闽南俗语,答案是"无三不成礼"。

四、台湾民间文学

台湾的居民来源成分很复杂,除了闽粤籍之外,其他来自全国四面八方,还有来自南洋各国各地区。这些族群在台湾居住至少半个世纪,在文化交流上,不仅丰富了原形态民间文学,还演变出了许多新民间文学。因此,从祖源地带来的民间文学和本土相结合产生的民间文学自然比其他地方丰富。

(一)台湾民间故事

台湾的民间神明极多,有关的神话也很多。如嘉义真武庙,日本人要强占,民众没办法,而真武大帝变成一条大蛇,挂在荔枝树上,引发枪支走火,打死不少日本兵。这些神话反映了无助的民众幻想用神的力量来克敌。这是对邪恶势力的一种精神上的压制。

在宗教活动、丧葬仪式中,都有故事的讲述。庙里的诗签,有的就用故事。如上签有"孟丽君为相""樊梨花招亲""唐三藏取经"等;中签有"牛郎织女""刘备招亲""萧何月下追韩信""郭子仪拜寿""八女救夫""苏秦不第"等;下签有"单刀赴会""吴汉杀妻""文王请太公"等。许多寺庙都有信徒们印的佛教故事书,如《妙莲老和尚说故事》(台湾岩山寺印)等。关于民间宗教的故事,则有台北联经出版公司的《民间信仰的故事》,这是给小孩子说的故事。

台湾日月潭的故事是很有名的。从前,阿里山叫秃山,什么都不长。山北有个猎人阿里,他杀虎救了两个姑娘。忽然天上下来一个老头子,拿一根拐杖要带两个姑娘走。阿里夺下拐杖,在老头子的头上打了一个包。姑娘说:"坏了。我们是天上的两个仙女,看到这里风景好,偷偷下来玩的。你打了他,玉皇大帝要重罚了。""怎么重罚?""要烧死这里所有的生灵。除非有人舍身上山挡住雷火。"阿里于是就跑上了山顶,被雷火烧死了。这时秃山上忽然长满了花草树木,两个仙女也变成各种美丽的鲜花,陪伴着阿里。于是这座秃山就叫作阿里山了。

(二)台湾谚语(摘录)

人穷见知己。

人怕理,马怕鞭,蚊子怕烟。

人情刣得透,有鼎又没灶。(释义:这里人情指喜丧事应酬礼金。如果所耗礼金太多,必造成生活困难。)

人听甜言易上当,马踏软地易失蹄。

十八岁见廿四代。(释义:讥讽人不懂装懂,误人不浅。)

处处有,样样无。(释义:讥笑没有真才实学的人,样样都不懂。)

不知道饭是米煮的。(释义:讥讽不识世事者。)

摸着油垢,以为诸娘。(释义:旧时妇女头发多擦油。讥讽以偏概全。)

十矮酒作机。(释义:机,足智多谋。喻矮个子的人多聪明,和扬州谚语"矮一矮,一肚拐"相似。)

生无见,死无啼。(释义:人际关系紧张,大有老死不相往来之意。)

此外,还有许多关于家庭伦常,对建设和谐家庭有参考作用的谚语。如:

靠丈夫坐着吃,靠儿子跪着吃。(释义:指靠儿子养老是靠不住的。)

一猪二女婿,三仔四丈夫。(释义:农村妇女热爱劳动,地里生产,回到家里,第一件事先喂猪,然后才顾及女婿、儿子、丈夫。)

一鸡一鸡米,一仔一仔粮。(释义:有儿孙自有儿孙福之意。)

鸭母脚扒进。(释义:吝啬之人好像鸭母脚只扒进不扒出。)

第四章

闽台民间艺术与体育

第一节 闽台民间音乐

音,声也;乐,频也。音乐,是一种能够让人产生共鸣的声频。它是人类童年表达思想意识的一种形式,出自人类本体的最初生命运动。音乐不是人类最初的物质生产,而是一种感于外物存在的人类最初的精神表达方式。

古代音和乐是有区别的。《礼记·乐记》:"凡音之起,由人心生也。人心之动,物使之然也。感于物而动,故形于声。声相应,故生变,变成方,谓之音。比音而乐之,及干戚、羽旄,谓之乐。"《三国志·吴志·周瑜传》:"瑜少精意于音乐,虽三爵之后,其有阙误,瑜必知之,知之必顾。"《前汉书平话》卷下:"帝至棘门,左翼将徐迈以音乐迎之,送帝至霸陵桥上。"

闽台因其特殊的地理环境形成的民间音乐,被学术界称为闽台民间音乐。

一、南音

南音,又称南曲、南乐、南管、弦管,是我国古代音乐保存比较丰富、完整的一个大乐种。南音肇始于秦汉的"相和歌",如"趋""乱""艳曲"都带有南音的影子。

南曲的乐队组合有固定的形式,分"上四管"和"下四管"两种。上四管又分"洞管"和"品管"两种不同组合:洞管——洞箫、二弦、琵琶、三弦、拍板;品管——品箫(即笛)、二弦、琵琶、三弦、拍板。下四管乐器有南嗳(中音唢呐)、琵琶、三弦、二弦、响盏、小叫、铎(木鱼)、四宝、声声(铜铃)、扁鼓,共十种,故又称"十音"。在惠安一带有用云锣、铜钟、小钗和笙等。上四管属丝竹乐队,下四管属吹打乐队。

(一)南音音乐体系

南音由"指""谱""曲"组成完整的音乐体系。

"指",即"指套",亦称"套曲",是一种有词、有谱、有指法(即琵琶弹奏指法)、比较完整的套曲。每套套曲由 2～7 首散曲组成,以音乐的"管门"和"滚门"归类编成套,共 50 大套,主要有《自来生长》《一纸相思》《趁赏花灯》《心肝拨碎》《为君出》5 套。

"谱"是有标题的器乐套曲,附有琵琶弹法,是有标题的器乐套曲,没有曲词,以琵琶、洞箫及二弦、三弦为主奏乐器。每套包括 3 支至 10 多支曲牌,共 16 大套。内容多为描述四季景色、花鸟昆虫或骏马奔驰等情景,其中著名的有"四"(《四时景》)、"梅"(《梅花操》)、"走"(《八骏马》)、"归"(《百鸟归巢》)4 套。

"曲"即散曲,又称草曲,只唱不说。有谱、有词,一般由琵琶、洞箫、二弦、三弦等 4 件主要乐器伴奏。内容大致可分为抒情、写景、叙事三类。曲词的内容主要取材于唐传奇、话本和宋元及明代戏剧人物故事,其中《山险峻》《出汉关》《共君断约》《因送哥嫂》等曲目广为流传。

(二)南音舞台

过去,泉州弦管演唱时要搭锦棚,上面悬挂"御前清客"横彩,边上挂着木质银丝宫灯,台上正中安放着五把太师椅,左旁立有绣着黄龙的曲柄凉伞,演唱台的一切都按传统的法度而陈设。整个舞台张灯结彩、富丽堂皇,显得特别有气氛。

旧时弦管的演唱和弹奏者皆为男性,他们非常讲究衣着,一定要着长袍马褂上台演出。他们端坐太师椅,温文尔雅,行为举止皆遵古风。发展到现在,南音演唱时更加讲究礼仪,穿短裤、背心、拖鞋者严禁上台演出。

演唱弦管时表演者有固定的位置。五个座位次序是:歌者执节居中,歌者左边上首为洞箫,下首为二弦。歌者右边上首为琵琶,下首为三弦。其他的配器如响盏、小叫、木鱼、双铃、四宝及扁鼓等,分立后面两旁。

弦管乐器往昔以琵琶为重,弹奏者坐在歌者左边上首的"大位",演奏时也应由其先行上台入座,其他乐器弹奏者方可入座。后来"五少芳贤"晋京为康熙皇帝演奏时,康熙皇帝曾将洞箫接过来试吹,之后,此"大位"自然就让给吹箫者。

(三)南音特色词谱

1. 工尺谱

南音工尺谱由谱字、"指骨"(以谱字表示琵琶奏法,记录旋律骨干音)及撩拍记号三部分组成。自左至右依序成三列竖式排列,左边一列为谱字,中间一列为指法,右边一列为撩拍。若有唱词,则唱词在先,与谱相对应而唱。

何昌林在其《南音十题》中介绍,南音界称昆曲的工尺谱为北谱,南音的工尺谱为南谱。

2. "撩拍"

撩拍亦即节拍,南管以"撩"作为节奏基本单位,以"拍"为拍板击节之处。在南音工尺谱中,"拍"记为"○","撩"记为"•"。工尺谱内凡遇到"○"记号,则击"拍板"一次。[①]

二、北管

北管又名"北曲""小曲""小调""曲仔",起源于清光绪初年江淮一带,随着海上运输船只、南下盐兵、淮河难民等进入泉州市泉港区,逐渐形成泉州北管音乐。闽南人入台,传承了北管音乐。现在台湾的北管成为台湾传承音乐的文化符号。

北管乐队沿用江南丝竹乐器,参用闽南、莆仙音乐的乐器,主奏乐器为京胡、笛子,另有月琴、三弦、双清等特色乐器。

北管分为曲和谱两大类,曲即声乐曲,谱即器乐曲。曲大多数来源于明清以来的江淮小调,谱大多数来源于广东音乐、江南丝竹和京剧曲牌。歌词以叙事抒情、写景抒情居多,在乐句、乐段、乐曲结束处常使用衬词"哎哟",演唱采用官话(湖广话)。

泉州北管的挖掘整理工作对于研究台湾地区北管、日本御座乐与泉州北管的渊源关系,中日、闽台和泉港与广东、江苏、浙江的文化交流、经济贸易以及福建民间音乐闽南色彩区和莆仙色彩区的过渡等问题具有重要作用。

---

① 本节专业部分,一是由石狮市华山村民间艺人介绍,二是参考福建南音网资料。

三、将乐县食闹音乐[①]

食闹音乐,顾名思义,即边食边闹,吃饭时演奏乐器。食闹的起源,目前尚无文献可考。食闹艺人王学诗回忆说,民国初年,有一个名为蔡根焘的乐生首先在将乐教徒传艺。蔡根焘是江西人,本业为泥水匠,兼职吹奏唢呐且水平高,人称"蔡大吹"。蔡根焘为人豪爽正直,当地有一个贪官,在调离将乐时,蔡根焘领头吹了一支送葬时用的变调《天开门》,结果挨了一顿板子,被赶出衙门。蔡根焘于民国初设馆授徒,食闹音乐开始在将乐传播开来,组成食闹班的成员多为农民。

食闹音乐使用的乐器有大小唢呐、笛子、京胡、二胡、椰胡、三弦、鼓、大小锣、大小钹、碰铃、嘹、摇板、木鱼、月琴。其中嘹主要用于丧葬音乐。七星鼓的用法也有讲究,去世的老人如果是70岁以上,用7个鼓;60~70岁,用5个鼓;40~50岁,用1个鼓。按演奏形式分,食闹有文场和武场两种。武场使用锣鼓、大吹,文场没有。文场中,使用小唢呐的称"喳子文场",不用小唢呐的称"笙箫文场"。

食闹音乐的使用场合包括喜庆节日、红白喜事。据汤有水持有的手抄工尺谱(抄自师傅何绍信),共有15支曲牌,乐队组成24人,排列有序,分3组,前面5个人,负责喇叭、大钹、小钹、锣;中间9人,负责二胡、笛子、唢呐;最后七星鼓7个、钹1个、笛子1个。此外14人也可以成队。一般有钱人家请大乐队,普通人家请小乐队。做寿的时候吹《汉香台》(不要唢呐,用笛子、二胡、京胡、木鱼、碰铃)。演奏队伍碰到孔子庙、文昌宫庙、衙门时不能吹奏。

四、十番音乐

十番为闽台民间音乐。十番的演奏乐器有吊规、三弦、扬琴、笛子、中胡、京胡(少用)、高胡、元胡、阮、金钟、打板。十番演奏时有固定的位置排列:

[①] 本部分专业术语参考刘怀中.将乐南词和食闹音乐[M].福州:海风出版社,2007.

```
    高胡      扬琴      吊规
    笛子      打板      笛子
三弦    胖胡    胖胡    阮    元胡
```

十番演奏时以打板开头,笛子配合,其他乐器以笛子为指挥。笛子作为主弦,吊规做头弦。在演奏笛子时,演奏者应该要站着。以前没有音响,站着吹笛,音量更大。常表演的剧目有《高山流水》《哭竹》《三笑乐》《姨与姐妹》《妹亲郎》《将军令》《粉红莲》等。演奏的主旋律类似,曲目之间只有细微的差别。

演奏形式:十番的演奏一般是行进式的,边走边吹。但是行走的步伐很缓慢,根据曲目的节奏来决定。以前表演的时候,乐队的最后总有一人挑着担子,里面摆放着水果、糕点,为的是演奏时饿了可以停下来吃吃点心。

曲谱:以前演奏十番并没有乐谱,因为工尺谱难学不易懂,十番的爱好者只能靠自己的记忆来学习和演奏,因此十番的流传也受到一定地域的局限。直到新中国成立初,坎市有一位老师懂音乐,才将工尺谱转成简谱。十番这才在坎市镇流传开来。①

演奏特色:坎市的十番一般先奏慢板,接着奏快板,最后以紧板结束。

用途:十番一般用在婚嫁、做寿、办丧等场合。据说在民国时期,坎市镇有一大富人家,后来成了地主。他酷爱十番,经常请龙岩上杭乐队到镇里演奏,久而久之,十番这种音乐形式便从上杭传到了坎市镇。

五、十音八乐

十音八乐是指流行于莆田仙游及其邻近地区的民间音乐。十音因其演奏时用到十种乐器而得名,这十种乐器分别为琵琶、三弦、笙、箫、笛子、老胡(椰胡)、二胡、轧琴(枕头琴)、拍板、云锣。八乐是更为古老的民间俗乐,演奏中有唢呐、锣、鼓、钹,没有云锣,另外还有演唱者,演出更为正式。

十音演奏顿音多,比较有力量,八乐演奏节奏比较跳跃,有激情,两者一般连在一起,界限不分明。十音八乐来源于莆仙戏,在没有演员演出的情况下,采取乐队加演唱的简单形式。

十音八乐的曲调风格有悲伤、隆重、喜庆等。不同的曲牌有不同的演奏

---

① 郑慰琳.龙岩市坎市镇八音十番民间曲艺调查[R].课题组成员调查报告。

场合：敬神时演奏《进香敬神》，妈祖诞时演奏《圣母颂》，祝寿时演奏《金辉玉震》，考中时演奏《满江风》。曲谱为传统曲谱。

据史德仁老师介绍，在"文革"前，十音八乐有720首曲子，100多种谱，4个调（C、D、E、F调），A、B、G调几乎没有。

六、客家山歌

客家山歌歌词华丽，曲调优美。闽台客家山歌和其他地区的客家山歌在题材、体裁、音调、唱法上有着密切的联系和相似之处。但由于受当地方言、语音和用语习惯的影响，在韵调上产生了差异并有着自己的显著特征：

（1）内容丰富，其中尤以表达男女爱情和劳作的山歌最为常见。如爱情山歌《等郎归》、劳作山歌《放牛歌》等。

（2）格律多样，有七言四句，五、七言交叉六句式，五、九言交叉三句式等，并采用大量的衬词。

（3）调式完备，"宫""商""角""徵""羽"等调式都具备。其中以"商""徵""羽"三种调式面貌出现的山歌最为多见。

（4）风格特异，山歌曲调中偏音的出现，使山歌在风格上与众不同。宁化客家山歌保留着中原传统的音乐韵律。

宁化客家山歌题材广泛，旋律优美，几乎所有曲调都有颤音、滑音、倚音等装饰音，因而使旋律变得回环曲折，委婉动听。内容有赞美大自然、赞颂英雄人物；有诉说旧社会劳动人民群众苦难；有反映妇女争取自由解放；有表达青年男女爱情；有赞扬民间社会道德及当地风土人情、风光景物；等等。

七、金文音乐

金文音乐是莆田本土宗教音乐的一种，曾经广泛流传在莆田涵江和湄洲半岛的农村地区，目前仅流行于莆田贤良港周边和仙游枫亭的农村。

金文指民间本土宗教传神仪式时的用文，包括仪式内容、曲文内容和音乐。金文音乐指做金文用的音乐，两者相互配合。金文音乐又分婚庆金文音乐、还愿金文音乐、祭典金文音乐三类。

婚庆金文音乐：民间婚礼的一种仪式音乐，其主要目的是对新婚男女进行性教育，选择的曲目多是戏文中表现男女调情的片段，做金文的形式表现为闹洞房。

还愿金文音乐：由五至八人组成的金文鼓乐班为满足谢神还愿的民间

信众而演奏演唱的音乐。金文音乐按鼓计算,每鼓的内容大致固定。信众还愿的地点视酬神的神明所处的地方而定。在家庭中还愿的多在本家大厅或楼上大厅举行,更多的是在本社区的社庙或其他田头小庙。莆田贤良港地区西埔村、坑口村、西山村为土地公信仰的还愿金文音乐一般有两种形式:一种是挨家挨户在家里做金文,每户一鼓或多鼓;一种是请道士到村里最大的土地庙做仪式,全村人集体做金文。①

祭典金文音乐:金文鼓头班于妈祖信仰重大节日(即妈祖祭典的前一天和后一天)的活动中,在妈祖庙里演奏的音乐。

八、闹厅

闹厅主要流传在泉州永春县岵山镇塘溪村一带。据南音社岵山分社负责人陈昌宗介绍,闹厅,顾名思义即"热闹厅堂",是源于南音的永春特色民间音乐,具有独特艺术风格和浓郁乡土特色。它没有演唱形式,是以打击乐、吹奏乐、管弦乐相互交替进行的演奏形式来表现的。与南音的八音相似,但是八音是开头直接作曲,而闹厅有一个蹴子头。其中蹴子头是一直流传下来的,没有谱,每一场的闹厅表演蹴子头都一样。闹厅最初是由于为亡灵做功德、宫庙节日需要而产生,现在主要用于道场、喜庆节日、婚宴庆典、做功德等场合。

(一)闹厅所表现的内容

闹厅没有演唱形式,只以演奏形式来演奏舒展性情的雅曲,或表现热闹昂扬的气氛,进而增添了浓浓的意味,鼓舞了人们的斗志。

关于闹厅,民间有两种传说。一种传说是古代人死后,要请和尚或道士在大厅为亡灵做功德,但恐怕鬼神半夜三更出来抢夺焚烧的纸钱,于是便抓住鬼神害怕钟声、锣声的弱点,采用闹厅方式来防止鬼神抢夺。另一种传说是人死后,其亲人非常难过,为了慰藉亲人,寄托哀思,就引进闹厅来缓解过于哀伤的气氛。

(二)闹厅演奏所使用乐器

打击乐:南鼓、锣、钹子。伴奏乐器有小锣、铜钟、响盏、木鱼、碰铃。

---

① 曾宪林.莆田贤良港土地公信仰仪式音乐调查与研究[J].艺苑,2008(9).

管弦乐:南琶、二弦。伴奏乐器有三弦、二胡、大胡、板胡等。

吹奏乐:小唢呐(嗳子)、洞箫、笛子。

(三)闹厅演奏所需语言

一场闹厅表演从头到尾都不需要语言交流,其节奏快慢、音量大小全部看司鼓师的鼓点。司鼓师就是整个乐队的指挥员,俗称"三军统帅"。另外闹厅开头的打击吹奏、中间的弹奏,以至后面的合奏都事先规定曲牌和指谱,同时各环节的衔接均有嗳子的引领。

(四)闹厅分类

闹厅分为大唢呐闹厅和小唢呐闹厅,其中大唢呐闹厅主要使用大唢呐、大鼓、钟、大钹、大锣等打击乐器;小唢呐闹厅使用小唢呐、底子、琵琶、二弦、三弦、板胡、二胡等。据说,一场闹厅表演,前一段会用大唢呐闹厅,后一段用小唢呐闹厅。

九、莲花褒歌

厦门市同安区莲花镇小坪村褒歌是当地青年男女对唱的一种形式,又称念歌。

莲花褒歌歌词一般一首四句,每句押韵,多以男女对唱的方式进行。一方起歌,另一方答歌,答歌一方必须回应起歌之内容。一问一答,内容全凭歌唱者的发挥。其题材有爱情类、采茶类、农作类、道德类等。形式短小、单纯,一般分为上下两句的乐段结构。词、曲格律均较自由,便于歌唱者抒发自己的感情。歌词的内容一般都是歌唱者根据自己的劳动或自己的思想感情即兴编创的,感情真挚、朴实,并体现出山民的智慧和艺术才能。褒歌曲调流畅优美,无须伴奏,或对山而歌,或席地而唱,或边走边吟,或相向对答。善用闽南方言俚语、俗语,生动活泼,诙谐风趣。时而激情,时而委婉,佳句迭出,妙趣横生。

褒歌的旋律以说唱的形式体现,旋律基本一致。有资料显示,目前最早的褒歌歌本是1938年传承下来的。

十、古亭音乐

泉州古亭音乐是一种击鼓者坐在亭内由人抬着前行,周围伴以其他乐

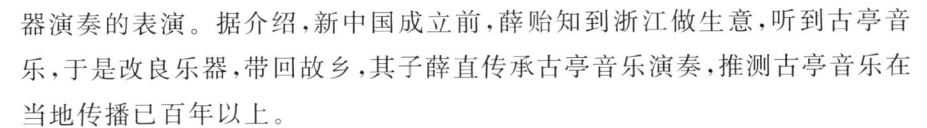

器演奏的表演。据介绍，新中国成立前，薛贻知到浙江做生意，听到古亭音乐，于是改良乐器，带回故乡，其子薛直传承古亭音乐演奏，推测古亭音乐在当地传播已百年以上。

古亭由杉木制作，分为三层，雕刻精细，可以容纳一个孩子坐在里面打鼓。其他伴奏的乐器包括大小钹、大小锣、二胡、月琴、三弦、唢呐、笛子。

古亭音乐分三段，曲子锣鼓各三段，锣鼓先起，其余乐器跟着鼓点走。古亭音乐踩街结束后，古亭放在溪口宫庙里。

十一、大鼓吹（笼吹）

笼吹主要流传在泉州市石狮、永春一带。相传石狮的笼吹是900多年前，由王审知三兄弟带到闽南地区。笼吹作为官方礼仪音乐，最早是为接待朝中官员而演奏的，在户外迎接贵宾时，主要使用8～16个大唢呐和大鼓，以此来表现主人的热情好客。当官员抵达府邸时，笼吹的演奏队伍便从随队伍而行的笼箱中拿出其他小件的乐器。这些乐器也构成了笼吹的主要乐器。这类用于迎宾、送客、祭奠及庆典活动的仪仗大队流传到民间之后，人们为了方便，将平时所用的乐器收藏在一担红漆缀金、席篾编制的古香古色的笼箱中。演奏完毕之后，再将乐器挂在笼箱上，顾称笼吹。

永春大鼓吹用的曲谱是流传下来的南音曲谱。主要是用于佛事，比如哪个神过生日，就会请大鼓吹到宫庙里表演；还有用于喜事（包括娶亲、生孩子、满月）和丧事。大鼓吹在佛事和喜事里用的都是喜庆一点的曲子，在丧事里用的是比较哀伤的曲子。《百家春》《北朝天子》音调比较喜庆的曲子，较常用于佛事、喜事；《鬼子淘沙》音调比较哀伤，较常用于丧事。

大鼓吹的乐器是以大鼓吹为主，还有大钹、小钹、二弦、三弦、琵琶、笛子、笛、箫、锣、钟。

第二节 闽台民间曲艺

一、闽台民间曲艺定义

闽台民间曲艺是流传于闽台民间的一门说唱艺术。曲艺作为一种说唱艺术，在我国有着悠久的历史，它产生于民间，根植于市井农人的闲暇娱乐之中。最初产生于唐代，主要讲说市人小说，同时也以简单明了、朗朗上口的形式向俗众宣讲佛经故事。随着大曲和民间曲调的流行,说话技艺、歌唱技艺更是方兴未艾。宋代时,商品经济开始发展,城市出现了繁荣,市民阶层逐渐壮大。受众的增多孕育了说唱表演的专门场所,职业说唱艺人也随之出现,说唱技艺、鼓子词等演唱形式极为昌盛。

曲艺表演是以"说"和"唱"为主要表现手段,一方面要求曲艺演员必须具备坚实的说功、唱功、做功和高超的模仿力,演员只有具备了这些技巧,才能将人物形象刻画得栩栩如生,使事件的叙述引人入胜,从而博得听众的欣赏。另一方面也要求听众有较高水平的审美,它不像戏剧那样由演员装扮成固定的角色进行表演,而是用"一人多角"的方式,通过说、唱,把各种人物、故事表演给听众。曲艺表演简便易行,曲目的内容以短小精悍为主,所以曲艺演员能够自己创作、自己表演。闽南地区的曲艺表演,具有以闽南话为主要语言的特点。如有的电视节目吸取了曲艺的精华,以说为主,因需而唱,将新闻时事热点以说唱形式表达出来,取得很好的效果。

二、闽台民间曲艺简介

(一)答嘴鼓

答嘴鼓也叫"触嘴古""拍嘴鼓""答嘴歌",台湾叫"触嘴古",触嘴是斗口、舌战的意思,古就是讲古、讲故事的意思。这是以闽南话表演的叙事性、喜剧性说唱艺术,以闽南话押韵。类似北方相声,但又不尽相同。与北方相声相比,答嘴鼓有用韵要求,灵活多变,充分展现闽南话的语汇美、音韵美。表演者扮演丑角,通过语言、表情、肢体动作等手段进行综合表演。表演者一般为两人。在闽南方言中,"嘴鼓"也作"腮""嘴巴"解释,答嘴鼓也可解释为专靠嘴巴对答,以语言风趣取胜。其流行于闽南地区和台湾地区以及东南亚闽南籍华裔聚居地,有"闽台相声"之称。在厦门和台湾,每逢节假日,常常有答嘴鼓表演和比赛。

答嘴鼓源于何时,无从考据,至今流行的有以下三种说法:一是答嘴鼓起源于"炼仙敲嘴鼓",即闽南地区农民利用闲暇时光,三五农民到田头地尾、屋前厝后,饮酒喝茶,谈论民间趣事,斗嘴谈乐,以达到娱乐身心的效果,因而慢慢地演变成答嘴鼓;二是答嘴鼓起源于梨园戏、高甲戏中的丑角表演,以插科打诨、语言调笑为主,以曲折的故事情节来扣人心弦,以便充分调动观众情绪;三是答嘴鼓起源于闽南"市声",即贩夫吆喝、乞丐行乞、道士作法时所念的顺口溜，多为即兴创作，声调顿挫，音韵和谐，为招揽客源和引人注意之用，并在此基础上形成句式整体、句尾押韵的"念四句"。

台湾的答嘴鼓不像闽南的有"包袱"，也没有故事情节，是一种"讲花"（开玩笑的意思）。而且，台湾商业化气息浓厚，很多答嘴鼓节目是为商业服务的，时为商业广告宣传，所以其在情节刻画方面比较不足。相同的是，闽台答嘴鼓很注意语言的运用，注意押韵，注意把民间传统的语言挖掘出来运用。

（二）荷叶说唱

荷叶说唱是厦门地区首创的、特有的民间说唱艺术形式。荷叶说唱的起源，在曲艺界一直存在多种争议。曲艺家中有部分人认为，荷叶说唱始于宋元时期闽南地区曲艺，脱胎于漳州锦歌，直到新中国成立后，厦门市群众艺术馆通过挖掘、整理、创作，才使得这一优秀传统艺术得以传承，免于淹没在历史的长河中。另有一些曲艺家认为作为厦门独有的荷叶说唱，其最早起源于清乾隆年间在四川形成的"苏镲说唱"。

荷叶说唱特点：

（1）最大的特点是以丰富生动的闽南话为表达方式。因其独特的韵脚，容易组织笑料，增加趣味性。

（2）说唱结合，源于民间的自娱自乐项目，具有浓厚的乡土气息。用左手打"竖板"和"铜"做的"小荷叶"，与戏曲的节奏相配合，既可以清唱，也可以配合乐器奏唱。

（3）兼收并蓄。其吸收了古老的汉唐宫廷乐曲和南音、南词以及近代戏曲中的优秀元素，以通俗易懂、生动有趣的闽南民歌、童谣谚语为载体，进而形成富有地方特色的曲艺艺术。

（4）曲调优美，节奏鲜明，道具运用自如，唱念字正腔圆，善于表现各种人物性格的特点，使其具有较大的吸引力。

（三）锦歌

锦歌，是闽南地区一种有器乐伴奏的特色歌唱形式。原名歌仔或什锦歌，又称乞食调，1953年被正式命名为锦歌，但台湾地区和潮汕还是用歌仔名称。锦歌是闽南曲艺音乐形式之一，属于联曲体的曲艺形式。其语言生动活泼，曲调流畅自然、通俗易懂，具有浓厚的乡土气息。

以漳州市为中心,包括厦门、晋江、龙溪在内的闽南平原地区是锦歌主要流行区域。以前,这一地带普遍建有歌仔馆,是民间自娱自乐的锦歌演唱组织。如今由于文化多样化,歌仔馆逐渐消失。此外,锦歌也普遍流行于台湾地区和南洋诸岛华人聚居地等。

大部分学者认为,锦歌大约是在宋元时期闽南地区流行的民歌民谣的基础上形成的。据《漳浦县志》记载:"县城东郊有弦歌堂,系宋元符元年建。"元符是北宋哲宗年号,元年即1098年,由此可以推断出,宋代"弦歌"在漳浦这一带已比较流行。

锦歌的唱腔风格大致分为三类:

(1)亭字派。亭字派受南曲的影响较深,采用南曲的曲调比较多,唱腔大多优雅、细致,使用的乐器和指法也比较接近南曲,主要在城市中流传。亭字派代表有八乐吟、乐吟亭、集弦阁、盛音园、进德社。

(2)堂字派。堂字派主要在农村流行,唱腔朴实、粗犷,曲调接近民间歌谣,擅长唱"杂念调",旋律灵活,变化多样,每句后面都有落尾。堂字派主要有庆丰堂、庆贤堂、东音堂、锦云堂、一德堂、攀和堂等。

(3)月琴派(盲人走唱)。月琴派几乎遍及城乡,以一把月琴自弹自唱,曲调朴素、动听,乡土气息十分浓厚,属原始的走唱形式。

锦歌使用的乐器有月琴、二弦、洞箫、南三弦、拍板等。但是由于流行的地区甚广,各地演唱形式和使用的乐器都有所不同。

(四)盲人走唱

走唱类说唱,是闽南曲艺中一个古老而重要的体裁。走唱类艺人大多以卖艺谋生闯闽南,不仅促进了音乐艺术的创作和传播,也丰富了闽南地区人民的精神生活。其中,盲人走唱影响较深远。

新中国成立之前,盲人走唱艺人主要活跃在泉州。其经济繁荣,文化氛围浓厚,是闽南经济文化的中心。抗日战争爆发以后,由于受战争影响,经济萧条,民不聊生,盲人走唱也逐渐衰弱。如今盲人走唱在闽台两地已很少见到。台湾新竹县义民庙旁有一位名叫徐木珍的民间盲人艺术家。73岁的徐木珍从艺60多年,之前一直以走唱为生,近几年在义民庙的支持下,廉价租下庙产房,以摸骨、看相、演唱为生,结束了走唱的漂流生活。

在闽南泉州,旧时盲人走唱包括歌仔和南音两大唱腔:

(1)歌仔唱腔。盲人走唱以演唱歌仔为主,其中歌仔又分为本地和外来的两种。本地的歌仔以小调为主,比如《长工歌》《紫菜歌》《赞同调》等。除此之外,也吸收了一些源于采茶对歌的曲调,比如"标哥"(即褒歌)和戏曲的一些小调,如小戏《桃花搭渡》中的《灯红歌》。外来歌仔包括《花鼓调》《十二烟花》《苏武牧羊》等。

(2)南音唱腔。盲人走唱经常唱的都是一些比较流行的散曲,比如《出汉关》等。但是有"御前清曲"之名的南音自古被视为高雅的音乐,演唱南音的艺人称先生,而盲人走唱则称"乞食歌仔",盲艺人甚至被称为"下等人"。所以,盲人在唱南音的时候不能用琵琶伴奏,只能用月琴伴奏,故有"月琴说唱"的说法。

盲人走唱演唱形式:

(1)月琴说唱,即盲人走唱艺人手持一柄长柄月琴,在街坊里巷、酒楼茶肆以卖唱为生。伴奏的月琴上挂着小竹签的圆圈是其最大的特点。据说圆圈里一共有24支竹签,竹签上面刻着锯状小齿,每支竹签都代表某一个故事的一折。如果要向盲人走唱艺人问吉凶祸福,则要先抽一根竹签,盲人走唱艺人就根据这根竹签上面所示的故事,先唱一两段歌仔,然后再解释占卜的结果。这种形式与吉卜赛人歌唱、流浪、占卜有相类似的地方。

(2)四锦歌,又称"乞食唱",所谓"四锦"即由4个表演者组成堂会式或者小戏棚式的演唱。四锦歌所唱的曲调以南音散曲居多,另外也演唱一些戏曲小折。大致在20世纪四五十年代就已经消失了,现代人已经无法欣赏到这种形式的盲人说唱。四锦歌使用的乐器有月琴、二弦、三弦、鼓、锣仔、拍等。[①]

(五)大广弦说唱

大广弦说唱为弹词类曲艺,因艺人在演唱时用大广弦自拉自唱而得名,属于闽南说唱的一种,主要流行区域是厦门、漳州和台湾闽南话地区。

据厦门非遗保护中心提供的资料,大广弦说唱源于20世纪20年代传入闽南地区的台湾歌仔戏。台湾歌仔戏艺人来到厦门讨生活,在厦门、泉州、漳州等沿海港口的码头、宫庙前等闹市画圈,沿街拉着大广弦卖唱来吸引顾客买药,以此谋生。为适应当地曲艺爱好者的兴趣,不断吸收南音、民间小戏、锦歌、民歌等闽南地区优秀音乐文化元素,并发展成稳定的曲艺表

---

① 朱家骏,宋光宇.闽南音乐与工艺美术[M].福州:福建人民出版社,2008:186.

演形式。

1927—1937年是大广弦说唱在厦门的鼎盛阶段。大广弦说唱在歌仔馆的演唱已不能满足听众的需求,于是便开始应听众订约出演。每逢迎神赛会,大广弦说唱也随其他曲种,如歌仔阵等参与踩街演唱。大广弦说唱的服装造型,现传承下来的是穿着对襟汉装、浅黄色的印度绸衫裤,系红色丝绸腰带,并穿黑色白底布鞋。踩街时遇到商家、住户放鞭炮挽留时,便停留片刻以示礼节。

大广弦说唱以大广弦为主,辅以其他乐器,一般用月琴,南、北三弦等弹拨乐器。在表演踩街演唱活动时,除了用大广弦、壳仔弦、月琴和台湾笛子伴奏外,还增加了大鼓、小鼓、大钹、小钹、铜锣、打板等打击乐器。

大广弦说唱表演形式:(1)单人自拉自唱。可以另加乐器伴奏,也可以不另加乐器伴奏。演员可以站着演唱,也可以坐着演唱。(2)双人演唱。双人演唱中以大广弦自拉自唱为主演,以月琴(或者三弦)伴奏兼助演。但是,也视演员的演唱条件来决定演唱形式。(3)三人演唱。全体演员既是演唱员又是伴奏员,操大广弦的担任主唱,分饰多个角色;其余两人既分摊角色,也参与说表。[①]

(六)南词

南词属于曲牌类曲艺,是词话的分支,为闽南地区民间说唱之一,没有确切的史籍证明南词于何时何地由何处传入福建。大多数行内人士认为,大致在清代中叶以后,南词由江苏传来。又因为传入途径的不同,有赣派南词与苏派南词之分。一路由江西传入福建,称赣派南词,流行于闽西的长汀、龙岩和闽南的漳州、龙海、漳浦、诏安等地;另一路直接由苏州传入福建,称苏派南词,流行于闽北的南平、沙县、将乐、邵武、建瓯等地。如今南词在许多地方逐渐失传,1953年,南平南词发展成一个独立的剧种——南平戏。闽南地区1966年以前,只有漳州市还有演唱南词的专业团体。

南词的基本曲调是"八韵",即《天官赐福》曲目中的基本曲调。一共有八句,每一句算一韵。八韵音乐优美动听,悠远婉转,唱词较少,旋律性强,拖腔较长,所以八韵在各个剧目中运用时,常做灵活变化。南词使用的乐器

---

① 朱家骏,宋光宇.闽南音乐与工艺美术[M].福州:福建人民出版社,2008;陈支平,徐泓.闽南文化百科全书[M].福州:福建人民出版社,2009;福建省地方志编纂委员会.福建省志·文化艺术志[M].福州:福建人民出版社,2008.

分为弦乐器与管乐器。弦乐器有扬琴、琵琶、三弦、二胡、椰胡,而管乐器则有洞箫、笛子、管,演唱《天官赐福》时用两把小唢呐。

南词的演唱形式比较自由,传统演唱形式为7～12人团围坐唱。演唱时,各个表演者围坐于方桌四周,各持一件乐器,边奏边唱,以唱为主,间以插白。操鼓板者常为主要演员,女演员极少,以男生小嗓代替女角,其他行当则没有比较严格的区分。南词表演时不用道具,也无须化装。

(七)东山歌册

东山歌册又名歌仔册、唱歌册,是以东山本地方言演唱,无需道具,以带故事情节说唱的文学曲艺形式,广泛流行于闽南地区的东山、云霄、诏安等地,以及台湾澎湖列岛和台南一带。在曲艺界,东山歌册有唱词化石之称,被学者称为"世界上最长的歌"。由于以诗叙事,因此也称"长篇方言叙事诗"。

明代东山歌册在诏安建县时已有流传,并且成为民间自娱自乐的说唱形式。与此同时,他们还接纳了"潮州歌册"、南音、秦腔等曲调的特点,在历代传唱的过程中,逐步形成了具有东山方言特色的东山歌册。

另一种说法是,东山歌册是宋朝以后北方的评话、弹词流传到闽南演变成的。演唱时一般由一人手持歌册演唱,众人欣赏,偶有少数职业艺人用竹板击节。演唱者以妇女为主。白天,她们一边织渔网,一边唱歌册;到了晚上,聚于厅堂之中,或一人清唱,或众人齐唱,唱腔流畅,押韵协调。旧时该娱乐活动广泛活跃在东山岛渔区和农村地区,喜爱者众,民间流传"嫁女先要添唱本,让与新娘唱厅堂""铜山娘子会唱歌"的俗谚,学界称之为"女书"。

(八)潮州歌册(闽中歌册)

潮州歌册是潮汕地区民间说唱文学的一种,由唐代以来的潮州弹词演变而成。歌文用潮汕方言编写,有曲有白。一般曲文多为七字句,四句为一组,押韵以组为单位,流行于广东潮州与福建交界的潮州方言区。

明清以来,在粤东和闽南一带,在妇女文艺活动中流传着特殊的形式——唱歌册。这种歌册是以潮州方言写作的长篇叙事唱本,所以也叫潮州歌册。古代妇女多不识字,很少外出,多在家中绣花、织布、织渔网、理家务。中午或者晚上,常常三五个、七八个聚在一起,在大埕边、榕树下、祠堂前、公厅内,由一个识字的妇女带领唱歌册。

潮州歌册的内容多为历史故事及民间传说,也有地方题材,以改编的为多,创作相对较少。比较流行的有《苏六娘》《英台仔》《张古董》《隋唐演义》《包公出世》《正德君游江南》等。

潮州歌册在叙事中还夹些说白,或是人物对话,或是简要交代事件过程,使故事眉目清楚又加强了节奏感,说白以"3 3 4"或"4 4 4 4"等句式为主,如:"事敢做,自敢为,方是男儿。恶人设计,不测风云,贪妻嫁妆,心起不仁。"①

与古代说唱文学相似,潮州歌册在形式上保留了说唱文学设章回目、开端及回末有插图的特点。在潮州歌册的全歌或每个章节开头,有一段宣扬因果报应的诗或歌文。后期的潮州歌册逐渐形成自己特点,如四句转韵、押平声韵等。这种通俗诗歌的句式,朗朗上口,妇女易学易听。②

(九)芗曲说唱

芗曲说唱,原称"歌仔阵",新中国成立后定名为"芗曲说唱"。其前身源于台湾的一种戏曲形式——歌仔戏,是用芗剧音乐演唱、以坐唱为主的一种曲艺形式,在漳州地区则更多地保留歌仔阵演唱形式。

早在20世纪20年代以前,闽南农村地区一带有大量的锦歌馆和锣鼓阵。为迎合闽南农村地区迎神赛会和婚丧喜庆的需要,锦歌馆将原来坐唱的形式发展成为走唱的锦歌阵。由于锦歌的伴奏以弦乐为主,再加上迎神赛会的队伍很长,锦歌阵就显得冷落无彩。20世纪20年代初,随着台湾歌仔的广泛流行,闽南的锦歌艺人不断学习歌仔,并在锦歌的基础上进一步促进了芗曲说唱的诞生。芗曲说唱在发展过程中,不断吸收其他戏曲音乐和民歌中的艺术元素,形成如今的演唱形式,以曲牌连缀叙述故事。

芗曲说唱主要流行于厦门、漳州等闽南地区和台湾地区,仅厦门市的同安、集美就有40多个业余芗曲说唱演唱队。其基本唱腔有大调(又称倍思调)、七字仔调、杂碎小调、卖药调(又称江湖调)、杂念仔调、哭调、杂调等7种。

---

① 吴友元."闽中文学":歌册[M]//《风韵诏安》编委会.风韵诏安.福州:海峡文艺出版社,2009:120.

② 胡淳.闽南"闽中文学":潮州歌册考察报告[R].课题组学生调查报告.

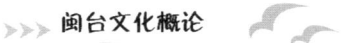

(十)汉乐

据采访龙岩市永定区坎市镇71岁的龙岩山歌剧团团长卢仲学所得资料,坎市镇有一种民间曲艺叫汉乐,来源于汉剧。汉乐的旋律丰富,题材广阔。

汉乐演奏的乐器有吊规、三弦、扬琴、阮、高胡、京胡、胖胡、中胡等,多参加民间习俗活动。

(十一)福州评话

福州评话又称平话、清书,是以福州方言讲述并有穿插吟唱的独特说书形式,广泛流传在以福州方言为主的福州、长乐、连江、闽侯、福清、平潭、闽清、永泰、古田、屏南、罗源等市(县)和台湾地区以及东南亚的福州籍华侨聚居区。

福州评话艺人奉明末江南著名说书艺人柳敬亭为祖师。传说,明灭亡后,柳敬亭宁死不降,遂南奔入闽。其所收大弟子居辅臣用福州话演唱,借历史故事评论时局,逐渐形成具有独特风格的说唱曲艺。传统福州方言话本最早见于清雍正、乾隆间。20世纪30年代,福州评话从业人数近300人。艺术上以陈春生、黄天天、黄仲梅三杰为标志,在脚本结构、吟唱腔、笑料安排(做花)、表情动作、扮底艺术(一种口头再创作方法)诸方面都达到一定高度。

福州评话表演人员多数情况下是一个人。演员不用化装,无须布景,其道具包括一只铜钹、一块醒木、一把纸扇、一条手帕,一切准备就绪后搭一座高台、摆一张桌子即可进行表演。

福州评话讲究唱、说、做、花。唱词多用"一枝花""滴滴金""浪淘沙""节节高"等几十种曲牌,通常为7字句。表演时,唱词与生动通俗、个性鲜明的说白相互交替,加上丰富的面部表情和夸张的形体动作,以铙钹敲点和醒木击桌来加强气氛,扣人心弦。"花"指表演中的噱头,其中夹骨花是在人物性格和故事情节中突出笑料,取得喜剧效果;插花则是穿插些与故事无关的小笑话,突出人物的鲜明形象和生动的故事情节,曲调优美,抑扬顿挫。

(十二)厦门讲古

"讲古"是闽南方言说书的意思,是闽南民间口传文学的一门艺术。它运用闽南话的丰富词汇、特有韵律、谚语、俗话、掌故、歌谣等,通过历史章回小说故事,在平民百姓聚众娱乐休闲时讲故事,深受厦门人喜爱,流行于厦门一带。

讲古人被称为"讲古仙",也有叫"讲古先生",手里拿一本书,或一把折扇,全凭通俗生动的语言、丰富的表情、形象的动作,绘声绘色地展现故事情节和人物性格。"讲古仙"是说书场的灵魂,不仅要声音洪亮,使前后座听众都能听到,而且不能生搬书本上的字句,必须随机应变、灵活生动,穿插一些闽南通俗口语,或幽默或诙谐,以招徕听众。

厦门讲古不同于福州评话,只讲不唱,常常借助道具渲染气氛。旧时,厦门的"讲古场"很多,盛极一时。每个"讲古场"一般由两个"讲古仙"轮流说书,从上午11点开讲,至下午六七点收场,经常是座无虚席。1949年后,讲古艺人组织联谊会,在基层涌现出一支业余讲古队伍。自20世纪70年代末,以讲古为职业的民间艺人逐渐增多,活跃在城乡的"讲古场"上。随着厦门国际旅游城市的开发,现代信息发达和文化多样性使得民间讲古陆续退出历史舞台。

第三节 闽台民间舞蹈

舞蹈和音乐都是表演艺术,其特点是运用人类的口腔和肢体动作,来表现喜怒哀乐等感情。《毛诗大序》说:"情动于中而形于言,言之不足,故嗟叹之;嗟叹之不足,故咏歌之;咏歌之不足,不知手之舞之、足之蹈之也。"这段话是人们常常引征的,似乎已经成了绝对真理,其实未必符合原始艺术的实际情况。我们从台湾和大陆少数民族的多声部合唱中可以看到,他们的民歌有许多是只有曲调旋律而没有歌词的。事实上,最原始的艺术只有音乐、舞蹈而没有语言,歌中有曲无词。

一、闽台民间舞蹈种类

闽台民间舞蹈的种类极多,大体上可以分为四个大类。

(一)人体模拟舞蹈

用人体四肢的动作模拟世界万物,来表现人们的美感。模拟动植物的,如孔雀舞、蝴蝶舞、角抵戏、蛇舞、荷花舞等;模拟人物、鬼神的,如秧歌舞、钟馗舞、跳加官、八仙过海、祭孔乐舞、十八罗汉斗大鹏、五鬼打秦桧等。

(二)道具舞蹈

用各种道具进行舞蹈,如鼓舞、龙舞、狮子舞、红绸舞、旗舞、剑舞、大刀舞、霸王鞭、五虎棍、跑驴、高跷等。

(三)面具舞蹈

戴着面具起舞的舞蹈有傩舞、地戏、假面舞等,只把脸盖住。将整个头部盖住的舞蹈较少,只有大头娃娃舞等。

(四)歌舞小戏

舞蹈与民歌、民间故事相结合,就成了民间小戏。这是一种综合性的表演艺术,以叙事为主。一个演员演几个人物(一人多角)时,就是曲艺;一个演员只演一个人物时,就成了小戏。小戏的表演中舞蹈的成分更多。

民间舞蹈艺术,在人民的生活中,具有娱乐、教育、宣传、健身、乐群等重要的社会作用。但是,因为社会的快速变化,许多民间舞蹈已经不能与新的生活习俗结合,而面临着衰亡的危险。用各种方法来保护和抢救即将失传的民间舞蹈艺术和老艺人,是保护非遗的重要任务之一。

二、闽台民间舞蹈简介

(一)泰宁大源傩舞

傩舞,即戴着面具起舞。头戴假面具,脑后扎红布,穿固定服饰,配以敲击器,舞姿夸张奔放,但没有故事情节和词曲说唱。古时傩舞一般出现在大型祭祀仪式中,是道士或巫师请神还愿时,一种载歌载舞的仪式过程表演。

闽西北泰宁县新桥乡大源村,至今还保留着一种殷商时期的原始傩舞。这种民间舞蹈古朴神秘、粗犷奔放,被学术界称为中国舞蹈和戏剧的活化石。

傩舞主要分布在泰宁县城关、新桥、上青、朱口等乡镇,种类又分为文神、武神、扁担神、字仔架等几种。文神稳重,武神刚劲,扁担神威风,字仔架活跃。手持道具多用尺板、木鱼、小扁鼓、小铜锣等,在行进中边敲边舞,队形变换多样,并时有穿插、翻越、叠罗汉等表演,令人情绪激昂。

大源的傩舞也是一种独特的民间舞蹈,具有本地风土色彩。人数可多可少,8人、16人、22人不等,每人头戴一个面具,赤裸胳膊,下身着短裙,穿草鞋,手持一面绘上太极图案的小鼓和一根鼓槌,敲击跳跃前行;其后是四人抬的塑像;再后面为戒尺队伍,人数亦可多可少;最后是锣鼓(武乐)、丝竹(文乐)队伍。[①]

(二)拍胸舞

拍胸舞是福建省泉州、漳州、厦门和台湾地区踩街和迎神赛会中常见的民俗舞蹈活动,核心表现动作是拍胸。拍胸舞是先祖通过舞蹈的形式实现人与神灵的交流、驱鬼逐疫、迎吉纳福的庆祝和表演艺术。通过手舞足蹈的动作,充分表达人们对神明的虔诚之心和稻作丰收时喜悦的情景,以祈祷身心健康、保佑平安。

拍胸舞又叫"打七响""打花绰"等,在不同区域形成不同风格,跳法也不尽相同。

(1)"酒醉拍胸":舞者在饮酒后借着酒兴围圈拍胸舞之,动作有如醉酒后左摇右晃、东倒西歪之感,自我陶醉之意非常浓郁。

(2)"乞丐拍胸":舞者光着膀子和脚进行,动作微颤,幅度不大,速度较缓,表现出谨小慎微之感,如乞丐一般。

因传统的祭祀活动多为男性参加,故拍胸舞者最初只有男性。舞者一般会在头上佩戴特制的草箍,裸上身,打赤脚,在腰间系上彩带。初始的拍胸舞是没有音乐伴奏的,强调拍击身体发出声响节奏。"打七响"是拍胸舞的基础动作,突出地表现了拍胸舞的基本律动和风格特色。先在胸前用双手合击一掌,从右手开始,双手依次拍打右、左胸部,接着双臂内侧依次夹打右、左肋部,紧接着再依次拍打右、左腿部,一共打击七次,共"七响"。拍击的同时配合蹲裆步有节奏地跳动,胯部随之左右晃动,并配合怡然自得的颤头,如此循环反复做动作,再在队形上做点变化,就会使得舞蹈简约古朴、洒脱自然,独具一格。

拍胸舞可以是独舞,也可以是群舞:四人舞、八人舞、十六人舞、三十二人舞或者六十四人舞等。无论是独舞还是群舞都一样震撼人心。拍胸舞运用人体的形态,赋予线条、力量、节奏。舞蹈时双手配合着时起时落,有节奏

---

① 黄凤琴.泰宁大源傩舞调查报告[R].课题组学生调查报告。

地拍胸、拍腋下或者拍脚,表现男子的阳刚之气、强悍之势,动作自如不拘,令人振奋,富有生活气息。①

(三)台南牛犁阵

牛犁阵舞蹈,表演的是郑成功收复台湾后,训导部下屯垦开荒种田的历史,主要流传在台南、高雄、屏东一带。

传说当年郑成功率领部将赴台后,为扎根台湾,亲自率将士下田牛犁、播种、栽秧、收割等。后人在祭祖仪式时,用古时布阵的形式,将耕犁稻田、栽秧、培育、收割等劳动的动作编成舞蹈,进行表演。比如画一个牛头由一位老者戴在头上或拿在手上领头走阵式,后面有人扮犁田、扮挖地、扮栽秧等。一个阵式下来,就把一季稻作过程通过舞蹈动作表演完整。最后是丰收。2~4位挑着装着水果糕点的花篮的妇女出场,跟在牛犁阵的后面,边走边散发糖果来结束舞蹈。

台湾人传承着这些历史舞蹈,也希望一代代将郑成功收复台湾,披荆斩棘、励精图治建设台湾的精神发扬光大,传承下去。②

(四)宋江阵

宋江阵是闽台民间大型祭祀仪式中一个不可或缺的项目。如翔安赵岗村正月十二日祭拜天公、正月十四日祭拜准提佛祖、二月十二日祭拜开闽王、六月二十六日祭拜雷公、十月十八日祭拜赵岗祖先等,都要组织宋江阵表演仪式。

传说宋江阵形成于18世纪初,清朝中期,由于朝野混乱,社会动荡不安,抢劫盗窃盛行,百姓人心惶惶,官府鞭长莫及。于是村里的有志之士组织青年习武,以太祖拳、棍术为主,以便抵抗外来入侵,保一方平安。后来,把《水浒传》的故事套上去,排练成阵,便有了阵势,俗称宋江阵。

赵岗村宋江阵的表演从来没有108人,因为梁山泊达到108人时就开始落败,所以赵岗宋江阵以三十六天罡或是七十二地煞表演为主。表演者手持兵器,有盾牌(藤竹编制而成)、大刀、关刀、双刀、双剑、长叉、单斧、丈二长矛、齐眉棍等18种兵器。表演在锣、鼓、钹的鼓舞助兴下,不断变化队伍

---

① 方奇.闽南拍胸舞调查报告[R].课题组成员调查报告。
② 刘芝凤.台南新营区太子庙社区牛犁阵调查报告[R].课题组成员调查报告。

阵式,包括巡城(长蛇阵)、排城破城(八卦阵)、跳中城、龙卷水(分阵即分成两阵成蝴蝶阵),后以太极阵收阵,有黄蜂归巢和黄蜂出巢两种变化。在阵型的运动和变化中还有一头舞狮逆阵形运动。猛狮无法冲出阵,在阵中横冲直撞,这时以舞狮为主,最后狮子累了困在阵中停在前方。紧接着,有流星槌正副旗、盾牌大刀、单斧等套路表演,套路表演结束后以各种兵器对阵,打四面(即棍和四面盾牌对阵)、登高杆、打空拳。最后表演宰狮子,以几种兵器和舞狮对练。至此,表演结束。

赵岗宋江阵形成至今已有190多年的历史[①],台湾高雄民间宋江阵传承也有百年历史。大凡有全村进香、祭祀活动,都会做年龟,各乡村出阵表演宋江阵。

(五)踢球舞

踢球舞是由春秋战国时期蹴鞠的动作演变而来的,是一种流传在泉州地区的舞蹈,又叫作"彩球舞""碰球舞""贡球舞"等,即舞者用自己身体的各个部位去踢球、碰球、接球等。

泉州地区的踢球舞吸收了当地梨园戏的舞步,并与南少林的武术动作相结合改造,将球手的动作舞蹈化,妙趣横生,成为雅俗共赏的民间舞蹈,有着浓郁的乡土气息与地方特色。大致可以分为三种形式,高跷踢球舞、踩街踢球舞、地面踢球舞。高跷踢球舞因为表演人数多,费用庞大,难度、危险性高,所以逐渐衰落了。

彩球是用16个竹圈(或藤圈)套成的,套成一个空心状。球的外表用彩色绸带花结装饰,里面则装着一个马铃,最后将彩球固定在约1.2米长的木棍顶端上。

踢球舞的表演以戏曲科步为主,服装大多模仿梨园戏。表演人数一般有10多名,以女子居多。表演时是以球手为中心的。球手用双手将带着长柄的彩球上下翻转或者左右腾挪,时而抖球时而滚球舞弄着,极尽诙谐戏谑。[②]

---

① 王煌彬.厦门市翔安区内厝镇赵岗村舞蹈宋江阵调查报告[R].课题组学生调查报告.

② 方奇.泉州彩球舞调查报告[R].课题组成员调查报告.

（六）跳鼓舞

跳鼓舞又叫作"花鼓弄""旋鼓舞"，其中比较具有代表性的包括泉州城乡和晋江地区的旋鼓舞以及南安地区的凤坡跳鼓，在各地的庙会、佛诞、祈雨等宗教活动中时常会进行表演。跳鼓舞以粗犷豪放的舞步来表达人们对平安生活的愿望。这种既娱神又娱人的民俗舞蹈活动中包含着许多古代的文化信息。

跳鼓舞表现的是梁山好汉化装成杂耍戏班，以卖艺为幌子，伺机混进城门，去劫法场、救卢俊义的故事。南安县诗山镇凤坡村的凤坡跳鼓在当地每年的正月十二、十三日迎神割火时表演。早期是以"公娶婆"的形式出现的，后来增加了生、旦、丑等角色。

跳鼓舞的主要表演道具是八寸宽两寸厚的扁形小鼓。小鼓的中间横穿着一根小棍，方便持有。用手指拨动鼓面可使其灵活地转动。其余的道具还有双铃、木鱼、小钹、竹板、花扇、钱棍、小叫等。舞者手拿道具击打，配合特有脚步、曲调进行表演。动作轻盈，时快时慢，互相逗趣取乐。

跳鼓舞表演者在表演过程中，采用脚跳手击、腰转体旋、屈腰踢腿等动作，展现出了许多体育动作要素内容。通过舞蹈来表达他们对祖先的崇拜之情和对万物之神的敬仰之情，以此娱神娱人，消灾保平安。

（七）高跷舞

高跷舞由来已久，在永春达埔、蓬壶一带始于清末。当时村里有一牧童叫溪泉，九岁时便能踩着高跷过田埂，跨过水沟，在平地上疾走如飞，人们无不拍手叫绝。很快地，踩高跷便成为人们喜闻乐见的民间活动之一。随着技艺的日益增进，便形成了当今的高跷舞。如今，人们遇上婚丧喜庆，总要让高跷舞出出场，增强热闹气氛。

高跷舞队员技艺高强，表演形式各异，有的摆着整齐的队伍翩翩起舞，使人看了如痴如醉；有的故意跌倒又猛然来个鲤鱼打挺翻身跃起，让人看了啼笑皆非；有的还能做出各种高难度的杂技表演，令人看了赞叹不绝。

道具及服饰有木跷、绑布、民族特色服装、弄钹、盘碟。舞蹈音乐为锣鼓伴奏。①

---

① 龙岩市非物质文化遗产保护中心提供资料。

(八)采茶灯舞

据业内学者研究,采茶灯的曲调最早是以江西于都的《采茶谣》为母曲,通过不断传播和发展形成采茶舞。随着各个地区的采茶灯相互渗透和交流,不同的地区就冠以不同的称呼,如广西称"唱采茶""采茶歌""壮采茶"等;江西称"茶篮灯""灯歌"等;湖南、湖北称"采茶""茶歌"等;福建、安徽称"采茶灯"等。

采茶灯流传于闽西、闽北和闽南部分地区。闽西龙岩地区的采茶灯更是以其独特的艺术魅力誉满中外。

采茶灯源于龙岩苏坂美山村。关于其起源有三种说法:其一,明代嘉靖年间,从湖南迁移到龙岩苏坂美山村的林氏家族,长期在此劳作生活,并以种植茶树为主要谋生手段,后来慢慢创造了采茶灯的艺术形式,借以丰富劳动生活情趣。其二,清初,龙岩的一名宫廷琴师回乡,结合本地的民歌,加入采茶的动作,创造出了一种民间歌舞形式。其三,从《颍川泼水记》曲本中的歌词可知道,在清代中期龙岩就盛行采茶灯。①

采茶灯基本舞步风格独特,步伐轻盈、细碎,身体挺拔。采茶灯的舞蹈,以穿插变队形为主,一般有几十种花式。采茶灯的音乐采用民间古乐和当地民间小调,音乐曲调节奏明快,旋律优美,并配以戏文和民间故事为内容的唱词,边舞边唱。队伍组成人员有茶公(穿汗衣,扎腰巾,执大蒲扇)、茶婆(梳银宝头,穿蓝色宽锦边襟衣和罗裙,腰扎绸带,系花围裙,执麦秆扇)、采茶姑(额佩凤珠翠屏,头梳燕尾髻,穿大红彩莲衣,细腰扎绸带,一手执折扇,一手提花篮灯)、武小生、男小丑(一手执黑折扇,一手提灯笼或马灯)。早期均由男性扮演。在采茶灯队伍中,独具风采的角色是茶公、茶婆,俗称"师傅",实际上是采茶歌舞的领队和指挥。

(九)闽西客家打船灯舞②

打船灯舞(又名"踩船灯"或"舞船灯")是闽西客家特有的节庆活动形

---

① 龙岩采茶灯舞蹈的所有资料由龙岩市非物质文化遗产保护中心及文化馆提供。参考资料:刘春曙,王耀华.福建民间音乐简论[M].上海:上海文艺出版社,1986:91;王耀华,杜亚雄.中国传统音乐概论[M].福州:福建教育出版社,2013;李向京.论福建传统民歌的继承与创新[J].福建师范大学学报(哲学社会科学版),2002(1);温七九.龙岩民间歌舞"采茶灯"回忆录[Z].

② 上官靖.闽西客家打船灯舞调查报告[R].课题组学生调查报告。

式,主要在春节、元宵,偶尔端午、中秋、重阳节也有表演,是继龙灯、狮灯之后的客家第三灯。它以船形灯为道具,配合舞蹈和音乐进行表演,走村串户,自悦悦人,表达"接丰收、庆太平、度佳节"之喜庆之情。虽然名称带着"船"字,但并不在水里表演,而是在陆地上,所以又叫"旱地船灯"。在闽西客家地区的长汀、武平、上杭、永定、连城等地都有流传。

船灯的历史起源无从考证,但凭口传,至少也有几百年历史。闽粤边境的上杭、武平、永定多为双人船灯,闽赣边境的长汀、连城多为单人船灯。双人船灯:表演人数通常有三个人,表演时一人藏身船舱以胯带扛起船灯,船头船尾一艄公、一艄婆,持桨划船边行边说唱,接着表演各种船灯小戏。单人船灯:船体较小无船篷,由演员一人挂在肩上,边划边唱边舞蹈。双人船灯队只一艘船,单人船灯队则多艘船同时表演。

表演场地一般是在村子里的空地上。

第四节 闽台民间戏剧

一、闽台民间戏剧种类

闽台民间戏剧分优戏和偶戏(又称"傀儡戏"),偶戏的历史早于优戏。在民间,偶戏的演出目的多是驱邪禳灾。

偶戏包括提线木偶戏、布袋戏、皮影戏三类,不同地区的木偶制作和操弄各有特色。福建众多的偶戏中,提线傀儡戏起源最早,早在唐、五代就已有记载,其他偶戏主要发展、盛行于明清时期。

福建的优戏主要有莆仙戏、梨园戏、闽剧、高甲戏、歌仔戏五大剧种,之所以被称为"大"剧种主要因其历史悠久、班社健全、剧目丰富、艺术独特、传播范围广、拥有众多观众。其他还有如大腔戏、四平戏、打城戏、北路戏、平讲戏、梅林戏、词明戏、竹马戏、山歌戏等本土稀有剧种和小戏,以及闽西汉剧、潮剧、赣剧、京剧、越剧、昆曲等外来剧种。

二、福建民间戏剧简介

(一)偶戏

1.金线傀儡戏

福建地区傀儡演出的最早记载是唐武宗会昌三年(843年)闽人进士林

滋所撰的《木人赋》,文中谈到傀儡:"贯彼五行,超诸百戏。"傀儡戏在闽南被称为"嘉礼戏",闽南有句谚语"前棚嘉礼,后棚老戏",说明嘉礼戏的地位远远高于其他老戏,在演出中,如果有多个剧种一起演出,则所有老戏开锣必须在傀儡戏之后。

金线傀儡戏流行于南平市延平区的塔前、西芹、大洋、峡阳、南山等乡镇的一些乡村,当地称"抽傀儡"。从师承谱系看,明代时期,金线傀儡传入闽北,到了清代咸丰、光绪时期,仅塔前虎山村就有十几个傀儡戏班。

金线傀儡戏的演出剧目主要有三种:一是元明南戏剧目,如《李云娘挨磨》《白兔记》《倭袍记》等;二是历史、小说剧目;三是明清通俗神话传说剧,如《华光传》《陈靖姑捉妖》等。第二种是主要演出剧目,艺人根据小说或连环画改编,类似于民间的"幕表戏"。

金线傀儡戏的唱腔被称为"大腔",声调高亢,后场帮腔,翻高调,只用打击乐,不用管弦。金线傀儡戏的傀儡有六个行当,一生、二旦、三丑、四净、五夫、六末。傀儡头即按照行当制作,根据剧情配上衣冠。早期一台傀儡担有傀儡二三十个,现在数量增加许多,傀儡线 5~9 根,一般 7 根。傀儡头的制作取材樟木,用蔑扎身躯、四肢。服饰冠帽为手工刺绣缝制。

表演的场所以凉亭、庙宇、祠堂及其他宽敞的旧房或广场为主,搭台的地方由出钱演戏的东家办理,舞台约有 1 米高,3~4 米宽,挂幕布装饰。表演区中设微型一桌二椅。表演者站在幕布后表演,打锣鼓帮腔者在后台一侧演奏帮腔。

金线傀儡班社一般以家庭为纽带。每个班社以台为单位命名,如"福兴台""翠云台"等。班社的传承主要为子承父、侄承叔、弟承兄,因此班社名称也可传承,如果一个班社多子传承,只有长子才能继承父亲台名,其他人分班则另起名称。

2.皮影戏

闽南皮影戏通过用兽皮或硬纸板剪制形象并借助灯光照射光影表演故事,流行于福建省的厦门、漳州、泉州等闽南地区,具有闽南地方艺术特色。

闽南皮影戏于明代从广东潮汕传入,明末清初传入台湾。民国初期,皮影戏曾在闽南兴盛一时,后逐渐衰弱,抗战时期又十分活跃。新中国成立初期,皮影戏在厦门、漳州、泉州仍有表演,"文化大革命"期间中断。到了 20 世纪 70 年代初期,皮影戏在漳州、泉州已消失,而厦门的皮影戏一直延续流传至今。

闽南皮影戏的演唱以闽南北管戏唱腔为主,对白以普通话和闽南方言为主,带着潮州口音,剧情多采自历史传说或民间轶事。皮影人物雕绘工艺讲究刀工精致,形象写实,造型夸张、发型、头盔精致、服装花纹细腻,图案近似宋代笔法,富有闽南地域特色。演出时将影人的头插于身部,身与四肢相接,同时在身部和两手安上三根竹竿,即可操作演出。除了人物造型,还要刻制一些道具、桌椅和景物造型,以便配合表演。道具主要为影窗,也可根剧场地实际情况而定。以白纸或白布作幕,便于单人操作。另外要备一盏油灯或若干支横管荧光灯用以映射影人和表演动作,配合锣鼓音乐来演唱,整个表演立体感和现场感很强。

3.铁枝木偶

铁枝木偶也称"铁线戏",与提线木偶、布袋木偶并称"福建木偶三绝",于清道光、咸丰年间,由广东潮州的纸影戏传入诏安,并随艺人不断创造演变而成,后又远渡重洋流传到日本。清末民初,仅诏安城乡就有80多个戏班,非常活跃,深受群众喜爱,其中甲洲村怡正梨班还到新加坡演出,盛况空前。新中国成立后,诏安县成立铁枝木偶剧团,时常到各地表演,并于1955年晋京参加全国木偶皮影戏观摩演出会,排练的节目还参加福建省第二届戏曲现代剧目汇报演出。但从20世纪90年代开始,铁枝木偶戏演出的舞台越来越小,现在已基本淡出演出舞台,只在农村庙会上才偶尔见到,处于濒危衰退的状态。

铁枝木偶表演最早以牛皮雕形,以纸为屏幕,后演变为玻璃窗幕,并捆稻草为身、扎纸为手、削木为足、塑泥为头,再给人物着装。现在的铁枝木偶已改为桐木雕塑,但冠戴、服饰、造型相仿,演出时由一主二侧的艺人或坐或立,在幕后用3根铁枝操纵身高30多厘米的木偶表演,以潮剧或广东汉剧为伴唱,身段和手势特别灵活细致。

4.杖头木偶

杖头木偶戏历史悠久,其发祥地为屏南漈头村。漈头村,原称龙漈,为张姓居住地,该村地处丘陵地带,经济发展尚好,读书经商者多,是较早开发的村落之一。清康熙初年,耿精忠的军队驻扎在福建各地,包括屏南龙岗寨。其寨主即漈头村人张良瑞,由此耿军中的杖头木偶戏传入屏南漈头等地。

由于杖头木偶戏表演形式的特殊性,其剧目不可能与其他戏剧文字形式相一致,因此,木偶师必须根据其表演特色,重新编演剧目。屏南木偶师周郑宝由于读过私塾,有一定的文化修养,加之对木偶艺术的熟练和独有的悟性,因而能根据自己的特长来编演出的剧目,博得观众的好评。其余杖头木偶班演出的剧目,也多是从周郑宝之改编本传下来的。

小杖头木偶保留古代杖头木偶的原始结构,头像早期有木刻和泥塑两种,后期纯用梧桐木雕刻而成。早期木偶较小,偶高仅 0.3 米,属于精木偶类型,木偶舞台离地高 1.8 米、宽 1.5 米、深 0.8 米,这种设计也是承袭古戏曲的舞美特征。

木偶内部结构精巧,机关暗线独具特色。小杖头木偶精巧,容易表演,多在民家或宫庙中为人演出还愿戏,既经济又方便,而且易于观赏。木偶艺人通过"命杆"和"手杆",以及内部机关暗线操作时,偶人便能"手舞足蹈""左旋右抽",达到"贯彼五行,超诸百戏"的拟人化、形象化的艺术效果。

5.南派布袋戏

布袋戏又称布袋木偶戏、手操傀儡戏、掌中戏、小笼、指花戏,其名字的由来有三种说法。第一种也是最普遍的说法是:布袋戏的戏偶本身除头部、手掌与脚的下半段以外,躯干部分和手部、腿部都是用布缝成的,形状和布口袋一样,因此得名。第二种说法是:最早的布袋戏演出,表演师傅习惯将一身行当装进布袋内,扛着布袋走天下。第三种说法是:表演师傅常在表演时,将用过的戏偶随手丢进挂在戏棚下的布袋。

布袋戏的起源比傀儡戏晚,福建地区最早关于布袋戏记载的是清嘉庆年间刊印的《晋江县志》卷七二《风俗志》记:"近复有掌中弄巧,俗名布袋戏。演唱一场,各成音节。"

关于布袋戏的来源闽台民间有个传说。据说在 300 多年前,泉州有个书生叫梁炳麟,博学多才,屡次参加科考都落第,只有懊丧回家。梁炳麟的隔壁有一操弄傀儡的艺师,闲时他前往参观,看到傀儡操弄较难,于是突发奇想,把木偶上的悬丝全部去掉,改成掌中傀儡。过了一段时间之后,操弄灵巧,梁炳麟自编自演剧目,一方面展示才华谋生计,另一方面借以讽刺当局,名声逐渐传播开来。

布袋戏分南路、北路两派。南路指晋江一带,演出保留"鼓笛为主,唱傀儡调"的传统形式,曲调以南曲为主。北路指漳州一带,由最初唱南曲到后期受闽西汉剧和京剧影响,唱皮黄声腔,突破方言限制。此外潮州地区布袋戏演唱为潮调。

布袋戏戏偶种类有"生""旦""净"三大类,并衍生出生、花脸、旦、神道、精怪与杂角等小分支。就传统布袋戏而言,一个布袋戏班形成,起码要准备包含几大类的80个布袋戏戏偶;这就是一般布袋戏艺人所俗称的一担笼。

操偶表演者表演时将单手手掌放入中空戏偶进行表演。以左手操偶为例,只要将食指部分套入偶头,拇指放入戏偶右手,另外三根手指放入戏偶左边(左手)之后,即可利用手掌与五指的摇摆或晃动,来控制戏偶头、身体与手来做操偶表演。

(二)优戏

1.莆仙戏

莆仙戏流行于福建莆田、仙游及闽中、闽南等莆仙方言地区。据《闽中杂记》记载:"兴化戏剧源于宋而盛于明。"宋代莆田、仙游两县隶属于兴化军,明代属于兴化府,因此莆仙戏古代俗称"兴化戏"。新中国成立后始定名为莆仙戏。关于莆仙戏的来源,当地有个传说:唐玄宗李隆基有个妃子叫江采萍,称梅妃,来自莆仙地区,刚进宫时十分得宠。后来李隆基恋上杨玉环,江采萍失宠,被贬回老家莆仙,李隆基念旧情,赐江采萍一部梨园,梨园戏班跟着江采萍回到莆仙。回到家乡后的江采萍无力养活戏班,于是就地遣散,戏班演员流散在莆仙各地。有些演员就当起师傅,开班授徒,娶妻生子,不久就形成了150多个戏班,莆仙戏也得以流传兴旺到现在。

莆仙戏的传统剧目有5000多个,通过挖掘有剧本8000多本。莆仙戏音乐唱腔富有地方特色。演唱均用本嗓,声腔为兴化腔。曲牌众多,有"大题三百六,小题七百二"之说,主要有"百家春""海底鱼""一江风";锣鼓点有300多种,已经整理常用的有100多种。演奏内容十分丰富。曲词多为长短句,沿用宋元南戏的曲牌连套体,即把声调相近的多种曲牌组成引子、过曲、尾声,成为一套。在刻画人物情绪方面,采用"集曲"方式,将不同曲牌的片段重新组曲;或采用"犯调",即一个曲牌中加入其他曲牌的章节。

莆仙戏的乐器主要是锣、鼓、吹,包括唢呐、笛管、大鼓、斯锣、大铰、二铰等乐器。新中国成立以后,为了进一步丰富表演,伴奏乐器增加了横笛、大胡、二胡、月琴、三弦等;打击乐器增加了文鼓、单皮鼓、钟锣、梆板等,还吸收了当地"十音""八乐""鼓吹"等民间音乐演出形式的乐器。

莆仙戏行当分生、贴生、旦、贴旦、净、末、丑七种,沿袭了宋元南戏的制度,号称"七子班",后增"老旦",俗称"八仙子弟"。莆仙戏的表演艺术丰富,各个行当都有一套专门的科介和身段动作。

2. 梨园戏

梨园戏流行于福建省泉州、漳州、厦门及台湾地区等闽南话方言区,在东南亚各国华侨聚居地也有演出活动。

南宋末年,梨园戏分为上路戏、下南戏和小梨园三种。上路戏是指南宋时期通过发达的海路从浙江温州传来的南戏演出。下南戏,又称"下南腔",是宋光宗绍熙年间(1190—1194年),闽南泉州、漳州一带流行的土腔土调演出,多演唱南曲曲牌的戏文。小梨园是元兵南下,宋氏宗亲入闽随带的戏子家班,班底多为童龄男女。这三路戏的戏班长期演唱各自的剧目。

梨园戏的音乐唱腔属于南曲系统。曲牌体式有套曲、集曲、过曲、慢、引、近、小令和唐宋大曲的衮等。其曲牌大多数来源于唐宋大曲和法曲、民间音乐、弋阳腔、青阳腔、昆腔等,其中保留了一部分的古曲,如《摩诃兜勒》《太子游四门》《霓裳羽衣曲》等。在唱念方面,梨园戏要求"明句读",讲究"喜怒哀乐,吞吐浮沉"。梨园戏使用泉州方言演唱,方言土腔一律以泉州音为准,但也注意不同人物与地方色彩,有的剧目还保留着地方土音和古音。

梨园戏表演唯美、典雅、细腻,有一套独特严谨的表演程式,称"十八步科母",对手、眼、身、步等每个表演动作都有严格的规定。手姿表演,有举手到目眉,分手到肚脐,拱手到下颌,指手对鼻,偏触对耳,提手对乳等规范。每个行当都有各自的科步和身段,如官生与末行的"十八罗汉科",净与官生的"马鞭科",老生的须功,生、旦的扇法及眼法。梨园戏还创造了"十八雨伞科",单人伞舞、张伞、蹳足、撑伞、顶伞、旋伞、升降伞、飘伞、放伞等表演动作,组成一套伞舞表演。此外,还有一些进三步、退三步的程式动作、傀儡动作表演。梨园戏发展至今,专业演出团体只剩下福建省梨园戏实验剧团。

3. 闽剧

闽剧俗称福州戏,流行于福州方言区,宁德、建阳、三明等地、县和台湾地区以及东南亚华侨旅居地。清光绪初到辛亥革命前后,明末流传下来的儒林班、江湖班、平讲班逐渐融为一体。

闽剧唱腔有逗腔、江湖、洋歌、小调、啰啰和板歌 6 个部分,统称榕腔。曲牌有 190 多首,其音乐旋律与福州方言的音韵、声调有着极为密切的关系。逗腔出自儒林班,是闽剧唱腔的主体。音乐结构方整、严谨,有板腔体、曲牌体和板腔、曲牌综合体 3 种。旋律婉转,缠绵悲恻,风格高雅,拖腔较多,以"呀、哎、哑"等音为衬。乐器以吹奏乐器为主,拉弦、弹拨乐器为辅。

闽剧的角色分行,早期较简单,儒林班、平讲班行当由生、旦、丑三个角色构成"三小戏",后来吸收徽班、京剧的分行,角色渐趋完整,增加到七个,曰"七子班",再到九个,称"九门数"。随着行当的细致化,又逐渐发展为"十二角色",有小生、老生、武生、青衣、花旦、老旦、大花、二花、三花、贴、末、杂等,相当齐全。

旦角表演主要借助水袖和身段,有些服装无水袖,则借助手帕、扇子和辫子来加强动作性,重视运用手眼身法步的基本程式。其指法有兰花手和佛指手两种,素有"一指化十指,十指化百指"之说。演员出场时,手放的部位反映人物心情。背手时左手向右靠,使用右手时向左靠,以求身段之优美。注意身段各部位之间的相互关系,以体现美感,如转身的"背风"要求柔、稳。步法变化甚多,要求做到"一步化十步,十步化百步"和"一动化百动"。面部表情讲究精、气、神,通过外部的形色,体现人物内心世界。

丑角表演也有自己的特点,如《炼印》里,冒充巡按的杨传为须生跨丑行扮演,演员注意刻画他正直、善良、风趣的性格,表演最后换印时转愁为喜的一段,吸收了福州民间"跳财神舞""大刀花舞""金花宝"的舞蹈动作,融合"玩弄金印"等身段表演,同时又把民间的"双龙抢珠"舞蹈改变为"抢掷金印",气氛十分热闹。

4. 高甲戏[①]

高甲戏流行于福建省闽南方言地区、台湾地区,以及东南亚各国华侨华人聚居地。高甲戏起源于明末清初,开始只是一种化装游行踩街。在闽南沿海农村,每逢迎神赛会或喜庆节日,人们扮成梁山泊好汉,在强烈的民间乐曲的伴奏下做即兴表演。后来发展成专业戏班,因主要演宋江的戏,被称为"宋江戏"。宋江戏偏重武打,剧情较为简单。清道光年间,艺人们吸收了其他艺术门类的表演形式,突破专演宋江故事的局限,渐次发展成为有文有武的"合兴戏"。之后,又吸收了徽剧、江西弋阳腔和京剧的艺术表演形式,形成了具有独特风格的闽南地方戏曲剧种——高甲戏,至今已有近200年的历史。传说"高甲戏"系因搭"高"台、穿盔"甲"而得名;又传说系因武戏多,执"戈"穿"甲"(闽南话"戈""高"同音),音讹为高甲。

高甲戏音乐源于闽南的民间音乐、南乐、傀儡调,同时也受到了梨园戏及外省剧种音乐的影响。它由唱腔曲牌、吹奏曲牌和锣鼓经三部分组成,唱

---

① 本部分材料由厦门金连升高甲戏剧团副团长、国家级非遗传承人陈炳聪老师提供。

腔用泉州话演唱,属泉腔。调门沿袭南乐,分别以洞管、品管的管孔命名,调门不同,情趣亦异。旋律以五声音阶为基础,调式以商调式为主,宫、羽次之,徵、角较少。

高甲戏唱腔曲牌可分为三大类:大气戏类,多为武生、净角所用的唱腔,常用的曲牌有"将水""玉交"。"将水"适用于塑造英雄人物形象,曲调豪迈激昂;"玉交"适用于生行、旦行,曲调优美,抒情活泼。生旦戏类,多为生旦角色所用的唱腔,表现方法比较细腻。曲牌有"福马郎""北调""短、中滚",旋律柔和优美。歌谣类,多为一些小戏、丑旦戏采用,曲调优美、风趣、活泼。曲牌有"锦歌""灯红歌"等。

高甲戏的锣鼓经在艺术表演中起着重要作用。它吸收了京剧小鼓(北古)的演奏法,以及梨园戏、木偶戏的南鼓演奏法,形成了一套较为完整的锣鼓经,其中有突出剧种艺术表演程式的通用鼓介,也有突出行当表演的锣鼓介,有配合唱腔曲牌的锣鼓介("曲介"),也有配合吹奏曲牌的锣鼓介("牌介"),以及配合念白的锣鼓介("白介")。

高甲戏打击乐的乐器有通鼓、大锣、大钹、小锣、响盏、小钹。文乐有琵琶(南)、南嗳、品箫、三弦、二弦、洞箫、二胡、中胡、高胡、板胡、琵琶(北)、扬琴,还采用小提琴、大提琴、长笛、小号、单簧等。

高甲戏艺人们还从闽南的提线木偶、布袋木偶中得到启示,创造了傀儡丑。闽南四大名丑之一的施纯送老艺人,对高甲戏的这种表演艺术特点总结出了八字句诀:"举手投足一线提,活关死节转不灵;动时处处和律节,静时常似雕塑型;把握人与傀儡间,变化皆从角色行;貌憨形拙心眼活,呆头傻脑自生情。"艺人们从木偶的机械部位中寻找灵感,让机械的关节变成形体的动作,使转身、侧身、踩脚、耸肩、抖袖、摆臂、挥扇、耍须等一系列动作都加以舞蹈化,形成一种和谐与鲜明的节奏。

5.歌仔戏(芗剧)

(1)芗剧

芗剧流行于福建省漳州、厦门等闽南方言地区和台湾地区以及东南亚华侨聚居地区。

抗日战争时期,当局实行禁演政策,歌仔戏艺人们便从城市转到农村演出。同时,著名艺人邵江海、林文祥等又从原闽南锦歌中的杂碎调、哭调吸收精华,并博采梨园、高甲戏、竹马戏、南音和民间小调等音乐,重新创造出一种新声腔,叫"改良调";以改良调演出的戏称"改良戏"。抗战胜利后,改良戏重获生机。考虑到漳州的改良戏流行于芗江流域地区,又深受当地群众喜欢,遂于1954年改名为"芗剧"。民间群众仍多称"歌仔戏"。

芗剧音乐唱腔属于民歌联曲体,是由民间说唱、歌舞音乐发展形成的声腔,具有浓烈的地方性和民间色彩。曲调分六大类,包括七字调、大调、哭调、杂念调、杂碎调和民歌小调等。场景音乐采用"串仔"伴奏,来源广泛;另有吹牌和锣鼓经,比较稳定。

芗剧早期的角色仅有一旦一丑,均由男性扮演,进而加上小生,称"三小戏",后来吸收汉剧、乱弹、四平戏等剧种的表演,形成生、旦、净、丑四门,行当角色也逐渐齐全和正规化。

(2)台湾歌仔戏

台湾歌仔戏发祥地是宜兰,宜兰人的祖先大部分来自漳州。大约在100年前,闽南擅长歌仔和车鼓的艺人,如猫仔源和陈高犁等,来到宜兰,开班授徒,组成戏班,演出在原来的基础上加以变化,以七字调为主,以说唱演出故事,并传播开来,有了"本地歌仔"之称。

从老歌仔戏改良到完整的大戏,台湾歌仔戏经历了4个阶段:第一个阶段是小戏与大戏之间的过渡性阶段,即壮大时期。1880—1925年,吸收了乱弹、四平、南管、高甲、京剧、福州戏等剧种的装扮、布景、身段、对白、音乐、锣鼓点子、连本戏、武戏等演出精华,改进本身艺术,发展成为"野台歌仔戏",随后成立许多职业剧团并进入城市戏院演出,成为"内台歌仔戏"。第二个阶段是日据时期,日本在台湾推行"皇民化运动",将歌仔戏视为"皇民化"宣传工具,要求剧团演出"皇民剧"。尽管受到日本殖民者的高压控制,背地里许多艺人仍坚持演出原汁原味的歌仔戏,因此台湾光复后,歌仔戏得以迅速恢复。第三个阶段是光复后台湾歌仔戏发展的黄金时期,当时的歌仔戏主要在戏院内演出,外台演出较少,并经常到南洋一带的华侨社会公演。在这一时期,歌仔戏也发生了变化,一是许多新戏班纷纷成立,但时间仓促,演员缺乏,训练缺失,于是便以新鲜刺激的内容和形式吸引观众,包括演出一些神怪戏、唱流行歌曲,这些演出被称为"胡撇子戏",仍持续至今。二是1948年厦门都马剧团赴台,带去了"改良戏"演出,"都马调"及其向越剧所学的装扮和身段都影响了歌仔戏的演出形式。第四个阶段是转型时期,1956年以后,随着经济发展,剧院演出的多样化和媒体的多元化,内台演出困难重重,歌仔戏开始与传播媒体相结合,先后出现了"广播歌仔戏""电影歌仔戏""电视歌仔戏",在发展中歌仔戏一直处于兴衰起伏状态。目前台湾所见的有歌仔阵、老歌仔戏、野台歌仔戏和电视歌仔戏。

6.潮剧

潮剧又名潮州戏、潮音戏、潮调、潮州白字（顶头白字）、潮曲，主要流行于广东东部，福建漳州地区的云霄县、东山县、诏安县、平和县等，广泛流行于香港、上海以及东南亚、西方许多国家和地区。潮剧经常在庙会上演出，表示对"老爷"（指神明）的尊敬，老百姓也喜爱在非常热闹的氛围下观看，使节日气氛更加浓重。因此，潮剧要比其他剧种更具浓郁的民俗色彩。

潮剧是宋元南戏的一个分支，由宋元时期的南戏逐渐演化，是一个已有400多年历史的古老剧种，主要吸收了弋阳、昆曲、梆子、皮黄等特长，结合本地民间艺术，如潮州话、潮州音乐、潮州歌册、潮绣等，最终形成自己独特的艺术形式和风格。

潮剧行当齐全，生、旦、净、丑各有应工的首本戏，表演细腻生动，身段做工既有严谨的程式规范，又富于写意性，注重技巧的发挥。其中丑行和花旦的表演艺术尤为丰富，具有独特的风格和地方色彩。

三、台湾民间戏剧简介

（一）优戏

台湾地区优戏中主要的大戏剧种有歌仔戏、南管戏（梨园戏和高甲戏）、乱弹戏、采茶戏、京剧、四平戏、闽剧；其他演出剧种还有北管戏、客家戏、豫剧、昆剧、潮州戏、车鼓戏、竹马戏、越剧、粤剧。

在移民背景下，大陆各种民间戏曲相继传到台湾。特别是归清以后，台湾戏曲演出活动空前活跃。关于台湾戏曲演出最早的记载是《台湾外纪》关于竹马演出的记述，该书由江日升于康熙四十三年（1704年）写成。书中谈到荷兰通事何斌："于元夕大张花灯、烟火、竹马、彩戏、歌妓，穷极奇巧，请王与酋长卜夜欢饮。"文中所记的竹马当为福建的竹马戏，由此可以推测，荷据晚期，台湾至少有竹马戏演出。

早期台湾戏曲，除了宴乐，往往与民间宗教信仰直接联系，主要功能在于祈愿求神。康熙三十六年（1697年），郁永河游台湾，在《裨海记游·台湾竹枝词》中记录下了妈祖庙前的梨园戏演出："肩披鬈发耳垂珰，粉面红唇似女郎。马祖宫前锣鼓闹，侏离唱出下南腔。"康熙五十五年（1716

年)纂修的《诸罗县志》卷八《风俗志》、康熙五十九年(1720年)刊行的《台湾县志》卷一《舆地·杂俗》均对岁时节庆、王醮大典时延请剧团演出进行了介绍。

乾隆时期,民间戏曲的演出盛况空前,乾隆三十四年(1769年)朱景英所著的《海东札记》记载:"神祠里巷,靡日不演戏,鼓乐喧阗,相续于道……"此外《凤山县志》卷七《风土志》、《诸罗县志》卷八《风俗志》、《淡水厅志》卷一一《风俗志》、《噶玛兰厅志》对四时神诞、节日的演戏观戏之盛也有进行描述。

(二)偶戏

台湾傀儡戏于清代传自福建。漳州移民来台后移居至北台湾,傀儡戏即随之分布于宜兰、台北和桃园;泉州移民抵达南台湾,剧团则分布于嘉义、台南、高雄三地,于是台湾傀儡戏形成明显的南北两派。

北台湾傀儡戏团一支是以宜兰为中心的漳州傀儡戏,有林赞成的新福轩(成立于1918年)、许建勋的福龙轩(成立于1934年)与林阿茂的协福轩。另一支是桃园地区的客家傀儡戏,有张国才的同乐春(1880—1966年)、张国才侄子张鼎水的庆华春、范姜文贤的锦华轩。南台湾傀儡戏团有梁宝全的新锦福、薛荧源的锦飞凤、吴灯煌的围仔内大戏馆、李添福的添福傀儡戏团、陈辉隆的集福轩与苏连兴的万福兴。

清道光、咸丰年间,布袋戏从泉州、漳州、潮州传入台湾,所使用的音乐有南管、白字戏仔和潮调。南管布袋戏表演的唱腔剧目与梨园戏相近,动作细腻,以文戏为主,流行于鹿港、艋舺等地。白字布袋戏较南管布袋戏通俗,流行于台北新庄、彰化、台南。潮调布袋戏后场类似皮影戏的潮调和道士道调,流行于彰化溪州、员林、南投,嘉义朴子,云林西螺、斗六、斗南,台南麻豆、新营,屏东,台中神冈、石冈等地。

台湾皮影戏大约在清中叶从潮州、诏安传入,主要在台南、高雄、屏东等台湾南部农村流行。片冈岩在《台湾风俗志》中提到,皮影戏的演出主要为迎神赛会,村民在纸上画上角色,剪下贴在竹片上,演出时在大白纸后放一盏灯,把纸影人放在纸幕前演出各种影像,伴奏采用北管。

第五节　闽台民间体育[①]

闽台民间体育的内涵可理解为在闽台地区范围内,表现出富有健身、健体、健心的功能效应,包含争强好胜的竞赛元素特点,具有培养道德、意志品质、团队精神作用所进行的有目的、有意识、有组织的民俗活动或活动中存在的体育形式的总和。

闽台地区民间体育载体为民间传统节庆日,其分类如下。

一、健步体能类民间体育

健步体能类民间体育是对具有以健步走运动方式为主要特点,持续开展时间较长或距离较远的民俗活动的总称。

早在几千年以前,在中医理论中健步走就被认定为是预防治疗疾病的良药,有"百炼之祖"的美誉。现代医学也证实,规律适度的健步走对人体的大脑、心脏、胃肠、四肢关节部位有许多健康功效。

(一)挖大旗竹

挖大旗竹是泉州安溪县蓬莱镇一带在农历正月祭祀清水祖师进行迎春绕境程序中的一个习俗,也是闽台地域民俗信仰的一种特定表现形式。大旗竹贯穿于清水祖师巡境习俗始终,是其活动开展的核心要素和必备道具。

挖大旗竹的过程主要包括拈大旗、挖掘大旗竹、封大旗、扛旗巡境、倒旗接头这五个重要环节。

扛旗巡境:整个过程中持续时间最长,也是最为重要的一项环节。一般要进行三天,路线按古例规定的原道行走,分别会绕境顶庵堂、中庵堂和尾庵堂的地界。由"扛大旗"佛头股的十多个护旗手扛着裹了旗布的大竹旗走在最前,后面队伍有横彩、大灯、大板牌、大锣、鼓乐队、古装戏乐队等的,以及抬着供奉的"圣旨牌"、"契母妈"(相传为清水祖师的母亲)和清水祖师金身的大辇轿和大凉伞。各地虔诚的善男信女更是紧随其后,成群结队,手拈"心香",一路随香护驾,队伍浩浩荡荡,时而半走半停,时而急步前进,景象

[①] 方奇.闽台民间体育传统习俗文化遗产资源调查[M].厦门:厦门大学出版社,2014.

颇为壮观。

倒旗接头：散香日要进行倒旗接头仪式。三庵堂的头人须聚集在尾庵堂的佛头厝商量分旗杆和旗布事宜，一般均分为三段，分给三个佛头股的人们。人们都认为分得的旗杆和旗布具有祖师的灵气，能带来好运，会将它们供奉在自家的神坛上。

（二）抬阁

抬阁是指蜈蚣阁，又称"龙图""龙阁""凤阁"。由旧时迎神化装游行转变而来，成为现今民俗游艺踩街活动的主要形式之一，主要流传在厦门、漳州等闽南地区以及台湾地区。

蜈蚣阁的首尾分别装有类似蜈蚣（或者龙）的头和尾巴，阁棚（即蜈蚣的身体部位）是由二十节至上百节不等的长两米、宽一米的木板组合而成的。阁棚与阁棚之间是用活榫相接的，可以自由转动。在头尾和衔接处会各横穿着一根木棍，向左右两边延伸出来，便于肩扛。扛抬蜈蚣阁的人一般会身着统一的红色服装，寓意为"蜈蚣脚"。每块阁棚上还会搭制一个用竹条编扎出的椅子，以供身着古装、扮演历史人物的孩童坐骑。坐上蜈蚣阁的孩童会摆出各种造型姿态，有的孩童还会进行弹唱演奏。

（三）走古事

走古事为客家人闹元宵的盛大活动，在连城罗坊、永定抚市等地较为流行。

每年的正月十四、十五日，龙岩连城罗坊乡罗坊村都要举行走古事活动。古事棚的设置：以房族为单元，一族一棚。棚内有两位本族男童按戏曲装扮，一人扮成主角，一人扮成护将。在当地总共七棚的古事中，领头的是所谓天官和武将，紧随其后的为历代文臣武将，包括刘邦和樊哙、杨六郎和杨宗保、李世民和薛仁贵、刘备和孔明、周瑜和甘宁等。

古事棚的构成：由木柱镶成，上设座棚，装扮护将男童坐在棚中一手托起，装扮主角的男童站立在装扮护将男童一手，用铁圈固定其腰身，表现出一主一次的两个层次。在古事棚安有两根轿杆，四周饰有精美画屏。

十四日在大坪的走古事：列队抬古事棚奔走在由观众围成的约400米环形跑道上。每跑两圈，休息10分钟。鸣一响神铳后，进行下一轮竞赛，如此重复4轮。第五轮改跑为游，走"剪刀把"形。第一圈顺走，第二圈逆走。

这一轮没有圈数的限定,以抬夫走到精疲力竭为止,并让领头的天官棚与第二棚之间脱节开来,才算大功告成,可游回宗祠。

十五日在河水中的走古事:分上、下半场。上半场与十四日走法基本相同。下半场,列队从方龙桥蜂拥下水,逆水而上,在不超过天官一棚的前提下,竞相超越,竞走距离大约 500 米。

走古事着重在"走",它与健步走运动方式的特点不谋而合。抬古事棚巡游是走古事的重要环节,在罗坊走古事中七棚总重约 400 斤的古事棚,由于竞走较为激烈,需要三班轮流替换,按每棚须用 22 名抬夫计算,一棚古事需要 66 名抬夫,七棚总共要用抬夫 400 多人,竞技性强,锻炼身体,愉悦心情。除此之外,护送古事的随行人员也非常之多,较长时间、较远距离的竞走对身心锻炼和愉悦的益处作用不小。另外,装扮各种人物的孩童被架在摇摇晃晃、惊心动魄的古事棚上,可以增强他们的胆量和勇气,培养他们勇敢无畏、敢于竞争的体育精神。

(四)游花灯

游花灯是芷溪年节民俗中的体育民俗部分。相传游花灯雏形是古苏州的花灯艺术,由杨燕山(芷溪人士)的夫人吴二姑(苏州人士)传入,距今 300 多年的历史。历史传承着"纸做灯、油点灯、纸包火"的特色,逐渐由小变大,从少到多,从挂灯到游灯,形式不断被丰富。

芷溪花灯主要分上下两部分,共 99 盏火。

游花灯人员顺序安排为:背园杨姓——阁康邱姓——邱坑、店背、水井背邱姓和华屋华姓——杨背杨姓——背园杨姓——阁康邱姓——邱坑、店背、水井背邱姓和华屋华姓——黄姓,按年轮流,八年一循环。

游花灯配乐器主要为十番音乐,包括锣鼓、秦琴、笛子、板眼、京胡、二胡、板胡、大胖胡、小胖胡、碰铃和三弦等民间乐器。其中苏州锣鼓就包括鼓、苏锣、铜锣、铜钟、小钹和大钹。

游花灯的"游"其实就代表着健步走的意思。一个花灯添油后重量达 20 斤左右,总共 99 盏油灯火,高度达 1.6 米以上,需要由 10 多人共同抬护;加之花灯由纸做灯,灯内点油火,"纸包火"的特色使得擎灯人和抬灯人都必须事先经过严格的训练,小心翼翼,确保游灯时"行之步伐稳,游之灯不晃"。由此,游花灯对抬灯团队的身体力量、耐力素质和意志品质是种良好的锻炼,极大地培养了他们的团队协作意识。

(五)赛蛇神

赛蛇神是福建南平千年古镇樟湖镇独特的民俗文化活动,每年农历七月初七日,樟湖镇就会举行赛蛇神庙会。这一民俗活动具有闽越族崇蛇文化的遗风。

赛蛇神的程序,一般分为五个部分:

(1)捕蛇。每年农历六月,人们开始到乡野间四处捕蛇,不论大小、轻重、是否带毒,一律捕捉。将捕捉来的蛇敬献到蛇王庙,放于庙内小口黑色瓷瓮里,并将捕到的最大的蛇装于"香亭"里,由专人精心饲养。

(2)坐轿。农历七月初七日早晨,在蛇王庙前点香敬神后,便迎活蛇坐轿出巡。轿子中间会摆置着一大圆盆放置活蛇,轿子四周一般会用细铁丝编网,防止活蛇乱窜。

(3)出巡。当日上午七点,蛇王的巡游便开始进行。炮铳响过三声之后,队伍由大锣开道,紧跟其后的是彩旗队、木牌队和蛇王神轿。

(4)归位。巡游完毕之后,乡民们在震耳欲聋的鞭炮声中将蛇王恭请回寺庙里,将取出的蛇都重新放回大黑瓮里。

(5)放生。入夜之后,人们成群结队地将大黑瓮抬到闽江边上,取出瓮中的蛇放入江中,使其返回大自然。据说,这一天的蛇都非常温顺,几乎都不咬人,偶尔有人被咬只要到蛇王庙中拿点香灰涂抹上就会好了。其实,应是因为当日爆竹烟火频繁,硫黄味重,使得蛇不敢轻举妄动。

抬蛇王是赛蛇神民俗活动的重要环节,过程中突显出健步走运动方式的性质。巡游过程中,人们举着彩旗、木牌,抬着神轿,身负着一定重量,走跑结合进行长时间和长距离的巡游,并且带动着众多的信仰人员一同进行,活动在轻松的氛围中完成,身心的锻炼效果突出。

(六)登高

登高是农历九月初九日重阳时节人们重要的节日活动之一,全国各地皆有开展,在福建福州、福安等地区尤为盛行。

早在西汉时期,就已经有文字记载九月初九日人们登高游玩赏景的情景。关于登高习俗的由来有两种说法:一种是人们出于对山神的崇拜之情,认为山神可以保佑人们免除灾害,所以会在重阳——"阳极必变"①这个重要的日子里,举家上山游玩来避免灾祸。另一种说法是重阳时节,人们已经秋收完了,农事就相对少了,比较有空闲时间。同时山上的果实又正好到了成熟的时候,农民就会上山采摘野果、药材或者可以燃烧的植物等。农民们便把这种上山采摘果实称为"小秋收"。

福州登高的意义不同于其他地区,是希望通过登高来求得孩子的健康成长。福州有句俗语说的是"白天爬乌山,晚上登于山",于是乌山和于山就成了福州人登高时常去的地方。登上山顶时,人们还会买上一支纸制小风车,希望可以"登高转运"。因为"高"和"糕"谐音,在重阳节期间,福州人还会特制一种名为"九重粿"的糕点。九重粿即有九层粿,中间夹杂着七层糖色,寓意着节节高和登高消灾。

福州地区的登高不仅是一种习俗,还是一项具有健身性质的民间民俗活动。福州附近有很多的山林供人们攀登,较出名的有鼓山、藏身于闹市中的于山、古代粗犷与现代秀美并存的屏山、山势陡峭的旗山等。登高这一习俗并没有特别规定地点,一般是以登高山和登高塔为主要形式。

(七)游田了

游田了是闽清金沙民众为了纪念、颂扬张圣君而举办的民俗活动,一般在每年农历的五月吉日举办。当地民众通过抬着张圣君的软身塑像游走于各个村庄,以求得一年四季风调雨顺、百业兴旺,表达了对他们的农业生产活动带来巨大帮助的张圣君的崇拜与信仰,是带有农业节日习俗的体育民俗部分。

游田了过程中,青壮年抬着张圣君的软身塑像,神情严肃,踩着一致的步伐,按照事先安排好的顺序,沿村游走。队伍中包含着男女老少。他们有的抬着各式各样的大幅标语,以此寄托对张圣君的怀念与敬仰之情。队伍最后配有腰鼓队、铜管队及一些身穿戏服扮演"八仙"的演员。沿途村民会在家门口摆上香案,放着供品迎接张圣君的到来,祈求全家平安、风调雨顺。一路上,锣鼓喧天,鞭炮齐鸣,热闹非凡。

游田了是一项与农事密切相关的民俗活动,游走于各个村庄是整个活

---

① 古人认为"九为老阳,阳极必变",九月初九日,月、日均为老阳之数,不吉利,故而衍化出一系列避不祥、求长寿的活动,并非如魏文帝曹丕所称九为"宜于长久"之数。

动的重要组成部分,活动过程中是带有一定的体育动作元素的。人们抬着张圣君的软身塑像、大幅标语、旗帜等游走各个村庄,在此过程中具有很大强度的体育锻炼。长时间地抬着东西行走,他们的臂力和腿部力量都会得到很好的锻炼;而且长时间在太阳底下行走,其肺活量、耐力等也会达到一定的锻炼效果。

(八)游大粽

每年农历二月十三日(春耕时节),北团镇上江坊村就会进行游大粽活动,这是当地独有的一项客家民俗活动,也是客家人祈盼丰收、和谐的象征。

农历二月初六日开始准备,组织经验丰富的村民深入深山老林采集粽叶(达1万多片)。妇女们忙着把采集来的粽叶蒸煮、洗刷干净,并开始穿针引线,用万余片的粽叶缝制两个大粽的粽衣。再分别用120斤糯米裹粽(其中60斤蒸成糯米饭装入尖顶,60斤生糯米浸泡后装入粽底),制作成1.6米高的笋状大粽。初七晨下锅,蒸煮四天四夜。农历二月十二日用金箔纸包裹,贴上吉祥纸花。另包上百个指头大小的公母小粽,挂在大粽尖端,在宗祠内吹吹打打供奉一天。同时,家家户户还要包数百个拳头大小的粽子以备惠赠亲朋好友。

农历二月十三日出游,出游队伍由神铳鸣锣开道,一公一母两棚大粽后面紧随龙凤旗子、花灯等,出游队伍浩浩荡荡游遍全村各地。游行结束后,村民们争相讨要粽子,其中想生男孩讨要"公粽子",想生女孩讨要"母粽子",游行的大粽则用于酿酒。家家由此开始备酒闹春耕,准备夺取夏粮丰收。据传,掺杂游过的大粽米酿出的酒,醇香扑鼻,酒劲十足。

游大粽和游田了一样,具有农业节日习俗的体育民俗特征。人们抬着两棚大粽游走于各个村庄是整个活动的必要程序,出游过程中的健步走对锻炼身体体能的功效明显。长时间的负重行走,使得身体各部分都借此得到很好的运动,耐力提升也十分显著。

(九)游金瓜棚

游金瓜棚是连城县姑田镇一带每年农历二月二十五日进行的民俗活动,已有数百年历史。相传旧时闽西一带的欧阳真仙、罗仙、赖仙三位神仙能保佑风调雨顺、牲畜兴旺、五谷丰收,游金瓜棚便表达了对他们的崇拜。

瓜棚是扎制而成,上面摆放各式农产品,包括瓜果(南瓜、冬瓜、西瓜、丝瓜)、五谷、青菜、玉米等。其中南瓜因色泽金黄,产量丰富,在连城有"金瓜"的美誉,深受当地人喜爱,因此瓜棚以"金瓜棚"命名。

游行队伍包括神铳队、彩旗队、古事棚、花灯队、伴奏乐队等,其核心队伍由上百台的人工扛着的金瓜棚队组成。队伍十分庞大,场面相当壮观。

游金瓜棚中的大规模步行活动,时间长,游经范围广,锻炼了人们的耐力,体现了人们团结协作的能力,起到锻炼身体的作用。加之游金瓜棚带有享受丰收的喜悦,充满对来年五谷丰登的期盼,能起到较好的抒发个人情绪、愉悦身心的作用。

(十) 龙艺

龙艺是平和县闹元宵的一种民俗表演活动。其开端可以追溯到明末清初。清康熙《平和县志》卷一〇《风土志》有载:"民间结采架,选童男靓妆立架上,扮为故事,数人肩之以行,先诣县庭,谓之呈春。"这"采架",至少是龙艺的雏形了。

新中国成立之前的龙艺由村民选举出的会首来筹办。每户或者几户人家一起负责一节龙艺,而富裕人家可以制作二三节。装艺人要自己出钱并出人扛,扛艺这种行为被视为一种荣耀。20世纪50年代之后,龙艺就转变为集体举办。艺棚的装饰越来越具有特色,制作设计也越来越匠心独运,更显其活力。艺旦的装扮也同样更加华丽,使得场面更加壮观。

龙艺由3个部分组成:"龙头""龙段""龙尾"。龙艺的节数不一,一般是24节。龙头和龙尾的制作类似于舞龙,由一人持着彩球在前戏龙作舞。龙段又称作艺棚,由艺板连接起来。在艺板的上面是由竹、木、纸等材料制作成的车、舟、阁、楼,然后在板上站着一位装扮成戏曲人物的男童或女童。每块艺板一般由两名壮年肩抬。不过随着艺棚的设计越来越壮观,肩抬人数也增加了。每块艺板之间都有木制的旋钮连接,可以自由地活动,就像是一条龙。游龙艺又称"迎艺",游行队伍包括舞狮、彩旗、彩车、彩灯、摇伞、锣鼓等,游行场面壮观,规模十分盛大。

游龙艺的过程中人们抬着庞大而且笨重的艺棚游走各个街道,长时间的负重行走对其臂力和腿部力量有较好的锻炼效果。其他随行人员跟随着长时间行走,同时表演一些固定的舞蹈动作,具有健步走的典型特点。

二、竞速体能类民间体育

竞速体能类民间体育是对以比拼速度快慢,配合较量力量和耐力素质为主要特点来开展民俗活动的总称。强度适中的竞速体能运动,对人体的心肺功能、呼吸系统和心血管系统等的加强有重要的锻炼功效。

(一)赛佛

蜡烛会武夷山在每年农历二月二十一日进行的家喻户晓的民俗活动,而赛佛是蜡烛会整个活动的核心部分和重要环节。

蜡烛会最初是为了悼念辟支古佛,起源于唐朝。赛佛指的是每年农历二月二十日凌晨时人们从吴屯寺庙迎接古佛肉身遗像回城关的这一过程。在赛佛过程中,被派往吴屯寺庙去迎回古佛肉身遗像的十多个青年壮汉在接到佛像之后,要求立刻马不停蹄地将佛像抬回城关,一路上绝对不允许中途停留或休息。整个过程如同在与时间赛跑一般,非常紧凑。在当地,由于肉身的古佛遗像只有一座,这一民俗与奥运火炬传递形式相仿,按照各个村落举办蜡烛会的顺序会将古佛传递给每个村落膜拜,以示一站一站地将信念传递下去。

赛佛过程中,人们抬着古佛的肉身遗像、迎牌游走各个村庄。在此过程中,身体长时间地抬着古佛行走奔跑,负重进行的大强度运动,对他们的手臂和腿部力量会起到较充分的锻炼效果。而且兴奋状态下不间断的大强度奔跑也会使其肺活量、耐力得到充分提升。

(二)赤脚踏火

赤脚踏火是漳州龙海众多庙会中最具有特色的民俗活动,该地的踏火节在2001年就被列入市级非物质文化遗产保护名录。赤脚踏火与"过火""踩火""跑火"等民俗活动形式大致相同,带有"清净"的意思,即在火堆中把一切事物都净化了。

赤脚踏火过程中按照传统规定排位依次快速过火,使得整个队伍井然有序,这是整个踏火活动顺利开展的必要条件。人们扛着神轿、拿着圣旗或者抱着孩子进行踏火,身负一定的重量,尽可能快地踏过火堆,整个活动人们在紧张刺激的氛围下进行,注意力高度集中,使得踏火的人们心中既能感受到自身紧张激动的情绪,又充满着无比庄严的神圣感。随后的绕境巡安活动中,人们长距离、长时间的走跑巡游结合,体现出健步走的特点,使得身心锻炼效果较为显著。

（三）龙舟竞渡

龙舟竞渡，俗称扒龙船或赛龙舟，是端午节的一项重要民俗体育活动，是民间传统水上体育娱乐项目，流行于我国南方地区。龙舟竞渡是为了纪念爱国诗人屈原而兴起的，最早是古越族人祭水神或龙神的一种祭祀活动。

福州各沿江及临湖的乡村和社区，都拥有自己的龙舟。龙舟一般体长 10 米多，宽约 1.6 米，舟体首末端呈龙的龙尾形状，舟体两侧彩绘五彩的龙身。每艘舟的划舟手一般为 28～30 人，但加上司舵、执旗、锣鼓手、放鞭炮的等人，能达到 34～38 人之多，人数较多。古时，在端午赛龙舟之前各乡社通常要挨家挨户募捐集资，俗称"采莲"（目前已不多见）。出钱最多者可担任本乡龙船的领头人，享受坐龙船头和挂香火袋的权利，十分风光和有面子。

莆田龙舟分为两种流派，以木兰溪为界分南北两洋。南洋龙舟以司锣者为舟上的总负责人，以谁最先到达终点为标准判定获胜方。北洋龙舟则以负责掌舵人为龙舟总指挥，竞赛时以最先取得终点处所立标杆上的彩球判定获胜者。莆田还特别讲究龙舟船首的造型，头型不同往往体现着不同的背景。龙舟船首雕成龙头造型，表示龙舟所属的村子出过举人；龙舟船头齐平仅画有龙头造型，则表示没有出过举人；龙舟船头齐平画着太阳造型，表示出过孝子；龙舟船头齐平画着龙头，但将龙鼻子雕成造型的，则表示出过贵人，如江东村因为是唐代梅妃的故乡而能做如此的龙舟船首造型。

闽南地区龙舟赛事每年都有且规模较大，坚持下来的主要有厦门集美龙舟和泉州石狮蚶江龙舟。参与比赛的队伍来自不同地方。闽南地区的龙舟造型一般呈狭长的柳叶状，龙舟船头雕刻有大龙头，船体绘有彩色鳞甲，披挂彩绸，双目在须眉之间炯炯有神。按彩绘的颜色不同，分有"金龙""青龙""白龙""黑龙""黄龙"等。少数地方龙舟船头上会安虾、蛙、虎等模型，也称"虾龙""蛙龙""虎龙"等名称。竞赛时往往在竞渡终点停泊标船，以鸭子为标，在龙舟到达终点时，鸭子会被投入水中，船上划舟手纷纷跳入水中追捉，场面极为热闹。

（四）推轿斗力

龙岩市长汀县濯田镇升平村每年农历二月初二日会进行保苗节民俗活动，它是客家人祈求风调雨顺、消灾灭虫、五谷丰登的一种醮事（俗称做道场、斋醮科仪),节日的内容丰富,其中最吸引人的推轿斗力具有农业习俗的体育民俗形式特点。

推轿斗力前,先巡游古佛三太祖师和五谷大神。迎神队伍在人们的簇拥下,一路銮驾执事,爆竹铳鸣,锣鼓喧天,彩旗飘扬。所经之地各家各户都烧香点烛,敬奉供品,求佛保佑。

之后,进行推轿斗力,也叫斗轿和摇轿,是保苗节的前奏,可以把所有来参加保苗节的人集中到场地上来。

斗轿结束后,三太祖师和五谷大神古佛摆放整齐供人们烧香膜拜,直至中午的百壶宴。百壶宴筵席是由几十张大桌组成的,全村各家送来的油炸米粿和酒壶将全部上桌。百壶宴起源于清朝康熙年间,沿袭至今达300多年历史,是闽西客家的重要风俗,深受世界客家人的欢迎,每年都有新加坡、马来西亚、泰国等地的客属宾客特地前来赴百壶宴。

推轿斗力是专属于男士的活动。在这场斗轿比赛中,实际上是拼体力,拼谁力气大、耐力持久。获胜者一方面能证明宗族的旺盛,另一方面将得到年轻女性的好感,成为本年度最抢手的对象。

三、杂耍表演类民间体育

杂耍表演类民间体育是对以展示曲艺、杂技等为主要特点来开展民俗活动的总称,要求其表演者具备扎实的技艺功底以及超强的心理素质和意志品质。对观赏杂耍表演类民间体育形式的人群来说,能起到愉悦身心,锻炼提升心理和运动智能的重要功效。

(一)摆棕轿

摆棕轿是莆田地区民间流传的一种古老的民俗活动,旨在利用人们夸张的肢体语言来表达对神明的敬仰之情。摆棕轿是当地异于其他地方的一种闹元宵的民俗方式,其活动过程中带有一定的体育娱乐元素,既娱神也娱人。它通常围绕着一堆熊熊烈火而进行,带有一定的神秘色彩。

摆棕轿每年正月初六日开始,持续到正月底,开展时间长达20多天。各地的棕轿样式各有讲究,一般做成长方形的框架,成轿子式样。材质则各有不同,大多选用竹子、木头等。但由于材质不同,其重量自然往往差别很大,轻的几斤,重的达上百斤。每顶棕轿顶部都会绑有棕叶,并粘贴象征着各村落姓氏的神符,本村所供奉的神明也必须放于轿上。

摆棕轿活动过程中展示出许多特有的技艺技巧。表演者表演时既要求腿部运用走、跑、跳各种动作，又要求有抬轿、摆轿、跳摆相结合的手臂及躯干动作，绞转相交，对身体协调性要求较高。既有直线运动，如抬棕轿沿街巷快速奔跑或抬棕轿跳过烈火；又有曲线运动，如摆着棕轿不停绕埕或把棕轿绞在一起绕火堆连续转圈，要求有较好的身体位置感和空间感。而且围观者在观看的过程中不时地与表演者相互呼应、呐喊，不仅参与其中，还引发人们心中情感震撼，使得人们在表达对神敬仰的同时也享受到生活乐趣，展示出良好的身心锻炼效果。

（二）耍刀轿

耍刀轿是莆田湄洲岛闹元宵的重要内容之一。莆田湄洲岛上的闹元宵又被称为闹妈祖，当地人通过此活动祈求新年幸福安康。

耍刀轿用的轿子是按照古代的坐轿制作的，在坐轿的脚蹬、靠背、扶手三个地方分别会安插一把刀，故称之为刀轿。

耍刀轿由乩童和轿夫两部分人组成。乩童坐在刀轿上，由壮汉充当轿夫抬着。乩童作为神的化身，准确地说为神明跟人之间的媒介，起到驱妖避邪的作用。乩童所扮演的神明角色也各有差异，包括齐天大圣、二路元帅、三太子、杨公元帅等。乩童是通过在妈祖庙前的卜卦或抽签选拔而出，以成年男子居多，有幸选为乩童的人要在表演前沐浴戒斋三天。

耍刀轿的乩童坐在轿子上，拿着宝剑、刺球器械做着各式动作，其手臂长时间地舞动，手臂力量锻炼效果明显；特别是用血肉之身，抵挡刀具和刺球的冲击，显示出独特的高超技艺和过人胆量。而轿夫随着锣鼓声，边走边跳边跑，做着抬轿、摆轿的表演动作，既有腿部的动作，也有手臂和躯干的动作，运动强度大，身体各个部分达到很好的锻炼。

（三）抢孤

抢孤是台湾民间的一种庙会活动，距今已有200多年的历史。在每年的农历七月，即俗称的"鬼月"期间，当地群众通过举办普度的仪式来奠祭孤魂野鬼，而后将祭品拿来抢夺，成为所谓的抢孤活动。

抢孤的棚架有两种类型：饭棚和孤棚。所谓饭棚又称乞丐鹏，棚架规模较小，大约高6米，意以喂饱孤魂野鬼，使其不至于因吃不饱而为害人间。而孤棚比饭棚要大，一般用于抢孤比赛，高约13米。在孤棚上面会安置13

只系着鸡、鸭、鱼、肉、虾、蟹、肉粽和米粉等祭品的孤栈,并挂有金牌和顺风旗。据说将抢到的顺风旗挂在自己渔船的船头上可以保佑渔船一帆风顺,满载而归。搭建孤棚时有许多禁忌,例如参与人士须吃素斋戒,女性不准触碰孤棚和法器,孩童、戴孝者或怀孕妇女不得接近等。

参赛的队伍以五人为一个单位,首先是以叠罗汉的方式借助着绳索攀爬上涂满牛油的棚柱,因为涂了油以后,柱子十分光滑,所以要爬到孤棚是十分不易的。当抢孤手爬到孤柱的最顶端以后,还要倒挂着翻上孤棚。上孤棚后,抢孤手需要继续攀爬孤栈,直到将悬挂在孤栈顶端的顺风旗取下为止。

抢孤是一项结合体力、技巧、勇气和团队精神的民俗运动,背后更是蕴含着普度孤魂野鬼的博爱精神。抢孤这一民俗活动参与人数众多,且遵循体育活动的基本程序,具有一定的竞争性,参赛者进行了长时间且有一定强度的身体活动。从选取牢固的材料搭建比赛所需要的场所,到根据体育竞赛规则,通过比赛的方式进行抢孤,再到比赛之前各队的战略策划和比赛时的团队合作精神,都体现出了体育竞技活动的精神。活动在热闹轻松的氛围中进行,身心的锻炼效果更好。

(四)霍童线狮

霍童线狮是霍童镇"二月二"灯会纪念活动中的最具有特色的活动之一,是为了纪念先祖黄鞠公,感恩其为霍童镇灌溉农田、造福百姓的民间民俗信仰的表现形式。

线狮在当地又称"打狮""抽狮"。霍童线狮是通过麻线的牵引来操纵狮子的各种动作。线狮腾挪跳跃,上下扑闪,一个个惊险的动作让人目不暇接。

霍童线狮有黄姓线狮和陈姓线狮两大流派。黄姓线狮较为固守传统,而陈姓线狮则较为日益创新。两大派系各有千秋,各有所长。传说黄姓线狮的老祖宗用布包住棉花扎成狮子的形状,然后系上线绳,将绳子穿过太师椅靠背上的花纹小孔,拉动线绳使得狮子上蹿下跳,最后演变成一种驱邪避鬼、祈福纳祥的祭祀仪式。陈姓线狮是由提线木偶演变而来的,由陈姓家族在康熙年间举家迁徙霍童镇时带入,后来在陈姓师祖的影响之下,将人偶变成狮偶。

霍童线狮的表演有单狮(雄)、双狮(一雄一雌)、三狮(一母二子)、五狮四种形式。一只大狮子的表演就要有九条绳索，由六个艺人控制。九条绳索集中分布在狮子的头部和尾部，又叫作头索和尾索。六个艺人站成"丁"字形。站在横位的三位艺人主要是控制线狮的上下运动，而站在竖位的三个人则是分别负责线狮的左右移动和嘴部张合。绳索犹如狮子的神经系统，而操控者则犹如神经中枢，通过对绳索的拉扯让线狮完成各种指令。

线狮表演不仅是一种独特的民俗游艺表现形式，也是一种具有独特风格的乔装动物的杂技艺术。线狮不仅制作工艺复杂，表演时更是需要队员们之间的协力配合，只有彼此之间默契的配合才能呈现出一场精彩绝伦的视觉盛宴。拉线师是个技术活也是个力气活，所以在挑选队员的时候优先考虑队员的力量，需要马步站得稳、手臂力气大的队员。为了有个良好的体能、娴熟的技巧以及避免在表演时受伤，队员们在平时都会练功夫，进行马步、腰功、臂力的基础功训练。只有好的武功功底才能左右开弓，操控线狮时才能游刃有余。

（五）搬铁枝

搬铁枝大约在明末清初传入闽东地区，流行于周宁、福安、霞浦、蕉城、福鼎等。它吸收了民间文艺、戏剧、民俗舞蹈等，具有非常强烈的乡土生活气息和闽东地区的渔村风格，是地域庆元宵，祈求风调雨顺、四季平安、年年有余民俗活动中的一种特定的表现形式。2007年被列入福建省非物质文化遗产名录，2008年被列入国家级非物质文化遗产名录。

搬铁枝俗称"杠""阁"，又叫作"台阁"。传统的铁枝是由竹子、木板制作而成的，用人力抬扛，单层高2~3米。

搬铁枝指铁枝表演的过程，要实现这种精彩的表演形式最关键的在于铁枝是如何绑。绑铁枝随着工艺技术的发展也逐渐变化创新。由于铁枝表演过程的移动性以及出于对演员表演时的安全性考量，支架制作材料被要求不断优化，由初始的木制绑枝到现在的钢管焊枝。因为有了钢管支架的支撑，铁枝表演由之前的单层的固定表演向如今多层的可转动的表演转变。将光与电创新地运用在支架的造型和表演上，演员在表演时可以随着灯光转动，使得表演更具有观赏性。本着发扬民间文化精粹，积极结合现代优秀文化的精神，铁枝表演设计者将表演内容延伸扩展开，在传统戏剧文化的基础上融入当代经济建设成果，赋予其强烈的时代气息，使得表演场面更为壮观，渲染了表演气氛，增强了感染力。

(六)肩膀戏

肩膀戏,又叫作"肩头坪",是活跃在沙县民间的一种戏剧,从古代迎神赛会妆抬阁演变而来。因为表演者大都是六七岁的孩童,在抬阁上表演很受限制,而在地面表演又由于人多拥挤看不到表演,于是就由抬阁的人用自己的肩膀托着孩童表演,从而演变成今天的肩膀戏。肩膀戏是一种唱作俱佳的传统艺术表演形式,其托举技巧和肩上人员的动作具有一定的体育元素特点。

肩膀戏起源于清朝宣统年间,动作简单明了,又可以走街串巷地表演,因此广受当地人民群众的喜爱。

肩膀戏为上下表演的形式,由体重较轻的孩童在上露出上半身为主表演和由力量大的大人在下露出下半身为主的合成表演,需要一定程度的默契配合。主要由孩童站在大人的肩头上演唱戏曲,做一些面目表情和手上动作,而大人则是负责舞台位置变换的腿部动作。表演过程中配合当地民间的特色音乐、锣鼓等伴奏。

肩膀戏对表演者的要求较高,坐在上位的孩童需要胆大、身体素质较好且不易怯场,而且要有很好的脸部表演技巧。而处在下位的大人因为剧情的需要,需要时走时跑时跳,有时还需要弓步、碎步、垫步等,更要有强大的力量和耐力支撑。肩膀戏作为群众茶余饭后的娱乐表演,其要求并不像艺术舞台表演般严格,其动作简单易学。群众参与性较强,不仅能自娱自乐,而且让身心得到很好的锻炼,劳逸结合的健身锻炼效果较为明显。

(七)建瓯挑幡

建瓯挑幡是闽北山区建瓯一带为纪念先辈们在郑成功收复台湾战争中的英雄壮举并为壮士传宗接代的祈福仪式,后发展为正月十五日踩街活动和三月二十七日建瓯东岳庙会不可缺少的民俗体育内容之一。

建瓯挑幡自明末清初孕育产生以来,经历了清初至民国漫长的演变与形成期、新中国成立之初至20世纪70年代的成熟与兴盛期、20世纪80年代的冷落和沉寂期、20世纪90年代的新生与转折期、21世纪初弘扬与振兴期。特别在最近十来年,建瓯挑幡实现了由民间绝活向能登大雅之堂的高雅民间艺术的飞跃。

建瓯挑幡需要个人力量与技巧运用完美结合,动作要求刚柔相济、动静结合，灵活多变、不拘一格，可采用单人或多人表演单一招式或组合套路招式进行表演，抑或边挑幡边玩呼啦圈，增加难度，增添杂技色彩，提高观赏性。建瓯挑幡中10米多高的长幡可以数分钟直立不倒，被表演者玩转得游刃有余，呼呼生风。

建瓯挑幡通过不断发展和创新，一改过去只能由青壮年男士才能完成的表演为现代男女老少皆能参与的表演活动。表演呈现出男子挑幡豪放有力，女子表演柔中带刚，老人传艺沉着稳重，少儿登场活泼轻快的特点，对其他民俗体育项目活态传承具有良好借鉴作用。

四、操舞表演类民间体育

操舞表演类民间体育是指以展示操技、舞艺动作及熟练控制道具内容为主要特征的民俗活动的总称。其要求表演者具备扎实的操舞功底和超强的控制道具的能力；对参与和观赏操舞表演类民间体育形式的人群来说，能起到锻炼和愉悦身心、增强见识的重要功效。

舞龙舞狮，是闽台地区"迎闹热"的主要内容之一，常担当迎神赛会的游艺表演、宗教祭祀的阵头里的主力，出现在春节、元宵及其他重大节日活动中，在福建尤以泉州、莆田、三明等地特别流行。

（一）舞龙

龙作为消灾降福、佑人安顺的神兽，是中华民族原始图腾崇拜的象征。舞龙在闽台地区又称"弄龙"，是一种武术与舞蹈相结合的民俗体育形式，表演起来翻江倒海，场面壮观；地动山摇，气势磅礴。闽南舞龙的种类很多，包括"板凳龙""稻草龙""矮子龙""香火龙""灯笼龙""布龙""灯龙"等，各种舞龙的制作技艺、引申寓意等各有差异。

舞龙表演的人数须为单数，代表阳数，寓意"阳盛"。一人持彩球戏龙，是谓游龙戏珠。舞龙一般分有穿故事、抬故事、捆故事、小故事等四类技法，有单龙戏珠、双龙抢珠、群龙呈祥等多种形式，有引龙出洞、龙头穿花、青龙上升、金龙脱壳、盘龙绕柱、走四角、开四门等常规组合，动作表现惟妙惟肖，昂头摆尾、翻滚起伏、回旋穿梭、高耸俯冲颇为精彩。舞龙除非常讲究技巧技法外，还十分强调集体统一行动，协调配合，体能消耗也特别大，需要多人替换持续进行。

1. 板凳龙

板凳龙是三明市大田县庆祝元宵民俗活动中的重要组成部分，人们通过舞起板凳龙祈求得到神龙的庇佑。

一般龙头跟龙尾是由村里牵头统一制作与保管，而龙身由每家每户村民各制作一节，并自行保管。舞板凳龙的程序分为出龙、接龙、游龙、团龙、迎龙等程序。

板凳龙是一项具有本土文化特色的民俗活动，是传统舞龙运动的特有表现形式之一。在长时间的迎龙过程中所进行的高难度动作表演，动作难度大，需要平时对动作进行专门指导和演练。板凳龙是一个集体的项目，一条长达上百节甚至上千节的板凳龙在路上舞动并且要变换样式，需要人们的合作、默契、智慧和力量。一节一节的灯龙上下翻飞，在游动中刚柔并济地舞动着，进行长时间和长距离的游走，人们的体力得到很好的磨炼。板凳龙不仅具有很高的观赏性，还具有很大的锻炼价值，寓于娱乐之中，达到健身娱乐的效果。

2. 稻草龙

三明大田太华镇华溪村在元宵时节所舞耍的稻草龙是村民利用本地当年丰收的稻草扎制而成，极富地域文化，具有代表性。当地村民通过舞稻草龙来庆祝当年的大丰收，并祈祷来年的风调雨顺、五谷丰登。

华溪村的稻草龙起源于宋朝，随着陈家祖先——陈七公举家迁移到华溪村，延续至今。稻草龙一般在正月期间由村内懂行的老人，在祖祠利用当年度丰收后的稻草编织成龙状，再用稻草编制的草绳串接而成。稻草龙最长可达一百多节，短的也有二三十节，每节大概五米长。

龙的主体是由稻草编织的，而龙头、龙尾和龙珠则是由香火组成。龙头上插上两根竹子，挂上两盏灯笼当作龙眼。龙珠由插满香火的地瓜制作而成。游龙时一般是由大人扛着龙头和龙尾，由孩童提龙绳，以祈求小孩能茁壮成长。

游舞稻草龙一般是在正月初九日（天公诞辰）和正月十五日晚上。在三声炮响之后，在锣鼓队的带领下开始沿着村道进行游龙。在游龙过程中，会进行一些高难度的舞龙动作表演，舞狮队则在龙的两旁助兴，整村的老老少少都跟着稻草龙一路欢呼，绕遍全村。如遇家里添丁、建新房或者婚嫁之类的喜事，主人家会在稻草龙的出发点摆上供品，待龙游完便会把龙请进自己的家里，龙头会在主人家里的厅堂叩拜三拜，然后主人家便拿出酒犒赏抬龙头和龙尾的人们。喝完后，稻草龙还会在主人家的房子绕上一圈，意在守护主人家全家平安吉祥。

（二）舞狮

狮是骠勇强悍的百兽之王，与龙一样，被中国人视为瑞兽，常作为驱魔、镇邪、除煞的护法神兽。舞狮在闽南泉州等地还称"刣狮"，意思为杀狮子，由于表现武士持各种兵器与狮子打斗、对练的独特风格形式，道具、狮身的制作方法，动作的内容、历史传承有自身内涵而得名。舞狮是武术与杂技相结合的民俗体育形式，表演起来威武雄壮，险象环生，相传泉州南少林的武僧还曾借舞狮之道传授人们少林功夫，以此训练民众抵御匪寇、抗击倭寇，守护家园。

闽台舞狮所使用的狮子主要分为南狮和北狮两大类。大陆的南北狮以长江为界而得名，台湾则以新竹为界而得名。其中，南狮包括开口狮、闭口狮、醒狮，开口狮和闭口狮是闽南人所特有的，醒狮是从广东佛山、鹤山等地传播而来；俗称"北京狮"的北狮则来源于北方地区。

舞狮还有文武之别，文狮强调狮子表情表达，武狮强调技巧的运用。掌握狮子情绪和神韵的灵性，人狮合一、惟妙惟肖的表现为舞狮的最高境界。狮子情绪神态主要表现为：安逸、慵懒（一般用眨眼睛、理胡须、抓痒、搔耳朵、打呵欠等初醒动作表达）；顽皮（一般用摇头晃脑、摇尾巴、玩物件等动作表达）；威武、精神（一般用探视、大马步移动等动作表达）；兴奋（一般用晃身子、快跑等动作表达）；恐惧（一般用张嘴、神情不安等动作表达）；疑惑（一般用频繁眨眼睛、踩碎步等动作表达）；愤怒（一般用磨角、持胡须、撩腿子等动作表达）。

舞狮需要配备的基本装备包括狮头、狮背、狮裤、狮鼓、锣、钹、旗帜等。

1.开口狮

开口狮在台湾北部地区及云林仑背一带较为流行。其中台湾北部开口狮的嘴巴是用筛子（台湾闽南话称"敢仔"）制作而成，俗称"敢仔狮"；狮头全部由雕塑而成，十分立体，嘴巴收张启闭自如，开口较大，但因其塑形固定，面部表情比较单调，特别是眼、耳等不能活动。台湾云林仑背一带居住着众多诏安客家人，客家开口狮的狮头主要以木头制作而成，嘴巴形状如四方形的木盒子，又称"客家狮"或"方口狮"。台湾北部开口狮以"打狮节"为主要舞法，依照舞法由浅入深分为十八节的表演程序，包括狮咬脚、狮咬虱、睡狮、狮翻身、踏七星、踩八卦、狮过桥、救狮、杀狮、桌上工夫、桌上探井、狮子血、咬水果、抢金钱、咬青、狮接礼、拜庙、四门到底。目前能做全整套十八节的人很少，大多数只能做出来四五节而已。客家开口狮被云林仑背誉为"镇庄宝"，分青狮和金狮两种，主要从布鸡拳武术发展而来，其舞弄技艺难度较高。

2. 闭口狮

闭口狮在台湾中南部地区及台中、彰化、云林西螺一带较为流行。闭口狮只是对狮头的面部进行雕塑，形状似盾牌状，貌似面具，嘴巴被固定住，不能开启，头部造型类似大多农村地区农家饲养鸡仔用的竹鸡笼，制作成本比较低廉，俗称"鸡笼狮"。闭口狮相传是由黄帝亲自册封为王的狮子，作为一头灵狮，寓忠心耿直、吉祥如意、辟邪消灾之意。闭口狮的主要舞法包括参门、四门、踏七星、踩八卦、瞌狮、睡狮、咬青、空中舞狮等。闭口狮在不同地区以及不同教练的指导下，各自舞法技巧差异也较大。

五、游戏竞赛类民间体育

游戏竞赛类民间体育是指以强调游乐、玩耍内容为主的比赛娱乐性民俗活动的总称，分为智力性游戏形式和活动性游戏形式。本节以后者为主，多为集体活动，伴有具体情节和相关规则，兼具竞赛性。

（一）汉族泼水

在闽台地区主要保留着两种比较具有代表性的泼水民俗体育活动：汉族泼水和海上泼水。其中，汉族泼水是漳州市九湖镇林前村流传了上千年的民俗体育活动形式。

林前村的汉族泼水民俗活动的起源与形成有两种说法。一说是由闽越族人祭祀发展而来。相传生活于此的信奉蛇神的闽越族人把用水相互泼洒作为祭祀蛇神的方式，同时也代表着对自身的一种洗礼。在唐朝时，开漳圣王陈元光率领中原五十八姓汉族部将入闽平定"蛮獠啸乱"后，将汉族佛教、道教中流行的抬神像巡游活动带入，与当地泼水文化相互渗透和交融，形成了汉族泼水民俗。二说是与云南节度使——林前村人郑时章有关。相传明朝时他出任节度使期间，将云南傣族泼水节的民俗带回了家乡，受到家乡人们的喜爱，而后一直延续到现在。

汉族泼水以节日形式开展，一般从农历正月十三日开始直到正月十五日结束，为期三天。第一天，村里主要举行各种祭祀活动。第二天，村民会在本村池塘和溪边进行泼水嬉闹，以此表达祈福、送祝福之意。而后还会在本村的祠堂前进行一系列表演活动,表演内容包括大鼓凉伞、跑旱船、武术和舞狮等,近年来还加入时下比较流行的广场舞。第三天才是本项活动的高潮,在当天举行泼水活动。活动宣布开始后,村民们簇拥抬着本村伽蓝王的神像去村外的小溪中下水,几个青年人抬着神像从溪的一端向对岸游去。到达岸边后,等候在岸边的群众会纷纷跳入水中不断往神像身上泼水,并交给下一轮抬神像的村民巡游一番。以此循环往复三轮,送神像回庙,活动基本结束。此过程里,人们在水中互泼河水、相互嬉戏,人神共浴,寓意洗去晦气,祈福平安。

一般来说,人们泼水过程中会积极稳定下身姿态,大量主动采用甩、挥、捧、浇等运动双臂的动作,身体上下齐发力,有效地进行了全身锻炼;泼水过程充满了欢乐、愉悦和敬仰之情,既是对自身情绪的一种良好发泄,同时在不知不觉中保持适宜强度的身心锻炼。汉族泼水开展的时节气温是比较偏凉的,在水中进行此项活动会极大地考验参与人群的胆量和意志力,与众多体育项目一样,是勇敢者才能参与的活动。

目前,林前村的汉族泼水节已被列为漳州市非物质文化遗产保护项目,得到较好的保护和传承下去的基础。

(二)海上泼水

海上泼水是泉州市石狮蚶江和台湾彰化县鹿港镇对渡文化从端午节日习俗中催生出来的流传了200多年的民俗体育活动形式。

由于闽台两地众多船舶云集蚶江港口,大家在冲洗过程中相互嬉戏打闹,逐渐形成了海上泼水的习俗。

海上泼水的地点就在蚶江古渡口的海面上,正式开始前通常会进行"放王船"和"采莲"仪式。当地人一般会测算好涨潮时分(13~14点),邀集本族的成员,携带齐传统的戽斗、长勺、木桶等洗船工具,有些还配备低压水枪、水管等,驾驶船只,早期还有舢板,开进蚶江古渡口。来自四面八方的船只簇拥竞渡穿梭海面,大家竞相用各种工具盛满海水,相互追逐倾泼。海上泼水没有固定对象,逢船即可开战,一时间激战四起,或一船对一船,或多船临时联盟夹击,主动与被动之势顷刻转换,气氛十分热闹,场面非常壮观。

参与海上泼水活动的人们会在船上持特定工具,大量主动采用舀、提、甩、挥、泼等带动双臂的动作,积极稳定下身姿态,在克服船只晃动基础上,身体上下负重发力,能起到非常好的全身锻炼效果;泼水过程充满了欢乐、愉悦之情,既是对自身情绪的一种良好发泄,同时在不知不觉中能保持适宜强度的身心锻炼。海上泼水还是一种团体协作的活动,众多的战术战略意图交织融合在一起,能起到了良好的领袖气质培养作用。可以说,海上泼水的现场就是人们相互竞赛、角力和搏斗的竞技场。

(三)抓鸭子与抓金猪

抓鸭子、抓金猪是流行于闽南一带的庆祝端午节的民俗配套体育活动,极具趣味性。相传是民族英雄郑成功当年操练水兵的方法,被一直沿用了下来。抓鸭子和抓金猪的场地设置与内容基本相似,不过近些年来用鸭子充当奖品的现象更为普遍。

比赛场地一般设在水面上,从岸边或从船头一端固定,腾空伸入水面1根圆木桩或粗竹竿,长度大约10米,并在上面涂满滑油,一般为黄油。在木桩或竹竿的末端悬挂安装着一只小木箱或小铁笼,专为盛鸭子用,在木箱或铁笼上方立一根木棍,现多为塑料软管,它也是打开木箱或铁笼的活门。

抓鸭子的活动内容比较简单,采用自愿报名方式,参加者要独自赤脚沿着木桩或竹竿快速走向海面,走到木桩或竹竿末端,用手拉开或触碰悬挂笼箱的活门,使里面的鸭子掉入水里,同时本人也要快速跃入水中去,下潜快游,追逐擒捉,胜利品归个人所有。抓到鸭子和中途掉入水中的参赛者都可重新轮候再次抓鸭。

抓鸭子是一种考验个人体力、勇气、毅力和技巧的活动,要求参与者必须具备较为全面的身体素质和心理素质,表现在:(1)身体平衡感要好,能平稳快速在木桩或竹竿上移动;(2)身手敏捷,反应快,能顺利打开活门;(3)水性好,能潜会游,还得游得快,具备策略意识,否则抓不上落入水中的鸭子;(4)前提是要有敢于走上木桩或竹竿去抓鸭子的勇气,一般很难避免中途掉落水中的风险。

端午节的抓鸭子民俗活动在福建多地均有开展,如厦门集美龙舟池上抓鸭、泉州石狮蚶江镇海上抓鸭、晋江安海五里桥抓鸭,福州闽江也时有举行抓鸭子的活动。该项活动形式简单,群众参与热情和积极性颇高。

(四)打尺寸

打尺寸是畲族人民在平时闲暇的时间或者在二月二"会亲节"歌会里最喜爱的活动。打尺寸是为了纪念畲族英雄蓝奉高机智勇猛的精神和练习

"以弓击箭"的本领所创立出来。传说在700年左右,蓝奉高率领着畲族人民抵抗唐军,因寡不敌众被迫撤退到江岸南边,唐军借此从北岸万箭齐发,想要突破渡江。为了保卫家园,蓝奉高急中生智,用自己手中的断弓将敌箭一一反击回去,群众相继效仿,最终反败为胜。

尺代表断弓,寸代表敌箭。畲族人民就用长约一尺的木棍表示尺,用一寸长的竹条表示寸。打尺寸主要基本动作就是用尺打寸。参加者至少两人。在平坦的土地上画一个直径为一至两米的圆,圆内站着一位主攻手,一手持木棍,一手持竹条,其他参加人员则站在圆圈之外。比赛开始时,主攻手用尺挥击寸,将寸击出圈外,这时站在圈外的人就要一起去抢夺被击出的寸,率先接到的人就会获得一定的尺寸,可以顶替主攻手。如果圈外的人没有接到,对寸的落点进行测量,根据距离的远近主攻手可相应地获得尺寸,继续保持在原位置上。紧接着圈外的人要将未接住的竹条拣起扔回圈内,主攻手若用手接住或者用木棍将其再次击打出去的话则主攻手胜;反之则是投手胜利,替换主攻手。在规定的时间内,获得最多尺寸的人将赢得胜利。

追逐对打是打尺寸较常见的比赛形式。在长为20～25米,宽为8～10米的长方形平地上进行比赛。比赛分为甲乙两组,每组3～6人。与平时的打尺寸运动不同的是,尺是60厘米长的木棍,寸是20厘米的竹条。甲队先行进攻,按照顺序排好号,持好尺、寸后站在起点线,而作为防守队的乙队,则每人持着尺分布在场内。比赛开始后,甲队一号进攻手用尺将寸向乙队击去。乙队就要奋力将未落地的寸用自己的尺反击回去,一来一往,直至寸落地为止。这时甲队的2—6号的进攻手就要在前一个寸的落点处继续进攻。一轮之后测量两队的距离为获胜队的尺寸。照此比赛三轮,最后尺寸多者胜。[①]

打尺寸不受场地、年龄等限制,将体育锻炼很好地融入生活中去,是一项具有推广价值的文化性体育游戏项目,可以在劳动休息时举行。该运动对人体的反应速度、力量、灵巧、耐力等都有着良好的促进作用。

(五)劈蔗

闽台地区是产蔗区,台湾还享有"东方甜库"的美誉。在农村地区,还流

---

① 打尺寸[EB/OL].[2012-12-02].http://www.jn0578.com/Html/? 486.html.

传着传统的劈蔗比赛娱乐活动,它给贫乏的农村生活带来了无限的乐趣。

相传,荷兰入侵台湾时,侵略者大肆掠夺台湾的甘蔗等农产品,台湾蔗农苦不堪言。1661年,郑成功率军进驻台湾后,为发动蔗农配合他驱逐外敌,建议蔗农平时砍蔗时改横砍斜劈刀法为横竖兼顾的方式,可在参战时提高杀敌本领。此妙招迅速受到蔗农欢迎并推广开来,在配合郑成功军队参战杀敌过程中派上用场。多年以后,台湾蔗农为了纪念郑成功,常举行劈蔗比赛,随后流传到海峡西岸的闽南地区。

劈蔗比赛的程序:

(1)挑选比赛用的直杆甘蔗,削去甘蔗上的叶芽、气根和末梢。

(2)用抓阄的方式确定参加比赛的顺序。

(3)比赛。参赛者将蔗刀横搁压在甘蔗的顶端平面上,稳住甘蔗后,扶甘蔗的手轻轻地放开,找准下刀的部位和时机后,突然把蔗刀竖起,急速地朝甘蔗直劈下去,借力将甘蔗劈成两半,场面十分扣人心弦。

(4)成绩判定。将甘蔗直劈成均匀两半者,成绩为优胜;劈偏者,以小段甘蔗部位作为评比的依据;劈不开甘蔗,刀反而被"咬"在甘蔗的中间者,则没有成绩。等到所有参赛者劈完后,通过把劈断的甘蔗拼接起来比较长短,判定胜负。

(5)比赛结束后,输者接受一定惩罚,如负责支付甘蔗费用。如甘蔗费用由组织者负责的话,胜利者往往会获得一定的奖品。

在比赛过程中,参赛者的眼力、臂力、智力得到很好的锻炼。劈蔗作为一种用农作物充当体育器械进行比赛的活动,十分少见,加上它还有着抵抗外来侵略的光荣历史,使得劈蔗民俗体育形式更源远流长。目前,随着农村种蔗日渐减少,这一文化习俗在大部分地区退出历史舞台。

(六)赛大猪

赛大猪是漳州长泰山重村百姓庆祝丰收年的一种原生态民间民俗活动,至今已有1300多年的历史,被列入福建省第四批省级非物质文化遗产名录。该地区的人们通过赛大猪这一民俗活动来表示养大猪、保平安、庆丰收的愿望。

每年的农历正月初八日,村里都会举办赛大猪活动。村内薛姓为大族,早期每家每户都会参加赛大猪活动,祭祀时,就有达上百头猪被宰杀供奉。后来为了勤俭节约,避免浪费,规则逐渐简化,改为按名单顺序,一次性扔卦确定出各薛姓村民小组的养大猪人选。按此规则,轮养大猪时间大约要30年,村民们都以轮养大猪为荣,即使是已迁居外地的薛姓人家,也争相亲自或掏钱请亲戚帮忙喂养,形成一种本土文化现象。

参赛的猪要尽心尽力喂养,养猪的过程中,忌讳打骂它,要多赞扬它。在比赛前的一两个月,要以白米饭和其他好料喂养,以图尽可能肥大。农历正月初八日,对参赛猪进行屠宰。为了公平起见,参赛猪是按照净重(即去除内脏后剩余的肉体重量)进行比赛,屠宰也由同一位师傅操作。屠宰好的猪装绑在称过重量的架子上,进行展示。由村里有资历的头人担任评委,按重量、品相等评出优劣。结果出来以后,村民们会将参赛猪进行游街。游街前会将猪洗净并打扮一番。猪嘴里含一个橘子,寓意着大吉大利,身上披着猪板油,脚系上红绳。前三名的猪均会在头上插红布竹条,写出成绩和户主名称。"冠军猪"还会另外插上两只"金花",背上背一只宰杀好的羊,以示神气。每头参赛猪由8名壮士抬着,同游街队伍绕着村庄浩浩荡荡地游走一圈,获胜家族所有成员有幸紧跟队伍之后一同游街,场面壮观。游街完以后,所有参赛的猪摆放于祠堂里,待第二天正月初九日(即天公的生日)祭祀天公和敬祖先。

赛大猪的游街过程中,抬猪壮士们抬着猪游街,身负一定的重量,进行长时间、长距离的游走,具有一定锻炼效果。在游街过程中,还带动了获胜家族成员和观众一同进行,在欢快的气氛中享受成功喜悦,有利于身心健康。

(七)斗牛

斗牛又叫作"顶牛",是畲族人民的一种对抗性竞技项目,即由两个人在平地上相互跳跃着顶碰或者冲撞进行争斗。一般有两种斗法:一种是用脚相互冲撞,参赛者用一只脚支撑自己的身体,然后用双手拉抱着另一只脚的脚踝。参赛者只能用自己的膝盖去碰、顶、推对手的膝盖,使其双脚落地则为胜利。这与目前广泛开展的中国传统体育项目"脚斗士"极其类似。另一种斗法是用头顶撞。两名参赛者将头部顶在一起,互相拉着对方的手,运用腰部和腿部力量将对手顶出界限之外为胜。

斗牛运动对下肢和身体的灵活性有较高的要求,因此参赛者能从中得到较好的训练效果,也能让村民在斗牛过程中激励斗志,培养荣誉感。

六、武术健身类民间体育

武术健身类民间体育是指以展示打拳或使用兵器技术,兼以修身养性、强健体魄为主要目的的民俗活动的总称。闽台武术健身类民间体育内容十分丰富,本节就几种比较典型的项目进行介绍。

(一)五祖拳

五祖拳其实源自泉州一带的太祖拳,而泉州太祖拳的雏形是宋太祖赵匡胤始创的"三十二式长拳"。五祖拳的全称是五祖鹤阳拳,它是福建武术的一大流派,是福建省七大拳术[五祖拳、地术犬法(狗拳)、永春白鹤拳、龙桩、虎尊、连城拳、福州鹤拳]中历史最悠久、传播地域最广泛的拳术,由清朝末期福建泉州武术家蔡玉明根据"达尊(罗汉)、太祖、猴拳、玄女(行者)、白鹤"五大拳术精华结合创编而成。

五祖拳手法包括六门八法、新八法、六门八节;脚法包括缠、踢、曲、剪;功法是摇身震胛。手法、脚法、功法是练习五祖拳必不可缺的基础,也是五祖拳搏击技法的特点。五祖拳出拳迅速有力,脚步稳重坚牢,初学五祖拳者以训练马步为主,必须练就稳重如山之势;然后训练走步、腾跳跪曲、扑地剪腿等,循序渐进练就成灵活多变、出其不意的脚法功夫。

五祖拳的套路数量众多,有记载的可达200多套。以大套路为主,占到总数的80%以上,其常见的入门基本功包括三战、二十拳、四门打角、三战十二、双绥这五大套路,同时配合着轻功、心法、展身、闪身、力量、韧带、擒拿、摔跤等训练。

(二)狗拳

狗拳又称作"地法""地术""地术犬法"。经过百余年的传承,已经演化出了许多分支流派,有的善于下盘捆绑,以防守为主;有的善于技术,以攻击为主。狗拳主要流传于南方地区,融合了南拳的特点。狗拳练功时讲究身、基、腰、马、威、势、气、力八个字,同时也讲究奇、巧、变、巧、轻、速、硬。要求身体端正,步法稳固。狗拳的动作灵活多变,多用短手,善用腿法,以行为拳,以意为神,以声助气,以气催力。不仅有"抖神穿针"等精工性技术,又有

"狗咬粽"的防守性动作,更有"穿针压笋"等攻防兼备的技术。[①]

狗拳以踹、蹬、扫、勾、撩、踢、绊等腿法为主,来施展各种地术攻击动作。其主要技法有风车轮、金绞剪、穿针、抢背、蝴蝶脚、狮子滚球、乌龙绞柱等。狗拳分为上、中、下三盘。上盘套路有三战、三十六手等。上盘动作讲究五行变化,遵行五行相生相克。发力上讲究气蓄丹田,足与腰发力。在实战中,狗拳尤其重视手法和步法、脚法和身法的协同应用,达到拳到脚起、脚到拳落、手脚连用的境界,以求守中寓攻、后发制人的目的。

狗拳实战技术:(1)先发制人。打一个措手不及。(2)声东击西。在敌手捉摸不定之时,急速转入下盘,出奇制胜,制服敌手。(3)后发制人。在敌手进攻态势猛烈,难以招架的情况下,可先侧步退让,甚至假装不敌败退。在敌手疏于防范,上步追击前,后退转身,迅速用绞、缠、剪、绊腿法攻击敌手下肢关节处,即"以退为进"之计。(4)被动反击,以弱胜强。在自身处于劣势或被动攻击时,化被动为主动,顺水推舟,借力化力,乘势倒地反击对方。(5)捆绑擒拿。在与敌手身体接触时,抓住敌手身体部位时顺势倒地,用勾、绊、缠、扭、绞、剪等捆绑擒拿技法牢牢锁定其四肢关节,使其彻底丧失反抗能力。

(三)永春白鹤拳

永春白鹤拳因拳师在打拳前的第一个动作以摆一形态似独脚站立的白鹤造型("白鹤寄脚")而得名。永春白鹤拳的内容多彩多样,有徒手的,也有持器械的,还有点穴技术。徒手的拳法共有手、脚、头等5种技术,有108个技法和10多个套路。每个动作都有自己的名称,如鹤冠、鹤脚等。每个技法也有名称,如"白鹤踏雪""白鹤展翅"等。

永春白鹤拳素有"风雨雷电"的口碑,在连续进攻时遵循"遇空则打、蹀顿相连"的原则。"遇空则打"是指在紧张的技击对抗中从容地观察对手的举动和周边的环境。如遭遇"急功近利型"敌手时,采用"有桥就桥过"的顺势策略,运用果敢勇猛的主动进攻之法,力压对方气势,迫使其暴露"空门",抓住弱点加力进攻。如遭遇"冷静沉着型"敌手时,采用"无桥自作桥"的诱敌策略,以诱敌深入方式,探清对方虚实,知己知彼,分析不同情况,等寻战

[①] 陈光明,罗伟文.狗拳(地术拳)实战技术介绍.精武[J],2010(7).

机,适时改变自身的进攻或反击策略,抓其弱点不间断打击。[①]"遇空则打、踩顿相连"强调的是技术的整体发挥,要求洞察力与劲力的有机结合。

(四)南少林三十六宝拳术

福建省莆田市的南少林寺是我国南少林拳的发祥地,是我国历史上的武林圣地。北有河南嵩山少林,南有莆田南少林,南北遥相呼应,被誉称为"南北少林"。流传于莆田民间的少林武术种类繁多,多达60余种。

据史料记载,莆田的南少林寺位于该地荔城区西天尾镇九莲山林山村。相传河南省嵩山少林寺的武僧对唐太宗统一中国做出不小的贡献,因此唐太宗特别恩赐嵩山少林寺可以拥有僧兵,并批准其在全国各地建立10座分寺。而莆田市荔城区九莲山的林泉寺,就是当时的10座分寺之一。在反清复明运动中,各地的抗清志士将南少林寺作为反清复明的基地。后来由于有人背叛出卖了地点,于是南少林寺遭到朝廷重兵的围剿焚毁,众多的武僧被杀戮,寺院被夷为平地。幸存下来的武僧便流散隐入民间,传授武艺,坚持反清复明运动。南少林的武术因此在民间开始流传,至今已有300多年的历史。

南少林三十六宝拳术起源于南少林,是南少林原创传统拳种之一。清朝光绪年间的林山村杨少奇被认为是三十六宝拳术的民间第一人,现也被视为"南拳始祖"。南少林三十六宝拳术借鉴了阴阳五行、经络学说和气功,因此强劲有力、虚灵顶盖、以气吹气、步稳势烈、攻防兼备是其最为突出的特点。三十六宝套路中多采用拳、掌、指。基本功以指、腕、臂、腰、桩功为主,而劲力又可以分为粘、缠、弹等。在技击方面,讲究短打、擒拿、击打穴位制敌。

(五)金斗洋畲家拳

福建省福安县金斗洋村是一个历史悠久的小山村,唐朝末期就已有山民在此落户生活。该村畲族人众多,且流行着一种叫"畲家拳"的拳术,被誉为"武术之乡"。

畲族人民练习武术历史悠久,世代相传,以福安、福鼎、罗源、霞浦等地区尤其出色。八井拳又称"打拳头",是罗源地区的代表。在福安金斗坪流

---

① 杨升,郑一军,黄锦标.永春白鹤拳实战技法讲评(一)[J].搏击,2009(5).

行的是吴家庄拳,因为其三十二代孙雷进朝尽得其术,艺精力大,所以吴家庆拳又有"豹拳"的称法。以上种种均属于畲家拳。

畲家拳与南少林武术有着密切的关系,是南少林武术的一支流派。因为少与外界进行交流,所以畲家拳还保持着传统的面貌。畲家拳脚步稳重,气势强烈,发力时间短,刚劲勇猛,别具一格。村民们是根据自己的生活环境和地理条件而创编出畲家拳的。打拳时重在防身,善用手法,防守严谨,进攻时较多使用掌法和指法。金斗洋人练武非常注重武德,讲究礼让,不会先行动手,一般都是后发制人。"练拳术武亦修德,一练筋骨,二练技,三打不平,四养性"是他们的祖训,他们还专门为此订立了《习武健身武德》。

"一疾、二硬、三力"是畲家拳的特点,被誉为"三绝"。拳、掌、指等手法是畲家拳最为擅长的,耍拳时各种手法交相使用,以小动作为主,有时仅仅是前进或者倒退一步其手法会有数种甚至是十多种的变化,各种手法交替变化使人眼花缭乱。畲家拳具有十多种套路:"小六步"十八式、"大六步"二十七式、"三角战"(入门套路)、"四门"、"五步子"、"七步"、"上半尺"、"下半尺"等。各个套路动作不同,招式变化多端,但同时都具备手狠、步实、力猛等特点。畲家拳在演练时形象威武,步伐稳健,气势雄壮。

畲家拳需要长时间段的训练,并辅助石锁、石狮等运动器械,对人们克服困难和培养自信心具有重要作用,同时对传承民族文化、培养勤于劳作的道德情操也有重要作用。

(六)连城拳

连城拳被誉为福建省七大拳种之一,始于北宋,盛于清代顺治年间,有近900年的历史。连城拳又称连城少林拳或少林独门拳,亦可分为南田黄家拳(今连城县隔田村)和洋地巫家拳(连城县姑田镇洋地村)两种。它以急促凌厉、舒展大方著称,富有南北武术所长,不仅具有嵩山少林拳流派的精华,更有南方众家拳法的专长,擅用短劲,以防为主,攻防兼备,别具一格。相传如今的连城拳是经历过古时和现代十几位前辈及有识之士的逐步创新发展而来,因此流传甚广。

连城拳内容丰富,系统完整,有拳术、器械、对练等几十个套路。[①] 连城拳重视防守,以静制动,短打为主;动作以斜身(侧身)为主,身灵步活。其拳

[①] 江积仕,林蒨学,吴福瑞."连城拳"为何大放异彩?[N].闽西日报,2010-07-14.

诀要求为"进退如风，来去无影"，"守吞三分，进退三尺"，"起脚不过腰"。讲究用"多钩拨腿法"，即用脚钩拨敌手后跟后，将对方击倒。连城拳动作简单精练，没有过多的华丽装饰和高深莫测的气功修道，讲究动作流畅，强调武德精神（"未学武，先立德习医"），实战性特点比较突出。

连城拳有现代的健康锻炼和健身防身作用，衍生出相关文化资源和文化产业，意义重大。目前，连城当地传统的习武之风因现代休闲娱乐项目和场所的丰富，以及大部分劳动力外出务工而受到一定冲击。

七、瞄准投掷类民间体育

闽台地区瞄准投掷类民间体育是指借助目测预先判定目标位置，通过向目标抛扔物品的方式，以期命中目标来进行民俗活动的总称，主要项目有攻炮城、竿球比赛等。

（一）攻炮城

攻炮城是闽台地区在每年正月期间人们广泛参与的一项特色传统民俗游戏。据传，攻炮城是从古代军营活动演化而来，与民族英雄郑成功操练水师有关。明末，郑成功在闽南沿海一带操练水师，准备收复台湾。每到年节时，士兵们因思念亲人而经常开小差，郑成功部将洪旭为解决此问题，创作出攻炮城的游戏，鼓励节日中官兵同乐，齐攻炮城。借助这一游戏，不仅消除了士兵们的思乡情绪，增添了队伍中的节日气氛，还有效地锻炼了士兵们的抛掷能力、瞄准技巧，提高了实际作战能力；同时还因攻下炮城者既能证明个人能力，还能得到重奖，这一游戏深受官兵们追捧和喜爱。后来这一意趣横生的游戏逐渐传向民间，台湾收复后，该游戏也在台湾广泛流传。

炮城一般选在空旷处进行搭建，用竹藤将数十根长成熟并晾晒干净的大竹竿围着相交点缠绕打结，三角立架构建成悬挂炮城的外骨架，高度大约 5~7 米，其中竹头段须插入地下 0.2~0.3 米，以稳固地基，并延伸出 2~3 米的投掷区域。整个过程只用竹竿和竹藤作为搭建材料，没有用到其他任何五金如钉子来加固，搭建人员要有一定的建筑技能和经验。悬挂炮城的外骨架建成后，会在外骨架竹竿顶端插上红旗，门头两端挂上横幅或广告牌以示装饰。炮城用竹子扎成城垣形状（有些呈圆形脸盆状），外糊彩纸，内侧四周藏绕一串长鞭炮，象征古代城垣。炮城制好后，悬挂在外骨架上。部分地方仅用一根竹竿悬挂炮城。

攻炮城的游戏规则较为简单,参与者采用自愿报名方式,人数不限,轮流进行投掷。攻城开始时,选手们须在投掷区将事先准备好的鞭炮点燃,对准炮城投掷,先利用鞭炮爆炸的威力炸破炮城外糊的彩纸,再借用鞭炮的火花触发点燃城垣内鞭炮的炮蕊,引发炮城大爆炸,即为获胜,游戏结束。获胜者可获得较为丰厚的奖励。

近年来,随着城市环境保护力度的加大,攻炮城这一民俗活动被压缩在农村或郊区边缘地带开展。

(二)竿球比赛

竿球比赛是台湾高山族排湾人传统祭祀节日"五年祭"中的一项活动。传说排湾人的神灵每隔五年会回部落探访子孙后代,于是排湾人每五年就举办一次祭祀活动来祭祀祖先,并祈求下一个五年四季风调雨顺,百业兴旺,生活幸福安康。

竿球比赛则是祭祀期间的一项大活动。竿球又叫作刺球、顶球,用高山族话叫作"卡不隆球",一般为软藤编制而成。

竿球比赛程序:

(1)竿球比赛前,由部落祭司、长老们选定吉日,派青年人进山砍伐竹子,砍回来的竹子须进行祭祀,过火驱邪。

(2)正式比赛时,全体男士须盛装出席。其中参赛者手持一根竹竿,长度约2.6米,在竿顶上方会插上一把刺刀,长度约25厘米。

(3)代表丰收、丰猎、健康、婚姻、英雄等不同意义的10颗球被抛掷空中,由参赛者用竹枪争相刺球,所刺中的球可收入囊中,寓意排湾人祖先神灵会保佑其在下一个五年享有这个球所代表的好运。待所有球全部被刺中后,有刺中球的参赛者将所刺中球带入场内,一起自由抛掷球,待主管刺中其中之一便结束比赛。

刺球比赛是一项结合体力、技巧的民俗运动。从刺球比赛的整个活动来看,具备着基本的体育活动步骤。需要选取材料制作刺竿,搭建比赛所需要的场所,然后根据体育竞赛规则,通过比赛的方式进行刺球,使得活动有条不紊地开展。活动在热闹轻松的氛围中进行,身心的锻炼效果较好。

八、棋艺娱乐类民间体育

棋艺娱乐类民间体育是指以开展棋、牌、骰子等智力性游戏活动为主的民俗活动的总称,例如厦门的中秋博饼。博饼又可以叫作"博状元饼""夺状元饼",起源于厦门地区,还流行于龙海、安海、金门等地,被列入福建省第一批省级非物质文化遗产名录。

中秋博饼的由来众说纷纭,但大部分说法是与郑成功有着密切关系。据说在300多年以前,郑成功以厦门为根据地,从事反清复明活动。中秋时节,士兵思乡情重,郑成功的部将洪旭为了冲淡、宽慰士兵背井离乡、思念亲人的念头,激励士兵们先国后家、克敌制胜的斗志,便设计出一套"中秋会饼"的游戏。由于该游戏寓教于乐的特点十分突出,郑成功特别批准每年的农历八月十三到十八日,军中士兵按照单双日分批轮流赏月玩饼。后来这项独特的游戏在民间逐渐流传和改进,成为厦门地区一项有趣的民俗活动。

传统博饼活动中,人们博的是月饼,又称作"会饼"。会饼是由63块大小不一的月饼组合而成的。63与明清时期科举制度中的各级科举头衔数目之和相符,即状元1名,榜眼(对堂)2名,探花(三红)4名,进士(四进)8名,举人(二举)16名,秀才(一秀)32名。

近年来,随着生活水平的提高,博饼的形式也在逐渐发生变化。大多数的单位和家庭已经不再使用月饼来博饼,而是根据博饼的游戏规则,按照会饼的等级和数量用实用物品来代替,例如果冻、薯片、可乐等食品,牙膏、沐浴露、洗衣粉等生活用品等。博饼的乐趣不在于礼品的大小,而在于人们围在一起共享博弈的乐趣和团圆的美好时刻。

博饼的工具包括63个会饼(现今用其他物品替代)、骰子1副(共6个),以及1个大陶瓷碗。因为骰子与木碗、瓦钵或者不锈钢等材质的碗碰撞时是没有声音,而与瓷器碰撞时会有清脆的撞击声,与人们博饼时的氛围相符合,于是人们都采用瓷碗而不用塑料碗等。

博饼一般以10人为一组,也可适当增减人数,轮流博弈。首先指定一人取出两颗骰子扔出点数,按照逆时针方向数出点数,数到者即为本次博饼的起博者。按照逆时针顺序,每人依次将6颗骰子投掷于瓷碗内,每次按骰子呈现的不同数字情况进行判定。出现1颗红色四点代表"一秀",出现2颗红色四点代表"二举",出现4颗一样的数字(除红色四点外)代表"四进",出现3颗红色四点代表"三红",若骰子的点数按照1~6顺序出现代表"对堂",出现4颗红色四点代表"状元"。"状元"最终只有1个,但分为不同等级,以最终所获级别最高者为胜。

第五章

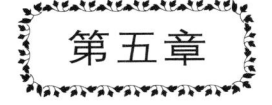

闽台物质生产民俗文化与茶文化

第一节 闽台物质生产民俗文化

一、闽台物质生产民俗文化概念

从广义上说,物质是标志客观实在的哲学范畴,物质的唯一特性就是客观实在性。① 通俗地说,物质就是看得见、摸得着、感觉得到的实物。物质是通过生产取得的。

闽台物质生产,是指发生在台湾海峡两岸土地上的劳动生产形式和内容。闽台物质生产民俗文化,是指闽台地区通过漫长的生产实践过程,在劳动中约定俗成的生产习俗及其引申出的文化现象和文化特征。它是以活态形式传承至今,具有历史认识价值、原始科学价值、文化价值、艺术价值和社会价值。

二、闽台物质生产民俗文化分类

(一)闽台农业文化现象

闽台地区的农业规模性(部落、群体性)生产至少在新石器时代中后期就已出现,距今 5000 年以上。据气候、水土、阳光等资源条件,闽台地区自

---

① 中共中央马克思恩格斯列宁斯大林著作编译局.列宁选集[M].北京:人民出版社,1995:18.

古就有二季或一季稻作生产,少数地区有三季稻。水稻生产需要经过选种、浸种、育秧、插秧、耨田(中耕)、晒田、收获等阶段,一季稻一般需要4~5个月。在长时间的培育和等待中,产生了很多文化现象。如求土地而产生的土地爷信仰、五谷神信仰,求雨水而产生的龙崇拜、雷电崇拜;闽台地区沿海,风灾多,因此,与内地稻作地区不同的是,这里流行防风灾的风神爷崇拜;因祖先开垦和拓荒留下遗产田,故祖先崇拜十分古远。并且,为了让稻作人们在漫长的生产中保持精神抖擞、斗志昂扬,同时也为了"一张一弛",生活与生产形成规律性,古人发明了二十四节气,产生季节性的节日,每次劳动前要有一次或大或小的节日或祭祀,做餐丰富的饭菜,借此"打打牙祭",由此产生了丰富的饮食文化。因为有下一个节庆日可盼,所以稻作民族的节庆日又成为一年中劳作过程的"盼头"。过节时,大家都利用休息的机会,走亲戚看朋友、逛集市、相亲等,为了丰富节日内涵,人们又创造了丰富的节日内容,包括服饰、头饰、银饰、手工技艺等。人们还创作了丰富的民间文学艺术,内容自然是围绕着稻作民族的渊源、劳动、技术传播和因生产而形成的民族审美取向、感情等方向来创作的。

(二)闽台渔业文化现象

闽台渔业生产引申出的文化现象分海洋渔业民俗文化和淡水渔业民俗文化及其生产技术和生产经验等,均为非物质文化遗产事象。

海洋渔业民俗基本上是围绕下海捕捞产生,因海上作业危险性很大,于是渔民因安全需要产生了民间信仰,从精神上给予慰藉,并产生了许多生产禁忌和生活忌讳。渔民生活在海边,受气候影响,从服饰到饮食都有自己的习惯,各种生产技术、生产经验都有讲究。

淡水渔业民俗又分疍民民俗文化与渔民民俗文化。疍民民俗文化有自己一套完整的文化体系;渔民的民俗文化没有独立的文化体系与文化事象,基本上传承的是农耕民族的民俗文化事象。

疍民民俗文化是一项很特殊的群体文化。疍民以船为家,世世代代生老病死都在船上。古时当朝者多视其为"贱民",不许疍民上岸居住。直到新中国成立以后,人民政府一直动员疍民迁到岸上居住,所以全国疍民现象几乎消失。课题组走了大半个闽台沿海、沿江地区,也只在九龙江的西溪看到真正的疍民连家船。

据郭志超《闽台民族史辨》载,疍民是我国古代东南沿海地区的少数民族,古称"蜑""蜓""蛋""疍",另有"白水郎""庚定子""科题"等别称。疍民在唐时"始输半课",宋代编号为"夷户"。有学者认为疍民是古越人的一支后裔。最早记载疍民文字的史料见诸西晋初年陶璜的疏文:"广州南岸周旋六十余里,不宾服者五万余户,皆蛮蜑杂居。"唐人刘禹锡曰:"闽有负海之饶,其民悍而俗鬼,居洞寨、家浮筏者,与华言不通。"①《舆地纪胜》云:"蜓户,以船为生,居无室庐,专以捕鱼自赡。"②《泉州市志》《漳州市志》等地方志上都有"疍民"记载。泉州湾惠东沿海、漳州龙海及九龙江一带等,都是疍民世居之地。疍民民俗文化主要表现在婚丧嫁娶等人生礼仪习俗、捕捞生产的技术与禁忌习俗上。

第二节 闽台茶文化

自古以来,茶文化是润泽文士的精神饮料,文人墨客是推动中国茶文化发展的主力军。在茶人中流传着"茶通六艺,六艺助茶"之说,这里所说的六艺不是儒家所说的六艺,而是泛指借助文学、艺术使茶事活动更加生动活泼,使茶道既有精神魅力,又有艺术感染力。

一、福建茶文化

(一)茶诗

诗是中华文化绚丽瑰宝,中国古代有千万首名篇佳作,被历代人们传诵。诗是诗人的灵感、情感、思想与现实生活的碰撞之后产生的结晶,具有音、形、义的特征,能表达诗人的情感和思想。

诗因茶而诗兴更浓,茶因诗而茶名愈远。闽台茶叶的精美绝伦和名扬天下的地位,激发了多少诗人墨客的创作灵感。这些茶诗,题材广泛,妙趣横生,既是一幅幅生动优美的风情画卷,也是一部部气势宏大的茶叶历史。细细吟咏、品赏,既可从中汲取更多关于茶的文史涵养,也能达到更多关于享受与人生的启迪。

茶诗的出现与发展是以茶的传播和饮茶的普及为前提。史料记载,西

---

① 刘禹锡.刘宾客文集:卷三[M].上海:商务印书馆,1935.
② 王象之.舆地纪胜[M].北京:中华书局,1992:3678.

周初茶已经用作贡品,春秋战国时期,茶叶已经传播到黄河中下游地区。此时,中国历史上第一部诗歌总集《诗经》收有多首关于茶的诗,如"采荼(即茶)薪樗,食我农夫";"谁谓荼苦,其甘如荠"。这些诗,实际上是中国茶文化在文学上的具体体现,被认为是中国茶诗的源头,但此时茶诗尚处于萌芽状态。到了两晋南北朝,茶已经成为饮茶之地人们的待客之物。此时除了僧人素有饮茶之风,道家以茶为养生修行的助力之外,饮茶从普通老百姓中上升到上层社会,特别是走入文化人当中,清谈家们就以茶为助兴醒思之佳品。一般文人也把茶作为赞颂、吟咏的对象,有意识地以茶入诗的情况开始出现。① 但是这个时期,由于茶饮的普及面尚未铺开,作为饮品的茶、祭用的茶、药用的茶,尚未分离,一般人对茶饮的接受程度不高,因而茶诗不多。其中最著名的是西晋文学家左思的《娇女诗》②,其中就写道:"心为茶荈剧,吹嘘对鼎钅历。"张孟阳《登成都楼》中的"芳茶冠六情,溢味播九区",被后人作为绝妙的茶联,广为流传。

唐代,诗歌的兴盛和茶事活动、品茗艺术的发展,为茶诗提供了蓬勃发展的土壤。中国茶诗进入了定型时期。饮茶也成为当时一种高雅的时代风尚。将茶大量写入诗歌,使茶与酒在诗坛上并驾齐驱的是白居易。他的存诗中涉及茶叶和茶趣的诗歌有六十几首,他也被称为"别茶人"。当然唐代茶诗中影响最大是卢仝的《七碗茶诗》,历经宋元明清各代传诵,千年不衰。

福建茶诗的出现相较于全国来说,相对较晚,但发展迅速,到宋代就走向兴盛。福建有茶,和全国一样可以追溯很远,然而真正有意识地制茶并闻名于世,是在唐代后期。此时福建茶以研膏茶,进而以蜡面茶的形式进入上层社会,并有晚唐诗人徐夤《尚书惠蜡面茶》全面描述了武夷山茶的采制、转寄、品饮的过程。这或许是目前所知最早的武夷山茶诗。

莲花峰是公认的福建有茶最早之处,早在西晋时就有刻字。晚唐著名诗人,被尊为"一代诗宗"的韩偓晚年隐居南安莲花峰,写有"石崖采芝叟,乡俗摘茶歌"诗句。这说明当时一到采茶季节,山上茶园到处茶歌唱和。其在开平三年(909年)写有"数盏绿醅桑落酒,一瓯香沫火前茶"。此诗与徐夤

---

① 余悦.中国茶诗的总体走向[J].农业考古,2005(2).
② 该诗被研究者公认为最早的茶诗。

《尚书惠蜡面茶》谁早谁迟,还须考证。①

尚书惠蜡面茶

徐夤②

武夷春暖月初圆,采摘新芽献地仙。

飞鹊印成香蜡片,啼猿溪走木兰船。

金槽和碾沉香末,冰碗轻涵翠缕烟。

分赠恩深知最异,晚铛宜煮北山泉。

该诗说明了在唐朝之时,建茶已经从研膏转为蜡面,在当时已经作为珍贵的馈赠礼品。

龙凤茶

王禹偁③

样标龙凤号题新,赐得还因作近臣。

烹处岂期商岭外,碾时空想建溪春。

香于九畹芳兰气,圆似三秋皓月轮。

爱惜不尝惟恐尽,除将供养白头亲。

阅读该诗,读者不仅独感受到历史名茶的香味,也感受到中华民族传统的敬老美德。

(二)茶谚语与茶传说

福建茶谚语数量众多,现摘录如下:

早茶一盅,一天威风;午茶一盅,劳动轻松;晚茶一盅,全身疏通。一天

---

① 据周圣弘考证,徐夤《尚书惠蜡面茶》之"尚书",当为与徐夤关系密切的泉州刺史、(尚书)右仆射王延彬。王延彬在开平三年(909年)获得这个职位,徐夤的诗歌写作应该在这之后。韩偓诗则写于开平三年(909年)。从这看来,两首诗的成文时间相差不远。

② 徐夤(837—?),字昭梦,莆田人。夤,《唐才子传》卷一〇作"寅"。登乾宁元年(894年)进士第,授秘书省正字。依王审知,礼待简略,遂拂衣去,归隐延寿溪。好茶,工诗。著有《探龙》《钓矶》二集,诗265首。(该诗选自《全唐诗》卷七〇八)

③ 王禹偁(954—1001),北宋诗人,散文家。字元之,济州巨野人。太平兴国八年(983年)进士。历任右拾遗、左司谏、知制诰、翰林学士。王禹偁为北宋诗文革新运动的先驱,著有《小畜集》30卷。宋代北苑御焙龙凤贡茶堪称茶中绝品,在尝过贡茶感戴皇恩之后,诗人不独享,还要留下一些侍奉白发父母。(该诗选自《全宋诗》第2册第713页)

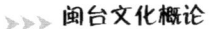

三盅,雷打不动。

抽啦叭烟,听南音乐,泡工夫茶,其乐无穷。

早上喝碗铁观音,不用医生开药方;晚上喝碗铁观音,一天劳累全扫光;三天连喝铁观音,鸡鸭鱼肉也不香。

宁可三日无粮,不可一日无茶。

清早一杯茶,赛过吃鱼虾。早上茶一杯,胜似吃雄鸡。

福建茶传说也很多,现举名茶铁观音的传说为例。据《安溪县志》载,名茶铁观音的由来有两个美丽的传说。

一是"魏说"。相传,清雍正三年(1725年),西坪峣阳松林头(今西坪镇松岩村)老茶农魏荫信奉观音菩萨,因观音托梦,在观音仑打石坑发现一株神异的茶树。他十分欢喜,遂将茶树移植在家中一口破铁鼎里,悉心培育,经数年压枝繁殖,适时采制,果然茶质特异,香韵非凡。因观音托梦所获,就称"铁观音"。

二是"王说"。相传,西坪镇南岩村仕人王士让于清乾隆元年(1736年)告假回乡,在书轩旁南山见层石荒园间有株茶树异于他种,就移栽至书轩之圃,精心管理,采制成品,香馥味醇。乾隆六年(1741年),王士让应召赴京,以此茶馈赠礼部侍郎方苞,方品其味非凡,遂转献内廷。乾隆帝饮后甚喜,认为此茶乌润结实,沉重似铁,味香形美,犹如观音,便赐名"铁观音"。

(三)茶艺

闽南民间茶艺是闽南人在长期的生活中,约定俗成的一整套泡茶仪礼规范。相比作为表演艺术的茶艺而言,闽南民间茶艺应该从客人来访开始,直到客人品茶之后结束,是主人与客人双方互动性的饮茶习俗艺术,主要包括请客入座、烫洗茶具、洗头遍茶、倒茶、奉茶、品茶、离座等7个程序。

请客入座:闽南人家有客人来时,必先请客人入座。无论有什么事,都先坐下来喝完茶再细说。

烫洗茶具:主人待客人坐定,赶紧烧开水,烫洗茶具。

洗头遍茶:沸水要高高冲入茶壶借以搅动茶叶,直到水漫壶口为止。用茶壶盖子将壶口泛起的泡沫杂质等刮起来倒弃。盖上盖子,用沸水淋罐,使茶壶内外都热透,迅速倒出茶壶中的水,谓之洗茶。俗谚云"头遍脚臭,二遍茶箬",第二遍的茶水才能饮用。

倒茶:茶汤要低低斟入茶盅,以免茶汤多泡沫。盘中有几个茶杯,要来回斟至七八分满,谓之"关公巡城",使各杯中的茶汤浓淡一致。最后几滴浓茶也应分滴各杯,谓之"韩信点兵",务使各杯中茶液的色香味完全一致。主人在给客人倒茶时,客人要以右手食指、中指轻扣在茶杯旁并轻叩桌面,表示尊敬和领受主人之礼。

奉茶:主人倒好茶后,不能自己先喝。第一次奉茶时一般都要双手端茶与客人,顺次是依长幼尊卑而分先后。客人应双手接过,尤其是长辈为晚辈倒茶,晚辈更应从位置上起身接茶。之后再倒茶,不必再端茶与客人,但是倒完茶后要伸出右手示意客人喝茶,客人也伸手回礼,然后拿起茶杯喝茶。

品茶:客人接茶后,一般不能一饮而尽,而是充分体味品尝方能将茶咽下,喝完后向主人"亮杯底",以示领受主人厚谊和对主人茶艺的赞美。

离座:客人喝好茶后,如果不想喝了,一定要跟客人说明不喝了,请主人不要再为自己斟茶。如果要走了,也一定要把自己杯中最后一杯茶喝完才走。

(四)茶技

作为闽南地区表演艺术的茶艺,普遍流行的是安溪铁观音的冲泡技艺。其冲泡技艺具体分为8道程序,即:(1)洗杯——白鹤沐浴;(2)落茶——乌龙入宫;(3)冲茶——高山流水;(4)刮沫——春风拂面;(5)斟茶——关公巡城;(6)点茶——韩信点兵;(7)看茶——赏色闻香;(8)品茶——品啜甘露。

如今,安溪茶艺经过不断整编,其表演艺术更加细腻和富有美感,共分为16个程序,即:神入茶境、展示茶具、烹煮泉水、淋霖瓯杯、观音入宫、悬壶高冲、春风拂面、瓯里酝香、三龙护鼎、行云流水、观音出海、点水流香、敬奉香茗、鉴赏汤色、细闻幽香、品啜甘霖等。

(五)斗茶习俗

闽南地区的斗茶活动,今多称"茶王赛",台湾地区则称"比赛茶"。

漳州有斗茶的风俗,乾隆《龙溪县志》记载:"灵山寺茶俗贵之,近则远购武夷茶,以五日至,至则斗茶。必以大彬之壶,必以若深之杯,必以大壮之炉,扇必以琯溪之蒲,盛必以长竹之筐。凡烹茗,以水为本,火候佐之。水以三叉河为上,惠民泉次之,龙腰石泉又次之,余泉又次之。穷山僻壤,亦多耽此者,茶之贵岁数千。"北宋曾任漳州幕厅军事判官的蔡襄所著《茶录》一书,就是专门讲斗茶艺术的著作,其中提到斗茶时茶的加工、斗茶工具、斗茶方法等。

泉州盛产茶叶,每当新茶初制成,三五邻居好友往往各自带上自制茶叶,相互冲泡品评,此举在乡镇、村落相习已久。随着规模扩大,高档次、大规模的斗茶,即"茶王赛"常有举办。每年春秋两季新茶上市,乡镇聘请茶叶专家当评委,来自各村的几百个制茶能手排起"斗茶阵",搭起"茶擂台"。经过初赛、复赛、决赛,最后被评为"茶王"的茶农披红挂彩,坐着八抬大轿,敲锣打鼓,鞭炮齐鸣,踩街游行,十分光彩。

台湾地区"比赛茶"则更多的是规范性的斗茶活动。以台湾南投为例。南投市鹿谷乡的茶农通过会员制加入鹿谷乡冻顶茶合作社,一年分春茶和冬茶两次进行"比赛茶"活动,茶农也将此活动视为人生大事来看待。茶农通过交茶样,由合作社请具有公信力的茶叶改良协会专家做评审,评选出特等奖1名,头等奖、二等奖、三等奖、三朵金梅、二朵金梅、优质奖等各按比例评选。茶叶质量由专家鉴定,消费者可以放心购买,同时评选上较高等级的茶叶可以卖出更好的价钱。

(六)茶信仰与茶禁忌

1.茶信仰

生产茶叶对环境要求很高,茶农都渴望风调雨顺、茶运绵长,尤其是在采茶的时节,对天气、风向都有很高要求,雨天、南风天等都会对茶叶的质量造成不好的影响。信仰因需要而产生,"看天做茶"使得茶信仰异常浓烈,各个茶叶生产区都有浓厚的信仰习俗。除了传统祭祀的神明,如安溪县普遍祭祀清水祖师、安溪剑斗镇由义地区祭祀保生大帝、漳平永福镇祭祀妈祖等广受信仰的神明之外,还有专门因为茶叶而祭祀的神明,以安溪县感德镇为例。

感德镇是安溪县的茶叶核心生产区,产茶历史已有上千年,生产的茶叶质量在安溪县所有乡镇中都是名列前茅的,而在感德镇,又尤以槐植村、霞村等地为著。在槐植村,村民普遍尊崇并祭祀南宋爱国诗人谢枋得。

南宋灭亡后,谢枋得不愿在元朝做官,便隐姓埋名来到感德槐植村等地讲学劝道,引导民众开垦荒地、种植茶叶。为感谢谢枋得对感德茶叶做出的贡献,当地茶农尊他为"茶王公",牌位写道"敕赐广烈正顺尊王"。明成化五年(1469年),由槐植村村民集资兴建茶王公祠"福龙宫",塑正顺尊王金身供奉，以此纪念谢枋德。此后的每年，槐植茶农都会举办隆重的正顺尊王金身巡境活动。

2.茶禁忌

俗话说，国有国法，行有行规。自古至今，各行各业都有自己的业内规范和禁忌。福建的茶生产，因生产需要和企盼，早在古时就形成了本行业的禁忌。

茶树的叶子多以墨绿、青绿色为主，但是也有一些会发生变异，比如叶子颜色变成全白色或者发白的病态状。笔者在同安小坪道地村调查时，茶农介绍说，遇到偏白色的叶子，他们认为是土地爷要了那棵茶树，就不能采摘了，只能砍掉它，重新栽种一颗新苗。而在安溪县剑斗镇、感德镇等地，当地茶农若遇到这种情况，他们会很开心，认为这是有灵性的茶树，一定要摘下那棵茶树的叶子，白叶子会保佑做出来的茶叶比较香。

二、台湾茶文化[①]

100多年来的台湾茶文化发展史与茶业市场有密不可分的关系，茶文化活动大部分是商业性的。茶叶长久以来就是台湾的重要产业，早期的输出品中，茶叶、樟脑、蔗糖是主要的外汇来源，为台湾的经济发展做出了不可磨灭的贡献。天然樟脑因化学合成技术的使用而逐渐退出市场，如今蔗糖也由于时代的变迁而衰退，唯独古老的茶叶仍然继续发展。

（一）台湾种茶历史

早在300年前，台湾便发现有茶树生长。在康熙五十六年（1717年）《诸罗县志》记载："水沙连内山，茶甚夥……"乾隆元年（1736年）《赤崁笔谈》载有"水沙连社茶在深山中……每年通事与各蕃说明，入山焙制"；而《淡水厅志》中亦载有猫螺内山产茶，性极寒，蕃不敢饮。所谓猫螺内山乃今南投、埔里、水里地区的深山；而水沙连乃自埔里的五城往集集、水沙连一直到浊水溪上游蕃地的总称。这是台湾先住民利用野生茶烘焙茶叶的最早记录。

林馥泉《乌龙茶及包种茶制造学》记载，台湾茶树的种植大约开始于嘉

---

① 蔡清毅.闽台传统茶生产习俗与茶文化遗产资源调查[M].厦门：厦门大学出版社，2014.

庆十五年(1810年)。在台湾可以考证的民间契约书中,道光七年(1827年)已经有人租地种茶的记载。连横《台湾通史》记载,在嘉庆年间,柯朝从福建引进茶种及技术,最早在鱼桀鱼坑一带种植,并以茶树种子在台湾北部的淡水附近进行播种繁衍,开启了台湾真正发展茶树栽培、管理及茶叶制作的历史。此时,南部的台南、屏东也试种茶树,但没有成功,于是北部的鱼桀鱼坑成为台湾茶叶的发祥地。

(二)台湾(乌龙)茶经营

在19世纪初期,台湾开始种植茶叶不久后,就与大陆展开茶叶贸易。大约在道光年间,台湾茶叶开始输往大陆做精细加工,然后转销到海外,官方也有对台湾茶抽税的历史记录。但由于清朝实行海禁政策,台湾的茶叶出口大多经福建转运。

咸丰五年(1855年),林凤池自福建引入青心乌龙种茶苗,种植于冻顶山,相传为冻顶乌龙茶之起源。1860年,英法联军攻陷北京之后,中国开放基隆、沪尾通商,开启台湾茶叶出口的新局面。据台湾茶商公会的刊讯,同治四年(1865年)淡水海关公文记载出口82022公斤茶叶,这是台湾茶叶输出的正式记录。

同治五年(1866年),英国商人约翰·杜德(John Dodd)来台湾考察樟脑,并试办收购茶叶,奖励农民栽培茶树。同治六年(1867年),杜德在艋舺(今台北市万华)地方设置茶叶精制厂。同治八年(1869年),杜德首次将台湾的乌龙茶2131担(每担60公斤)以所谓"福摩沙茶"的品牌运往美国销售,一炮走红,带动台湾茶叶外销的大幅度增长,一年出口达到540万公斤,带给台湾茶商许多财富。

台湾茶业逐渐受到国际市场的重视,外商纷纷到台北来开设洋行,专业从事买卖茶叶的出口业务。这些洋行集中在台北临近淡水河的大稻埕地方(今台北市民生西路、贵德街一带),利用淡水河的码头出海。当时主要的洋行有怡和洋行(Jardine, Matheson & Co.)、宝顺洋行(Dodd & Co.)、和记洋行(Boyd & Co.)、水陆洋行(Brown & Co.)、德记洋行(Tait & Co.)、怡记洋行(Elles & Co.)。短短十年,茶叶竟占台湾北部出口总值的90%,淡水港成为台湾第一大港。

乌龙茶是台湾茶业最早的出口商品。19世纪70年代后期,国际茶业市场呈现不景气现象,台湾乌龙茶受到波及。滞销的乌龙茶在台北堆积如山，不得已变通办法，1873年台湾将滞销的乌龙茶运往福州，加以薰制成具有花香的茶叶，以两张毛边纸包成四方的包装，销售到东南亚，受到普遍欢迎，首创包种茶外销。

1874年，台湾乌龙茶经厦门输出量达123万公斤。光绪十九年（1893年）时，跃增为1639.4万斤，成为台湾最重要的出口产品。光绪二十二年（1896年），安溪萍州村人张乃妙（1875—1954）将家乡纯正的铁观音茶苗引入台湾，在木栅区樟湖山种植成功，后来这一区域逐步发展成为台湾正宗的铁观音产区。在19世纪后半期，台湾主要生产乌龙茶，台湾茶文化表现为乌龙茶文化。

日据时期，台湾外销主流是红茶。日本明治三十六年（1903年），有鉴于国际茶业市场红茶的地位逐渐重要，日本政府为配合日本企业在台湾生产红茶的策略，陆续在台湾成立茶树栽培试验场和制茶试验场，带动台湾茶叶纵向机械化生产。三井合名会社所制造的"日东红茶"品质甚佳，打入国际市场，成为国际上能够与立顿红茶一争高低的台湾品牌。同时期日本也建立了统一的茶叶产销体系，日本大正七年（1918年），台湾茶业株式会社与台湾拓殖制茶株式会社合并，扩展制造红茶，开启了台湾红茶的时代。台湾红茶的出口逐渐超越乌龙茶与包种茶，特别是1930年之后，台湾茶文化的重点转移到红茶文化。

台湾光复初期，外销主流是绿茶。国民政府整合原来日本的茶叶公司为台湾农林公司，继续经营红茶外销，并因应国际市场需求，开始生产绿茶。1948年，英商协和洋行（Hellyer & Co.）认为，以大陆制作绿茶的方法来制作炒青绿茶会有很好的成效，并聘请了上海绿茶专家来台湾指导制作绿茶，从此奠定了台湾绿茶的黄金年代。1970年起，台湾炒青绿茶的国际市场不顺利，北非洲的市场逐渐被大陆茶叶占领。此时，日本静冈县的茶业者适时到台湾欲购买蒸青绿茶，于是引进机械、技术，大量制作蒸青绿茶，全盛时期有蒸青绿茶制造厂300家，一时蔚为风气，仅1972年出口蒸青绿茶达13000余吨，占台湾茶叶总出口量的一半以上。但好景不长，到了20世纪70年代后期，蒸青绿茶的市场一蹶不振，台湾茶业又面临艰苦的岁月。在此期间，台湾茶文化表现为绿茶文化。1985年之后，台湾茶叶生产成本大增、高级茶叶需求扩增和台湾罐装茶饮料崛起等因素，使得台湾的茶业生产以供应台湾当地消费者精致的饮茶需求为主。

台湾的茶文化随着茶业市场的变化而变化，无论是茶业市场的走向还是茶叶消费的种类都表现出轮回性的轨迹。台湾茶业的发展，是由自给的市场发展到外销为主的市场，后来又回到自给为主的内需市场。几百年来，茶叶产销经历了早期的乌龙茶——包种茶——红茶——绿茶的轨迹发展。而这样轨迹和历史，放在大陆来看也是如此。

第六章

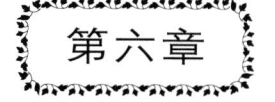

闽台传统节日与饮食文化[①]

节日是人类社会各个族群普遍传承的一种重大的显性文化事象,是民族文化的重要表征,是最具地方特色、蕴含丰富意义的区域文化符号。中国的传统节日历史悠久,内容丰富,形式多样,有很强的内聚力和广泛的包容性,是民间参与性最强、影响面最广、吸引力最大的群体性活动。一到过节,举国、举县、举乡、举村同祭、同庆,可见其社会作用之大,历史认识价值、文化价值、艺术价值之重,是我国宝贵的精神文化遗产。

福建与台湾,一水之隔、一脉相承。闽台之间地缘近、史缘久、血缘亲、语缘通、商缘深。特别在民间传统节日上,闽台沿袭了大部分汉文化遗风,节日时令内容、形式上,都呈现出相同或相近的特征。

当然,随着社会政治、经济、文化的不断发展,民间传统节日也受到现代工业文明的洗染,在节日流程仪式、器皿物什、时空场所等方面都打上了鲜明的时代烙印。而闽台之间,更由于政治生态、文化传承、先住民的族群文化差异而在民间传统节日的类型、特征上呈现出各自的表象与内涵。

---

① 本章"传统节日""饮食"部分参考、摘录刘芝凤总主持的"闽台历史民俗文化遗产资源调查"子课题成果,即郭肖华,林江珠.闽台民间节庆传统习俗文化遗产资源调查[M].厦门:厦门大学出版社,2014;欧荻.闽台民间传统饮食文化遗产资源调查[M].厦门:厦门大学出版社,2014.

第一节 闽台传统节日

一、闽台传统生活节日

闽台传统生活节日与其他地区一样,从元旦算起到除夕夜,大大小小数十个。唐代开国之初,由欧阳询等人编著的《艺文类聚·岁时部》记唐代以前节日就有十多个,如元正、人日、正月十五日、月晦、寒食、三月三、五月五、七月七、七月十五日、九月九、社、伏、腊等。南宋蒲积中据北宋宋绶《岁时杂咏》增补而成的《古今岁时杂咏》,将汉魏至宋代文人雅士逢时感慨的佳诗名篇,按一年四季的节气时令编排成册,如元日、春分、清明、立夏、端午、中秋、重阳、冬至、岁暮等,共列二十八节。这些节日尽管大小不一,功能不同,但作为一种文明的载体,承载着比普通时日要丰富得多的物质文明与精神文明。民俗的形成一方面是与人们的社会物质生产水平、生活的内容与方式的变化以及自然条件相适应,随着经济基础和社会生活的变化而变化,只是民俗的变化往往滞后于经济基础和社会生活;另一方面,民俗一旦形成便世代相袭,并以传统习惯势力、传袭力量和心理信仰影响和制约着人们的意识和行为,具有长久的传承性和相对的稳定性;此外,民俗节日还具有地域性、民族性、阶层性和社会性等特征。

闽台地区因不同地理条件与不同人员组合背景,节日习俗的变异性很大,往往同一村不同姓就有不同内容的节俗,产生出不同区域的文化状况及节日本身的地域差异特征,在总体上构成了不同特点、不同样式、不同风貌的闽台民间传统节日。

(一)春节

课题组历时两年,在闽台地区近 120 个城镇、乡村和社区调查发现,闽台地区保持最为完整、民间最为重视的传统节日即春节,春节是如今闽台地区全民参与的节庆日。不论是大陆还是台湾,春节都有公休假。

"年"既是时间单位,也是节日名称。年是我国民间古老而又最为隆重的节日,尧舜时称"载",夏代称"岁",商代称"祀",周代起称"年",沿用至今(其间只有唐玄宗、肃宗二帝时一度称"载")。辛亥革命后改行公历,以 1 月 1 日为元旦,于是原称为"元旦"的农历正月初一日即改称"春节",但仍习称

"年"。春节原是作为月朔"元日"而定下的,因为它居一年之首,但其后又复合了对天帝和祖先的祭祀内容,如《渊鉴类函》载,岁首之日"祀五方帝及日月星辰于郊坛"。东汉崔寔在《四民月令》记载,自汉代有"荐黍糕于祖祢"的内容。

闽台的春节习俗由中原传播而来,福建畲族、回族、瑶族、壮族等少数民族和台湾高山族,春节都是跟着汉人学的。汉人的春节相对而言过得很丰富,从大年初一日到正月底,几乎天天都有节事。

大年初一这天,在家中煮素菜供奉本家族的列祖列宗,无须焚化冥纸,仅烧银箔若干,向土地神灵致敬,祈请关照祖宗在天之灵。过后,全家团坐共进新年第一早餐,称"开正素"。俗谚云"初一早食菜较赢食一年斋",所以民间初一的早餐多为素食,多吃用红枣、花生、桂圆肉、莲子、冬瓜糖等做成的八宝饭或甜线面汤。其中豆干炒菠菜是必吃的一道菜,最后需要把盘中菜汤一律喝干。因有俗语云:"初一早菜汤要喝彻,出门才免遭雨厄。"午餐则要开荤,饭桌上摆满鸡鸭鱼肉各种食品,象征一年中都会菜肴丰盛。是日一般不煮新的饭而吃除夕特意多焖的饭,寓意年年有余。干饭佐以"长年菜"(以豆腐及整株的菠菜、韭菜、芥菜等做成)。长年菜要从头到尾吃完,俗谓可以消食去腻,又寓意长寿,为父母祝寿,自己也添寿。漳州城区的长年菜是将厚末菜(也有用芥菜)一叶一叶剥下(不得用刀切),在水中烫熟后置于钵中,任其发酸。除夕"围炉"时每人均要吃少许,其余留到新年里加到年饭的"菜尾"中。此外,大年初一不能拿刀,不能扫地。俗语云:"初一早起勿拿刀,长年透天闲啰啰。"(寓意全年安闲自在)大年初一的祭祀活动叫作"喝正",祭拜灶君和土地公,与其他地区不同的是这里的神灵并没有去天上述职,所以也没有送神和接神仪式,初一早上依然拜神灵。这一天也会到各宫庙进香祭拜神灵,祭品数量为单数;还要到祠堂去祭祀宗族的共同祖先,进入祖庙后按辈分年龄站立,祭拜过祖先后则族人互拜。

接着给邻里故旧、亲朋好友拜年。清代曾习轩的《漳州四时竹枝词》有"元旦春为一岁魁,大家拜贺礼相陪。儿童也解称恭喜,赚得红柑满袖来"的诗句。清代地方志也记载:"元日祭毕,无贵贱御新衣,谒亲贺岁。主人出辛盘共款。醉人相望于道,五日乃止,谓之假开。"亲友上门拜年时,主人用红枣、蜜金枣、桂圆干或冰糖、冬瓜糖等煮成甜茶招待,并以朱漆的荐盒盛蜜饯、糖果、红枣等外加瓜子、红柑待客。客人拿起甜点必须"唱好话"祝福主人,诸如"食甜甜给偲趁大钱""食红枣给偲年年好"等。明代漳州人过年时用槟榔敬客,现在此俗在台湾地区尚有残存。至亲好友上门拜年,主人往往会以佳肴美酒招待,称"请春酒"。客人告辞时双方常以红包馈送对方的孩童。

俗谚云:"正月正,新娘无出厅。"即当年过门的新媳妇初一一整天都要待在房中,同时要大开房门迎接前来拜年的亲友。到来年的正月初一日,这个媳妇就可以自由地走出房门过年。

每年正月初二日是旧社选社头(首)的时间,请火时间和地点是由社首去年初二日掷信杯选出的。请火当天早上五六点一切准备工作完毕,扛轿子的、举旗的、担香火炉的、挑茶担的、大吹队、闹台队、西乐队(现代才出现)、南音队、锣鼓队、威风鼓队、狮队、龙队等上千人浩浩荡荡向请火地点出发,出发前要做一个敬,叫出佛敬。到达请火地点后,由道士拿着砍刀砍向取火石,产生的火花点燃金纸后将火种奉入香火炉(炉内有折成小段的香和生炭)。确定请火地点后,提前通知会过境的宫庙,沿途宫庙就会摆敬点请吴公祖师,回宫途中会沿途吃敬点。回宫一般要晚上六点左右。返宫后做的敬叫下马敬。入宫后还要做火醮,直到天明。做出佛敬和下马敬时,火头和社首都要置办祭品。请火过程中道士有时会乩童上身,受人抬拜。迎龙灯一般在傍晚五点多就开始,各宫庙都会出一支表演队,一起组成庞大的队伍,由主持宫出发,途中也会吃敬点,一路巡游给各家带来光明,带来希望。

从初一到初四,如果扫地,一定要从大门口往里扫,垃圾也不得倒弃,以免财宝外流。初五可以开始打扫卫生,过年所积下的垃圾都要清扫出门。

民间传说初五是财神的生日,因此店铺多于是日开市,开门做生意时要燃放鞭炮,并在门前张贴上书"大吉利市""开张大吉"的红纸。"假开"后,过年的活动基本结束,过年的禁忌也可以放松,小孩子也被剥夺了"豁免权",从当天开始,再淘气就要受到惩罚,所以说"初六拍囡仔尻穿(打小孩的屁股)"。过了初五也可以煮稀饭吃,所以又说"初六舀饭"。

正月初六日又是三平祖师的生日,三平祖师或广济祖师是民间对唐代漳州三平寺长老义中法师的称呼。是日,善男信女从各地赶到三平寺或由三平寺分香到各地的寺庙,有的还抬着香片龟(糯米制成的龟状糕点),跳大鼓凉伞,或请戏班到寺里演戏娱神,俗称"献戏"。寺内香烟紫绕、炉火熊熊、佛灯通明,炮仗声与锣鼓声、管弦乐声交织在一起,响彻云天。没有进山礼拜的信徒也要备办甜线面、果品在自家门口遥祭。

初七为"人日"或"七元日",俗称"众人生"。闽台地区民间认为初一为鸡日,初二为狗日,初三为猪日,初四为羊日,初五为牛日,初六为马日,初七为人日,初八为谷日,初九为天日,初十为地日。人日之说起源于我国古老的神话传说,相传女娲造人,但小泥人不会动,女娲便向神仙请教,神仙告诉女娲,人要有七窍才有生命。女娲按照此说在泥人身上一日凿一窍,七日凿好七窍,人便诞生了,所以七日为人日,是人类的生日,又称"人启日"或"人胜节"。各户点蜡烛七支,供奉生果三至五包,以面线为祭品,祭祖拜神,祈求一家人都能长寿,以"芹菜、荠菜、菠菜、青葱、大蒜、蒿菜、芥菜"等七种蔬菜在人日混合煮食,可祛病避邪,此即为过七元。这一天又称"七煞日",诸事不宜,尤忌远行,人们一般不出门,也不可说不吉利的话。人日天气晴好则人平安,天阴则兆灾祸。厦门地区若遇人日多阴,好像天穿了洞,就要帮天补一补,以免天雨成灾。各户煎些或咸或甜的如龙状的年糕祀神明,叫作补天穿。

初八为谷日,是日晴兆谷物丰收,阴兆谷物荒歉。《正月歌》中称"初八哮枵(喊饿)",意为到了初八这一天,年饭等新年的食物均已吃光,百姓要开始准备祭拜天公的食物了,故又称"初八摸"(忙家务)。但也有说"初七摸,初八浪荡空",大概是初七已经将敬神的事情预备妥了,于是到了初八就闲得无所事事。是日夜开始敬天公,鞭炮声彻夜不断。有的人家在是日祭祀祖先。

初九俗称"天公生"。天公即玉皇大帝,漳州人称之为"天公祖",旧时认定正月初九日是玉皇大帝的诞辰,朝野都有祭天的礼仪。这一天禁止倒水在地上,禁止挑粪肥,也禁止将便器和妇女下衣等不洁之物置于露天之下,以免亵渎天神。是日禁屠宰,漳州人要事先宰猪、杀公鸡,到了这一天,家家户户祭神,祈求新年风调雨顺,家运昌盛。祭天公的公鸡特别讲究,必须不是白色的,而且要保证全鸡完整,以示对玉皇大帝的特别礼敬。宰杀时尾羽必须留下三根,不能开膛,内脏要由肚子下挖开的小洞取出,洗净后除心脏外都要放回肚中。双爪应从这个小孔塞入肚内,双翅反剪夹紧,正摆在盘中,鸡头用红丝线系住使其昂起,鸡心夹在其喙中,凝固的鸡血夹在其颈后。家家设香案,用牲醴、米糕、甜粿、发粿、红龟粿和水果祭拜,较讲究的要用所谓的"六斋",即金、木、水、火、土、粮,就是金针菜、木耳、豆腐、香菇、花生及粉条或面条供奉天公。还要将特制的黄色长条纸钱(漳州称"长钱",台湾称"天公金")用红丝线系在门环上,待祭拜完再焚烧。要在胸前画三划,在背后画四划,同时念"改年经":"前三后四,平安无代志。"旧时,社区还要请戏班演戏"敬天公"。娱神的露天戏台多设于庙前,神明端坐神龛即可赏戏,若在别的旷地"献戏",就要搭案恭迎诸神入座观赏。

初十俗称"地公生"(土地神生日)。是日,禁舂米、劈柴、掘土,以免触犯地神,同时还要以一般的祭神物品祭拜。民间还有称初十为伽蓝爷的生日,是日在一些地方举行迎神赛会,因此,漳州的过年歌中有"初十人迓"。

十一日俗称"吃福"。各家各户准备丰盛的晚餐共食,寓今年有福气之意。俗谚称"吃福吃甲老",有祈寿之意。席上必吃韭菜和豆腐,祈求富足发财。

十二人拍馂,就是敲木鱼。一说是村里有人敲着木鱼通知各家准备明天要张挂男丁的灯;又一说是虔诚的人开始念经,为十三和十五日的祭祀做准备。也有说"十二转去拜",意为贺年来往的客人都回家了。

十三人点灯,是指上一年生男孩的人家均要备一瓮酒敬神,并将一对写有"庆贺弄璋"的红灯笼悬挂在祠堂或附近的庙宇前。在方言中,"丁"与"灯"同音,添丁和点灯都是兴旺的现象。是日庙宇除了挂出红灯外,还挂出平安、发财、福寿灯,后三种灯是供社区的信徒求的。信徒以卜卦的形式求到灯后,可将该灯请回家挂在神龛边,来年要加倍还给寺庙灯钱。

十四日要开始为闹元宵做准备,在通衢大道上竖起鳌山灯棚,即数家共同绑一个彩棚,将各家的灯集中起来成为一个景点,这就是"结灯棚"。①

十五日是元宵节,又称"灯节""上元节",台湾还特别称紫微大帝神诞日。这一天家家户户一大早即把五牲、果子、酒菜、纸钱等供在桌上,向天宫神烧香祭拜。街上供应汤圆,闽台民间流传民歌《卖汤圆》,唱道:"卖汤圆,卖汤圆,元宵的汤圆圆又圆……"便是元宵吃汤圆的写照。泉州人称元宵节为上元节,漳州人称"正月半",客家人称"开大正"。课题组调查发现,元宵节是闽台民间民俗活动举办最丰富,也是"做热闹"规模最浩大而隆重的节日。台南地区有习俗,若元宵日天气晴好,就认为今年对女性有利。未婚女子在元宵节外出游春,在归途中进入菜园里劈葱,以实现"劈葱嫁好翁(丈夫)"的愿望。妇女在元宵期间结伴游春,并采几枝含苞的桃枝回家赏玩。

元宵节主要活动有:(1)"吃宵"。闽台地区普遍对正月十五日的"吃宵"比正月十一日的"吃福"更为重视。是日家家户户蒸粿,做元宵汤圆。泉州

---

① 漳州风俗习惯[EB/OL].[2019-03-11].http://bbs.mtw168.com/thread-24253-1-1.html.

的元宵丸闻名遐迩,其制法独特,以炒熟的花生仁去膜捣末,加上白糖、芝麻、蜜冬瓜、金橘泥,拌以焗葱白的熟猪油、香蕉油(香料),捏成丸馅,沾湿后置于盛有干糯米粉的盘中,反复数次滚转而成,煮熟后食之香甜而不腻嘴。史料载此俗始于宋代,取其圆形,寓有全家人团圆、吉利、美满之意。在漳州城区和沿海地区还有吃蚝煎或牡蛎拌薯粉煮的线面,俗谓"蚝仔面线兜,好人来相交",祈望新年能交好运,有贵人相助。(2)祭春。闽台地区上元节当夜有孝敬神祇之俗,当日以元宵丸汤供祀祖先、神明,并做家人早餐。乾隆《泉州府志》卷二〇《风俗》:"上元夜张灯,以米圆祭先及神,或以酒馔祀祠堂,谓之祭春。"(3)闹元宵。以群体共同活动过节,俗称"闹元宵"。传统上出门游上元,看花灯、焰火,猜谜语,攻炮城,化装游行有宋江阵、踩高跷、迎阁、骑马队,乐队有南音、十音、车鼓阵、笼吹,舞蹈有舞龙、舞狮、火鼎公火鼎婆、踢球舞、拍胸舞、剑舞、扇舞等。漳州"海澄、漳浦之民,每正月半作火鼠及火梨之属,下书约斗,谓之'相烧'"①。

(二)拗九节

正月二十九日,是福州地区特有的民间传统节日。福州民间称正月初九为上九,十九为中九,二十九为后九,故此节又称"拗九节"。福州方言中"后"与"拗"谐音。拗九节又称"后九节""孝九节""送穷节",这天清早,家家户户都用糯米、红糖,再加上花生、红枣、荸荠、芝麻、桂圆等原料,煮成甜粥,称"拗九粥",用来祭祖或馈赠亲友。已出嫁的女儿,也必定要送一碗拗九粥回娘家,有的还要加上太平面、蛋、猪蹄等,孝敬父母。福州人认为,逢"九"不顺利,因此每年这天,岁数逢九或九的倍数的人都要过"九"。家里要为其煮拗九粥与太平面,以祈求逢凶化吉,除去晦气,羁上好运,平安地跨过"九"的门槛。关于拗九节的来历有两种说法②:

一种是目连救母的传说。据传,目连母亲最恨出家人,而目连一心向佛。他长大后,一次外出经商,临行时对母亲说:"孩儿出外求财,母亲在家要积德积善,对出家人要如同对孩儿一样。"其母应允。谁料目连走后,其母依然如故,凶悍地把登门化缘的僧尼全都赶走,吝啬到一顿饭也不肯布施。半年后目连返家,听说母亲对出家人极不友好,遂向母亲查问原因。其母谎

---

① 陈支平.闽南文化三论[M].福州:海峡文艺出版社,2016:12.
② "拗九节"由来及习俗[EB/OL].[2019-03-11].http://fz.wenming.cn/zthd/zthdaj/ajjrqy/201202/t20120215_170528.html.

称并发毒誓,说若真如此七日内不得好死,死了坠入阿鼻地狱。七天后其母果然暴死。目连大恸葬母,随后他抛弃了荣华富贵,归依释迦牟尼,修成了阿罗汉,成了佛祖的十大弟子之一。目连经打听,知道母亲死后果真坠入阿鼻地狱。他在地狱找到已变成饿鬼、正受苦刑的母亲,悲哀异常。目连每天送饭奉母,饭却屡被小鬼吃去。后目连设法煮了表面难看的拗九粥送去,小鬼见状就不吃了。其实拗九粥是用荸荠、花生、桂圆、红枣、红糖、芝麻等一起煮成。从那天起,母亲才吃到儿子送来的粥,而那天是正月二十九日。乡人赞叹目连的孝心,于每年正月二十九日煮拗九粥孝敬双亲及邻里长辈,并相沿成俗,演绎出"拗九节"这个民俗,流传至今。

另外一种说法和数字"九"有关。按福州民俗,"九"是个不好的数字,传统农历正月晦日为送穷日,故拗九节又叫"送穷节",意为送走穷神。传说上古颛顼、高辛时,宫中生一子,不着完衣,宫中曰为穷子,不想正月晦日其死,宫中葬之,相谓曰今日送却穷子。此俗逐渐流传于闽地,明清时期福州民间认为正月二十九日为送穷日。传统上每逢这天,福州城内外家家户户都会大扫除,清理家中破烂尘秽,并将之作为垃圾倒掉,谓之送穷。

(三)清明节

汉族传统的清明节大约始于周代。《岁时广记》:"春分后十五日,斗指乙,为清明。"盖时当气清景明,万物皆显,因此得名。大致每年4月5日前后为清明节。清明一到,气温升高,正是春耕春种的大好时节,故有"清明前后,种瓜点豆"之说。

闽台清明主要活动是扫墓祭祖和祭奠已故先贤。"烧包袱"是祭奠祖先的主要形式。所谓"包袱",亦作"包裹",是指孝属从阳世寄往阴间的邮包。过去,南纸店有卖所谓"包袱皮",即用白纸糊一大口袋。有两种形式:一种是用木刻版,在周围印上梵文音译的《往生咒》,中间印一莲座牌位,用来写上亡人的名讳,如"已故张府君讳云山老大人"字样,既是邮包又是牌位。另一种是素"包袱皮",不印任何图案,中间只贴一蓝签,写上亡人名讳即可,亦做牌位用。

扫墓起源于秦代,《厦门志》记载:"清明,各祭其先,前后十日。墓祭挂纸帛于墓上。妇人亦出郊展墓踏青,采新麦簪之。"旧时,扫墓一般全家老小全部出动,带上纸钱和墓纸,还有锄头、畚箕等,称"行山"或"踏青"。到墓地后,先检查墓地有否倒塌、破损,然后锄净坟地周围杂草,清理墓埕、墓碑,培土植树,俗称"培墓"或"巡墓"。全家人要围在坟墓四周吃红蛋,蛋壳就撒在墓地上,含有新陈代谢、生生不息的吉祥意思。并用蛋清调和的朱砂将墓碑上的字描红,再将供品(有三牲、酒、米糕、薄饼、墓粿等)放置在墓碑前的石板上,同时将部分祭品一并供奉墓边的土地神,然后焚香点烛祭拜。再将墓纸(五色纸或黄古纸)放置在墓地上,为防风吹走,以小石压住,俗称"挂纸",以此作为扫墓的标志,表示该墓为有主之墓,以防他人侵占。祭拜完,烧银纸,放鞭炮。

闽南地区及台湾、金门等地的俗谚,说"清明无回就无祖"或"清明无回家无墓(无祖)",远赴外地者一般都要赶回家过节、扫墓。闽南旅居海外的侨胞不能回来的,一般也要事先汇钱回家,资助备办节日和扫墓之需,以表游子心意。台湾还有一个特殊习俗,如果在这一年内家中有喜事,扫墓时还得准备一个小红灯(油灯)点在墓前,回家时再带回家,据说这样可招来更多的喜气和吉祥。

(四)端午节

早在汉代戴德编撰的《大戴礼记·夏小正》中,就已有五月五"蓄兰为沐浴也"的记载。端午节的称呼始于晋代。

赛龙舟俗称"扒龙船",是闽台地区端午民俗活动中最热闹的。中华民族自称龙的传人,龙是我国人民想象中的神兽,被人们广泛崇拜。端午节参加比赛的船只饰之以龙头,故称龙船。这项活动在南北朝时已见端倪,隋朝时演变为一种竞技娱乐活动。此外,民间传说古代南方百越族以龙为图腾,以此祈求龙王保佑五谷丰登、百姓安康。顾禄的《清嘉录》引《荆楚岁时记》说:"五日竞渡,相传吊三闾大夫而作。"引《吴越春秋》说:"(划龙舟)起于勾践,盖悯子胥之忠而作。"这两种说法,一为纪念屈原,一为纪念伍子胥。端午当日,闽南各地沿海、沿江的群众,利用舟楫和天然水域举行龙舟竞渡活动。

台湾旧时淡江辽阔,水运畅通。小康之家,风雅之士多自雇舟,船饰以花锦,放棹中流,一面观赏龙赛,一面饮酒吟诗,称之游江。唯自江淤水浅,盛况已不可见。今则观赛之人,万头攒动,环绕江边,虽骄阳如火,毫不畏惧。龙舟长五丈有余,中宽四尺五寸,高一尺五寸,樟木构造。舳为龙头,舻为龙尾。舷绘鳞甲,光泽夺目,俗谓:"百日造船,一日渡江。"可见其制作之精致。初二日,在炉主家续商赛事细节。至初五晨,再祭龙舟,茶香溢首,以示必胜。午时初刻,锣鼓声中将龙舟送入水中,对方龙舟鸣锣喝彩,表示欢迎,谓之"接龙"。龙舟划手最多不得超过三十二人,各着彩衣,额束绣帕,一个个雄赳赳气昂昂,好不威武。裁判一声炮响,锣鼓喧天,舟如箭出,两岸观众狂呼猛叫,以助声势。赛程约四百米,终点竖有红旗,先至者夺旗而归,是为一胜。如此三天,以三赛二胜为冠军。赛毕,不论是否夺得标均须供设牲礼,望江而拜。至十日晨,各龙舟炉主邀请全部划手,犒以肴、酒,名曰谢江。而后举舟入厝,称之收龙船,并演大戏酬神,附近居民亦多备办水果、清茶,焚香祷拜,请龙神保佑风调雨顺、国泰民安。

闽南地区端午节还有多种水上竞技娱乐活动,最精彩的属水上抓白鸭。此外,还有饮雄黄酒、插艾蒲、戴香包等求平安习俗。这与端午节的另一传说有关。旧时把整个五月称为"恶月",五月初五这一天为"恶日"。东汉崔寔的《四民月令》记载:"是月也,阴阳争,血气散。"五月气候多雨湿热,恶疠时常泛滥成灾,所以人们吃雄黄酒和大蒜头,插艾叶、菖蒲、榕枝、柳枝来杀菌避灾。这些艾草干了之后做药材和鸡蛋一起煮,据说吃后具有提力提神之效。人们还用雄黄酒在小孩子额头画"王"字,耳朵也会涂一点,寓意祛邪消灾保安康。政和县与周宁县也有这样的习俗。[①]

(五)娘妈生

农历七月初七日,又称七夕、乞巧节。闽南、台湾民间过七夕节不重乞巧,更看重为孩子祈求平安健康,重视保健食俗。每到七夕之际,几乎家家户户都买来中药使君子和石榴。民间传说该日是七娘妈的生日,故俗称"七娘妈生"。七娘妈是保佑孩子的神灵,有7位,织女是其中一位。民间信仰七娘妈,认为凡16岁以下的儿童都受七娘妈的庇护,在儿童周岁后,要前往寺院祈愿七娘妈予以保护,将古钱或银牌、锁牌用红线串起来,悬挂于儿童颈上,称"挂契"。到孩子成年时,于七娘妈生日那天"脱契"(也叫"洗契")。届时要前往寺庙供拜面线、粽子等,以答谢神灵多年来的保护。

闽台民间十分盛行崇拜七娘妈这一被奉为保护孩子平安和健康的偶像。民间敬七娘妈,则以七份供品供奉七位神灵,夜晚设桌于庭院中,挂"七娘神灯",遥向七娘妈拜寿。此外,还有用彩纸糊制的"七娘妈桥""七娘妈

---

① 黄辉海,林婉娇.南平市浦城县富岭镇马家庄村节庆习俗调查报告[R].课题组学生调查报告.

亭"。祭毕，与纸钱一起焚化。在泉州安溪县感德镇，人们在七月初七日这一天供拜七娘妈，比较有特色的是要采七朵花（最好七种颜色）放于盘中祭拜七娘妈，还要煮特别的汤圆（在圆子上摁一个小坑）；有趣的是，这一天通常会下雨，人们说那是七娘妈在哭泣。① 有些地方还有拜婆姐的习俗。婆姐是七娘妈的侍女，是守护儿童摇篮和床的神明。民间传说儿童的胎记是婆姐所做的记号，以便于看护。祭拜婆姐要将祭品摆在小孩床上，祈祷孩子平安、聪明、健康成长。在漳州云霄县还保持另一种"祭床神"的风俗，称"床公婆生"。此日，各家各户喜煮甜糯米饭。煮熟的甜糯米饭装盘堆成山形，上面圈以红色绒线，中央插上美人蕉叶子，供拜神、佛和"床公婆"。向床神祷告，祈求夫妻偕老，子孙健壮。②

（六）中元节

农历七月十五日中国民间的传统节日中元节，在闽台地区亦称"鬼节""亡人节""七月半"。

闽南地区和台湾漳泉人地区整个七月都在过普度，分街分巷分日过鬼节。本家渡亡灵多在七月半。有些地区"七月半"为七月十三或十四日。俗传去世的祖先七月初被阎王释放半月，故有七月初接祖，七月半送祖习俗。送祖时，纸钱冥财要烧得很多，以便祖先享用。同时，在写有享用人姓名的纸封中装入钱纸，祭祀时焚烧，称"烧包"。年内过世者要烧新包，多大操大办，过世一年以上者烧老包。

漳州云霄县礁美村、高塘村渔民除了祭各庙神像外，还要去祠堂旁边的一堵墙前祭拜"大人公"。"大人公"没有神像，墙上只有三个洞，墙前摆一小案几，供品放在上面，祭后将香插在墙上的洞里。民俗学家方群达讲，"大人公"是只有渔民才会去祭拜的集体神，祭的是海难事故中死去或失踪的游魂野鬼。台湾的渔民也有祭拜海难中的游魂野鬼的习俗，但是会供一个牌位，称"九贤七祖"，庙叫"有应公庙"。渔民摆上祭品，烧香迎神，等神吃饱了，还要送它们走。所以，云霄海边渔民有放水灯的习俗，即折一纸船，在上面放置小碟，涂一点花生油，再放灯芯草，点亮灯芯草后，纸船顺流而走。有渔船的人家，无论是运输船还是捕捞船，每户都会放一灯。七月普度从初一至三

---

① 根据黄辉海"安溪县感德镇民俗调查笔记"整理。
② 曾丽莉.福建省漳州市云霄县开漳圣王巡安活动调查报告[R].课题组学生调查报告。

十日都可以,大部分渔民选择七月十五日普度。只有崎美村的普度是在七月下旬,传说旧时当地船户有一年七月十五日出海时遇到海难,死了很多人,故普度推迟到下元。①

(七)中秋节

农历八月十五日是中秋节,华夏民族三大传统节日之一。"中秋"一词最早见于《周礼》。根据我国古代历法,一年有四季,每季三个月,分别被称为孟月、仲月、季月三部分,因农历八月十五日在八月中旬,故称"中秋"。

在中秋节,福建大多数地区都是以赏月、吃月饼为主。但厦门人对中秋节特别重视,除了全国共有的赏月、吃月饼以外,当地有玩会饼博状元的民俗活动。当年郑成功率部驻扎在厦门,中秋节前后,士兵们开始思念家人。部将洪旭为了激励士兵先国后家的斗志,便巧设"中秋会饼博状元",用6个骰子和1只碗,让士兵轮流掷骰子,根据骰子红点的多寡,可中状元、榜眼、探花、进士、举人、秀才。六骰均为4,可拿走桌上全部月饼;六骰均为除4外的数,要关灯,抢月饼。该习俗一直在厦门民间流传。中秋之夜,家家户户都会进行这种充满乐趣的活动。

台湾和福建有中秋节吃芋头、番薯、柚子的习俗,俗语"八月十五,番薯芋",就是这一习俗的反映。课题组在福州、宁德、漳州调查发现,福州人过中秋节吃月饼外,还吃芋头和鲟,而且在中秋节这一天,外公、外婆要在外孙、外孙女胸前挂上象征吉祥如意的"鲤鱼饼",希望小孩能"鲤鱼跳龙门";②宁德屏南县双溪镇民间有中秋拜月习俗,在中秋这天长辈先送给小辈月饼,小辈再给长辈回礼。

(八)重阳节

农历九月初九日重阳节,是我国的一个传统节日。《易经》中把"九"定为阳数,九月初九日,两九相重,故而叫重阳,也叫重九。据文献资料记载,唐朝时正式把重阳节定为节日。重阳在民众生活中成为夏冬交接的时间界标。重阳又称"踏秋",家族倾室而出,所有亲人都要一起登高"避灾"。

重阳节主要民俗活动有登高、放风筝、插茱萸、赏菊、吃重阳糕、喝菊花

---

① 王文静,黄雅芬.漳州云霄县礁美村、高塘村渔业生产习俗调查报告[R].课题组学生调查报告.

② 欧荔,杨慧玲.福州市饮食民俗调查报告[R].课题组学生调查报告.

酒等。课题组在南平市、宁德市和莆田等地调查发现，南平市浦城县富岭镇马家庄村人在重阳节，家家做千层糕。据说重阳来了，天气冷了，要吃千层糕。① 宁德市福安畲族在重阳节要吃芋头和温补类的食品，或者将芋头做成芋头糕。② 莆田仙游县盖尾镇前连村，九月初九日是连氏族人拜祖墓日，族人先到连氏家庙祭拜祖先，再到山上拜祖墓，分散在泉港、惠安、德化的连氏后裔要派代表过来参拜祖墓。各支族人拜祖墓必准备三牲、五百斤花生、几百斤发糕作为礼仪。拜完后发给来扫墓的族人一些发糕和花生，寓意添丁发财。③ 莆仙人以重阳祭祖者较清明更盛，当地俗有"三月为小清明，重九为大清明"之说。在莆仙的沿海，九月初九日也是妈祖羽化升天日，乡民到湄洲妈祖祖庙或港里的天后祖祠、宫庙祭祀，求得保佑。

有的地方还有放风筝以免去不幸和躲避灾祸之说法。人们在放风筝时故意将线弄断，任风筝飘落别处，认为这样可以避灾免祸。

（九）冬至

冬至是二十四节气中的一个重要节气，在农历的十一月，大致在公历12月22日前后。这一天是北半球全年中白天最短、黑夜最长的一天。自冬至日起，太阳北移、阳气转升，预示着寒季将到极限，人们好生休养之后又将大干一番，故为节日。过了冬至，白天就逐渐变长，一直到来年夏至，所以有"冬至阳生""冬至大如年"的说法。冬至俗称"冬节"，并有"冬节小年兜"之俗谚。

闽南人认为，清明与冬至是两个对人影响最大的节气，老人和重病之人往往在这两个节气前后过世，因此闽台民间十分重视冬至。

泉州的冬至民俗活动主要是祭祀祖先，不请客，不祝贺。闽南地区的宗族祭祖礼俗，一般分为春祭和秋祭。秋祭就是在冬至这天，由宗族的长老代表全族在祠堂里摆供，有三牲、五果、大斋和各种菜碗以及冬至圆等，祭拜祖先，行三跪九叩之礼，向祖先祈求对宗族的庇佑。有些地方还有扫墓献纸钱的习俗，在冬至前后十天进行。课题组在永春岵山镇铺上村和铺下村调查

---

① 黄辉海.南平市浦城县富岭镇马家庄村节庆习俗调查报告[R].课题组学生调查报告.
② 唐文瑶.宁德市福安畲族节庆习俗田野调查报告[R].课题组学生调查报告.
③ 黄辉海.莆田仙游县盖尾镇前连村节庆习俗调查报告[R].课题组学生调查报告.

了解，该地是以陈氏为主的族群聚居地，冬至时要祭冬和拜祖。冬至早上八九点时，陈氏族人在陈氏家祠点香后，由族长到南山庵迎奉吴祖妈神像，抱捧吴祖妈神像回至陈氏家祠。陈氏后裔子孙来自全国各地，由专门的祭祀司仪组织、安排各省市的子孙依次拜祖和行祭拜仪式，完成后再由族长将吴祖妈神像送回南山庵。祭品用全猪和全羊，为少牢，拜祖完后各地子孙在宗祠聚餐。① 在厦门市同安区莲花镇小坪村道地自然村，村民以洪姓为主。冬至日，要做圆子和敬祖宗。当日早上村人到村庙四义祠奉上祭祀品和点蜡烛，若家里有添丁或是有结婚等喜事，祭品要比较丰盛。全村出钱请芗剧团来演戏，每家每户要祭灶神。村里还组织十二个人去江西拜祖，并派一些人到同安的洪氏祖厝拜祖。②

（十）祭灶节③

农历十二月二十三或二十四日，闽台民间有祭灶的习俗，即举行祭供送神上天的一种专门仪式。民间又称"交年""小年下""小年"，这天晚上家家户户均行"祭灶神"的仪式。

传说灶王爷是玉皇大帝派驻百姓家中监察善恶的神，每年上天述职一次，汇报该家每人的善恶情况。为了让灶王爷在玉帝面前多说好话，家家户户祭灶相当隆重，祭品丰富。而最具特色的要属灶糖灶饼，意在让灶王爷嘴上抹糖，尝到甜头，达到让灶王爷"上天言好事，回宫降吉祥"或"上天言好事，下界保平安"的目的。

祭灶送神后，就开始为除夕做准备了，主要是进行大扫除，称"除尘""清尘"。除尘时，要特别清扫那些平时不易打扫到的地方。如家中供奉用的神案、神位、香炉等平时不得擅自移动，只有趁灶王爷及诸神返回天界的几天里进行清扫。诸神中的风神要升天时，闽台民间有禁舂米之举。据说怕将风神捣下，造成来年多风的后果。闽台每年夏冬之交往往饱受台风的肆虐，树拔屋塌、人畜伤亡时有所闻，因此在送神日所有被送的神祇中，独独提防风神。

---

① 黄辉海.永春岵山镇铺上村和铺下村节庆习俗调查报告[R].课题组学生调查报告.

② 谢翠娜.厦门同安莲花镇道地村民间信仰田野调查实录[R].课题组学生调查报告.

③ 本部分由林江珠根据课题组调查资料撰写。

二、闽台传统生产节日

(一)立春

中国古代根据太阳的位置,又联系季节、气候、物候等自然现象的变化,把一个太阳年分成二十四个节气。一年分为十二个月,每个月有两个节气,在前的为节气,在后的为中气,如立春为节气,雨水为中气,后人把节气和中气统称为节气。

立春是一年中的第一个节气,"立"为开始之意,立春揭开了春天的序幕,表示万物复苏的春季的开始。此刻"嫩如金色软如丝"的垂柳芽苞,泥土中跃跃欲试的小草,正等待着"春风吹又生",而"律回岁晚冰霜少,春到人间草木知",形象地反映出立春时节的自然特色。立春被看作标志一年农耕又将开始的节日,有农谚曰:"二月立春雨水前,拉车送粪整田园,打井开渠修水利,再看农具全不全。"

这一节日在古代包含一系列的祭祀礼仪活动。据文献记载,周朝时在立春前三日,天子开始斋戒,到了立春日,亲率三公九卿诸侯大夫,到东方八里之郊迎春,祈求丰收。台湾当局将立春这一天定为"农民节",这是冬三月农闲的最后一天。农谚说得好:"立春雨水到,早起晚睡觉。"农事活动由此开始,这时人们也走出门户踏青寻春,体会那最细微、最神妙的春意。

立春亦称"打春""咬春""报春"。这个节令与众多节令一样,有众多民俗,如打春的"打牛"和咬春吃春饼、春盘、咬萝卜之习俗等。福建三明市将乐县余家坪、良地村立春时文武庙会放铳,接着家家户户放鞭炮,也可贴春联(以前)迎接立春。这一天鸡蛋可以立起来。① 龙岩市长汀县童坊镇彭坊村,立春称"高春",当天有"接春"习俗,查农历定吉时,如 2013 年立春吉时为 6:40,家家户户预先攀折 3 枝蜡梅树枝,待到吉时来到,在大厅正堂上香,分别将 3 枝蜡梅树枝插在大厅正堂灵位前的香炉上、厨房灶王神位和门口(敬奉过路的天地神灵)。另外,在信仰虔诚的人家,一年中每天早晚都要在大厅正堂、门口及厨房上香,以祈平安。在龙岩市罗坊村,立春这天傍晚时分,人们设供品祭祖,放炮烧香,表示家景四季如春。②

---

① 黄辉海.三明市将乐县余家坪、良地村节庆习俗调查报告[R].课题组学生调查报告.

② 陈燕婷.福建省龙岩市连城县罗坊乡罗坊村调查报告[R].课题组学生调查报告.

（二）惊蛰[①]

惊蛰，是二十四节气中的第三个节气。每年3月5日或6日，太阳到达黄经345度时，为"惊蛰"。惊蛰的意思是天气回暖，春雷始鸣，惊醒蛰伏于地下冬眠的昆虫。《月令七十二候集解》中说："二月节……万物出乎震，震为雷，故曰惊蛰。是蛰虫惊而出走矣。"

农谚载："过了惊蛰节，春耕不能歇"，"九尽杨花开，农活一齐来"。惊蛰象征二月份的开始，会平地一声雷，唤醒所有冬眠中的蛇虫鼠蚁，家中的爬虫走蚁又会应声而起，四处觅食。所以古时惊蛰当日，人们会手持清香、艾草，熏家中四角，以香味驱赶蛇、虫、蚊、鼠和霉味。[②] 在福建三明市将乐县余家坪，惊蛰时要在家里撒石灰除虫害，并炒豆子，寓意把虫子炒死。[③]

闽台地区民间主要根据惊蛰节气观察天气变化，制定农业生产节奏。俗语云"未过惊蛰先打雷，四十九天云不开"，"冷惊蛰，暖春分"，"惊蛰吹南风，秧苗迟下种"等。可见惊蛰作为一个节令，是广大民众所创造、享用和传承的生活文化。

（三）二月二龙抬头（农业节俗）

俗话说："二月二，龙抬头，大家小户使耕牛。"二月初二日还被称为"龙抬头日"，对农业生产来说，它是一个重要的日子，因此时阳气回升，大地解冻，春耕将始，名曰"龙头节"。

闽台地区普遍视农历二月初二日为土地公（福德正神）的诞辰，又称"谷神诞"。各户都要准备糕点供品，烧香点烛祭祀土地公，以保佑开春备耕顺利，当年五谷丰登。各地祭拜土地公的形式差异极大。

泉州市永春县岵山镇塘溪村以陈姓为主，这一天村民除各户在自己家里头给土地公过生日外，还以抓阄方式确定每年在西陵宫给土地公过生日的小队［共14个小队，每年抽签分配到不同的祭祀任务，如在土地公生日时，扫墓（分为内墓和外墓）时，佛诞时］。道士在西陵宫门口甩长鞭三下，吹

[①] 本部分由林江珠根据课题组田野调查报告撰写。
[②] 智敏.新版万年历现用现查[M].北京：中国商业出版社，2011.
[③] 黄辉海.三明市将乐县余家坪、良地村节庆习俗调查报告[R].课题组学生调查报告.

号角,就把土地公请到西陵宫里,由吴公祖师做主给土地公过生日。① 宁德屏南县双溪镇在二月初二日是由城隍公给土地公过生日,称做福。这一天庙里会置办几十桌宴席请村民,村民在家里不拜土地公。武夷山市下梅村的人们在家里祭拜土地公,而沙县凤岗街道潆砵村人们在家门口拜土地。② 在屏南县棠口乡漈头村,二月初二日是虎马将军的诞辰,虎马将军是保妇女生产的神明。旧时,有小孩出生在二月初二日的人家,这一天要祭拜虎马将军;但现在人们改到土地庙拜土地公了。特别值得一提的是,莆田市荔城区黄石镇下江头村在二月二会用传统的习俗——打铁球来欢庆这个日子,祈盼这一年过得更加美好。每年的农历二月二,下江头村从村道到农家小院,家家户户张灯结彩,人们燃放爆竹,敲锣打鼓,表演歌舞等,处处洋溢着喜气洋洋的氛围。当庆祝活动正式开始的时候,村里的男女老少着红衣,扮妆阁,纷纷加入出游队伍中,游走在乡村道路,浩浩荡荡。人们举五色旗、装童子、扮故事、打车鼓、奏十音八乐,鸣炮放铳,热闹非凡。最热闹的就是在戏台边举行的打铁球,清一色的男子,光着上身,手中挥舞着用钢针扎成的铁球,勇敢地往身上甩,吸引了十里八乡的人们专程赶来观看,他们将活动现场围得满满当当的,水泄不通。打铁球这个民俗源于农家人对年景的祈盼,祈求传说中的神龙赐福,保佑风调雨顺、五谷丰登。

(四)二月二做头福(商业节俗)

闽台地区习惯上在农历二月初二日做头福,又称"头牙"。闽台地区由于特殊的地理位置,因海上交通带来商贸繁荣,远行的闽台人较多,如工商界、航运界人士及渔民等,他们非常看重二月二的"做牙"节俗。

古代官衙朔(初一)望(十五)祭祀,民间则在第二天"做牙"。商贾每逢初二、十六日要备酒菜,设供祭祀财神和各行业的祖师爷,称"牙祭"。牙祭之后,业主将供品设宴与雇员聚餐,共同祈求财神保佑经商顺利,财源广进。这就是闽台地区商铺的牙祭习俗。二月初二被称为"头牙",是一年中的第一个牙祭。渔民和航运者一般也要"做牙",以庇佑其出航顺利,大发利市。③ 头牙过完,春节正式结束,一年忙碌的生活就正式开始了。

---

① 黄辉海.永春县岵山镇塘溪村民俗节日调查[R].课题组学生调查报告.
② 黄辉海.宁德屏南县双溪镇民俗节日调查[R].课题组学生调查报告.
③ 根据翁艳艳"莆田市荔城区黄石镇下江头村民俗节日调查笔记"整理.

（五）牛生日

农历的四月初八日，闽台民间称"牛生日"，也叫牛魂节，源于民间养牛人家，要用不同形式来庆贺牛放假。永春县有谚语"牛歇四月八，人歇五月至"。

此习俗在福建农村盛行。农家采摘"乌饭柴叶"，和糯米一起，捣制"乌饭馍糍"。谚语有"四月八，馍糍乌塌塌"。耕牛辍耕，并以馍糍、酒、蛋喂牛，以示对耕牛的敬爱。武夷山市下梅村在这天要做黑米饭（材料有糯米、某种树叶汁、目鱼、香菇等），还要炒豆子，寓意把虫子炒死不会有虫害。人们还要给牛吃拌有米糠的麻糍，并把牛放出去，当作是放假。① 南平浦城县富岭镇马家庄村这一天要给牛吃沾了盐的麻糍，并给牛放假。这一天不仅牛要过节，人也要做黑米饭吃。② 龙岩市长汀县童坊举河村这一天农民要给牛放假，各家各户还要拿祭品到庙里拜神。③

（六）立夏

立夏是夏季的开始。人们习惯上都把立夏当作温度明显升高，炎暑将临，雷雨增多，农作物进入旺季生长的一个重要节气。

据记载，周朝时，立夏这天，天子要亲率文武百官到郊外"迎夏"，并指令司徒等官去各地勉励农民抓紧耕作。立夏以后便是炎炎夏天，为了不使身体在炎夏中亏损消瘦，闽台民间有在立夏进补习俗，形成闽台地区特有的节日饮食习惯。泉州人有立夏时要吃虾面习俗，即购买海虾掺入面条中煮食，海虾熟后变红，为吉祥之色，而虾与夏谐音，以此为对夏季之祝愿。福建闽东地区立夏以吃"光饼"（面粉加少许食盐烘制而成）为主。周宁、福安等地要先把光饼用水浸泡后，再用其烹制而成各种菜肴；在蕉城、福鼎等地则将光饼剖成两半，再将炒熟了的豆芽、韭菜、肉、糟菜等夹入其中而食之。屏南县双溪镇在立夏日，一定要用酒糟煮九碗菜来吃。④ 周宁县纯池镇一些乡

---

① 黄辉海.南平武夷山市下梅村节庆习俗调查报告[R].课题组学生调查报告.
② 黄辉海.南平市浦城县富岭镇双同村圳边村节庆习俗调查报告[R].课题组学生调查报告.
③ 林婉娇,陈燕婷.龙岩市长汀县童坊举河村和罗坊乡罗坊村民俗节庆调查报告[R].课题组学生调查报告.
④ 黄辉海.宁德屏南县双溪节庆习俗调查报告[R].课题组学生调查报告.

村吃"立夏糊",主要有两类,一是米糊,一是地瓜粉糊。大锅熬糊汤,汤中内容极其丰富,有肉、小笋、野菜、鸡鸭下水、豆腐等,邻里互邀喝糊汤。这种食俗与浙东农村立夏吃"七家粥"风俗有点相似。务农人家汇集左邻右舍各家的米,再加上各色豆子及红糖,煮成一大锅粥,即"七家粥",由大家来分食。说是吃了这种粥,邻里和睦,一心去夏耕夏种,这也可以说是过去农村社会中重要的联谊活动。福建三明市将乐县良地村立夏时要做一种特殊食物,将磨好的米浆(没放碱)凝固后搓圆,与木耳和肉炒着吃。① 沙县凤岗街道漈硋村立夏时也要吃一些特定的食物,如田螺,他们认为吃田螺补眼,吃笋补脚,吃豆腐补脑。② 这是出于祈求身、心、腿等重要部位健康无恙,防止生病,顺利度过炎夏的愿望。

(七)尝新节

尝新节,俗称"吃新节",是稻作地区稻禾打苞开始晒田时的一种丰收在望的庆祝仪式。南方多有尝新节这个农事节日的习俗。由于地域不同,气候不同,水稻打苞的时间不同,因此尝新节很难固定在同一时间,大都在农历六月初六至十五日。

闽台地区过尝新节前几天,穿戴一新的阿婆、姑娘和媳妇,头戴麦秸草帽,身背竹编背篓,到稻田里采选早熟、丰盈的稻穗。晒干舂成米,以新米蒸干饭,与牲醴果品一起祭祀灶神和土地公,答谢神明的保佑。祭拜后将香烛插在新米饭上,全家聚在一起按家中长幼次序尝新,有时还要请亲友邻居一起按家中长幼次序尝新。尝新时,忌讳谈及歉收以及其他不吉利的话。宁德屏南双溪镇、南平市浦城县富岭镇双同村和圳边村在稻子收割之际,要先在屋前的坪子上祭祀,庆祝丰收,保佑年年丰收、风调雨顺。③ 龙岩市连城县罗坊乡罗坊村会在收割新稻或蔬菜的当天尝新庆祝丰收。还有"狗洗澡"的说法,意为当天为狗洗澡的话,狗不会长虱子。长汀县童坊镇举河村,尝新节一定要祭拜闽王和五谷真仙。

---

① 黄辉海.三明市将乐县余家坪、良地村节庆习俗调查报告[R].课题组学生调查报告.

② 黄辉海.三明市沙县凤岗街道漈硋村节庆习俗调查报告[R].课题组学生调查报告.

③ 黄辉海.宁德屏南双溪镇、南平市浦城县富岭镇双同村圳边村民俗调查报告[R].课题组学生调查报告.

(八)半年节

半年节是汉族岁时传统节日,流行于闽台地区。在福建,主要是闽南地区的漳州人和泉州籍的同安人所过的节日,在每年农历六月初一日或十五日举行。当天家家用红曲、米粉做成半年圆,伴以牲礼等祭品,来祭拜神明和祖先,祈求农作物丰产,生活饮食无虞。祀神祭祖后全家聚食,以祈求事事如意圆满。

半年圆只有冬至圆的一半大,不带汤,多染成朱红色。它是以糯米浸水,然后用磨磨成米浆,装在粉袋里,放在凳上,再用扁担、石板或竹竿压榨。等到干燥了,再杂以红面,搓成约如铜币大小的米丸,象征一家团圆之状。至于以红面染色,是表示甜蜜欢喜之意。这一天,家家户户还要添上丰盛的菜肴,合家进行半年"小围炉"。漳州的半年节风俗始自明代。15世纪明朝中叶,漳州的月港成为中国东南沿海对外贸易的一个港口,市镇繁华,倭寇海贼伺机骚扰,尤其是夏粮收成后,贼船常偷偷靠岸,突然袭击,见人便杀,见物便抢。于是,人们就安排在农历六月十五日提前过小年,蒸些小圆丸祈求神明保佑平安。有些家庭主妇在盘碟上将圆丸叠成山状,并在顶端放上一颗带壳的龙眼干。这桂圆寄托着主人富贵、团圆的愿望。漳州云霄县,半年节为六月初一日,也称过大暑。民间多有做汤圆拜皇天后土及诸神佛的习俗,称"献半年圆"。在此日进补过大暑,认为以补品充体内之热量,来抵消天气造成的外热。一般以鸡、鸭、鱼、肉之类炖入中药,如黄芪、川芎、当归、熟地、白芍等,起健身防病之功效。[①]

在台湾,人们把六月初一到十五日这一时段称为半年节。这时的天气一般很热,俗话说,冷在三九热在三伏。"三伏"之说,即以夏至日起,十天为一伏,称头伏、中伏、末伏。由于夏伏较热,食欲缺乏,人们在饮食上较为谨慎。传统习俗中,新娘初伏时就会被接回娘家小住一阵子,以免过于劳累,称"歇夏";结婚较久的媳妇也可趁此回娘家小住,省亲叙旧。此一习俗目前在台湾一些农村还有,在六月初六、十六或二十六日,任选一日返回娘家。做媳妇的回娘家时要带"等路"(礼物),等到回婆家时也要准备礼物,称"款礼路",多则十二种,少则六种,其中多有栋蓝、洋伞、扇子、龙眼、木屐、四方

---

① 曾丽莉.福建省漳州市云霄县开漳圣王巡安活动调查报告[R].课题组学生调查报告.

糕仔等物,象征吉祥。六月梅雨已过,故也有以六月初六日为"曝衣节"的古俗,谚语有云:"六月六,曝龙袍。"民间即在此曝晒衣被、图书等物;以往老人有准备寿衣的习俗,在这天也取出曝晒,称"张寿衫"。这主要是为了去除梅雨的霉气,并准备晒后收藏冬衣,具有古代卫生教育的功能。在台湾,早期只有漳州籍、同安籍人士有吃半年圆的习俗,后来这个习俗在台湾很多地区流行起来。

闽台地区有在六月半补运之俗,补运大都在寺庙内举行,且愈早愈好。其仪式虽简实繁,执礼者先在神前脱去鞋袜,焚香三炷,然后插在甜糕上,复将备妥之龙眼干(数与家中人数同)围在香之四周,中央置煮熟鸡蛋一枚(代表家主)。祈愿毕,剥去龙眼干及鸡蛋外壳,谓之"脱壳"。辰时初刻,是为吉日良辰,拈神炉灰少许,撒在甜糕上,再取神前香七支,行三跪礼,复捧甜糕返宅,置香于炉,家人依尊卑行礼,分食龙眼干、甜糕。身有疾病或体弱者,食有神炉灰部分。通过此仪式,厄运就能祛除,好运接踵而至。

(九)收获祭

收获祭是台湾少数民族一年中最隆重的传统节日。每年秋收后根据月圆或月缺来定收获祭的时间,庆祝一年的丰收。

收获祭又称小米祭。如邹人、鲁凯人、布农人等台湾先住民每年都会举行与生产活动有关的小米祭庆典活动。以氏族为单位,同一部落各氏族在同一日各自举行,因此也可说它属于家族性的祭典仪式。主要祭祀小米神,感谢它对农作物的照顾,并借着祭典强化家族的凝聚力。

祭典主要活动为:(1)请神,即部落的巫师群聚请神,依守护神、食神、战神、医神顺序请来,然后开始作法。(2)祭天拜祖,由部落的祭司负责,祭司不能随便请的,而是有固定的世系传承而且是嫡传。祭司要准备小篮子、分权的和直的树枝各一根、一株芒草的嫩芽、一个放了水的陶碗、一片手掌大的猪肉、三杯酒。准备好就可以进行仪式。(3)宴客,家家户户要准备菜肴、糕饼、小米饭请亲朋好友,东西吃完了可以再煮,吃的人越多越有面子。(4)竞技活动,有摔跤、负重、射箭、试胆、荡秋千等,每一个人至少都要参加一项活动。(5)晚会,这个活动是青年朋友的最爱。小米祭的跳舞晚会有时要持续三天或五天。未婚年轻人利用跳舞唱歌述说情意,用情歌来表达内心的爱意。(6)祝祷,部落酋长祭拜祖先,同时宣布小米祭结束。

祭典禁忌有:禁食鱼肉、番薯、姜、蒜、盐等食物;收获小米时,禁止与他人交谈,禁止采薪与耕作等。违反禁忌的人,来年家中的粟稻将无法丰收。

(十)矮灵祭[①]

矮灵祭是台湾苗栗县赛夏人关于生产丰收庆典祭祀的主要祭仪,在赛夏人心目中占有极重要的地位,具有非常特殊的异质要素,是以异族矮人灵为核心的祭仪。矮灵祭分为五部分,即迎灵、祭灵、娱灵、逐灵、送灵。每一部分占一夜,其中娱灵为本祭。在五段祭仪前后复有附加的仪节,每一段祭仪由日斜或日暮前开始,至翌日日出后完毕,故每段祭仪虽只占一夜,实则跨了两天,因此全部祭期有六天。

矮灵祭源于一个古老的传说。传说赛夏人原本不会种水稻,有一日来了几个矮人,在部落里教他们种水稻,稻谷丰收后,大伙喝酒欢乐庆祝。矮人酒后对族女不尊重,于是族人用计将矮人灌醉,使其在回家的路上过桥时摔死。当时有一个矮人妈逃生,她气愤地报复赛夏部落,使其稻谷害虫,颗粒无收。族人知道错了,请来矮人妈道歉,矮人妈原谅了族人,稻谷又得以丰收。为牢记这段历史,不再伤害朋友和帮助过族人的人,每年都会利用收获祭来祭祀。初时每年一祭,后改为两年一祭,于稻熟之后十月中旬举行,且均由朱姓长老主持祭典。

(十一)做尾牙

尾牙,是闽台地区商家一年活动的"尾声"仪式,也是普通百姓春节活动的"先声",通常在十二月十六日这一天举行。为求土地公保佑新年利市,商家尤为重视做尾牙,要置办酒席敬祀土地公和财神,祭后设宴犒劳雇员,并在尾牙宴上给雇员分发红包,感谢一年来雇员的辛劳。在台湾地区,尾牙是一个很盛行的节日。这一天,普通百姓家都要准备牲礼拜祭土地公,全家团聚吃"尾牙""润饼"(厦门叫"薄饼",类似其他地方常见的春饼),以求来年家庭富裕润泽。[②] 薄饼原本是尾牙的必备食物,但课题组在漳州漳浦县杜浔镇正阳村遇到的尾牙,是要吃芋头,并将芋头放在门口拜鬼神。[③]

---

① 廖德贤.台湾赛夏人矮人祭[Z].为 2012 年 10 月"闽台历史民俗文化遗产资源调查"课题中期成果之一,在"海峡两岸文化遗产学术研讨会"上做幻灯片展示。
② 尾牙宴[EB/OL].[2019-03-11].http://baike.baidu.com/view/452813.htm.
③ 林江珠,唐文瑶.漳州漳浦县杜浔镇正阳村节日习俗调查报告[R].课题组学生调查报告。

福建地区把做尾牙之后的日子,即农历十二月十七日到二十二日作为赶工结账时间。所以,也称二十二日为尾期。尾期前可以向各处收凑新旧账,延后则就要等到新年以后才能收账了。所以尾牙的饭吃完后,就有几天好忙。过了尾期,即使是身为债主的硬去收账,也可能会被对方痛骂一场,说不定还会被揍,也不能有分毫怨言。

过尾牙,家家户户都要办酒席祭祀土地公,称尾祭,感谢土地公一年来的庇佑。有些地方还在门口供五味碗(日常饭菜),祭"地基主"(先住家宅之孤魂),祭后烧银纸,然后一家团圆就食,称食尾牙。

尾牙这天,老板必宴请员工,饭菜不限,有的地方必上薄饼,有的地方必上闽南糊。而雇员来年的去留,则由老板在尾牙宴上暗示。若酒席上的整鸡或全鱼的头对准哪一位雇员,则他来年将被解聘。如果全部留用,鸡头或鱼头就对准老板。有些地方(如漳州等地),则在就席时看座前的筷子头朝哪里,若朝里,则表示来年不再雇用;若朝外,则表示继续留用。有的看老板是否向你敬酒,若敬酒,就会被辞。有的老板请店员同桌就餐,座位与平日不同,暗示店员明年将被辞退。① 还有一种是在发红包时,一般每人一个红包;如果老板给的是两个红包,则表示来年将被解雇。若员工回避此宴席,说明他明年不干了。

第二节　闽台饮食文化②

"民以食为天。"饮食文化是人类为了生存,在饮食生活中创造产生的饮食观念、行为、技术及其饮食产品的总和,是人类通过自然选择、约定俗成的与环境最相适应的饮食生活方式。③

食物原来固有的风味质量,第一时间决定或影响着人们的精神感受,当然不可否认,人类的文化素质和经验也反作用于感官对饮食认识的程度。饮食文化是最民间化、最大众化的文化。通过研究饮食文化,可以窥见中华文化的今昔。学者认为,饮食文化至少应包含物质文化和精神文化两大方面,如饮食观念、饮食制度、饮食结构、饮食习俗、饮食方法、饮食场所、饮食

---

① 肖绯霞.厦门饮食习俗调查报告[R].课题组学生调查报告.
② 本节选摘于刘芝凤总主持的"闽台历史民俗文化遗产资源调查"子课题成果,即欧荔.闽台民间传统饮食文化遗产资源调查[M].厦门:厦门大学出版社,2014.
③ 陈苏华.人类饮食文化学[M].上海:上海文化出版社,2008:4.

时间、饮食器皿、饮食氛围、饮食原料、饮食卫生、烹饪技艺、烹饪名厨、菜肴配置、菜肴造型、调味配料、食疗原理、饮食营养、饮食礼仪、饮食心理、饮食文化遗产等诸多方面。

闽台饮食文化是指居住在台湾海峡两岸的闽台两地人民在长期生活实践中共同创造的,以闽南方言、客家话为主要载体的区域饮食文化。[①] 它既是中华饮食文化多元一体结构中相对独特的一元,带有起源于中原河洛文化的深刻印记,同时更体现了本区域海洋文化的特征。

一、闽台传统饮食文化特点

烹饪指的是膳食的艺术,即对食品做加工处理,使食物更可口、更好看、更好闻。"烹"就是煮的意思,"饪"是熟的意思,广义地说,烹饪是对食物原料进行热加工,将生的食物原料加工成熟食品;狭义地说,烹饪是指对食物原料进行合理选择调配,加工洗净,加热调味,使之成为色、香、味、形、质、养兼美的安全无害的、利于吸收、益人健康、强人体质的饭食菜品,包括调味熟食,也包括调制生食。

闽台美食在烹饪方面有鲜明的特点,主要表现在选料、制作、品赏、综合特点等多方面,取料广泛,选料精严,刀技精湛,技法多样,变化多端,运用灵活,品种繁多,注重火功,讲究质地,调味多变,讲究卫生,富于营养,色形美观,艺术性强,风格独特等,具有复杂、细致的技术内容。下面就以地理方位闽东、闽南、闽西、闽北、闽中简单分论。

闽东以福州菜为代表,其亦是闽菜主体。闽东菜享有"福州菜飘香四海,食文化千古流传"之美誉。四大鲜明特征为刀工巧妙、汤菜众多、调味奇特、烹调细腻。五碗代表菜为太极芋泥、锅边糊、肉丸、鱼丸、扁肉燕。

闽南以厦门菜为代表。代表菜肴是海鲜、药膳、小吃。本地的风韵小吃,争奇斗妍,不管是海鲜类的土笋冻、海蛎煎、鲨鱼丸、葱花螺、汤血蛤等,还是以肉类为主的烧肉粽、牛腩子、炸五香等,抑或点心类的油葱粿、韭菜盒、面线糊……都让人馋涎欲滴,想要大快朵颐。

闽西以龙岩菜为代表。其以客家菜为主体,多以山珍奇味做原料。代表菜有薯芋类的芋子饺、煎薯饼、炸满圆等;野菜类的苦斋汤、鸭爪草、野苋

---

① 池进,陈秋萍.论闽台饮食文化的形成与相互影响[J].台湾农业探索,2009(2):32.

菜等；瓜豆类的冬瓜煲、酿苦瓜、番瓜汤、酿青椒等；饭食类的高粱粟、麦子饧、拳头粟饧等。

闽北以南平菜为代表。闽北亦是各类山珍充沛之地，如红菇、竹笋、建莲、薏米等。代表菜有文公菜、涮兔肉、幔亭宴、菊花鱼、风干鸭、木概糕等。

闽中以三明沙县菜为代表，风韵独特、刀工精致、品种繁多、经济实惠。最有名的是沙县小吃，共有162个品种，形成牛杂系列、扁食（肉）系列、烧卖系列、芋头系列、豆腐系列。代表菜有烧卖、扁肉、芋饺、米冻皮、米冻糕等。

(一)选料特点

在饮食之初，烹饪原料起着关键的决定作用。烹饪的物质基础、质量保证、效果目的都取决于烹饪原料。闽菜的起源与发展离不开福建的自然资源。福建位于中国东南隅，依山傍海，西部多山，东部面海。终年气候温和，雨量充沛。其山区地带林木参天，翠竹遍野，溪流江河纵横交错，盛产菇、笋、银耳、莲子、河鳗等山珍美味；沿海地区海岸线漫长，浅海滩辽阔，鱼、虾、蚌等海鲜佳品常年不绝；平原丘陵地带则稻米、蔗糖、蔬菜、水果誉满中外。勤劳的福建祖先，在漫长的生活实践中，为后代发现、选育、聚集、创造了丰富多彩的烹饪原料，为闽菜名菜名点的形成奠定了物质基础。

(二)制作技艺[①]

炸：干炸蟳盖、炸酿枣卷、炸香脆肉、香炸五花肠、炸香酥蟹钳、干炸虾排、干炸羊尖虾、软炸肉片、炸八块鸡、炸酥梨鸡等。台湾地区常将面粉和蛋黄混合在一起，放入要炸的食物，再一块块捞出，加以油炸。

煎：生煎大明虾、软煎黄鱼、软煎蚝蟳、中式煎肉泡、南煎肝、芙蓉煎鱼翅、同安煎蟳、啤酒煎肉蟳等。

灯：加力鱼灯白菜、菜脯灯加力鱼、酸菜灯梅鱼等。

烧：明火烧鱼翅、明火烧鲍鱼、红烧虎斑鱼、捆烧黄鳝、叉烧草鱼、葱烧蹄筋、红烧鱼唇、蒜烧河鳗球、葱烧花枝、葱烧乌耳鳗等。

炖：花螺炖排骨、当归炖鲟虎、姜片炖鸭胗、川芎炖牛尾、巴戟炖番鸭、绒鸡炖刺参、清炖过鱼等。

煸：油煸肉松鱼、油煸红蚌、沙爹煸旺螺、上汤煸龙虾、铁板锡纸煸紫

[①] 彭一万.闽南饮食[M].厦门：鹭江出版社，2009：32-33.

菜等。

炒：首先要在锅里放油，细切葱蒜等配料加以爆炒，再加入食物一起翻炒，最后加酱油等调味。如西芹炒沙虫、沙茶炒牛肉、生炒虾蛄球、爆炒脆虾蛄、爆炒腰花、炒鱿花、热炒双脆等。

蒸：将食物放入合适的容器，用蒸笼蒸。如豉汁蒸鲜贝、清蒸笋江鲈鱼、鹭岛生蒸龙虾、清蒸加力鱼、清蒸皇帝鱼、生蒸太极鸡、古法蒸红斑等。

焖：通常用陶锅，加适量的水分和酒，放入食物，用文火充分煮熟，再加调味料。如老姜焖羊肉、红焖牛蹄、春生酒焖老鹅、红焖通心河鳗、三鲜焖海参、红焖翅卷、红焖鲍鱼等。

卤：卤面、卤鸡、卤鸭、卤肉、卤大肠、卤豆干、卤猪脚尖等。

煮：先放油，加入葱蒜等调料，其次放入食物，再加少量的水搅拌，若要煮成汤则加入多量的水煮沸。食物煮熟时，再加盐、味精、酱油、醋等调味。如剑斗扁食汤、湖头米粉汤、莆田入面汤、沙茶面、蚵仔面线等。

(三)品赏艺术

对饮食的品赏应该分别从人的五官体验、心灵感受、食物制作、造型呈现、和谐环境、整体效果等多个方面加以论述。

质：原料和成品的品质、营养，贯穿于饮食活动的始终，是美食的前提、基础和目的。在食品安全问题日益突出的当今，质成为饮食品赏中的头等大事。

色：色彩美是吸引眼球的第一要素，从色、香两个感官指标即可基本测定出菜肴的美学价值。色包括原料自然的本色、经过烹饪的正常变色、各种原料相互间的组合配色。烹饪注重色彩的配置，令人赏心悦目，增加食欲。闽台菜肴通过原料本色、调料加色、烹制起色、上碟设色、配物补色等手法，做到主色副色清晰，冷色暖色得当，单色多色和谐，衬色顺色鲜明，使菜品如同艺术品。

香：闻香是食物美的重要标志，也是鉴别美质、预测美味的关键环节和检验烹调技术的重要感官指标。美食家袁枚在《随园食单》中描述："嘉肴到目、到鼻，色臭便有不同。或净若秋云，或艳如琥珀，其芬芳之气亦扑鼻而来，不必齿决之、舌尝之，而后知其妙也。"香味主要来源于新鲜食物的原香、某些调味品中的芳香物、烹饪的混合香气，具有刺激食欲、去腥解腻、增加芳香的多重功效。

味：强调原料的"先天"自然质味之美和"五味调和"的复合美味两个宗旨。中国人重味、调味、取味、变味，乃至辨味、知味、尝味、品味，菜肴必须以养为目的，以味为核心。闽台菜肴均善于利用调味品的基本味与复合味，加上糖醋，甚至一些苦味中草药，产生一种特殊的香鲜滋味，刺激食欲，解热消暑，预防疾病。

适：舒适的口感，是齿舌触感的惬意效果。滑、脆是最常用的形容词。

形：体现美食效果，服务于食用目的、富于艺术性和美感的造型。如同中国的诗画，追求一种自然古朴和典雅清逸的意境。中国古人对菜肴形的要求，既体现在肴上，也体现在馔上，即主食（以面食为主）和菜肴形制同样讲究。讲究形制又侧重在热菜，冷菜则逊色很多。要在拼配上表现原料的自然本质以及烹调与刀工的技巧，而非舍本逐末的刻镂琢饰。菜肴的造型靠刀工、烹技，追求图案美、立体美和雕塑美，可以采用雕刻法、塑造法、拼摆法、堆砌法、粘合法、贴制法、纤花法、模压法、卷制法等。

序：指一台席面或整个筵宴肴馔在原料、温度、色泽、味型、浓淡等方面的合理搭配，上菜的科学顺序，宴饮设计和饮食过程的和谐与节奏化程序等。它使整个宴会活动展开、起伏、变换、高潮至结束的全过程同与宴者的生理和心理变化充分协调，使与宴者优哉游哉地徜徉于"吃"文化的享乐之中。

器：器皿的专用性、精工特点和观赏性充分显示了美学价值的存在。福建德化是陶瓷之都，闽北原也盛产建盏。闽台两地质地优良、图案精美的饮食器皿，与菜品互相衬托，相得益彰，体现了古朴美、新奇美、高贵美、简约美。

神：厦门南普陀寺素菜和泉州开元寺素菜是闽台饮食文化"神形兼备，超凡脱俗"的典型代表。神韵是色、香、味、形的升华和统一。闽南素菜讲究虚实相间、以形会神，每一道菜都有一个主题，一个雅名、巧名或趣名，富有神韵。让食客对"品尝文化"的点睛之笔留下深刻的印象。

境：指优雅和谐又陶情怡性的宴饮环境，高雅的用餐格调，有自然、人工、内外、大小区别。要创造一个舒适、优美、轻松的环境，体现地方特色，特别突出闽南文化、海洋文化和华侨文化。当然，高星级酒店和街角大排档会带给食客不同的感受，也符合不同消费人群、不同消费档次的不同消费需要。

情：服务艺术强调以诚心、细心、贴心提供服务，创造一个让顾客心情舒

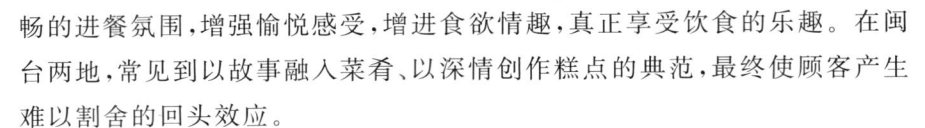

畅的进餐氛围,增强愉悦感受,增进食欲情趣,真正享受饮食的乐趣。在闽台两地,常见到以故事融入菜肴、以深情创作糕点的典范,最终使顾客产生难以割舍的回头效应。

趣:愉快的情趣和满足感甚至幸福感。在中国古代,它或许包含了饕餮贵族、清正之士、本草家、美食家、素食者(准素食者、方士、佛教徒、其他素食者)等不同食客追求的食思想。在当今,追求愉悦和幸福,以及在美食中获得心灵满足与精神升华,是用餐者和经营者共同的最终目标。质量好坏、色香味形器神或许都是可见的外在的东西,或者也加入了经营者刻意营造的优雅环境和浓情蜜意,但是最终的评价权在消费者手中和心中,在品赏者的思想内,而饮食品赏的最高境界正是愉悦、幸福、心灵满足和精神升华。

(四)综合特色

整体上说,闽台传统饮食文化具有以下综合特色:选料精细,海味为主,山珍为辅;调味独特,甜而不腻,酸而不峻,淡而不薄,甘美芳香;制汤考究,无汤不行,一汤十变,纯美滋补;刀工巧妙,章法严谨,为味而设,入趣菜中。

二、闽台副食文化特点

闽台一带重视饮食文化的又一个显著特点,就是除主菜大餐外,各色点心糕饼、配料佐料也是琳琅满目,异彩纷呈。这从一个侧面反映出闽台老百姓民间习俗的多样性和风味独特性,以及饮食文化的不断推陈出新、与时俱进。

(一)品种繁多,历史悠久,注重口碑

以闽北为例,建阳童游镇的镇志记载,从 20 世纪 70 年代开始,乡村逐渐增加面食,副食品的品种多样化,食品质量趋于精细,粗粮基本上被淘汰,肉食性食物逐年增加。传统的副食有干菜、腌菜、菜干、腐乳、卤豆、熏(腌)肉、豆腐干、笋干、香菇、木耳等,极为丰富,在历史上也很有名。

(二)结合民俗,大胆创新,与时俱进

1.福州特色礼饼、蜜饯

礼饼、蜜饯,是福州居家传统美食的重要组成部分。礼饼是福州糕点的代表,点心之王。福州许多地方的男婚女嫁、节庆添丁、祝寿祭祀等活动都

离不开礼饼。蜜饯与福州的永泰、闽清、闽侯盛产李、梅、橄榄有关,其产品有李咸、李片、山楂、加应子、话梅、拷扁橄榄、桂花橄榄等。蜜饯原是休闲食品,在发展中品种不断增多,质量不断提高,逐步成了宴席上的"碟团"和人们送礼的佳品,如今还替代了传统酒宴的"酒包",身价大大提高。老字号"赛园"为蜜饯行业的发展立下了汗马功劳。现在的"大世界"橄榄等厂商,正在努力把福州的蜜饯做大做强,在传统的特色上做更大的努力。

此外,蟛蜞酥和蟛蜞酱也是福州特色美食。蟛蜞,外形像拇指大小的螃蟹,产于福州内河,栖存在河边泥土洞中,秋冬季节成熟后,被捕来洗净剁碎,加食盐、砂糖、红酒糟、高粱酒,腌制数日即成蟛蜞酥。蟛蜞酥可单吃,也可配稀饭或下酒。蟛蜞酱是其剁碎后放入石磨中磨成的,作为佐料,用来蘸油炸的鲜鱼,比酱油、虾油更可口。

2. 厦门特色糕点、豆干

以黄则和糕点、好清香糕点、南普陀素饼、鼓浪屿馅饼等最为有名,此外义兰饼店的馅饼也享誉中外。而散落在民间的各色副食品,名目繁多,不胜枚举。

下面以翔安新圩的东寮豆干为例。东寮豆干是翔安美食中名气最响的纯手工制品,不仅上得了普通市民餐桌,还在各大酒店筵席上成为抢手货,有时候必须托关系才能买到。东寮豆干闻名厦门,曾被厦门电视台和《厦门日报》报道过。东寮村可以说是豆干之乡,制作豆干的历史十分悠久,全村有近50%的村民以制作豆干为业。东寮人一直遵循老一辈"做豆干跟做人一样,要实诚"的祖训,虽然每天供不应求,但从不会偷工减料,谁都不想砸了东寮豆干的牌子。

东寮手工制豆腐的工艺现今至少已有4代人的历史。以东寮村六路大厝为例,20世纪40年代左右人们用石磨磨豆浆;20世纪80年代左右开始用柴油发动机磨豆浆;20世纪90年代末期则用起了电力磨浆机。除了磨豆浆的工具随着时代的浪潮不断改进,其他的工具并没有因为时代的进步而产生变化。东寮人仍保持着手工制作的传统,年复一年地制作着原汁原味的豆干。

东寮豆干不同于现今充斥市场的机器制作的豆腐,它软硬适中,韧而有弹性,八角香的香味令人一尝再尝。现东寮豆干已注册"新圩豆干",成为翔安区的一个知名品牌走向四面八方。东寮豆干的名气还跟它的"结实"有关,东寮人会尽量把豆干里的水分挤掉,因为豆干含水分多,虽外形大,但水囊囊的,一抖就垮;所以,同样大小的豆干,东寮豆干质量好得多,口感也会更好。另外,在最关键的点卤工序中,东寮人用的是纯盐卤,且在整个制作工序中不掺入一点石膏,这保证了豆干的纯天然。盐卤现在越来越不好找了,翔安最后的一个盐场也快没了,将来,东寮人不得不到更远的地方去弄盐卤。不过,东寮人表示,老手艺不能丢,再远也要去找盐卤。因此,东寮豆干具有品质细嫩、嫩而不硬的特点,品感细腻绵滑、营养丰富;外观细若凝脂、洁白如玉;同时托于掌中晃动而不散塌,置于汤中久煮而不沉碎,深受消费者喜爱。

3. 泉州蜜饯

泉州"源和堂"蜜饯,是一家具有100多年历史的老字号,驰名海内外。尽管目前市面上各种各样的蜜饯琳琅满目,各式摊点遍布大街小巷,但内行人仍要选购正宗的"源和堂"蜜饯,并视为佐茶待客佳品。闽南旅外侨胞都爱携带"源和堂"蜜饯返回侨居地,而乡人也每以"源和堂"蜜饯为亲人"送顺风"。

4. 台湾特色糕饼

台湾饮食文化中,糕点最具地方特色,为台湾伴手礼的主要产品之一。如创立于1954年的台中太阳堂老店,是雷家三兄弟共同经营的,第一个以太阳堂名称和太阳花标志注册登记的饼铺。太阳堂老店的太阳饼,自原料的精选到制作都严格管理,绝不经手他人,讲究纯手工制造,皮薄、酥香、馅软。饼皮百多层,品尝时入口即化、口感奇佳,馅巧不黏牙,是上等道地的台中太阳饼。

第七章

闽台传统服饰文化[①]

服饰是人类特有的劳动成果,既是物质文明的结晶,又具有精神文明的内涵。几乎从服饰起源的那天起,人们就已将生活习俗、审美情趣、色彩爱好,以及种种文化心态、宗教观念,都沉淀于服饰之中,构筑成服饰文化的精神文明内涵。同时,服饰文化又是地域文化的重要组成部分,是该地域物质文化与精神文化的显性表征。闽台传统服饰文化是福建、台湾地区政治、经济、历史、文化和风俗习惯等各社会因素的综合作用,是海洋文化与大陆文化相互交融与碰撞的结果,与闽南文化、客家文化和畲族文化的多元性密不可分。其中根植于妈祖精神沃土的妈祖服饰在中国传统服饰中独树一帜,不仅具有很高的艺术价值,而且蕴含了丰富的文化内涵,既体现了妈祖的大爱精神,又表达了百姓对妈祖的敬奉之情。而惠安女服饰兼具"西域之风、中土之礼、客家之聪,并兼少数民族服饰之花哨",给世人留下难以泯灭的记忆。

在中外服饰文化不断交汇和密切融合的现实中,传统的服饰观念和物质形式虽然已经渐渐地退出了历史舞台,但在千百年中所形成的民族服饰美学思想,却仍然以潜意识的形式对闽台地区人们的着装心理、趣味爱好和审美风尚,起着潜移默化的影响作用。

因此,归纳、梳理闽台传统服饰文化,无论从文献搜集整理的角度,还是从透过服饰研究社会文化变迁轨迹的角度,都与历史生产方式和发展水平、

[①] 和立勇,郑甸.闽台传统服饰习俗文化遗产资源调查[M].厦门:厦门大学出版社,2014.

文化礼仪、道德规范等社会因素密切相连。

第一节　闽台传统服饰的历史沿革

一、福建传统服饰的历史沿革

与全国各地的传统服饰历史流变相似,福建地区历代服饰的发展及演变大致经历了几个重要时期。

(一)从原始社会到盛唐时期

考古发现表明,新石器时代晚期在闽江流域等地居住的先民已经有了简单的纺织技术。闽侯昙石山、福清东张等地的新石器时代遗址曾出土大量的陶纺轮和个别树皮棒,用这些原始工具剥制的树皮和葛麻纤维,可以织造简单的遮体衣物。青铜器时代,闽人已初步掌握了棉、麻纺织技术。纺织材料以麻、葛、树皮等为主,但个别地区也有例外,武夷山船棺曾出土一批葛麻织品和一小块木棉布,有关研究者鉴定认为当时越人的纺织水平已经达到一定的高度。

至于商周时期,《禹贡》有"岛夷卉服"之说。所谓"卉服",无非是以树皮葛麻之类纤维织造的衣物。中国早期古籍记载的越人服饰,一般说来就是"被发文身,错臂左衽",比较简单朴拙。

汉代以后,中原移民大批入闽,服饰渐趋汉化。隋唐以降,服制渐定。从东汉和魏晋时期墓葬出土的人俑服饰来看,当时人们的衣饰已基本汉化,逐渐形成衣冠巾帽的穿戴风格:男装为圆领袍,裹帕头,着长靴;女装为上衫下裙。唐朝时期,各地的服饰基本形成统一的风格。此时的纺织水平已经达到很高的程度,除了葛麻等纺织材料之外,各种丝绢、绫罗、绸缎等高级织物不断增多,各种纺织品的花纹、图案、上色等装饰技法也比较成熟。

(二)两宋时期

至两宋,终形成汉服的固定制式,主要特点是交领、右衽,不用扣子,而用绳带系结,洒脱飘逸,这些特点明显有别于其他民族服饰。从形制上看,汉服主要有上衣下裳制、深衣制、襦裙制等类型。上衣下裳的冕服为帝王百官最庄重正式的礼服,袍服(深衣)为百官及士人常服,襦裙则为妇女喜爱的穿着。普通百姓一般上身着短衣，下穿长裤。佩戴头饰是汉族服饰的重要部分之一。

1985年福州郊区发现的南宋黄昇墓，出土了一大批质量精美的丝绸衣物。品种有衣、长袍、广袖袍、背心、围兜、褶裙、裤、巾、鞋、袜、佩绶等，纹饰精美多样，印花、彩绘、刺绣技法精湛，代表了当时福建地区纺织业的最高水平，堪称国宝级纺织珍品，为学者研究宋代服饰提供了重要参考，同时也折射出宋代人的美学品位及精神追求。

（三）元明清时期

这一时期是福建服饰发展的新时期。这一阶段的服饰基本继承了唐宋时期中原汉民族的传统服饰风格。在此基础上，由于清代满族文化的直接影响，服饰的内涵也发生了一些变化，如旗袍和剃发梳辫等装饰，都是这一特定历史时期的特殊产物。

元代以后，福建人服饰质料有了很大变化，棉布的比重增大。明代，平民男子一般穿掩胸腋下结带的杂色盘领衫和宽裤头阔裤脚的杂色布裤；妇女则穿掩胸宽袖圆领衫，系长裙。同时，不同地区的服饰各具特色。漳州一带妇女衣着只准用浅淡的紫、绿、桃红色，不准用深红、浓绿、大黄等色。寿宁一带"服徽分长短，领缘无别。其相反者有二，男子必服裤，而女既嫁则否。寒则添裙，有添至三四者。男子无长幼、无凉暑，必以布兜其胃，恐触寒气；而妇女虽暑月，亦不避乳"①，儒生"亦多短衫露顶"②。有清一代，男子皆剃发梳辫，着长衫。康熙年间以后，长衫马褂日渐普遍。妇女多系裙，上衣有对襟、大襟、琵琶襟，裙则有长裙、百褶裙等样式，但从总体上仍可见唐风。有诗描述莆仙一带："女人一样淡红裳，随耳银环寸许长。吹彻红楼珠一斛，至今衣饰学唐装。"当然反传统的服饰在清代也偶有所见。《闽中会馆志》称福州一带："乡妇赤足，穿短裤，长不及膝也。"③封建时代，舆服器用各有定制，界限森严，达官显贵必锦袍玉带，贵族公子则纨绔绣履，而平民男女则布衣练裳长不蔽膝。穷谷之民，蓬首垢面，更有终岁不遮巾帽者。故闽西一带

---

① 冯梦龙.寿宁待志：卷上[M].福州：福建人民出版社，1983.
② 冯梦龙.寿宁待志：卷上[M].福州：福建人民出版社，1983.
③ 李景铭.闽中会馆志·福州会馆[M].//中国会馆志资料集成（第一辑）.厦门：厦门大学出版社，2013.

有"无食无人知,无衣被人欺"的俗谚。①

然而,沿海、山区和城市等地的情况并不完全相同,山区的衣服如同其民风一样比较淳朴,城市的则变化较多。

清光绪《龙岩州志·风俗志》说闽西山区民间"衣服喜朴素,恶华丽。康阜之家亦少衣帛"。清嘉庆《南平县志》卷八亦说:"衣尚布,色惟青碧,鲜用帛。娶妇一制鲜衣,三时一袭。暑易以葛,足矣。履袜多家制,面衣用禅。缊袍与裘皆鲜。近服渐美,往往履丝曳缟,少年袍袷备,或有重装者。"闽西北的客家妇女则不穿裙、不缠足,这应是生活劳动环境影响所致。

(四)民国至新中国成立前

这一时期是福建服饰最大的发展时期,随着封建社会的消失、半封建半殖民地社会的出现和西方文化的侵入,服饰内涵也发生了翻天覆地的变化。传统的汉装、清代的服装、民国时期的新服饰和西方国家传入的西装等,都融会交集在一起,形成了前所未有的新旧并存、中西兼容的服饰民俗文化。民国《崇安县新志》卷六对此有一段精彩的描述:"入民国,首以剪发放足为务,留学者间服洋服。二十三年,陈主席公洽主政入闽,公务人员均先后加以训练,中山装遂风行一时。妇女亦多烫发高跟,旗袍短裤,而履声阁阁矣。"②

这一时期,除畲族、惠东女的服饰尚保存古老的传统外,福建大部分地区的服饰均较快地变化着,既呈现多样化的格局,又不失民族传统的基调。无论在纺织材料、纺织技术还是服装装饰、品种数量等方面,都远远超过历史上的任何时期,达到一个新的高度。广大社会和民众在服饰文化的认同观念方面,也发生很大的变化,由传统保守逐渐走向开放和新潮。

此时的闽南女性服装,上装为大裾衫,下装为裙或裤,裙有布裙、绸裙、百褶裙等,农家妇女多穿宽筒、斗笼裤。其他有肚兜和云肩,肚兜穿在里面,是用来吸汗的内衣,有些用绸缎裁剪而成,刺绣也异常华美;云肩的装饰性更强,刺绣图案更加繁复。常服中上、下装同色居多,年老妇女多选黑、蓝、褐三色,年轻女子不拘,大致夏求淡雅,冬多浓艳。富有人家女装,其襟、袖、裙、裤之边缘,常以配色镶边美化。

---

① 福建省地方志编纂委员会.福建省志·民俗志[M].北京:方志出版社,1997:68.
② 崇安县新志:卷六[M].厦门:鹭江出版社,2013.

城镇妇女沿袭宋朝陋规,多缠足,得穿木后跟的尖头绣花布鞋。农村妇女多天足,劳动时习惯赤足,只有出嫁、过年或祭祀典礼时才穿鞋。城外妇人负担入城时,常穿芒屦(以芒草为材料编织成的草鞋)。

(五)新中国成立后至今

福建各地的服饰基本上保持了新旧并存和中西兼容的态势,但在一些时期,也有特殊的服饰流行。如20世纪50年代的干部服和列宁装,"文化大革命"期间的军装热等,都是特定历史时期的特殊产物。20世纪80年代以来,中西兼容的文化态势在服饰方面也表现得极为充分。除了传统的汉装之外,更多的人尤其是中青年人更喜欢于西装、夹克、牛仔裤和T恤等外来服饰,表现了福建服饰文化在历史发展新潮流中融会贯通的崭新气象。

历史的传承是闽台传统服饰文化形成的重要原因。这个纵向的历史传承是"本",是"源",是不能轻易改动的文化之根。在此基础上,又结合当地的生产与生活实际对服饰进行改良。

二、台湾传统服饰的历史沿革

根据考古发现,台湾在旧石器时代即有人类居住生活。新石器时代的圆山文化中发现玉制的玦、环、佩等饰物。金属器时代,出现了具有代表性的十三行文化和阿美文化。前者中发现陶珠、玻璃珠及玛瑙珠,后者中发现玻璃手镯、玻璃珠及玛瑙珠,显示了当时先住民已经有意识地制造饰物,用于装饰身体。

历史文献中也有台湾早期居民服饰情况的记载。如三国时吴国丹阳太守沈莹的《临海水土志》载:"(男)人皆髡发穿耳,女人不穿耳。……能作细布,亦作斑纹布。刻画其内,有文章,以为饰好也。……女已嫁,皆缺去前上一齿。"《隋书·流求国》:"男女皆以白纻绳缠发,从项后盘绕至额。其男子用鸟羽为冠,装以朱贝,饰以赤毛,形制不同。妇人以罗纹白布为帽,其形正方。织斗镂皮并杂色纻及杂毛以为衣,制裁不一。缀毛垂螺为饰,杂色相间,下垂小贝,其声如珮;缀珰施钏,悬珠于颈。织藤为笠,饰以毛羽。""男子拔去髭鬓,身上有毛之处皆除去。妇人以墨黥手,为虫蛇之文。"可见,此时台湾少数民族的服饰比之史前时期已有了很大的进步:不仅有用布制成的衣服,而且剪裁多样;衣服之外,还有帽、笠等各种饰物。不论衣、帽还是各种饰物,都力求色彩绚丽和高贵,表现了他们在注重实用性之外,还追求艺术美。

到了唐、宋、元、明中期,古籍文献对台湾服饰情况的记载仍然不多。宋代赵汝适《诸蕃志·琉球国》:"男女皆以白纻绳缠发,从头后盘绕,及以杂纻、杂毛为衣,剪裁不一。织藤为笠,饰以羽毛。"元代汪大渊《岛夷志略·琉球》:"男子、妇人拳发,以花布为衫。"明代陈第《东蕃记》:"地暖,冬夏不衣;妇女结草裙,微蔽下体而已。""男子剪发,留数寸披垂;女子则否。男子穿耳,女子断齿,以为饰也(女子年十五六,断唇旁二齿)。"这些记载比之《临海水土志》和《隋书》的记载都较为简略。相同之处是男女皆以白纻缠发,男子皆髡发穿耳,女子不穿耳、断齿以为饰。不同之处是在衣服方面,"以杂纻、杂毛为衣","以花布为衫"。而陈第记载与汪大渊的记载不同,可能是由于台湾少数民族分属不同的部族,民俗各异,他们两人所见到的是不同部族;也可能是当时社会阶级出现,贵贱不同,服饰也有不同,大约富裕者可"以杂纻、杂毛为衣","以花布为衫",而贫苦者则"冬夏不衣","妇女结草裙,微蔽下体而已"。男女发型也有了一些变化。

明末清初,郑成功拒绝降清,为维持明朝正统,于1661年率军入台,驱逐荷兰人出境,收复台湾。当时明朝遗民及郑氏部属随军入台,使汉族人大量增加。到郑氏统治末期,汉人总数已增加至12万人,与当时台湾少数民族的总数相当,也大大超过荷兰人五千之数。明郑政权既然以反清复明为旗帜,其典章制度当然沿袭明制,服饰也不例外。而当时入台者多为福建漳州、泉州一带的闽南人以及汀州、广东东北部的客家人,因此以闽南人为主的汉族服饰被带到了台湾。当时台湾的服饰就形成了台湾少数民族与以闽南人为主的汉人两种不同类型的系统。这和当时清朝所统治的大陆流行的带有浓厚的满族色彩的服饰制度,形成了强烈的对比。

1683年,郑克塽在清朝强大的军事压力下投降,并且接受了满族男子衣冠制度中的"薙发之制",而服饰也随之有所改变。但一般平民接受金之俊"十从十不从"的建议,即"男从女不从,生从死不从,阳从阴不从,官从隶不从,老从少不从,儒从而释道不从,娼从而优伶不从,仕宦从而婚姻不从,国号从而官号不从,役税从而语言文字不从",对清朝的衣冠制度有所抵制。而清廷除对男子在官场或正式交际场合中的服饰进行强制规定外,对于活动在家庭中的妇女、儿童,化外之民的和尚、道士,以及婚礼之服、丧礼之服、戏曲之服,并不强制要求。

日据初期，日本殖民政府慑于台湾人民的强烈反抗，不得不采取绥抚政策，对于台湾的风俗文化采取容忍的态度以维持现状。这从台湾总督府1896年8月发出的宣示可以看出："日本政府断无强使土民改风俗易旧惯之事，自应听尔等之便，即将来为日本之臣民愿改则改，或仍喜于旧服辫发亦仍循其旧惯焉。"但是，这种容忍、放任的政策，到了第三任总督乃木希典之时，有了改变。1896年12月，他对地方官员做出指示："本岛居民自祖先以来即奉旧惯故俗，根深蒂固，几成为不成文法，其甚者易于我国定例，而至于有碍施政者，应予废除，故不必论；然而如辫发、缠足、衣帽等，则须在一定的限制下渐收防遇之效。"这样，从容忍、放任，变为对辫发、缠足等"陋习"采取"一定的限制"和渐变的政策。

1911年，辛亥革命推翻了清朝的封建统治，台湾人民转而用断发放足的行动来表示对祖国国民革命的支持和对祖国的向往。由于断发，男性改变传统的服饰，接受新的服饰成为可能；而放足不仅改变了女性的生活和地位，也使她们接受西式的皮鞋成为可能。此时台湾男性服饰，出现了西式或中西合璧的类型，偶尔有日本和式服饰。这一转变，打破了旧有的中式服饰单一模式。但是男性的服饰仍以中式为主，结婚时的礼服则以西式为主。女性一般服饰也以中式为主，结婚礼服则大多为中西合璧。总体而言，从清末到民国初年，即日本殖民统治前半期，因传统礼俗根深蒂固，台湾一般民间服饰仍保留着固有传统。

其后渐受日本文化教育等影响，西装开始普遍，但多见于青年人，年纪大者较少改变。另外一种中西合璧的组合，长袍配西服裤，头戴西式礼帽脚穿皮鞋也十分风行。日本殖民统治中期，出现了中式、西式、中西合璧并容的现象。妇女服饰这时变化较大，上衣已由往昔的宽身广袖渐趋合身，年轻妇女多穿裤装搭配合身的长衫，缘边较为简化，仅以细布条镶边装饰，正式场合仍着裙装。此时裙子也开始从围裹式的马面裙简化成套穿的西式筒裙。

日本殖民统治后期，日人积极推行"皇民化运动"，妄图消除台湾人民对祖国的意识与情感，其重大改革之一即改变台湾人传统服装为西式服装，甚至和服。一方面鼓励穿和服或西式服装；另一方面也规定战时简便的男女服式，男有所谓"国民服"甲、乙两种，女为短上衣配灯笼裤。凡此种种，都是要台湾人放弃中国文化传统。但是这种"皇民化"的企图并没有实现，随着二次世界大战的结束，日本投降，台湾光复，"皇民化运动"也随之烟消云散。

抗战胜利后男性除了西装之外,还有长袍马褂、中山装和国民党的军服;女性服饰旗袍再度盛行。西服与中式旗袍成为当时台湾服饰的主流。

随着台湾经济的起飞,纺织业和成衣业的发展,西式服饰的传入,台湾的服饰逐渐趋向西式。自此往后,岛内服饰的演变与大陆服饰演变基本相似。

第二节　闽台特色服饰文化

一、客家传统服饰

客家民系是南迁汉民于南宋末年至明末清初,在赣闽粤边区与畲、瑶等土著融合而形成,具有独特方言、文化、风俗和特性的一个汉民族民系。客家人对内与当地土著尤其是原居住于闽西的畲族相处,相互融合;对外则主要与生活在周边的闽南人等频繁交往。

客家人的人文性格和生活风貌也在迁徙过程中不断形成,是南迁汉人与南方少数民族相互交融、中原文化与百越文化及其他区域族群文化相互交融的结果。客家传统服饰是以中原汉族服饰为基调,融入了中原纹样、三地(闽粤赣)装饰方法与丘陵沿海气候等特点的传统的、非官方正统的地域服饰。

在古文献中,客家传统服饰被视为与中原地区迥然不同的弊俗,如《三阳志》中载:"其弊俗未淳,与中州稍异者,妇女敞衣青盖,多游街陌。"即古代客家妇女服饰特征为:敞开上衣,头戴帽子或笠,颜色多为黑、蓝等深颜色。各种资料中关于近现代客家妇女样貌的描述大致如下:上身着蓝衫,大襟,右衽;胸前戴围裙,用银链绕颈;下身大裆裤,少裙装;头发梳成高髻,冬以帕包头,夏戴凉帽,插上金、银、铜簪;多喜穿木屐或打赤脚,天足。

客家传统服饰在大体保留中原服饰品类的基础上,主要由内衣、上衣(大襟衫)、裤子(大裤裆)、鞋袜、帽等构成,其中一些是带有地方特色的服饰形态,如妇女冬天佩戴的头帕、夏天佩戴的凉帽等。这些服饰品类有大量富有特色的纹样。

客家传统服饰讲究朴素实用,宽敞简便。普遍喜穿素色,尤以蓝、黑、白色最为流行。质地多为粗布,漂蓝缎乌成衣,自织夏布做帐,也有用夏布做成夏衣穿。

二、惠安女服饰

福建泉州惠安县惠东半岛的海边有个特殊的族群,就是惠安女,其服饰与福建省内各地殊异,因此她们以奇特的服饰、奇异的婚俗闻名海内外。惠女穿着的具有古老传统的服饰主要是:头披鲜艳的小朵花巾,捂住双颊下颌;上身穿斜襟衫,又短又狭,露出肚皮;下穿黑裤,又宽又大。这种服饰在全国独具一格,尤引人注目,具有很强的色彩感染力,被视为中国服饰精华的一部分。

惠安女服饰

从新中国成立初流传至今的一首打油诗形象地勾画出了惠安女传统服装的特征,即"封建头,节约衫,民主肚,浪费裤":惠安女的头部被头笠和头巾包裹得仅露出一张脸——"封建",而腰、腹部却暴露无遗——"民主";大筒裤的裤脚宽达 0.4 米——"浪费",上衣却短得连肚脐也遮不住——"节约"。于是,所谓"封建"与"民主","节约"与"浪费",在惠安女的身上有机地结合在一起,表达了一种内涵丰富、既矛盾又统一和谐的审美观。

惠安女服饰包括上衣、裤、饰物以及发型、首饰等。具体来讲有大夫衫、接袖衫、缀做衫(中式挖襟衫)、"节约衫"、贴背、内衫、腰带、百褶边裙(俗称肚裙)、笼裤、凤冠鞋(鸡公鞋、踏轿鞋)、绣拖鞋及童靴等。概括起来,黄斗笠、花头巾、短上衣、银腰链、宽筒裤是惠安女传统服饰的突出特色。

三、湄洲妈祖装

福建莆田湄洲岛流传着一首民谣:"帆船头,大海衫,红黑裤子保平安。"说的就是妈祖服饰。

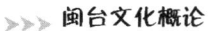

妈祖装

妈祖装,据说是妈祖生前最爱穿的服饰。蓝色的上衣代表着大海的颜色;裤子原本是红色的,由于妈祖常年在海上救助渔民,被海水打湿的裤子远远看去像黑色,而上半截没有被海水打湿的部分还是红色的,久而久之衍化成了现在的样式;头上宛如帆船的发髻叫"妈祖髻",髻是帆,银针是锚,两边的发卡是摇橹的桨,圆形的盘头是舵,红头绳是缆。

关于妈祖髻还有这么一个传说。妈祖18岁那年,父母亲要为她张罗婚事。她不愿意,就一个人默默地酣睡了三天。醒来后她打了三盆水,洗了三次头发。然后把自己关在屋里梳了三天三夜的头,她从屋里出来后告诉父母自己盘好了"妈祖髻",终生献给了大海,坚决不嫁。父母亲见女儿那么坚决,也就不再勉强了。从此,这种独特的发型便在湄洲岛上流传开了。现今这个发型又有祝福家人出海,一路平安、一帆风顺的寓意。

四、蟳埔女头饰

头戴"簪花围",耳佩"丁香钩",穿梭忙碌在弯弯曲曲的古老巷道中,蟳埔女的头饰被喻为"行走的花园"。她们因特定的环境、独特的地理位置和深厚的历史积淀,形成别具一格的服饰习俗。

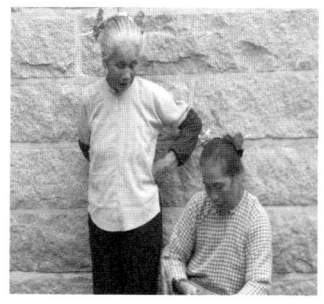

蟳埔女头饰

"簪花围"是用鲜花的花苞或花蕾串成的花环,一环比一环大,以发髻为圆心,圈戴在脑后。接着在髻心周围左右对称地插上几枝大红、桃红的艳丽簪花、绢花或鲜花,并插上金或银制成的双脚发钗或梳子,打扮得犹如一座春意盎然的小花坛。这样的头饰,被形象地称为流动的"头上花园"。

"簪花围"头饰中用的鲜花一般都是采用四季鲜花制作,常用的有素馨花、含笑花、粗糠花、玉兰花、菊花等。一般日子戴上2~3串花环,如果遇到节日或喜庆,她们要戴5~7串各种不同颜色的花环。民间认为,簪花除了有审美意味之外,还有避邪祈福的象征意义,有"茉莉花能驱鬼,戴上菊花能长寿"之说。

女人头戴"簪花围"这个既古朴又特殊的头饰习俗也不知源于何时,有人说是源自宋元时代住居泉州的阿拉伯、波斯商人遗留下来的风俗;也有人说自汉代中国就有这种风俗,并举了历代的相关诗词来论证,比如泉州地方戏曲高甲戏《桃花搭渡》的唱词中就有"四月围花围,一头簪两头重"的字眼;还有官兵围剿之说,从前有一队官兵到这里围剿,当地老百姓慌成一团,到处乱窜,慌乱中头发散乱,便随手把乱成一团的散发卷几圈,就地把能抓到的硬枝条往发髻横向一插,后来就一直延续下来。

五、闽台少数民族特色服饰

台湾有16个先住民族群,包括阿美、排湾、泰雅、布农、太鲁阁、鲁凯、卑南、邹、赛德克、赛夏、雅美(达悟)、撒奇莱雅、噶玛兰、邵、拉阿鲁哇、卡那卡那富[①]等。

(一)阿美人的服饰

阿美人是台湾先住民中人口数最多的族群,依其聚居分布区域的不同,由南到北分为恒春阿美、台东(卑南)阿美、海岸阿美、秀姑峦阿美、南势阿美五大群落。现在阿美男女所穿着的平常服装已和汉族一样,但祭典活动时还保存自己的传统服饰。

传统阿美为母系社会,男子则有年龄阶段组织。阿美人的服饰,各地均有差异,难以一概而论。如马太鞍部落阿美妇女穿黑色上衣,到了四五十岁才有资格戴上有白色羽毛的华丽头饰。

---

① 拉阿鲁哇、卡那卡那富人服饰与邹人十分接近,在此不做单独介绍。

阿美人传统服饰

（二）排湾人的服饰

排湾人主要分布在屏东县、台东县，依其聚居分布区域的不同，可分为北排湾、中排湾、南排湾、东排湾4个群落。

排湾人的服饰，在台湾先住民当中堪称最引人注目、最华丽典雅的。从艺术欣赏的角度来看，排湾服饰是整体完美的艺术展现。

1.男子服饰

排湾男子的服饰有常服和盛装之别。常服是日常穿着的服饰，盛装是在喜庆节仪

排湾人传统服饰

之日方才穿着的。一般常服有皮帽、头巾、短襟长袖上衣、胴衣、皮背心、腰裙、发匣、对襟上衣。盛装的服饰有上衣、披肩(以夹织的布制成)、套裤。

原始的排湾男子穿的是对襟无袖的上衣,配上兽皮外套,下身是短裙配上长裤。男性服饰以皮革为主要材料。夏天,男子上身赤裸,下身仅着一丁字带以护阴。

男子盛装上衣是由蓝色、黑色或浅黄色绒布所做成的,长一尺二三寸,没领子,但有袖子,在袖口内面用红色、青色、紫色或黄色的色线绣一些排湾人特有的花纹,然后再折至外面。胸前接合的地方装有金属扣,或用布做成纽扣以资扣合,这一点与汉式的上衣相同。纽扣的两旁通常都有刺绣的花纹作为装饰。裤子的长度为一尺三四寸,是用黑绒布或蓝色棉布做成,在下缘有两三条刺绣。这种裤子分为两部分,前后各一片,然后用带子绑合,照例左边臀部要稍微露出来。裤子的褶必须是十三条,穿起来很像僧侣的腰衣,被称为"巴巴雅伊"。

2.女子服饰

古代排湾女性上裸而下围一布裙,冬天才在上身加上衣或披一块布。

女子盛装上衣的长度大约一尺,装有小小的领子,在短短的直筒袖口边有刺绣,这与男子的正装相同,左腕处装有纽扣。女用的裤子与男子样式大致相同,只是下摆比较宽而已,所用质料与男用的相同。常服是用廉价的布做成的,并且把所有的装饰都省略了。劳动衣则是已经穿旧了的常服。

妇女还以黑色或红色的布缠头,也会使用绑腿布鞋、手套。

(三)泰雅人的服饰

泰雅人聚居地从南投县浊水溪向北延伸分布到宜兰县和平溪。泰雅人的衣服属于"方衣"系统。除动物的皮毛外,最主要的原料是天然植物纤维,如麻、香蕉丝、葛藤等。泰雅人在长期的社会实践中所发展出来的服饰文化,体现了其顺应自然的法则。

除遮体、保暖、装饰外,泰雅人的服饰具有浓厚的象征意义,人们通过搭配不同的饰品来体现个人的身份和地位。泰雅人的服饰种类繁多,大体上可分为盛装、便服、舞衣、肩衣、上衣、裙子、披衣、胸兜、兜裆布、围巾、腰饰带、护脚布、帽子、头巾、雨衣等。不同的服饰穿着的时机和场合有所不同,各类服装的穿着也有性别之分。

泰雅人传统服饰

1. 上衣

泰雅人的上衣可分为长衣和短衣。长衣类似于大衣，其长可及膝；短衣则只到肚脐、腰部。二者都是日常生活中普遍的服装，均无袖、无领、开胸，不用任何的带子或是纽扣闭合。

近代以来，泰雅人的上衣也逐步开始模仿汉人上衣的结构而加上袖子。特点是不经剪裁，缝制方法也很简单，大致是根据不同的身高，将两片宽约一尺、长五六尺的布匹排好，然后从中间对折，其中的一半缝合为背部，剩余的一半则为前部，在左右两端的上部留出空部，用来作为穿手之用，然后从腋下开始缝合前后两片布。

泰雅人在祭祀和喜庆节日时所穿盛装的上衣与平常所穿的上衣有所区别。盛装的上衣一般以白色为底，在胸部和背部有织成花纹的图案，并且加有贝珠等饰品装饰，显得十分美观。

2. 裙子

裙子可分为珠裙和布裙。珠裙是泰雅人的一种礼服，缀有贝珠，男子也可以穿用。现在珠裙已经丧失了衣服的功能而成为一种财富的象征，常用于订婚或女子生产后男方送给女方家长的答谢礼。

布裙根据颜色的不同，可分为两种：染色布裙和原色布裙。布裙通常以白色做底，在中间部分有类似点状的花纹，用麻布制成。染色布裙可以用来替代庆典时的盛装，原色布裙是工作服与平常穿用的服装。

（四）布农人的服饰

布农人根据不同的氏族，分为峦社、卡社、丹社、卓社、郡社等五大社群。早期的布农人服饰不论男女都非常朴素，一方面是由于当时的制衣材料选择性有限;另一方面则是由于布农人融入山林的性格,喜欢采用隐于山林的暗沉或单一、洁净的颜色。

1.长衣

过去采用手工织的白底布,现在采用同色坯布。对襟的长衫在襟沿和肩部的袖口饰以羊蹄或菱形花纹,据说布农妇女织羊(羌)蹄纹是在提醒丈夫在山上要跑得比羊(羌)还要快,菱形则是用来提醒要时时记得过去曾经和百步蛇是好朋友。长衣长度盖到臀部,在背的腰际上方横饰一排交叠四五层的菱形纹,使原本单纯的白色显得美丽而醒目。在重要的祭仪如唱小米

布农人传统服饰

丰收祭之歌时,布农男性牵手在背后,而面向圆心,一边用神奇美妙的和音吟唱高歌,一边让人清晰地看见他们长衣后背的百纹竞艳的花纹。

2.胸兜

与长衣后背对应的菱形纹胸兜,穿在长衣内,可以放置上山带的槟榔、烟斗和口粮等。

3.男裙

布农男子翻山越岭,穿着短裙劲装方便追捕猎物。在未与汉人接触之前,布农人无所谓的"裤",只有遮阳布,现在所穿的长裤(开敞裤)也是后来发展出来的。

4.女装

布农人女性的服饰以汉式为主,蓝布或黑布为底色,斜襟衣沿跟随成列的鲜艳菱形织纹(现代制作的布农人女服已被坊间的绲边材料取代);在长衣的里层,加一条同样是蓝色或黑色的裙子;裙边织上与斜襟对应的菱形纹绲边;腿部则绑上同色同花饰的腿绊。

(五)太鲁阁人的服饰

太鲁阁,意指山腰的平台或可居住之地。太鲁阁人源自古老的赛德克

人,居住在花莲地区。太鲁阁人的服饰具有浓郁的表现创意,在织物的款式、形式、色泽、纹路及质地上,都隐含着这个族群特有的风格。

上衣 分为长衣及短衣两种,长衣到膝部,而短衣仅及腰部。长衣分为无袖长上衣和有袖长上衣,均为男子平常穿着。短衣分为无袖短衣(常为男子专用)与有袖短衣(作为女子的服饰)。

肩衣 以白线围颈,只有两肩与后背的一小块布,因其缺少前胸部分,穿着时里面必须穿一件无袖上衣,通常为女子所穿着。

太鲁阁人传统妇女服饰　　太鲁阁人传统服饰及舞蹈

肚兜 一块菱形的织品,在靠胸前的顶端缺一角,上缘两端有绑带系于颈间,另两端各一带子缚于身体背后,通常为男子所穿着。

裙子 分为珠裙和布裙。珠裙是礼服,男子可以穿用;布裙则是女子的服饰,男子不可穿用。

绑腿 为两块长方形的方巾,两边缀有绳子,以结于腿上,开口向前。其长度上及膝盖,下达脚踝,是男女均可佩戴的盛装附件之一。

(六)鲁凯人的服饰

鲁凯人依居住地不同共分为三个社群,人数最多的是居住在屏东县雾台乡的西鲁凯群,分布在台东县卑南乡、金峰乡的东鲁凯群,以及居住在高雄茂林乡的多纳、万山、茂林三社。

鲁凯人的服饰一般以黑色为底色,在底色之上,再加上红、黄、绿三种颜色,非常醒目。这些颜色也是对大自然的临摹,红色代表太阳,黄色代表大地,绿色代表植物。

鲁凯人的传统纺织以图案精美的夹织为特色。一般的村民平时只能穿白色或黑色的衣服，衣服上没有美丽的纹饰，所以在鲁凯人中若见到穿着华丽服饰的人，十之八九都是贵族。

1.珠绣

以各色珠子（以橙黄和绿色的珠子最为常见）串缝在底布上，拼凑出各种图案。珠绣的底部以黑色、暗黄为多，也有用红色。早年多使用琉璃珠，后来也用细塑料珠。珍贵的琉璃珠绣通常只有首领才有，特别贵重。珠绣在造型上较为多变，常使用陶壶纹、百步蛇纹、人首纹与人像纹等抽象图案，配以贝壳，早期贝壳为钱币，绣在衣服上以示珍贵。

鲁凯人传统贵族服饰

2.贴布绣

鲁凯人大部分的刺绣都采用贴布绣。贴布绣是用绣线以十字绣的方法先绣在绣布上，再将绣布缝到底布上。图纹为复杂华丽的几何图形，有菱形、小三角形、八角形，也有花的图纹以及人头纹、人像纹等。十字绣通常的颜色为红、黄、绿三色。

3.佩饰

鲁凯人的佩饰种类繁多，绚丽缤纷，不仅美观，还代表了很多意义。大体上说，可分为以下几类。

动物角头饰 猎物的角多用来做家内的装饰或挂钩，也可放在帽子上当装饰。

动物齿头饰 山猪或山羌的牙齿也可以用来做帽饰。有些头饰以琉璃珠为主体，配以山猪牙，再插上百合花。

鸡毛头饰 通常给数月大的婴儿刺缝帽饰，会配以鸡毛装饰。

羽毛头饰 雄鹰羽毛的装饰是鲁凯人的最爱，用红、黄、绿三色毛线将数支羽毛捆绑在一起插在头冠上。这种头饰必须是有一定地位或功绩并经过认可后的鲁凯人才能公开佩戴。

银质及贝壳头饰 将银饰、贝壳缝于帽子上面，很有创意。

蝴蝶头饰 男子戴的蝴蝶头饰，如蝴蝶结，表示此人是有影响力的人；或代表擅跑，表明佩戴者是能够快速完成首领交付任务的勇士。它是一种荣誉的象征。

4. 圈饰

圈饰是鲁凯人传统上用以辨识个人身份的饰物，鲁凯人十分珍惜佩戴圈饰的权力，即使到了现今社会仍然在使用。圈饰的制作方法很简单，到野外去采一种被称为"勒斯阿特"的青黄色条纹状的植物球果，再以棉线串接，戴到头上时再加上红棉线。在佩戴时，平民仅可以戴一圈，贵族可戴两三圈，以表示身份不同。

（七）卑南人的服饰

卑南人主要居住在台东平原上，目前还存有八个历史悠久的部落，分别是知本、射马干（建和）、吕家望（利嘉）、大巴六九（泰安）、卑南（南王）、槟榔、阿里摆、初鹿（北丝尻），又称八社，最近又增加了宝桑、斑鸠和龙过脉三个新部落，都位于卑南溪以南的台东平原上。

卑南人的传统服饰依照性别、年龄阶层及社会地位而有所差别。此外，部落之间的差异也反映在服装上。

1. 男子服饰

长袖短上衣 一般是以浅蓝色棉布裁制而成的对襟长袖短上衣。上衣的领口、前襟、长方形布片与袖子两处，缝着长条形刺绣布条作为装饰。布条是以十字绣绣成，图样包括菱形、直条纹、点状纹等。

卑南人传统男子服饰　　三芝乡丰年祭上的卑南人首领及其羽冠

黑色短围裙 单片式的短围裙,由两片长方形的布条缝接而成。穿戴时,将裙缠绕在腰部,开口留在左边,以左手拿的布边在下、右手拿的布边在上,布片相重叠的部分一定要对齐,位置在左大腿的正前方。

蓝布裙 长老成为男子的"教父"后,要为其穿戴蓝布裙。穿戴时,先围上蓝布再用绳子固定,不能露出里面的内裤,否则会被老人责备。布裙的长度也不能太长,布片叠合的部分要在左大腿的正中央。布裙的正面一定要平整。

披肩 少年会所中的领袖披挂的重要服饰,区别于其他少年会所的成员。这种披肩以一块印花棉布为主,披肩的左右上角各缝一条棉布条,作为绑带。穿戴时,先做盛装打扮,再将披肩从左肩斜披到右腋下,开口处位于左边。

肩饰 一件长条形的饰品,以黑色绒布为主。穿戴时,将肩饰佩挂在盛装服饰的外部,从右肩斜挂过左腋下,绑在右腰侧。此肩饰有时也可连接槟榔袋。

羽毛帽 以一块长方形的毛线织布,在两边缝接红、黄、绿三种布条,再将长边对折缝合成一个方形的帽子。帽子正中央插一竹管,竹管顶端有一颗由红、黄、绿毛线制成的绒球,象征英勇之士。帽子的左右两角缝接红、黄、绿色布片和白色绒毛装饰。如果一个人已经七十岁以上,便有资格戴这种帽子,但若上面还有更年长的人,则还是不戴,以表明长幼有序。

佩件 在卑南人的社会里,有三种重要的佩件,即刀、盾与警铃。(1)刀,分为大刀、短刀、小刀、挖刀和佩刀。大刀可分为男子战斗狩猎时用的战刀、打猎砍伐及雕刻大型物品的工作刀。大刀也是卑南男子盛装参加庆典时佩戴的礼刀。短刀为约七寸至十寸的工作刀,可放于长木棍中变成长枪,用于披荆斩棘或在丧礼时立放在门前驱邪。小刀约三寸至七寸,削竹藤条、占卜及吃槟榔时使用。挖刀是雕刻木勺时使用。佩刀是妇女外出工作除草时使用的刀及除草完后庆祝时佩戴的礼刀。(2)盾,并不是卑南人用来作战的武器,而是武器的象征。曾经只有有大功劳的人,才可以在举行丰年祭时拿着盾跳盾牌舞。随着时代的变化,想要展示自己才能的男子,都可以在丰年祭时的舞蹈中尝试,一边跳一边发出"破、破"的声音。不过跳盾牌舞非常累,如果能跳完一轮,就会受到大家热烈的鼓励。在今日,盾牌舞也成为初鹿小学族群文化课程活动的一项内容。(3)警铃,直径一寸,长六寸,是将两片铁板向内弯曲,在其中一端打洞穿上细皮绳,再绑上两片长六寸、宽二寸的木片及刻有浮雕的人面木板做成。警铃是专门替长老传递讯息的青年挂在身上的佩件,报更、报凶、报喜用。跑步的时候警铃会发出叮当的响声,技术越好声音就越好听。不过佩戴时要特别注意,在路上碰到人,就要赶紧按住警铃,停止发出声音,特别是遇到年长的人时要更小心,否则会因为没有敬重长辈而被视为不礼貌。

2. 女子服饰

长袖短上衣 以棉布制成的对襟立领长袖短上衣。上衣的领口可利用各色棉线,采用十字绣法绣成十字纹、菱形、花瓣纹等图样。

外裙 以一块长方形布为主,穿戴时,先将外裙开口处的左右两端置于右腰侧,右手拿的布压在左手拿的布上方,左边多出的部分要仔细地打成细折。左边开口的目的,在于女子走路或跳舞的时候,能让花纹自然显露出来。而外裙正面腹部的位置,必须整齐拉平才美观。

内裙 一块长方形棉布为底,利用各色棉线,采用十字绣法绣成菱形、曲折纹、三角形、十字形、方形等图样。穿着时将绣有纹饰的部分置于右腰侧,开口在左腰侧,再将绑带缠绕在腰部,在腰部左侧捆绑。

护腿布 在卑南话中,女子护脚布称"kating",与男子后敞裤的称法相同。女子通常在长裙下方小腿部分穿戴一对形态与制作相同的护腿布。护腿布是以一块长方形棉布为主,以各色棉线利用十字绣法绣成菱形、曲折形、直线纹、长方形等图样,护腿布中间有刺绣花纹部位称"tulur"。穿戴时,将中央部位朝前,开口朝后,将绑带捆绑在小腿上。

胸兜 以一块菱形棉布为底,在胸兜下摆处布面上,缝接两个大小不同的扇形口袋,袋子内可用来放置手帕、槟榔与线等小件物品。穿戴时将上端两角的绑带往后系在颈部,打蝴蝶结固定;将左、右两角的绑带往后交叉捆绑,再往前将结拴在腰部前方。

花环 在卑南人文化中具有重要意义。以前族人的头饰通常是用大约3厘米的藤圈压住头发,外出时则多采用草木、鲜花缠在头上,也有缠锁链或加上白银、铜饰品,后来才演变成戴花环。节庆活动时,族人们会穿上盛装,头上佩戴由妇女编成的花环。过去戴花环前,女子会先戴上一条以布制成的宽4~5厘米的额带,现在则以黑丝袜或头巾代替。女子戴花环是前额较高,脑后较低,斜拴下来。

(八)邹人的服饰

邹人主要居住在南投县水里乡和鱼池乡。

1. 男子服饰

红上衣 外表鲜红,内为黑色。盛装时穿着红色,但如果遇上丧事,则穿着黑色。

黄上衣 古时男子还有穿着黄色上衣者,系用鲜黄布料做成,在盛装时穿在红衣之内,亦可直接当外衣穿。现在已失传。

皮披肩 勇士将猎得的山羊皮鞣制成皮革,裁制成合身的披肩,再用兽血在上面画上祖先的名字。每逢各种祭典时穿在身上,以求获得祖先的护佑。

皮套裤 用鹿皮缝成,上尖下方,中间为筒形,上端挂于腰带上,下端束于小腿部。

皮套袖 以鹿皮缝成长筒形,中央从里面开口,两端削尖,以细革带套在中指上。

额饰 用熊皮、方贝制成。

耳饰 用贝制成的三角形耳环,三角均呈尖形,外表磨光,并加珠饰,也有以月光贝制成的月光形耳饰。

胸饰 用贝壳或玻璃珠缀成的珠链,垂于胸前。

贝串 邹人男子饰物中必不可缺的,男子佩戴的帽子、火器袋、腰刀背带上都要有一定的贝串作为饰物。

头饰尾羽 邹人喜欢头饰尾羽,鹿皮帽或者山羊皮帽上加翅飞羽是男子最显著的特征。

山猪牙臂环 用猎获的山猪牙缀以红、黄、绿色的布条做成臂环,缠绕在左臂。山猪牙的数目是男子社会地位的象征。

2.女子服饰

传统女子以头巾缠发,黑裙、蓝色长袖上衣、刺绣精美图案的胸衣为主要的打扮。目前头巾已很少使用,而改为帽子形式的简便头饰。

上衣 邹人女子平日穿着的上衣是一种长袖、对襟,长至腰间脐部的棉布短上衣,腰间系着长至足部的腰带。

胸兜 以斜方布为料,将上角剪平为五角形,自两上角系带挂于头上,两侧角系带结于腰背。

腰裙 即围裙,女子以两

邹人传统服饰

块布织成腰裙,以方形布绲边,左右两块以腰带束之腰际。

腰带 以红、绿色棉布为主要颜色,两端都有绣边。

绑腿 又称小腿兜、膝裤,以黑、白色方布相间做成,自膝下束于小腿部。

绣花头巾与帽饰 邹人以红线绒球、玻璃珠作为成年女子的帽饰,后面的长幅布条原为黑色,目前女子喜欢使用红、金两色有着汉式图案的布料。而传统女子的头饰分为两部分,一是头巾,一是帽饰,先将两边绣着精美图案的长条头巾缠绕于头上,再于前额绑上有着毛线绒球的头带。

额饰 女子平时以黑布缠头,一旦到了结婚或部落举行盛大祭仪时,则佩戴用珠子装饰并有挑织纹样的额饰,额带穿缀着贝片与玻璃珠。

(九)赛德克人的服饰

因赛德克人文化习俗与泰雅人相似,自日本侵占台湾时起,就一直被归属为泰雅人的亚族群,直至 2008 年 4 月才被确认为台湾少数民族的第十四个族群。

大陆民众对台湾少数民族服饰的普遍强烈震撼印象,大多源于电影《赛德克·巴莱》。该片以 20 世纪 30 年代"雾社事件"为原型,将曾导致台湾总督更换和迫使日本调整"理蕃"政策,在台殖民统治史上最大的少数民族抗争事件,通过艺术表现形式展现给国人及全世界。

现实中,赛德克人的传统服饰确实鲜艳漂亮。最常见的织物颜色有红、黑、黄、白、绿等色,黑、红和白色为基本色调。

赛德克人传统服饰

织布技术上,以苎麻为原料,植物染料为主。近 30 年来,因毛线和现代染料技术的普遍应用,赛德克人选材色彩更显多样性,传统植物染料也进化为直接购买色彩灿烂的毛线为主。据相关学者调研,赛德克人传统织布纹路一般分为 5 种,有平织纹、斜织纹、菱形纹、花织纹及浮织(或称米粒织)纹等。其中平织纹属最简单的织布法,因其织法较简单,赛德克女人也就容易上手。由该织法所织出的布匹可制成多样性的制品,所以平织纹的织法是赛德克人最普遍的织布方法。赛德克人的耆老一致认为,浮织是五种传统织布法中最烦琐、最困难的织法,今日尚能熟练浮织织法的赛德克女性耆老屈指可数,呈濒危状。

（十）赛夏人的服饰

赛夏人居住在新竹五峰乡和苗栗县南庄乡、狮潭乡。

赛夏人的服饰以红色为主,黑、白、红三种传统颜色交错变化而成。衣饰的花纹是以菱形为主,也有几何图形的四方形、三角形,还有线条纹。古代赛夏人自己栽培麻,采收后,收成麻线,织成麻布,用来做衣服。染色方面,有用野生薯榔把麻线染成褐色,或用有色的草本植物及野果染成各种颜色。

胴衣 赛夏人胴衣有两种。一种是长达膝部的长袖,由两幅麻布对折缝成,背部缝合,前面对开,两边留七八寸的宽袖口,腋部以下缝合至底;儿童男女穿白色无纹者。成年男女平时穿的背部及前下部有挑刺花纹、前面无纹者,盛装礼衣则前后全部挑刺。赛夏人平时工作穿着麻布原色或素色衣服,祭典时穿着色彩鲜艳、纹样华丽的上衣,具体为以白色为底、红色织花、黑色夹织,衬托或凸显纹样效果。另一种是带袖长袍,在由未加任何裁剪的两片织布左右拼合,直接缝成的方衣式长衣上,加缝两副布的袖筒,是妇女及儿童穿的。

赛夏人传统服饰

无袖短上衣（背心） 赛夏人祭典时加在长衣之上的礼衣,无领、无袖,也称背心,不分性别,男女都穿,以红色为底,夹织以红、黑、白为主要纹饰。有两种形式:一是未加裁剪的方衣形式;一是小圆领剪裁,并在领口、袖口包布镶边的短上衣。赛夏人男女穿着的背心区别虽不明显,但一般认知上是以镶饰方式作为判断标准,如女子背心的镶缀较为华丽,运用贝珠、塑料珠、亮片、纽扣、铜铃等各种可以取得的鲜艳亮丽的饰物。男子背心以开敞前胸为主，后期受到汉人影响也在胸前加纽带和纽扣。

胸衣　为斜方布，挑绣花纹，平时与仪式时均穿用。依花纹不同而有不同的名称。

腰带　腰带有花纹，束于胸衣上，在前腰中间打结，两端有流苏，男女的打结法相同。女人用的较窄，均盛装时用。

披肩　以两幅长五六尺的麻布制成，老年人在冬季的时候使用。

腰裙　男子腰裙仅及膝，用单幅黑棉布缝成。女子腰裙长及足踝，用一块长方形黑棉布缝制，自后腰向前腰缠裹，左端压在右端上面，纹样以横线式条纹为主。

膝裤　女子穿膝裤，用黑色或深蓝色长方形棉布，两上角系带束于膝部以下，下缘常缀有一列小铜铃。

头巾　女子以长三尺左右的黑布缠于头，男子则用白布或白毛巾。

披风　通常是以整块不加裁剪的长方形布块系绑使用，多采用横线条纹的麻布。赛夏人无论男女都用披风，披风是御寒挡风的必备穿着。

绑腿　为扎结式，用带子把方形布块扎结于腿上。

（十一）达悟人的服饰

达悟人因居住地兰屿属热带海洋型气候，四季炎热，所以传统的穿着也比较简单朴实。多以白色、黑色或藏青色相间的条纹织造而成，颜色比较鲜亮的一面为衣服的里层，较素暗的一面为衣服的外层。

短背心　达悟男人所穿，无袖无领，浅灰色芭蕉布制成，宽六七寸，长二三尺，另用细绳在胸前打结使衣着挺拔。颜色通常是黑、藏青及白色相间，前后各有6道条纹

丁字裤（或称丁字带）　宽六七寸，长二三尺，也是芭蕉布材质。传统丁字裤两端有黑色或藏青色横条纹，孩童是3道，一般成年男子为4道，为了美观有时也会在丁字裤上缝上龟壳的图样。丁字裤是达悟人最具民族特色的服装。

芭蕉布　达悟女子身上斜着紧裹一块大方巾的芭蕉布，一般都是由左肩至右腋下，以黑色或藏青色条纹为主，一般都是偶数（8、10、12条纹），只有少数不畏禁忌的老人才用奇数（11、13条）。下身则围一条方巾，长度自腰到膝盖上5寸处，小女孩只围1片，年长后才使用3片布并排缝合，腰间

系一麻绳,可使裙缘反折不下滑。

达悟人传统男子服饰

达悟人传统上认为太多的颜色容易招致祸端,所以使用的颜色非常朴素,近年因与外界接触增多,以及舞蹈表演的需要,才开始在衣裙上增加红、蓝两种颜色。

(十二)撒奇莱雅人的服饰

撒奇莱雅人,原来被划属为阿美人的一支,称"奇莱阿美"。他们是最早居住在花莲的居民,共有五个主要部落,即花莲市主布部落、瑞穗乡马立云部落、寿丰乡水琏部落、丰滨乡矶崎部落和新城乡北埔部落。其语言自成一体,与阿美各族群都不相同。

撒奇莱雅人传统服饰

撒奇莱雅人服饰具有非常鲜明的民俗地理状态,特点鲜明。与其他族群不同的是,男子服饰遗存的传统文化元素保护完整。在撒奇莱雅男子服饰尤其是部落族长形制的服饰设计和裁缝技术上,表现得非常到位。[①]

1. 男子长衫

男子长衫是该族群长老(原头人)的专属服饰,面料选用传统棉布或麻布,色彩选用土黄色,有象征土地和权力的寓意。

制作时,长衫长至小腿中部,袖子长度至手腕处。袖款为宽松袖,袖中线斜度与人体肩斜度相同,袖山高较低,距离袖口10厘米处有5厘米宽的镶边,袖口至腰线处一般缝制5粒纽扣。侧缝处有长约5厘米的开衩,开衩两侧镶8厘米左右宽的拼布装饰。长衫后衣片的臀围线处做8厘米宽的拼布装饰,整件长衫的镶边与拼布选用相同颜色进行设计与缝制。

2. 背心

撒奇莱雅男人的背心为通常背心,面料仍是传统棉麻布料,主色调为暗红色,腰部以下15厘米左右,U形领口,无袖,对补襟扣为3粒黑色盘扣,肩部、侧缝等部分做拼布,拼布宽度约5厘米,颜色以藏青色或土金色为主。

3. 后敞裤

后敞裤是撒奇莱雅男人经常穿用的下装。该裤款只有前裤片与腰头固定,无后裤片。材料选用藏青色棉麻布,前裤片为长方形,长度达到脚踝,宽度为40厘米左右。膝盖至小腿中部用暗红色和土金色布料进行拼布设计,拼布宽度约8厘米,腰头宽度约10厘米,选取暗红色布料制作。

4. 头饰

撒奇莱雅男子头饰有帽子和额带两种。帽子为高顶宽檐帽,帽顶和帽沿用藤条编制而成,距帽顶尖端10厘米处用红色缨穗装饰一周。帽顶尖端装饰白色兽皮球。兽皮球上插5根鹰羽,帽檐边缘插8根白色羽毛,帽口两侧悬挂2串长100厘米的绿色串珠,这属于本族群长老的专属饰品。平常男子,额带上口左右两侧各插1根鹰羽,前额部分插3根白色翎羽。[②] 装饰效果很好。

除此之外,撒奇莱雅男人服饰还有披领(肩)和情人袋。情人袋男女都备有,多用深蓝色棉布制成,形状多为正方形,边长约40厘米,中间处多用

---

① 徐强.台湾撒奇莱雅人服饰特点解析[J].丝绸,2017(11).
② 杨梅,周翔,姜莉芳.台湾少数民族概况[M].北京:民族出版社,2009:440-447.

白色和暗红色珠子绣成圆形图案,象征团圆和美。袋下盖有装饰两条3厘米宽的拼布,拼布颜色从上到下,多为暗红色和土金色。

(十三)噶玛兰人的服饰

噶玛兰,原方言语意为平原。噶玛兰人最早生活在兰阳平原,以渔猎、狩猎和农耕为生活方式,后因争地弱势,36个社被迫逐渐向南部山区迁徙。其后裔现主要居住在台湾宜兰,部分噶玛兰人定居在花莲和台东境内,人口约3000人。

噶玛兰人的服饰以藏青色(农耕民族服饰主色调)为基本色调。妇女服饰五彩缤纷,以织锦为主。其简单的外形和单一的色彩展示了朴实无华的族群本质。

1. 服饰材料

噶玛兰人生活的宜兰地区面海靠山,为台湾岛屿最南端。宜兰森林茂密,据相关学者研究,噶玛兰人主要选用植物纤维作为织布用纱线,并采用先住民传统的水平背带式织机为织布

噶玛兰人传统服饰

工具。噶玛兰人服饰早期选用香蕉丝、苎麻、咸草和树皮等天然材料为原料,后期改用棉、毛等材料。香蕉丝面料轻薄、无须染色且凉爽易干,因制衣流程耗时耗力,因此,仅在庆典等场合穿着;苎麻面料通透性较好,可用作日常服装的制作材料;咸草面料因遮阳和防水效果好,可在耕作时穿着,显示出噶玛兰人纯朴自然的审美观。

2. 服饰款式

噶玛兰人传统服饰的款式较为单一质朴,男子服饰分为上衣、裤子和绑腿,色彩均选用黑色;女子服饰分为上衣、裙子和绑腿,上衣为白色,裙子为黑色,绑腿黑白相间。节日服饰则多穿织锦制作的衣裙。

噶玛兰人传统服饰多以麻布作为基本材料,采用刺绣和镶边修饰,纹样简单通用,以连续的十字交叉纹为常用纹路。

(1)男性服饰

噶玛兰男子成年后,上衣领口为圆形,对襟、连袖设计,衣长至臀部,袖

长至肘部,腰部和肘部约有 5 厘米的镶边,门襟和镶边以白色绲边为装饰。裤子的臀围较宽松,长度至小腿中部,脚口宽松,膝围处约有 5 厘米镶边。绑腿由长方形布料制成,长约 50 厘米,宽约 30 厘米,沿长度方向的中间镶有约 5 厘米宽边,绑腿 4 个角各缝合一条细绳,细绳用来在膝盖和脚踝处将绑腿束紧。

（2）女性服饰

噶玛兰女子成年后,上衣领口与男子同为圆形,对襟、连袖设计。据学者研究,噶玛兰女性服装,长至腰部,袖长至肘部。袖中开有约 5 厘米的衩,门襟镶有约 5 厘米的黑边,袖开衩和袖口处镶有约 3 厘米的黑边。裙子由一块长方形布料制成,长度至膝盖以下。前裙片重叠处为内外两层,后裙片为单层织物,裙子开衩处和底摆处镶有约 5 厘米白边,裙中部镶有两条宽约 5 厘米的边。裙子外侧搭配围裙,围裙宽度约为 40 厘米,长度较裙片短约 10 厘米,围裙底摆处镶有两条宽约 5 厘米的边。绑腿由 50 厘米黑色筒形布料制成,并缠绕宽约 5 厘米的白色布条,绑腿上端缝有绿色毛线穗。[①]服饰裁剪方法和镶边装饰工艺与其他族群的制作过程类同。

（十四）邵人的服饰

邵人是台湾少数民族中人口最少的一个族群,昔日被归类为邹人,2001 年成为台湾少数民族的第十个族群。以前他们散居在南投县鱼池乡,分为审鹿、猫阑、田头、水里、眉社、水社等六大社,目前只剩下日月潭畔的日月村（旧称德化社）的伊达邵部落,以及水里乡的顶崁村、大平林部落,在台湾少数民族各族群中属于湖栖的渔猎族群。

邵人的服饰几百年来发生很大的变化,传统的衣物只有在祖灵篮中才能见到。如今,邵人在日常生活中的穿着已与汉人无异。

头箍 在邵人的部落社会中,男子以前习惯留长发,所以头箍成为男子束发的一个装饰,一般缀有贝片、贝

邵人传统服饰

---

① 王萌.台湾噶玛兰人研究综述[J].广西民族大学学报(哲学社会科学版),2006(S1):23-26.

珠,从头额上绕而束之。

颈饰　用贝珠、玛瑙珠串起,绕于颈周两三环,在后方系之。

腹袋　将布片折成三角形,用细绳绕过脖子与手臂,以悬吊住布片。

无袖长背心上衣　用两块长方形麻布或鹿皮对折,留有双手伸出口,无袖,衣长至臀部下面。

后敞裤　材料有皮革、麻布,其上端挂于腰带上,中间为筒形,下端成方形,束于小腿部。

头巾　一般用黑色棉布做成,其戴法为缠在头部周围,并在头后打结,垂下一端。

立领对襟长袖上衣　以棉布缝制,短对襟或省去襟而穿袖,袖狭长及手腕关节,袖口绲边并以黑色线绣以花边。衣长仅及乳下,其样式与韩国妇女的短上衣相仿,周缘绣有几何图案,无带或纽扣,任其开放。

胸衣　在邵人的部落社会中,女子普遍穿大胸衣,能将上半身密蔽而不露出。胸衣的制法是将斜方布上端剪成五角形,两上端有系绳,系于左肩上,胸衣绕右腋下,并束以宽约 7 厘米的腰带。

腰裙　以宽长各约 80 厘米的方形布制作,其周绲边,由左至右操至前方,于左腰际处合褶,上端恰好包在胸衣之下,再以腰巾缚之,在腰裙的中上位置,以宽 6～7 厘米,绣有几何图案的横带环绕。

腰带　以红色编花边,宽约 5 厘米,长度足够绕腰两圈,但仅绕一圈,打结于左侧腰际;剩余的部分,一边任其与左腿并行垂下,另一边向左由带下插入,从上放下,亦任其下垂。腰带的两端绣有带状图案,其边缘有须穗下垂。

膝裤　长度自膝盖下至脚踝上,宽可包下腿部,以约 30 厘米的布片制成,上边两端附有纽绳。穿着时由前向后包扎,将上端两绳交叉,在前方打结,余绳任其垂下,下端并不附绳带,任其开放。

花草头冠　邵人在过年期间,无论男女老少均会戴上用花草编制的头饰。这种头饰与平常歌舞祭仪中所戴的有所不同。

第八章

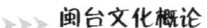

闽台传统建筑文化[①]

闽台地区由于特殊的地理位置,两千多年前就有移民入境。移民开发的历史对民居建筑和居住习俗都有着深刻的影响。闽北、闽东民居是江西、浙江民居向福建的延伸,深受儒家礼制影响,福安大宅则受到畲族生产生活和建筑形式的影响。闽南因海上贸易而繁荣,闽南大厝遂融合了儒家文明与海商文明两种气质。闽西是客家人的大本营,横堂式民居是客家人宗族聚居与军事化拓殖的象征。在闽南、闽西的交界之处,有限的自然资源、恶劣的自然环境与激烈的土客矛盾塑造了一座座宏伟的土楼。而在开发较晚的闽中山区之中,还保存着具有中古气质的土堡与住宅。台湾的聚落中,移民的地缘认同有着非常重要的意义,台湾大厝也有着独特的审美诉求。可见,每个区域的地理条件和开发历史决定了它们的建筑选择。

第一节 闽台迁徙历史对传统建筑的影响

一、闽北与闽东地区

闽北与闽东是福建开发最早的区域,一条闽江将闽北的建州(今建瓯)与闽东的福州联系起来,两地地名组成"福建"的由来。由于开发时间的相近和彼此之间交通往来的便利,两个地区具有相似的文化和建筑形式。

[①] 李秋香,张力智,庄荣志,等.闽台传统居住建筑及习俗文化遗产资源调查[M].厦门:厦门大学出版社,2014.

闽北是福建全省的路上门户,具有重要的军事和经济意义,历来是兵家必争之地。朝代更迭之时的战乱自不必说,即便是中原地区的"太平之世",这里也往往是四战之地,烽烟迭起。从汉武帝平闽越国,孙吴讨山越,陈文帝征陈宝应,南唐平王氏闽国,到康熙帝平耿精忠,主要战场都在闽北。与此类似,江南地区的大小叛乱也往往扰及建州,唐末黄巢起义、南宋范汝为起义、元末红巾军起义都在此激战。闽北虽是福建最早得到开发的地区,开发之后的历史却十分动荡,战争、起义、镇压、迁移和屠杀一次次使得闽北人口剧减,每次战争之后又都有新的移民从浙江、江西两省填补进来,所以今天闽北的一些村落历史虽久,但其中的居民大都为后世迁居而来。如武夷山市兴田镇城村村,其地有汉城遗址,但居住其中的主要姓氏赵氏却是元代始迁至此的;再如武夷山市下梅村宋代已成规模,但主要姓氏邹氏却是清代才从江西南丰迁居至此的。

闽东的开发在闽北之后,但与闽北相比,其历史发展较为平和稳定。闽东的福州地处河口平原,又是天然良港,上可沿江进入建州,下可跨海连接泉、漳,正是控制全省的行政中枢。所以福州(东冶)自汉初便是闽越国的都城,五代时王潮的军队席卷福建各地,最终也选择以福州作为割据政权的首都。王氏政权有计划地吸收了因战乱南迁的大量江北士大夫、豪商和僧人,极大地提高了福州地区的文化水平。其建筑特色也逐渐与境外文化融会贯通。其后福州地区迅速发展,成为全国性的大都会。闽东山区的发展也比较稳定,唐代之后只有生产力水平较低的畲族大量迁入,此外也很少有大规模的人口流动。除了沿海区域明末清初受到倭乱和海禁冲击之外,几乎没有受到大规模战乱的影响。明末嘉靖年间倭寇洗劫闽东,就连内陆的廉村今天还保存有修建于明末防御倭寇的寨墙。清顺治十八年(1661年)的海禁政策强迫大量沿海居民迁入内陆,对闽东沿海地区的村落和建筑造成了毁灭性的打击。

闽北与闽东发展的历史路径虽有不同,但商业贸易始终将它们紧紧地联系起来。历史上,从江西、浙江进入福建,有几条固定的路径,《福建省志》记载:"浦城县枫岭隘、武夷山市分水关、光泽县杉关、邵武市黄土隘、建宁县甘家隘、长汀县古城口等,地势都十分险要,自古为福建与江西、浙江陆上的天然通道和军事要冲。"在这些古商道之中,最为重要的当属浙闽之间的仙霞古道、赣闽之间的铅山古道和杉关古道。仙霞古道由浙江江山翻越仙霞山进入福建浦城,铅山古道由江西上饶翻越分水关进入福建崇安,杉关古道由江西鹰潭过杉关进入福建邵武。几条古道分别与闽江上游的几条支流相接,这些小溪汇聚在建州(建瓯)和南平,然后顺流而下直至福州,成为浙、赣两省货物出海的重要商道。宋代之后,浙、闽两省经济发达,两省出产互补,日常贸易往来渐增;明代之后,浙江的丝绸和江西的瓷器须运往福建方能出口,福建的茶叶也要千里迢迢地运往蒙古草原,这些大宗商品贸易也多经由仙霞古道、铅山古道运输,辐辏往来不歇。因此,闽东的传统建筑保留下来的更多的是商会文化建筑(徽式)。在民居建筑上,闽北、闽东地区存在着两种类型。其一是这一地区较为常见的多进天井式住宅,其二是以宁德、福安民居为代表的闽东山区中的大宅。

二、闽南地区

闽南地区位于福建省南部,现在大都指厦门、泉州、漳州三个地市,旧时莆田也在闽南区划境内。

闽南的开发在闽北和闽东之后,南朝梁代始划闽南地区为梁安郡,泉州成为梁安郡郡治。唐初陈政、陈元光领府兵进入漳州镇压蛮獠土著,最终将军队屯驻漳州境内,为漳州的开发铺平了道路。其时金门便是陈氏家族的牧马场。繁荣的海上贸易是闽南历史发展的最大动力,宋代之后泉州港、漳州月港均是世界闻名的港口。在商业的刺激下,金门等沿海岛屿也迅速发展,文化水平迅速提高。

闽南民居的发展受到了海商文化和国家海洋政策的深刻影响。由于海洋贸易,宋元两代闽南港口居住着大量阿拉伯人和东南亚人,他们带来了红砖的烧制技术,于是闽南成了近代之前全国唯一使用红砖的区域。通过海洋贸易,大量闽南人往来于中国大陆、台湾,以及东南亚各国之间,他们不仅将闽南的建筑形式带到了海外,还将西洋的建筑形式带回了闽南,塑造出了精彩纷呈的"番仔楼"。同样是因为海洋贸易,闽南成为白银流入中国的重要入口,人们蜂拥而至,整个区域人口密度很高。沿海地区以商业为主,城镇密集,耕地渐被蚕食;内陆地区为了养活更多的人口,农业逐渐转向烟、茶等经济作物,家庭手工业也迅速拓展。为了在不占用耕地的前提下解决居住问题,人们又将住宅建在山坡,建筑向高层发展,形成了大大小小的土楼。

海洋贸易也影响了闽南的社会结构。一方面,海上贸易投入大风险也大,一个商人出海经商,生死未卜,他的兄弟必须从事农业或手工业生产,保证整个家庭稳定的经济收入,因此一个商人的成功背后有整个家庭的经济和人力投入，故而闽南人十分重视宗族关系。但是另一方面，一个商人只能带动小家庭的富裕——大家族若想获得利益，前提必须是一个个小家庭的成功，因此商业在促进家族富裕的同时还促进了房派的分化。反映在建筑上，闽南大厝固然实现了家族聚居，但大厝在扩建时一般只加建一重护厝，也限制了聚居的规模。再者大厝中每个居住单元都相对独立，并且各个院落都有自己独立的入口，也为分家提供了方便。但是，闽南地区人口密度大，资源匮乏，宗族之间难免摩擦，械斗和倾轧事件更是免不了的；所以闽南大厝的防御性较强，常建有用于瞭望射击的"角脚楼"和"梳妆楼"，门窗设计异常坚固，民居内部也常是机关重重。总而言之，在聚居之中保持小家庭的独立，是闽南海商文明与儒家文明共同塑造的结果。

  土楼是闽南内陆地区常见的建筑形式。闽南大厝重视防御，但与土楼相比，这些防御措施都是雕虫小技。越是深入内陆，经商的机会越少，人们对农业的依赖就越大，资源的匮乏也就越加明显。明代以来客家人又不断移民此地，更引发了先到的福佬人与后来的客家人之间持续不断的武装冲突。加之内陆山区历来便是野兽出没、盗匪啸聚之地，闽南内陆民居建筑的防御功能因此被突出到了极致，从土楼那厚厚的夯土墙与小小的窗洞中，我们已经难以发现民居与军事堡垒之间的区别。反映在社会结构层面上，闽南内陆的宗族组织更为紧密。这里的商业不及沿海繁荣，商业未能有效分化宗族，外来的危机又迫使人们凝聚在宗族周围，人们为了生存，共同居住在巨大的土楼之中，形成了一种对大宗族的强力认同。这与闽南沿海地区相对松散的宗族组织有着较大的不同。

三、闽西地区

  与福建境内其他地方相比，闽西汀州的政治、军事和经济地位都相对次要，始终没有发生过大规模的战争，自古以来便是闽粤土著畲族人的聚居之处。移民开发较晚，唐朝才设临汀郡和汀州，宋代之后才有人口的大规模增长。进入这里的移民，大部分也就是我们今天所说的客家人，社会组织形态也有其自身的特色。宋代之后，地方政府的行政职能普遍收缩，"皇权不下县，县下皆自治"——宗族成为政府在地方行政、执法和税收的代理，宗族首领也是村落实际上的组织者和管理者。反映在建筑上，我们就会看到许多超大规模的、防御性很强的聚居住宅，譬如堡垒一样的闽西客家土楼、兵营一样的横堂式民居。

不论是客家土楼还是横堂式民居,都有极其鲜明的建筑特色。它们不仅规模巨大,而且都在建筑中轴线上布置全家最重要的公共活动空间——大面积的内外宇(禾)坪、气派的门楼、下厅、中厅、上厅和后楼(祖堂)。整个家族的生产和生活房间围绕在这条中轴线而建,若是将房间在中轴线两侧水平铺开,就是横堂式民居,可以两堂两横、两堂四横、三堂两横直至九厅十八井;若是将房间在公共建筑周围垂直叠加向高楼发展,则是客家方形土楼;若是这些高楼从前到后层层加高,便是五凤楼;若是这些高楼环形围绕公共建筑,便是客家圆楼。

闽西民居建筑的形式,与不同地区的地缘政治环境有关。概略而言,闽西是客家人居住的核心区域,豪族乡绅是一个地区的实际控制者,有自己的武装力量,能够安稳地居住在宽敞的横堂式民居里。相比之下闽西与闽南之间的平和、永定和南靖一带是客家人与福佬人杂居的区域,没有绝对的权威势力,土客冲突不断,防御性强的土楼也就较为普遍。

四、闽中地区

闽中的开发又在闽西之后。五代南唐灭闽国,方以延平(今南平市)为州治设剑州,将闽北(剑州)、闽东(福州)、闽南(泉州、漳州)和闽西(汀州)中间这片无人管辖的飞地划分出来——其意正在弹压叛乱。其后闽中的建制沿革同样是对暴动和起义的反馈,明正统末年邓茂七起义,地方官员遂"以浮流险远,难以探制为由,请以其地另立县治",由此划分出永安县;嘉靖年间又为弹压盗匪设置大田县,《大田县志》有云:"大田,故尤溪、永安、漳平、德化分辖之地,距各县治所甚辽,故常为亡命逋逃之薮。……延平、漳、泉三郡之吏悉疲于捍卫。嘉靖十四年御史白贲请于朝,割四县之地别置大田县,筑城凤山之麓为县令治所,复于各阻碍分设巡检司弹压之,盗始少息。"闽中地形复杂,土壤贫瘠,矿产丰富,地广人稀,且有大量矿工,历来便是难以管理的区域。各种反叛"时有蠢动,辄捕辄叛,迄无宁岁"。

闽中地区主要有两个移民来源。其一是宋代以来从闽西南进入这里的畲族,其二是由浙江进入闽北后继续沿沙溪溯源而上的汉民,两者在闽中不断融合,加上地理的隔绝,使得闽中的方言也与周边区域有所不同。值得注意的是,经济文化水平较为先进的闽南、闽东和客家人均未曾大规模向这一区域迁移,这直接影响了闽中的文化水平和社会组织形态。今天人们仍然常常可以在闽中村落和民居中发现很多古代的"意象",譬如村落受畲族影响,以散居为主,宛若宋画;纯木结构,很少用砖建造住宅;以廊院式的平面建造的公共建筑——土堡(廊院式建筑在清代以来便没有在其他地方建筑中出现)是闽中最有特色的建筑。土堡是战乱之时人们临时躲避居住的地方,所以防御功能很强,形制上类似横堂式民居与客家土楼的折中。

五、台湾地区

台湾岛南部开发较早,在郑成功的带领下,大量漳州世族举族迁徙至此,社会组织形态与闽南更为相似,所以台湾岛南部存在一些血缘村落,宗祠、家庙是主要的公共活动空间。不过清政府颁布渡台禁令后,渡台者不得携带家眷,清代的渡台者本就穷苦劳顿,又没有宗族的支持,在台湾的各种土客纷争中只能依赖同乡,所以开发较晚的台湾岛北部出现了许多以地缘为主要认同方式的聚落共同体。这些地缘聚落通过共同的语言、生产生活方式凝聚在一起,依靠家乡的神祇和祭祀唤起共同的记忆——庙宇成为这些聚落最主要的公共活动空间。

由于荷兰人以及闽南建造技术的影响,清代台湾建筑以红砖作为主要的建筑材料。清中期之前,工匠、建材均依赖闽南、潮汕;清中期后当地工匠和当地建材才始主导台湾地区的建造,台湾式的大厝风格才始显现。与闽南大厝相比,台湾大厝的平面形制更为灵活,屋面常常没有举折,重视彩绘、泥塑和剪黏装饰等。一方面是闽南大厝的简化,另一方面又流露出了新的审美风尚,这与台湾岛内有限的自然资源、清代移民的社会阶层和有限的经济能力有关。

第二节 闽台传统建筑特征

一、闽南大厝

闽南地区的泉州、漳州平原,历史上是全国海洋贸易最为繁荣的地区。海洋贸易既需要家族的支持,又提高了商人个体的地位,那么家族与个体的微妙关系是如何体现在闽南大厝之中的呢?

一般而言,闽南民居的基本单元是一个"四合天井"院落,泉州地区称作"三间张两落大厝",漳州和莆仙地区称"四点金",其形制就是一个三开间的四合院,"五间张两落大厝"就是五开间的四合院。四合院的倒座部分(第一进)称作"下落",正房(第二进)称作"顶落",两侧厢房称作"榉头"。"下落"外面还有一个大院子,叫作"前埕"。"下落"明间开敞为门厅,大门退后一步,类似北方"金柱大门",门斗的空间叫作"塌寿"或"塔秀",通过"塌寿"进入大门,就来到了门厅——"下厅","下厅"两侧的次间叫作"下房",如果是"五间张"的大厝,"下厅"梢间便称"边间"。"顶落"明间也开敞作为正厅,正厅由一面太师壁——"寿屏"——分割成前后两部分,前面较大的部分用以供奉祖先,称作"顶厅",后面较小的部分叫作"后轩",一个"五间张"(五开间)的"顶落",顶厅两侧次间称作"大房",梢间称作"边房"或"五间"。"后轩"两侧次间称作"后房",梢间称作"后边房"或"五间后"。这样一个最基本的厝,已能满足一个大家庭的基本生活。若是分家分灶,整个大厝的四个角——下落的两间角房、顶落的两间后边房——就会改造成厨房,四个家庭分居独立的四个角落,彼此互不干扰,充分保证了每个小家庭的私密性。

一个家庭若是人丁少,可以省略"下落"变成三合院——漳州将此类民居称作"爬狮",有时连"榉头"也省略掉,只留下"一明两暗"的"顶落"。相反的,若是家族人丁增多,大厝就会加建,在两侧加建的院落称作"护厝",在"前埕"周围加建的辅助用房称作"回龙","顶落"后面加建的辅助用房称作"后界"或者"界土"。回龙和后界里主要住着地位稍低的下人,主要家庭成员一般居住在护厝之中。一个大厝加建了护厝、回龙和后界就已达到最大规模,这限制了闽南家族的大小——比闽北和福州的"多进天井式"住宅要大,却远不及闽南、闽西的土楼和横堂式民居。闽南人固然也有儒家合族而居的理想,但海上贸易加速了宗族的分化,也提高了小家庭的地位,所以闽南大厝既保证了小规模的家族聚居,又保证了聚居之中每一个小家庭的隐私和尊严。试想住在土楼、横堂式民居中的人家,哪里又能这么容易地分家呢?相比之下,闽南大厝更好地保证了一个个小家庭的独立性,这是商业文明对儒家理想的改造。

在发展更为充分的闽南村落中,几个大家庭会共同聚合成房派,其聚居区域称为"甲头",一个"甲头"的大厝往往会有共同的朝向,也往往会有自己房派的家庙。在众多"甲头"中间又会有整个宗族的家庙,村落中宗法制度的差序格局是很清晰的。一些村落不仅在布局上严格遵守这样的规则,又有"宫前祖厝后"的配置禁忌,也就是说宫庙建筑之前,家庙、祖厝之后不能建有其他住宅。在实际案例中,家庙前后场地的确都是被严格限制的。金门的一些村落就是这种规划理念的典型,可以看出在海岛之上,宗法制度更强势的一面。

二、台湾大厝

在台湾大规模开发之前,大陆渔民就已开始在台湾沿海定居,闽南的建筑风格最早就是通过渔民住宅传入台湾。今天在鹿港郭厝与台南安平仍可见到年代较早的渔民住宅。这些民居多是一明两暗、单伸手或是三合院,如"微缩"建筑一般,院门高约 1.7 米,天井宽不过 3 米,厢房进深不过 3 米,檐口也只有 2 米多高,十分局促,体现其时渔民的艰苦生活(真正艰苦的渔民大都住在草房里,这些住宅的主人应当还是相对富有的渔民)。这些建筑大量保存至今,还说明了它们对台湾沿海地区自然环境的适应能力。

台湾沿海地区木材资源少,房屋建造限制严苛。为了应对木材的紧张,人们尽量就地取材,使用石块、贝壳、土块砖和夯土作为墙体材料,近代以来逐渐使用红砖,留下最珍贵的木材做桁(檩条)和桷板。台湾多台风、暴雨和地震,海风腐蚀性大,这对房屋的建造都提出了严峻的挑战。首先是抗震,台湾的重要建筑一般不用土块砖做墙,墙角等容易损毁的部分会用砖、石做特殊的构造处理。其次是防台风,台湾沿海地区的建筑普遍建得低矮,外墙开窗很小,多用硬山顶,建筑出檐小,瓦用砺灰黏合在屋面上,并压上砖以防止被风吹跑。最后是防止海风对外墙的侵蚀,重要建筑外墙尽量不用夯土或土块砖,即便使用也要经常用蛎灰粉刷外墙。

这种建造方式是移民不断探索的结果。闽南大厝砖、石、土、木并用,以木材为结构框架;到了金门岛上,木材分外珍贵,人们便更多地采用方条石建造房屋,建筑山墙已逐渐省略木构架;澎湖不产砖,木材更少,建筑于是用毛石砌筑而成,台湾沿海地区也采用了这种墙体承重的建造方式,这与大陆木构建筑的结构逻辑完全不同。在台湾,只有少数有钱人家才用木材做柱子以显示财力,不过大都只是在当心间两侧装点两排榀架罢了,到了山墙面还是用墙体承重。

砖墙承重也使得台湾民居屋面取消了举折。屋面举折是木构架承重特有的产物,屋面可以呈现飘逸的曲线,若用墙体承重,举折则会大大增加施工的难度。所以绝大部分台湾民居的桁架没有举折,桷板均为直线,较为讲究的建筑会在望砖上方用白灰和沙土垫出一个曲面,并在上面铺瓦,并以此增加屋面的重量,避免屋面被台风吹跑。

清代持续的土客矛盾使得台湾沿海地区的木材资源长期匮乏,木柱子、木板墙都是财富的象征,鹿港老街上的店铺以木装修做外立面,是商人典型的炫富行为,在台湾也是相当少见的,更不要说精致的木雕和小木作装修了。由于木雕的高成本,台湾大厝中的小木装修相对闽南要弱一些。取而代之的装饰方法是彩绘、泥塑和剪黏,它们在建筑中营造了极其绚丽的色彩,给人很强的视觉冲击,与木雕素雅的审美趣味完全不同。清末至民国时期,台湾的泥塑和剪黏又反过来影响了闽南的建筑装饰,闽南的宫庙建筑也开始变得华丽绚烂,但受礼法规制的约束,闽南的民居建筑始终未曾达到台湾民居那种绚烂的程度。民国后期的闽南大厝木构件反而不饰油漆,流露出一种商业文化中少见的清新风格。

由于闽南匠师的直接影响,台湾大厝与闽南大厝较为类似,各部组成部分的名称也与闽南差别不大。但台湾大厝在两侧加建多重护龙(护厝)时,最外侧的护龙往往较内侧护龙为长,向前方延伸,将建筑前方的庭院包围起来,形成一个巨大的外院,台湾地区称作"外埕",类似于客家横堂式民居中的外宇坪,比闽南大厝中的前埕要大很多。不论名字如何,都是农家晾晒谷物、生产劳作和进行家族大型公共活动的地方,其面积大小与大厝内部聚居人口多少有直接关系。一些住宅还会在外埕外侧修建半月形的水池,以营造背山面水的小环境,这是闽南人和客家人共同的习俗。另外,由于不同建筑风格在台湾地区的融合,台湾大厝的平面相对比较灵活,如台北林安泰宅外墙内部建回廊,彰化马兴陈宅采用"九包五"的布局,彰化永靖余三馆陈宅正房前建轩亭等。日据时期之后,台湾地区建筑受到日本及西方影响,建筑的平面处理与装饰手法也有了更多的变化。

三、闽南、闽西土楼

土楼主要分布在闽南、闽西交界的南靖和永定一带,它们或圆或方,有的巨大,可住近千人;有的很小,仅供一家居住。土楼大多三至五层高,用厚一至两米的夯土墙筑造和围合起来,是一种防御性极强的大型城堡式建筑。土楼内部组织规则简单且统一,中心是公共空间,可以用作天井、禾坪、花园或水井,也可以建造宗祠或庙宇;周围沿墙一圈则是私人的居住空间——一层用作厨房和餐厅,二层用作谷仓,三层以上则大都为卧室。中心与外缘之间的过渡部分则可能建有各家的客厅和小天井。若是家族人口增多,也可以在小土楼周围再建一圈大土楼,形成两圈甚至三圈的土楼,整个建筑层层相套,向心的布局象征着个人向集体的汇聚。

闽南土楼与闽西客家土楼在内部平面布局上明显不同：闽南土楼多为单元式，整座楼被平均等分成若干单元，每单元为一户，各有独立的入口，内为庭院、房间，有独用的楼梯上下，体现了较多的独立性和私密性；而客家土楼多为内通廊式，家族内各户之间联系密切，分户不明确，反映出强烈的公共性和群居性。这是因为闽南海上贸易发达，小家庭的地位也稍高一些；客家人则恪守同宗聚居的生活方式，土楼的内通廊使各户交通方便，有利于全楼人共同生活，也方便战乱时的防守。

一座土楼往往是一个独立的单姓聚落，其中最主要的公共空间就是宗祠；若是几个姓氏集资合建，就会有几个姓氏的人共同居住在一座土楼里，在这种情况下宗祠的位置就会被庙宇取代。闽南地区的土楼往往将宗祠设于土楼外圈大门正对面的几个开间中，宗祠所占面积不大，最多只能像土楼中等分出来的住宅一样，开一个天井，做一进院落，与闽南沿海地区一进院落式的宗祠布局非常相似。客家地区更多地将宗祠设于土楼中的天井院内，宗祠是朝向大门的单进或多进院落。在多进院落的宗祠中，土楼门厅即是宗祠"前厅"，其后经过"过厅"，来到土楼正中最主要的祭祀场所"中厅""大厅"，亦或称作"官厅"，最后又有"后厅"收尾。这种多进院落的宗祠与闽西客家"九厅十八井"住宅、五凤楼的宗祠类似，是客家人注重宗族的象征。

成百上千人居住在一座建筑里，生产生活空间所承受的压力都非常大。所以土楼若想完全自给自足非常困难，必须依靠土楼之外的辅助用房。尤其是正中建有祠堂的客家土楼，内部天井完全被建筑占用，土楼外面就必须有取水的水井，晾晒谷子的禾坪，存放生产工具的杂物房，磨制面粉的磨坊，以及牛栏、猪圈和厕所。为此客家方形土楼往往在门前建有一个方形前院，除了以上作用之外，还会在这里开设学堂和小店。这与闽南大厝前留出前埕并加建回龙包围前埕的做法比较类似，闽西横堂式民居也有类似前院。当然，即使楼内天井完全开敞，牛栏、猪圈等建筑一般也要建在楼外，这是居住功能的要求。

土楼最重要的特征还是防御。土楼一般开两三大门。土楼的厚门板上钉铁皮，门闩用大木，门顶又有防水槽，土楼顶有水柜以防火攻。土楼一层、二层均不开窗，二层以上开窗很少，窗户也很小，墙体一米多厚，底层又用大石块砌筑，就是现代枪炮也很难攻破。一些土楼外面甚至还有壕沟和护城河。楼内又有水井，只要备足粮食蔬菜，上百人坚守一个月不是问题。而且一个村落往往有许多土楼，某些土楼之间往往还有地道相连，村落遭到袭击的时候,土楼之间可以彼此照应,要想攻破是难上加难的。

单元化的闽南土楼与闽南大厝类似,将宗祠置于中心的客家土楼与客家横堂式民居类似。侧重家庭也好,侧重宗族也罢,上百人挤在一个建筑里,生活必然是高度制度化的。

四、闽西横堂式民居

横堂式民居广泛分布于闽西连城、长汀和上杭一带,是一种较为常见的客家民居类型。和闽南大厝一样,横堂式民居也从最基本的"三合天井""四合天井"发展而来。漳州地区的三合院"爬狮",到了长汀地区就被称作"锁头屋";至于四合院,闽西与漳州一样,称作"四点金"。严格地说,闽南大厝也是横堂式民居的一种,护厝就是所谓的"横"。但闽西地区的横堂式民居扩展能力更强,纵向可扩展四五进厅堂,横向不受限制地加建"横屋",形成"几堂几横"的巨大建筑群,可容纳上百户家庭,一点儿也不比土楼逊色。所谓"九厅十八井",九和十八都是虚指,用来形容建筑群规模的巨大。相比之下,一般闽南大厝进深不过一进,护厝加建也不过一重,面积小得太多。

横堂式民居的布局也以厅堂为中心。中路厅堂是整个建筑群中最重要的公共空间。住宅前方会有一个大广场"外宇坪"(也有记作"雨坪"的),外宇坪前有照壁和"半月池"。由正门进入住宅,首先进入"门楼厅",相当于闽南大厝中的"下厅","门楼厅"前是一个巨大的天井——"内宇坪"。"内宇坪"两侧各有小门,通过横屋中的一个小天井可进入横屋的花厅,"门楼厅"之后是整个建筑中最为气派的厅堂部分。厅堂分内外,外部以"中厅"为中心,形成一进或多进院落,是日常接官、会客和举行节日庆典的场所;内部以最后一进"后楼"为中心,是供奉祖先神位的地方。"门楼""中厅""后楼"层层升高,既有"高升"的吉祥寓意,也为这样大面积住宅的排水提供了便利。

客家人有聚族而居的传统,往往几世同堂,不分家、不分灶,家族产业通归族长管理,几百人居住在一座横堂式民居中,家族中辈分最高的成员可以居住在中厅两侧的次间,也叫大宅间,其余次要的家族成员都居住在横屋,离厅堂越远的横屋越为简陋,所居住的家族成员地位也越低,最边上的横屋也被用作厨房、杂物间和马棚。横堂式民居的严整布局、向心结构象征着客家人所遵从的严格的封建宗法制度。

横堂式民居建筑规模大,各部分地位层次清晰,适合大家族聚居,但无法像闽南大厝一样保证每个小家庭的独立。横堂式民居每个院落的规模大,不能与小家庭对应;院落私密性不足,院落之间只以过水廊分隔,又往往被公共走道穿过;建筑外门也少,日常生产生活都要经过厅堂等公共空间;建筑内部不易设置厨房,即便分家也不易分灶,甚至整个家族的谷仓和厕所往往也建在一起,只有住宅外面那些零星的猪圈、鸡鸭舍才有私产的样子。

事实上,如果保持三堂两横式住宅的中厅不变,将横屋和后楼加高成楼房,两侧横屋从前向后层层叠升,最终与最高的后楼相接,就转化成五凤楼的形式。如果保持中厅不变,将门楼、两侧横屋和后楼同时建成相同高度的一圈楼房,就变成了客家方形土楼;如果继续保持中厅不变,将方形的住宅变成圆形,就是客家圆楼。"九厅十八井"、客家土楼、五凤楼,乍看起来风格迥异,但居民的聚落组织模式非常类似,因此建筑内部组织结构也彼此相似,都是大量住宅围绕着公共宗祠的布局。

五、闽中土堡

土堡是一种将居住空间压缩以提高短时防御能力的建筑。横堂式民居的居住空间大都在几排横屋之中,而土堡面积有限,将横屋限制在一重,或者取消横屋,用夯土墙和跑马廊取代横屋,大大减少了居住面积,也限制了建筑扩建的可能。闽西客家土楼的居住空间都在四层高的楼体内,而土堡高度有限,二层还要沿墙建跑马廊,居住面积也远远小于土楼,所以说土堡的功能主要在防御而非居住。

事实上很多土堡的确不是作为住宅建造的。与闽西一样,闽中永安、大田一带多山少田,匪乱很重。居住在这里的畲族土著历来分散在山中,一幢幢建筑之间距离很远,他们一来没有客家人的聚居传统和共同防御的组织能力,二来没有闽南人"各防各家"的财力和建造技术,所以他们就发展出了一种折中的防匪方案——合力建造土堡。平日居住在各家开阔舒展的房屋里,遇到危险的时候退守土堡,共同防御,所以大部分土堡只是村落受到攻击时的公共避难之所。为了在这样一个临时居所中增大居住面积,中间的厅堂被建成二层,较好的房屋总在厅堂周围,较差的房屋沿跑马廊临时搭设,空间不过一两平方米,以供穷人短时避难。

对于富裕之家而言,这种敌进我退、据守土堡的防御是不现实的,所以他们建造的土堡往往也可以适应日常居住。这种土堡,或中厅周围卧室较多,或中厅两侧也建有横屋。譬如安贞堡,厅堂两侧就设有三排厢房,当地俗称"正官房""二官房""三官房",前两排厢房都在主体建筑的厢楼里,最后一列就是依附于夯土墙的横屋。厅堂、厢房均为二层,将大量没有采光的小房间压缩在一幢巨大的建筑之中。用今天的标准来看,则没有多少舒适可言。

土堡的军事防御能力极强,周边围墙基础常用大块卵石垒砌,几层门板,门板外包铁皮,夯土墙上又有极多的瞭望窗和射击孔,转角处设置炮楼,二层跑马廊贯通全堡,又与中厅连通,军事反应迅速灵活。有的土堡建在高耸的山峰上,土匪来犯只能仰攻;有的土堡建在低洼处,土匪来犯便陷在泥地里,易守难攻。正因为有了如此强大的防御能力,即便普通人家日常并不居住在此,也会将家中的贵重物品寄于土堡中保存,土堡成了整个村落的保险箱。

六、闽北、闽东"多进天井式"住宅

中国古代礼制最重视内外、朝寝之别,重要建筑中往往有用于仪式和日常生活的两套空间,故而会形成前后多进院落,北方四合院、苏州民居、东阳民居、徽州民居和江西民居中都有类似的布置方式,前述闽西横堂式民居的中轴线上也有门楼厅、中厅和后楼之别。

闽北与浙江、江西联系紧密,曾是朱子学的大本营,重视日常宗族礼仪,闽东的福州是福建全省的政治中心,两地的民居建筑多受儒家礼制影响,越是重要的建筑越是重视内外之别,所以建筑常由前后多进院落组成,前进院落用于仪式待客,后进院落则用于家人日常起居生活。在闽北,这种民居被称作"三进九栋式"住宅,其中三和九也都是虚指,意思是前后多进而已,形式上与闽东的福州民居比较类似。我们为研究方便起见,将其统称为"多进天井式"住宅。

由于地缘和移民因素,"多进天井式"住宅受到江西北部以及浙江南部龙游、衢州地区建筑风格的直接影响。建筑内部天井狭长窄小,建筑被马头墙包围,重视砖雕、木雕和石雕装饰。与浙南民居最大的不同是,闽北"多进天井式"住宅很少建有楼层,福州"多进天井式"住宅一般也只在最后一进才会建有楼层。另外,福州"多进天井式"住宅的封火墙也多做成曲线形,角部高高翘起,如闽南建筑中的燕尾脊一般。

"多进天井式"住宅重视儒家礼法。洪武二十六年(1393年)定制:六至九品官厅堂三间七架,正门一间三架;庶民正厅不得超过三间五架。正统十二年(1447年)稍做变通,架数可以加多,但间数仍不能改变。闽北和福州

民居直至清代依然恪守这一制度规定,绝大部分民居均为三开间,沈葆桢官及一品,才从别人手中买了一座五开间的住宅。《荀子·大略》有云:"天子外屏,诸侯内屏,礼也。"于是福州和闽北民居往往在建筑门厅中设屏门,平日区分内外,只在仪式之中开启。进入大门之后每一进也称作一落,第一落一般用作举行仪式及待客的厅。厅的面宽往往较大,五开间的建筑当心三间都会开场做厅,当心间两榀梁架还会改用抬梁结构,减去中柱以扩大仪式空间。三开间的建筑则以当心间做厅,有些住宅比较讲究,会将当心间开间增大,并在其中增加两榀梁架。此两榀梁架前檐部分往往由横向骑门梁(大额)承托,中间用抬梁式构架,中柱不落地,唯有后檐柱、后下金柱落地,四根落地的柱子同时用作太师壁与耳门的壁柱。通过这样的改造,原本一开间的厅变成"假三间"。不论真三间还是假三间,由于当中两榀架是抬梁式的构架,这种厅被称作"扛梁厅"。"扛梁厅"带有北方官式建筑中抬梁式构架的特征,因而等级更高,常被用作高等级建筑的正厅。闽南地区等级最高的大厝如明末晋江青阳镇庄用宾宅和布政使司,台北林安泰宅也都有类似的"扛梁厅"处理。穿过"扛梁厅"耳门之后,就进入内寝部分。内寝视家中人口多少可有前后几落,每落当心间都为厅堂,两侧布置卧室,靠近前檐的叫前房,靠近后檐的叫后房。家中地位较高的人居住在前,地位较低的人和仆人居住在后,建筑最后还往往有一后天井,周边房间用作厨房和杂房。由于这里一般比较安静,且空间开敞,也有建筑将这最后一进空间改造成书房、藏书楼、花厅或是燕堂。整座建筑从前到后,从外到内,重要性逐渐降低,故而天井和厅堂的宽度都是由宽至窄,逐渐收缩。为避免仆人或妇女穿过厅堂空间,比较讲究的住宅常常还在一侧修建一条长长的避弄。

这种"多进天井式"住宅虽然进深大,面积大,但是房间数量并不很多,并且大部分家庭也用不着仪式性的厅房,只需一进院落,当心间做厅堂,前有前天井,后有后天井,前天井周围的房间用作卧室,后天井周围的房屋用作厨房、饭厅和杂房,一个小家庭的生活之需就可以完全解决。

七、闽东大宅

闽东大宅是"多进天井式"住宅的变体。"多进天井式"住宅是一种有着久远历史的建筑形式,民国《崇安县新志》有云:"住,明时,屋制颇卑,庭前多设二柱,厅壁分两段,上段用竹篱附灰,与今日假墙同。"闽东大宅就是由这种"庭前多设两柱"的建筑演化而来,今天每栋大宅的厅堂前面依然有两根柱子，支撑着前披檐。不仅如此，闽东大宅也像"多进天井式"住宅一样，在建筑主体部分前后都有天井，前天井两侧布置卧室，后天井两侧布置厨房和饭厅。

不过闽东大宅的体量比"多进天井式"住宅要大很多。首先是建筑开间大，主体部分多为五开间，主体部分两侧还有天井和厢房；其次是建筑进深大，主体部分的当心间被太师壁（当地称中庭壁）分为前后两厅堂，前厅堂面向前天井，后厅堂面向后天井（"多进天井式"住宅没有后厅堂）；最后是建筑内部空间复杂，主体建筑内部有多间卧室（次间前檐卧室称厅堂间，后檐称后堂间，梢间前檐卧室称厦前间，后檐称厦后间），前后有天井，主体建筑左右也有两个小天井，这两个小天井分别面对着主体建筑两梢间的中心部分——它们向外侧开敞，形成两个小厅（当地称书厅或厦客厅）。所以，方形的主体建筑前后左右四面的当心间都是厅，每个厅前又有与它对应的天井和厢房（当地称护厝或偏间），这就是闽东大宅的基本形制。

闽东大宅的高度很高，主体部分一般高三层，福安坦洋的部分住宅甚至高达四层。其中一层多是住宅，二层以上一般用作晾谷场、谷仓和家庭作坊。闽东山区平地较少，收获季节雨水又多，晾晒谷子须在二层进行；这里木材资源又十分丰富，建造高大房屋也较为方便。

闽东大宅常以一个高耸的主体建筑为中心，主体建筑用"一脊翻两堂"式布局，太师壁设于建筑中柱一线，上方的神龛位于主体建筑的正中心位置，廉村就日瞻云宅、楼下村的众多大宅均是如此。大宅中前后左右"四厅相背"，共同依托着中心神龛。当然，为了方便日常仪式的举行，大部分住宅会将太师壁后退几步以扩大前堂空间，但建筑强烈的象征含义并没有大的改变。

第三节　闽台传统建筑装饰艺术特色

在全国的民居建筑艺术中，闽台传统建筑的装饰艺术具有非常典型的特点，主要表现在人物与动植物彩塑、屋梁墙壁木雕、墙裙堵砖石雕、斗拱镂空雕等艺术上。

一、寺庙、宗祠建筑装饰艺术

闽台传统建筑艺术特色最明显的是寺庙、宗祠建筑的雕刻、彩塑艺术。

（一）石雕

寺庙建筑石雕多在福州、泉州地区。郑成功收复台湾后，明清的台湾也流行庙宇建筑和石雕技艺。这两个地区寺庙、宗祠的石雕艺术是闽台石雕技艺的典型代表作。

以泉州开元寺镇国塔为例。镇国塔分东西二塔：东塔通高48.24米，塔平面分回廊、外壁、塔内回廊和塔心八角柱四部分；西塔名"仁寿塔"，通高44.06米，略低于东塔，其规模与东塔几乎完全相同。五代梁贞明三年（917年）王审知由福州泛海运木来泉州建此塔，初名"无量寿塔"。前后重修多次，易木为砖，宋绍定元年至嘉熙元年（1228—1237年）易砖为石，先于东塔十年建成。中轴线上的照壁、山门、大殿和戒坛则是明代遗物。1982年定为全国重点文物保护单位。开元寺石塔的石雕图画更是精美绝伦，人物、动物形象栩栩如生，菩萨面慈和蔼，牛羊生动活泼。其甘露戒坛在重修过程中，在建筑物的东西两侧发现了6件体积庞大的古代石雕，石材属辉绿岩，刻工精美。这批石雕有4件是兽身神像，正面高54厘米，宽约41厘米，很有波斯宗教的风格。另外两件是须弥座的构件。

又如安溪文庙石雕艺术。庙中廊间8根石柱最为珍贵，各高丈余，雕龙蟠于其上，张牙舞爪，怒目卷须，盘绕而上，精巧灵动；特别是两对透雕的蟠龙辉绿岩石柱，为闽南一带石雕龙柱的典范。余如陛石上的云龙戏珠巨幅浮雕，丹墀三面基石上的双狮抛球、龙鲤戏珠、云龙吐雾、八骏马、麒磷、仙鹤、牡丹、翠竹、莲花等14幅浮雕，均精雕细琢，情态优美。其至柱础的形式也各不同，有花篮式、果瓣式等。屋脊所饰游龙，塑工精巧。垂柱透雕，亦极具匠心。安溪文庙建筑法式影响深远，曾传播日本，是中日文化科技交流史的重要例证。而永春、同安、仙游、闽清、建瓯、广东揭阳等地，修葺或重建文庙，多有师范。[①]

台湾地区早期的石雕主要出现在宗教建筑上，明清时代古庙建筑较多。据实地调查，台湾古庙的石雕技师多是从福建请去。

闽台寺庙、宗祠石雕技艺类型多种多样，下以石狮、龙柱石雕刻为例进行介绍。

1. 镇庙石狮雕刻

闽台庙宇石雕雕刻手法大体相似。各地的寺庙前多有狮子座，梁以龙

---

① 康加宝.安溪文庙建筑调查报告[R].课题组学生调查报告。

柱为主。

泉州开元寺内有很多座石狮,各式各样。镇国塔左侧一对相貌奇特的石狮,凿刻的艺术性很强,有学者称之为"属驯化型狮"。雄狮身体蹲坐,体型浑圆,艺术特色之处在于此处石狮的耳朵两侧成卷状且伸出头部,耳外布满疙瘩型;雌狮造型相似,怀抱小狮,神情慈善和蔼。而福州西禅寺的石狮则神态威武,筋骨显现,造型精工细刻。

宁德市屏南县双溪镇宋家因四代出文魁,故在当地有一定的声望和影响。宋宅主院为二进三开间格局,七柱十五檩穿斗式构架。附院格局、构架与主院一样,只是面积略小,雕饰较少。主院位于正中,大门为砖、木、石混合结构,门当石制,上雕"狮子戏球",门楣上方有木雕户对(门簪)。门当上的石雕,左边为母狮和小狮,右边为雄狮,寓意合家平安,共享天伦之乐。在双溪,石狮是门望的象征,不是随便人家都可以雕的。

在台湾,课题组所到各县各地庙宇,几乎大门外都有一对石狮镇守。有展示雄浑之风的石狮,也有慈祥如母的石狮;有兽像人面的石狮,也有憨态可爱的石狮。

福建博物院、泉州闽台缘博物馆和厦门市博物馆收藏了许多闽南民间各地的石狮,其中一些小型石狮憨态可爱,有的神态憨厚,翘首盼望,有的神情古怪,左顾右盼。这些石狮形体小,雕工有粗有细,已成为民间装饰性的安泰之物。

2.龙柱石雕刻

在中国古建筑装饰中,尤其是古庙宇建筑中,龙柱占了很重的分量,在闽台地区,尤其是闽南地区和台湾漳泉人世居之地的上万座庙宇宗祠,几乎所有庙宇大门前梁柱和廊枋柱,多为石龙雕柱。

虽然我国历史上在清代之前,为体现皇帝的至高无上,龙的形象为皇帝专有,规定民间建筑不得使用龙做装饰,但各地的寺庙、佛塔、祠堂中则变通将十爪的巨龙改为九爪的巨蟒,也有龙头蛇身的民宅装饰,如惠安县獭江曾氏唐代宗祠的梁柱就是龙头蛇身的龙柱。漳浦县赵家堡有一对1米多高的石鼓,上刻有浮雕龙凤图。据一些学者考证,赵家堡原是宋代皇族后代所建,所以明朝时朝廷特许堡内可刻有龙的形象。民国以后,龙的形象在所有寺庙和宗祠中陆续出现。尤其是20世纪70年代以后,各地乡镇争先恐后地大修寺庙、宗祠,龙柱则是此类建筑必不可少的石雕艺术装饰,甚至在园林建筑和民间住房上也都有龙的形象。

（二）泥塑彩饰

闽台泥塑是最具艺术特色的传统手工制作技艺之一。闽台地区的泥塑主要表现在寺庙、宗祠和民宅建筑的装饰上，以泥为原料雕塑各种神像、神兽、人像以及修饰屋檐瓦当下檐等，具有鲜明的文化个性与地域特点。

1.神祇泥塑

神祇泥塑是中国庙宇内参拜对象的制作技术。可以说，中国的庙宇建有多少年历史，神祇泥塑技术就传承了多少年的历史。闽台地区是中国建庙最多的地区，从课题组民间信仰专题统计的尚不完整的资料信息看，仅台湾各城乡、村镇的大小庙宇就多达11000多座，闽南地区，仅漳州地区至少也有2000～3000座庙宇。每个庙至少有主神祇、左右神祇，两旁的副神祇有4～10个不等。庙宇中不移动的神祇，传统的做法均以扎稻草（现有扎钢丝）成型，再涂抹黏泥，雕以神像。每年准备抬出巡境的神祇则多以木质雕刻，极少用玉雕。以此统计，仅台湾泥塑神祇就有10余万座，福建在此基础上，可以说翻了两倍以上。可见闽台泥塑艺术使用之广泛。

泥塑的神像以人物形象定面容姿态。如因为妈祖是闽台地区海上救护神，救苦救难，故妈祖的面容是慈眉善目、印堂饱满、面额滋润、神态和蔼可亲的母亲形象。关公在闽台人们的心目中，由传统的忠义之武将战神转为旺财神。闽台地区泥塑关公神像时，有黑脸关公和红脸关公之分，有的地方是白脸关公和红脸关公之分。在闽台地区庙里供奉的王爷，是以"代天巡狩"为己任的瘟神。瘟神的面色多是黑脸，但也有白脸和红脸。

2.屋脊泥塑和瓷塑

"阳光爬上了屋脊，庙顶变成了戏台，将士相车马炮，各个金光闪闪。关公斩六将，狄青战天化，多少英雄人物，就在此，打擂台争天下。"[①]这句话道出了闽台地区屋脊塑雕浓缩的历史和文化内涵。这是闽台建筑塑雕艺术的一个写真，也是笔者入闽后感受最深、印象最深刻的文化特色。

闽台地区古村的宗祠与祖屋、寺庙，无一不是屋脊泥塑和瓷塑。如漳州长泰山重村和江都村的各姓祖庙，整个庙宇屋脊上如同一个戏台，泥加瓷塑雕的各类战斗场面和人物造型栩栩如生。泉州、厦门所有乡镇各姓的祖庙、神庙的屋脊上也是如此。这种现象全国仅有。

---

① 黄文博.台湾风土传奇[M].台北:台原出版社,1989:83.

闽南地区明清以前就学会利用贝壳在石灰水中沉浸后捣成粉,用糖水搅拌成黏稠状,用作灰墙,将铁丝扎成骨架,用黏泥拌碎瓷做成人物泥坯,再将烧瓷捣碎,一层层根据人物形象的需要进行补填和修补,最后再将贝壳粉涂在表皮上,用色漆涂脂抹粉,绘画点睛,造型艺术便栩栩如生地展现出来。清代至民国以后,屋脊上立体的人物造型多使用各种色彩的碎瓷片,经久耐用,不掉色。

在台湾,不论是在台南、高雄还是在屏东、漳化、苗栗、台北、台中、新竹等地,大凡有漳泉人、客家人生活区域的地方,祖庙和神庙建筑都保存着屋脊和墙堵上的塑造。台湾传统的屋脊塑雕艺术源于闽南,据《台湾风土传奇》载,台湾这种剪粘泥塑瓷雕艺术在老庙中很普遍,但时间较晚,为清后叶以后的事。清末以前,台湾寺庙内墙或庙顶的装饰较为呆板、简单,大多以朴素古拙的交趾陶或一般陶烧作品为主。清末以后以经得起日晒雨淋的瓷片剪粘为主流,普遍使用。

二、民宅屋柱基石石雕技艺

福建是石雕艺术之乡,而工艺美术源于上层社会风雅之需要。福建石雕主要遗存在明清之前就是繁华都市和商贸文化交流中心的福州和泉州,而民宅屋柱基石石雕技艺主要体现在豪门富家之院。据史载,西晋太康三年(282年),太守严高筑子城,凿西湖、东湖,灌溉农田。东晋衣冠南渡,许多望族入闽。福州民谚称:"陈林半天下,黄郑满街摆。"乌石山下的道士井、三坊七巷的黄巷就是林、黄等姓氏当年聚居遗址。

闽台地区民宅石雕多施于牌坊、龙柱、门楣、勾栏、门窗、柱础等处,艺术雕刻内容大多是姜太公钓鱼、王母跨凤、丹凤朝阳、高山流水遇知音等传说故事,以及梅兰竹菊、梅鹊争春等花鸟人兽石雕。例如闽侯县青圃村清咸丰十年(1860年)所建的"升平人瑞"石牌坊为花岗石、青石所筑,横梁上雕有人物故事,此外还有"梅鹊争春""丹凤朝阳"等花鸟图案,灵秀柔润,神态含蓄丰富,独具南方风韵。这些故事和图案,表达出主人对生活吉祥如意和健康长寿的企盼,也是风雅诗书门第的标志。

三、红砖古厝建筑装饰艺术

红砖古厝封脊时,要将合脊物放入正脊中,一般的合脊物有五谷(米、绿豆、黄豆、大豆、高粱等,代表五谷丰收)、五色线(红、绿、白、黑、黄五色)、铜钱(代表财富)、韭菜(寓意长长久久)、芋头(寓意多子多孙)、铁钉和灯芯(表示出丁、人丁兴旺)、白曲(表示发达)、金钱等。①

红砖古厝有特有的空斗组砌的墙,以红砖砌成万字形、寿字形、菱形、八角形、双环金钱形等吉祥图案,也有在红砖上雕刻或墙体彩绘梅兰竹菊、石头、蝴蝶、喜鹊、龙、凤、人物故事的吉祥图案,一般庭院也会种上象征多子的木瓜和石榴。

砖雕,即在烧制的红砖、青砖上雕出山水、花卉、人物等图案,六朝之前的图案以花纹为主。这是我国中原及江南水乡古建筑雕刻中很重要的一种艺术形式。建于金大安二年(1210年)的山西侯马董玘坚傪墓室,在不足4.7平方米的面积上,砖雕布满全室,雕刻有模仿木结构的斗拱、拱眼、藻井、大门、隔扇等,以及屏风、几凳、花卉、鸟禽、人物、演戏场面等图案。其中站立在戏台口的生、旦、净、末、丑等演员运用圆雕技法,形象栩栩如生,是金代砖雕的代表作品。

《福建考古资料汇编(1953—1959)》载,福建南安丰州华侨中学基建时发掘出的南朝元嘉和东晋咸康墓中有大量的砖雕工艺。其中南安东晋咸康元年(335年)墓,为长方形券顶墓,墓室平底长3.7米,宽0.97米,全部用长方形花纹砖平铺直砌,距墓底高3.8厘米的第7层砖位为平铺横砌。填充门为横砖叠砌,呈人字形图案。墓砖为青灰色,长46厘米,宽16厘米,厚17厘米。砖面素平,底有麻袋纹,侧印有"古钱""人面形"图案。另有一种砖侧面印有"咸康元年十月十六日作此"字砖。

福建武夷山市下梅村老街沿溪水一路都是古窨子房,大多数古宅墙壁上都有精美雅致的砖雕图案,前庭照壁的砖上雕刻龙、凤、仙鹤、山水风景与花草鱼兽等图案,突显当年这一地方茶商富豪的家境和文化背景。

莆田市仙游县盖尾镇前连村有19栋连成一排呈丁字形的红砖古厝老屋,其砖雕技艺堪称福建明清时期砖雕艺术杰出代表之作。前连村红砖古厝墙壁砖雕中,窗花(卍福)砖雕工艺有两种,一种为雕好了直接装上去,另一种是将规格大小一样的砖拼凑成一面墙然后再进行手工雕刻。

泉州市永春县岵山镇塘溪村福兴堂是二进悬山式土木砖石结构,始建于1937年,于1942年11月完工。占地面积1400平方米,坐西南朝东北,由正门、门厅、天井、西厢、正厅和左右护厝组成。正厅面阔三间,进深三间,

---

① 曹春平.闽南传统建筑[M].厦门:厦门大学出版社,2006:257.

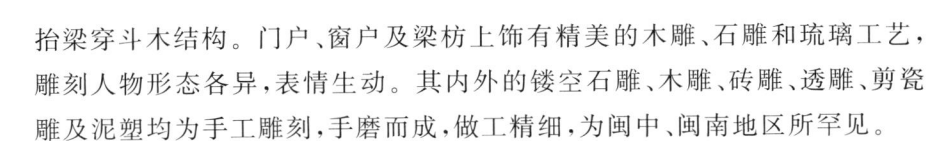

抬梁穿斗木结构。门户、窗户及梁枋上饰有精美的木雕、石雕和琉璃工艺，雕刻人物形态各异，表情生动。其内外的镂空石雕、木雕、砖雕、透雕、剪瓷雕及泥塑均为手工雕刻，手磨而成，做工精细，为闽中、闽南地区所罕见。

四、木雕技艺

木雕在中国起源很早。闽台地区的木雕从文物发掘和现存的寺庙佛像与神像分析，起源时间不详，但在汉至唐宋期间就兴盛于福建各地的寺庙神佛雕像上。唐宋时为乡村建庙修神像而谋生的细木匠，练就了一套成熟的"精微透雕"手法技艺，即学术上说的"圆雕"。

台湾木雕在清末之前，就以先住民的木雕图腾雕刻和汉人民间神祇木雕闻名。台湾在光复后，民居、寺庙木雕成风，闽南莆田仙游、泉州、漳州木雕技师往返闽台，进行木雕泥塑。有的台湾人则是在闽南地区择好木材后，在莆田和泉州原地将所需要的木材雕刻成品，再海运至台湾鹿港上岸，运回自家进行建筑装饰。

台湾地区汉人民间传承至今的习俗中，家中供奉和抬出去巡境的菩萨神像都是木质雕刻的。如新竹县池和宫木雕神像中，镇殿三尊池王爷神像传说是乾隆四十二年（1777年），历经风涛之险，从晋江富美港随王爷船随浪漂流，横渡黑水沟，最终登陆新竹北新丰红毛港，并在池和宫安座。这三尊乾隆年间的闽南木雕小神像，高约20厘米，樟木雕刻，黑面长须，眼睛翻白，似中毒后神态。其雕工精美，线条干净到位，神态栩栩如生。在日常生活中，房屋的门楣、立柱，家庭用具如汤匙、梳子等，以及装饰礼刀、宗教器物、玩赏雕物等都有运用木雕技艺。

第九章

闽台传统手工技艺

手工技艺是人类童年的智慧体现,在中国,早在80.3万年前,古人就学会用石头打制石器,制作出有模有样、实际能用的劳动工具"石斧"[①],这是中国最早的手工技艺作品,展示了中国古人的足智多谋和心灵手巧。如果说石斧还只是简单的手工技艺,那么在12000～20000年前的湖南道县玉蟾岩遗址和江西万年县仙人洞遗址发掘的绳纹陶器,则是中国最早的带有艺术美学的手工技艺作品了。

闽台传统手工技艺文化遗产资源,泛指闽台地区民间传统手工技艺,实指产生并流传于民间社会的、历史悠久的、能够充分反映一个区域情感、审美情趣和工艺水平的传统手工技艺与技术。比如传统绘画工艺、传统镂刻工艺、传统织造工艺、传统刺绣挑花工艺、传统印染工艺、传统彩扎编织工艺、传统雕塑工艺、传统陶瓷制作工艺、传统金属银饰制作工艺、传统髹漆工艺、传统造纸工艺等各种专业色彩鲜明、艺术性较强的手工技艺。

闽台传统手工技艺,是闽台地区人民在漫长的生产与生活过程中为提高生命质量和生活质量而产生的,体现了闽台地区独特的审美体验与审美形式。

---

① 巴方.南百高速沿线在考古挖掘 百色旧石器解读史前秘密[N].南国今报,2005-09-13.

第一节　雕工技艺

闽台传统手工技艺中,最能展示工匠技术和天赋的是技术是雕工技艺。雕工又分石雕、砖雕、木雕、竹雕等。闽台地区通过长期的雕刻美术技艺实践,形成了一套本区域独特完整的雕刻技法与艺术特点。如台湾少数民族的雕刻有着本民族的文化元素和文化背景,从构图、刀法到立意,都直观地反映出本民族的文化特点;海西福建莆田市仙游县、泉州惠安县、晋江、漳州等地的木雕技艺,包括浮雕、圆雕、透空双面雕、阴雕和彩木雕嵌等,早在明清就在闽台乃至全国闻名遐迩。

一、石雕

石雕是闽台地区使用最广泛、应用最多的技艺,不论寺庙、祖屋、祠堂、民居,几乎传统的旧建筑中,但凡有石材做基础和面材,就有石雕。具体见第八章第三节"闽台传统建筑装饰艺术特色",在此不赘述。

二、木雕

传统的浮雕和镂空雕是闽台木雕技艺的精华。对神像、佛像以及门楣牌匾、家具、围床木雕等,采用直接透视或鸟瞰透视法构图,进行镂空双面雕,或通过彩木镶嵌来完成一幅幅精雕细刻的浅浮木雕,栩栩如生。浅浮雕画面深度一般都在2～5毫米,以刻线的凹凸线条表现力,展示物体的主体感;立体浮雕的刀法较重,主要使用在屏风、挂屏的木雕上,凹凸感十分强烈。其雕刻的花卉、飞禽、仕女、福禄寿、万字福、成语故事等图案最为突显,层次分明,细腻精微,活灵活现,逼真传神。

闽台民间木雕的传承方式,多为家族传承、父子相传、师徒相授。一位工艺美术大师的诞生,一件优秀作品的产生,乃至一件传世之作的问世,往往要经过父子、师徒几代人的艺术积累与发展。在其业内自古就有"家有万贯,不如一技在身"和"传儿(男)不传女"等说法。

第二节　陶瓷技艺

中国是世界上最早应用陶器的国家之一,而中国陶瓷因其极高的实用性和艺术性备受国际的推崇。

陶器的发明是新石器时代人类文明的一个重要标志。从新石器时代开始,先民就发现并学会用黏土制作各种日常用品。江西万年县仙人洞遗址和湖南道县玉蟾岩遗址出土的陶片,距今约 12000 年,河北徐水南庄头遗址发现的陶器碎片经鉴定为距今 10800—9700 年,广东英德青塘等地也发现了距今 10000—7000 年的陶器碎片。这些说明中国从旧石器时代过渡到新石器时代时,各地先民就发明创造了陶器。

闽台地区最早发掘出的陶器时间在距今 7000—5000 年左右。在平潭壳丘头新石器文化遗址发掘出大量陶片,[①]在金门蚵壳墩遗址也"采集到许多黑色和红色的陶器破片"[②],说明 6000 年前,闽台地区农业生产使这一片区的先民过上了比较固定的生活,客观上对生活用具有了稳定而常用的需求。为了提高生活质量,逐渐用黏土烧制出了陶器,闽台地区制陶技艺出由此产生,进入了陶器文化时代。

在中国传统陶瓷手工制作技术史上,福建陶瓷占有十分重要的位置和分量。尤其是唐宋以后,陶瓷窑在福建各地如雨后春笋般出现。仅南平市建阳童游镇的童游、南林、新村、赤岸、考亭、溪口、严墩、黄墩等九个村就有十几个从新石器时代、青铜时代至明清的古窑遗址。

一、德化古瓷

福建德化陶瓷以"白如玉、明如镜、薄如纸、声如磬"的特点,享誉中外,德化与江西景德镇、湖南醴陵并称中国的三大瓷都。

德化陶瓷历史悠久,起源于新石器时代,兴盛于唐宋时期,唐末五代就有陶瓷专著《陶瓷法》《绘梅岭图》出版。德化陶瓷的传统手工技艺早在唐代就已成熟,宋代泉州港兴旺发达,主要就由于闽南的德化陶瓷和景德镇陶瓷的运输出口。从广东阳江沉船"南海一号"发掘的瓷器到福建东山沉船中发

---

① 林公务.福建平潭壳丘头遗址发掘简报[J].考古,1991(7).
② 林朝棨.金门富国墩贝冢遗址[J].考古人类学刊,1973(33/34).

掘出的陶瓷文物中,闽南德化陶瓷都占有很大的比例和数量。在德化陶瓷博物馆展出的德化古代陶瓷文物中,明代德化瓷器"象牙白"瓷成为世界瓷坛的瑰宝,其技艺为后人折服和称颂,始于明而盛于清的釉下青花瓷更是独树一帜。

宋至明代为德化陶瓷的鼎盛时期,宋代德化陶瓷大量出口,通过商船,成吨地销往西方国家。明代是德化陶瓷从生活瓷器走向艺术瓷雕的高峰阶段,以德化何朝宗、林朝景等名师为代表,塑造了宗教人物塑像和花卉盆景之类的高雅艺术。宗教人物以观音、达摩、罗汉等形象为主,体态修长,神情悠然,衣纹线条优美多姿,衣裙飘然如仙。德化陶瓷博物馆馆藏的珍品"坐岩观音",就出自何朝宗之手。

德化境内目前已发现的唐、宋、元、明、清至民国的窑址达 238 处,全县 18 个乡镇都有古窑址分布,其中"屈斗宫德化窑址"1988 年被国务院颁布为第三批全国重点文物保护单位。德化烧制的瓷器主要有青白瓷、白瓷、青花瓷、彩瓷等,其白釉瓷最为尊贵,享誉中外,被西方国家称为"中国白"。德化陶瓷在历代风云中盛衰轮回,但始终绵延不断,从古至今,一直为中国陶瓷领域的一个重要组成部分。

闻名于世的宋代商船"南海一号"自 1987 年发现以后,2007 年 12 月随着亚洲第一吊"华天龙"号那 20 多层楼高的巨臂微微上扬,一艘长 30.4 米、宽 8 米的宋代沉船,连船带瓷器整个从海底升起。2009 年 8 月,海洋考古队员采集的 6000 余件样品的公开,揭开了宋代商船的面纱,同时也揭开了福建德化瓷器神奇的面纱。据广东海上丝绸之路博物馆馆长介绍,目前从"南海一号"采集的 6000 余件样品,与专家预测的 6 万~8 万件相比,只是冰山一角。但在这 6000 件样品中,福建德化陶和晋江磁灶窑生产的瓷器数量最多。

二、建窑、建盏

闽北建阳窑亦称建窑,为我国宋代著名的陶瓷窑之一,在中国陶瓷史上称为"黑建""紫建""乌泥建",其中"兔毫盏"最名贵。福建博物院的资料显示,建窑创烧始于晚唐五代,南宋为鼎盛时期,元代中后期趋于衰落,明代停烧。

六朝时,建瓯生产的陶瓷已在沿海地区颇有名气,为建立县制奠定了经济基础,建瓯是福建地区历史上最早设置的 5 个县之一。建阳水吉镇芦花坪的建盏，以黑釉瓷著称。1940年前，水吉镇为建瓯所辖之地，是年10月，水吉从建瓯分出升为县。1956年，水吉撤销县制，划与建阳县（今南平市建阳区），置水吉镇。水吉地区自古产陶瓷，凭借雄厚的经济实力为当时建瓯的建制与经济发展起到了非常大的促进作用。其黑釉瓷自六朝时就有传承技术，在宋代发挥到极致，以"兔毫纹黑釉"古陶瓷艺术特色，形成宋代众多瓷艺中一枝奇葩，独具特色。

黑釉兔毫盏之所以在宋代冠绝一时，与当时的大文豪和茶文化有关系。据学者研究，在宋以前，建安北苑和武夷山就是颇负盛名的产茶区。唐、五代饮茶风尚盛行，晚唐时，越地的茶与瓷器就盛名天下，诗人陆龟蒙在其《秘色越器》中吟："九秋风露越窑开，夺得千峰翠色来。好向中宵盛沆瀣，共嵇中散斗遗杯。"五代后晋天福八年（943年），王延政以建州（今建瓯）建国，国号"大殷"，改元天德。作为都城的建瓯，鼎盛一时，此地产茶又产瓷茶具，其品茶赏瓷的斗茶之风便广泛传播。

到了宋代，东南沿海"重在品其味"的斗茶之风仍然继续。宋代范仲淹《武夷茶歌》载："年年春自东南来，建溪先暖冰微开。溪边奇茗冠天下，武夷仙人从古栽。"大文豪苏轼也有诗道："君不见，武夷溪边粟粒芽，前丁后蔡相宠加。争新买宠各出意，今年斗品充官茶。"这首诗说闽北的茶好，由于采制甚精，在福建转运使丁谓手中，建安的北苑茶已誉满京华，号为珍品。继任蔡襄在此基础上对北苑茶进行改革，从改造北苑茶品质花色入手，求质求形，在外形上改大团茶为小团茶，品质上采用鲜嫩茶芽做原料，并改进制作工艺。本是好事，但丁和蔡都是为了取悦皇上争宠而作，使得平时斗茶的茶叶被征为官茶，受到限制，坏了文人雅兴，为天下文人所不齿。欧阳修也对蔡襄制作贡茶有所非议，但他不得不承认蔡襄制作茶叶的工艺之精，其《归田录》卷二载："茶之品，莫贵于龙凤，谓之团茶。凡八饼重一斤。庆历中，蔡君谟为福建路转运使，始造小片龙茶以进。其品绝精，谓之小团。凡二十饼重一斤，其价值金二两。"作为贡品的茶具和生活瓷器还有专门的标志，即在底盘上刻有"供御""进盏""官皿"等字。

宋代文人墨客中备受非议的蔡襄，是宋代著名政治家、书法家、茶学家，福建仙游人。作为朝廷命官，又是福建人，将民间好茶制作成精品进贡给皇上是他无上荣耀之事。蔡襄对制茶和用特制的茶具品茶很有研究，其《茶录》中写道："茶色白，宜黑盏，建安所造者绀黑，纹如兔毫，其坯微厚，燠之久热难冷，最为要用。出他处者，或薄或色紫，皆不及也。其青白盏，斗试家自

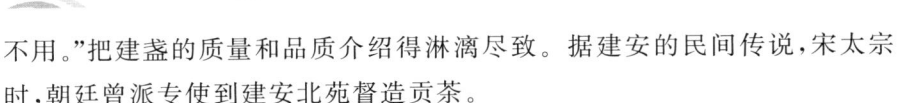

不用。"把建盏的质量和品质介绍得淋漓尽致。据建安的民间传说,宋太宗时,朝廷曾派专使到建安北苑督造贡茶。

三、晋江磁灶窑

2009年8—9月,在广东阳江海陵岛打捞出海、震惊中外的"南海一号"宋代商船上,广东省文物考古研究所与广东海上丝绸之路博物馆对"南海一号"进行首次室内试发掘。随着6000多件样品的采集面世,那在人们记忆中消失已久的福建名窑——晋江磁灶窑,以其墨绿如玉、釉泽温润、款式新颖的宋代历史真容,重新回到世人的视野之中,令世人叹为观止。

磁灶镇位于泉州西南约16千米,地处紫帽山南麓。境内梅溪汇于晋江后注入泉州湾,溪宽曲道折,古称九十九溪,是古代磁灶的主要水上通道。磁灶镇是福建省泉州市晋江的陶瓷之乡,有着丰富的瓷土资源,自西晋武帝泰始元年(265年)开始烧制陶器,因此得名。宋元时期,磁灶窑产品外销到日本和东南亚诸国,为福建古代外销陶瓷的主要生产地之一。如今的磁灶仍然传承祖业,以烧瓷为主业,只是聪明的晋江人在明清以后多改从建筑陶瓷、地砖陶瓷,拓展了一个全新的市场。如今,磁灶镇主要产业仍为建筑陶瓷,是全国五大建筑陶瓷生产基地和全国建筑陶瓷市场之一。

据晋江博物馆资料所载,晋江从南朝至清代的古窑址达26处。其中南朝窑址1处;唐、五代窑址6处;宋元时期窑址12处;清代窑址7处。宋元时期的蜘蛛山窑址、童子山窑址、土尾庵窑址、大坪山窑址统称磁灶窑址,为福建省第一批省级文物保护单位。南朝溪口山窑址、宋代金交椅山窑址列为晋江市级文物保护单位。

磁灶窑产品品种繁多,器形多样。据晋江博物馆提供的资料,有碗、盘、盏、碟、盆、钵、洗、军持、罐、缸、瓮、壶、瓶、灯、盂、盏托、执壶、水注、瓷枕、炉、香熏、花瓶、花盆、砚台、动植物模型(如狮、虎、龟、蟾蜍、寿桃)等。其中的军持,又名军墀、君迟、群持、净瓶等,为舶来品,大约在隋唐时期传入我国,是僧人等盛水洗手的一种盛水器。这种造型别致的瓷具进入中国后,在福建晋江、德化以及广东西村窑、江西景德镇窑、湖南铜官窑、河北定窑等古窑普及开来,且经久不衰,成为中国畅销东南亚国家的瓷具。在晋江磁灶出土的宋代军持,深绿如玉,瓶颈细,造型优美。

晋江磁灶窑的釉色丰富,可分为五大类,即青釉、酱釉、黑釉、黄釉、绿釉。绿釉器多有"返银"现象,有的则黄、绿釉同施一器。装饰手法有刻画、剔花、贴塑、模印、雕镂和彩绘等。装饰纹样有花卉(莲、菊、牡丹、缠枝花、折枝花等)、草叶(卷草)、瓜棱、龙、凤纹、篦纹、云雷、弦纹、卷纹、水波纹,以及点彩、文字等,其中以龙纹最具特色。

第三节　福建漆艺

闽台地区漆艺历史悠久,据考古发现,早在二晋时期之前就有发现。主要传承于福州和闽南一带,传承至今最具影响力的有厦门漆线雕、福州脱胎漆艺和泉州漆线工艺。

一、厦门漆线雕

漆线雕是线条的艺术表现,脱胎于沥粉工艺,但在本质上超越之。沥粉是挤压出的线条,浑圆浮凸,但缺乏弹性,表现力差。漆线不同,其线条弹性、韧性都很好,随意粗细,随心盘结,具有线条本身的艺术表现力。用学者的话说,漆线雕继承和发展了中国艺术的一个重要的美学理念:"错彩镂金,雕绘满眼。"线雕所显示出的热闹活泼、五彩缤纷、金银交错的美,符合中国人传统金玉满堂、荣华富贵之心态,为中国传统之美。

厦门漆艺源于何时,具体时间不详。在厦门多处曾发掘出唐代的江西、湖南瓷器,说明这一时期厦门已是内地陶瓷外销的一个上船出海港口或交通点。从这段历史看,厦门海上交通频繁,渔民多则庙宇多,有庙就有佛,有佛就有佛妆,由此推来,厦门至少在唐宋时期就有庙宇佛妆,明清时期为盛。漆艺应该是从这一时期就传播到厦门。

据厦门蔡氏漆线雕第12代传承人蔡水况师傅解释,漆线工艺在闽南最早是寺庙建佛像工程的配套装饰工程。有道是"人要衣装,佛要金装",佛的"金装"指的就是漆线雕饰,俗称"装佛",在技法上称"脱胎"。做法是以木或泥做成内胎,再以涂漆灰的麻布等裱糊若干层,干实后,去掉内胎,最后在麻布壳上髹漆布金粉。这种制作方法和工序成本很高,非常昂贵。

二、福州脱胎漆艺

福州脱胎漆艺是福建省著名的工艺。福建地区漆饰的历史非常久,据1957年《福州市福建农学院方厝山工地第25号宋墓清理记录》载,在宋遗人许氏墓中,发现有漆皮残片,说明宋代之前福州漆器非常普遍,可以作为陪葬品入墓。清乾隆年间,福建髹漆名匠沈绍安在前人"夹纻"技艺的基础上,创造了脱胎漆艺。脱胎漆艺,即以泥土、石膏、木模等为坯,以漆为黏剂,用夏布、绸布等逐层裱褙,阴干后脱去原胎,经上灰、打磨、髹漆研磨,再经过纹彩装饰等几十道工序而成。

脱胎漆器的制作流程主要是,先用纸做模型,再用石膏翻出做"范",再在范内一层布一层漆(几十至上百道),干后脱出的是胎,然后对胎进行加工,用瓦砾灰(粗、中、细)和漆再制坯,再上几道漆并推光(用手)、揩青(用生漆涂抹器面),最后是描画(或彩绘,或描金,或镶嵌,或贴蛋壳、贝壳之类),这才做成了半成品。半成品还要上漆—打磨—上漆—打磨……如此十几遍才是成品。脱胎漆艺主要是做工艺品。

三、泉州漆线工艺

泉州漆线工艺的原料主要是炉丹、滑石粉(俗称糕仔粉)或沥粉、大漆、熟桐油等通过反复舂打混绞而成,将此舂打成很有韧性的泥团(俗称漆线土),再用手工搓成细如丝的漆线并缠在特制的小木棍上,然后在神像或工艺品的坯体上用漆线缀、盘、结、绕、堆等,根据需要进行漆线技艺装饰,可雕出凹凸起伏、立体感十分强烈的各种浮雕形态。

第四节　闽台纸画与刺绣工艺

闽台自古就是我国的边陲海防之地,由于战争和戍边的原因,成为中原及其他地区人民逃难的理想场所,以及国家海防的重要阵地。从闽越国被灭之后,大量的中原人入境谋生,这些人带来了祖籍地的生产技术,同时也带来了南北的文化交流。于是在我国东南边陲之地,民间工艺得以落地和传承,并形成闽台独特的民间纸画与刺绣工艺。

一、漳州木版年画与棉画

所谓木版年画,即指用木制的画模印刷过年的年画。据笔者在南方少数民族地区30多年的田野调查,这种习俗应该不是少数民族的本土文化,而是从中原传播过来的。

漳州木版年画在中国木版年画史上有一席之地,然而漳州的木版年画始于何时,却无定论。有学者认为源于宋代,有学者认为源于明代。从

2006年列入国家非物质文化遗产名录的漳州木版年画的传承人颜文华、颜仕国父子申报的资料看,其家族是明代永乐年间从泉州永春迁到漳州的,世代以制作木版年画为业。木版年画能作为养家糊口的行业,说明这一时期的木版年画在闽南地区十分流行。

二、永春纸织画

泉州永春有一门独特的工艺,即著名的纸织画。北京故宫博物院珍藏有清乾隆年间的永春纸织画——清高宗御制诗十二扇屏风。据清乾隆五十二年(1787年)《永春州志》卷一一记载:"此为永春特产。其法以佳纸作字或画,乃剪为长条细缕而以纯白之条缕经纬之,然后加以彩色。与古所谓罨画及香笔记挈画相类。"说明纸织画的确是永春本土艺术珍品。

永春纸织画是用手工通过裁纸、编织、绘画、填色、装裱等一系列工艺技术,形成一幅幅艺术风格别致的纸织画艺术品。有学者称之为:是真非真画非画,经纬既见分纵横。其织工精工,画面朦胧,设色鲜明,风格独特。主要作品有《福禄寿星》《皆大欢喜》《白鹤朝天》《双凤牡丹》《鸳鸯图》《五福临门》等。这类纸织画旧时为人们在祝寿、结婚时,用来装饰厅堂的,显示喜庆和高雅。

永春纸织画题材广泛,内容丰富。山水花鸟、飞禽走兽、历史人物、神话故事、民间传说等,想得到的就能制作出来,一般由用户自定样本或提出要求。永春纸织画的意义早已超出它的画面价值。早在300多年前就出口到南洋各地,成为南洋闽人思乡之物。新中国成立以来,它先后到60多个国家与地区的展览会展出约120次,博得国际文化艺术界的称赞。

三、剪纸技艺

南平市浦城县民间称剪纸为"花样",以纸为材,经剪成艺,千百年来传承至今。剪纸以女性为主,不为营生之计,多作为茶余饭后闲时女人的手上技艺。据浦城县富岭镇文化中心站负责人介绍,浦城现在剪纸传承的主要地方在富岭。富岭的民间剪纸主要用于当地"接春""接年祭祀"等活动,在民间定亲、结婚、生日及新房落成等喜庆场合也广泛使用。

在富岭,旧时将剪出的花样放置在各式礼品上,或贴于窗、门、柜等显眼的地方以示喜庆气氛。1991年在"首届中国民族民间剪纸大奖赛"中,富岭有15幅作品参赛。

福建浦城剪纸源远流长,据清代梁章钜《归田琐记》记载:"常见家人馈赠果品,必嵌空剪雕四字好语,如长命富贵、诸事如意之类。其婚娶喜庆之家,所用尤繁。"浦城剪纸大者盈尺、小仅方寸,因题而异,其形状或方或圆或菱或矩。其艺术特色既保有闽北民间艺术韵味,又深受历代文人诗词和中国画艺术影响,主要通过线条表现形体、质感,注重神情意态变化,富于传神,画面丰满、质朴,俗中见雅,雅不脱俗,生机盎然,寓意祥和。

浦城剪纸取材多源于民间各种历史人物和飞禽走兽、花鸟虫鱼、瓜果菜蔬等。常见的吉祥物有寿翁、胖娃、山雉、雄鸡、孔雀、鸳鸯、飞燕、双蝶、石榴、蟠桃、花篮、净瓶、执壶等。所具特色之处更在于其画中有字、组字成画,并以此而驰誉闽中。如,初看似牡丹的图案,实寓"九千九百九十九岁"8个字;鲤鱼剪纸,其鳞内嵌有"鱼跃龙门"4个字。传统剪纸多为吉祥用语,近年,年轻一代亦用"热爱祖国""精神文明""建设四化"等语嵌于画中。漳浦剪纸,构图丰满,图案讲究对称,线条以连贯不断为精致,剪法简洁自然,整个画面主次分明,有层次感,在色彩上以红色单色为主。漳浦剪纸与众不同的地方表现在"排剪"的技法运用上,纸线成排细如丝,纤巧细腻,反映在羽毛、花瓣等细节上,丝丝入扣。2007年,浦城剪纸被列入福建省非物质文化遗产名录;2008年,浦城县被文化部命名为"中国民间文化艺术(剪纸)之乡"。

宁德市屏南县民间剪纸内容十分广泛,没有固定的模式,一般看到哪家剪出好看的花样就会跟着学。图案多以福、寿、喜字为中心,配以双鱼、双凤凰或蝴蝶等寓意吉祥的东西,也有将民间故事和戏文故事剪在花样上。屏南人讲究含蓄,如剪动物,不会体现动物的张牙舞爪,而会把古钱、花枝、花朵等图案加上动物的身体上,使动物看上去活泼可爱。屏南剪纸线条流畅,落剪细腻。尤其是剪人物,面部大都只有一个轮廓,身体部分也只是简单的线条,但却能给观者一个想象的空间。

四、刻(凿)纸工艺

(一)泉州刻纸

泉州刻纸源于旧时元宵节灯会特制的花灯装饰。所谓花灯,即将红纸或彩色纸刻(剪、凿)好的花样,粘贴在事先制作好的灯坯纸上的灯。

泉州刻纸不应晚于福州,在明清时期十分繁荣。刻纸是在吸取剪纸、堆塑、贴瓷、木雕、雕版刻雕等传统技术的基础上，创意出的一种用刀片刻花样的技术，比剪纸更细腻，更准确到位。

（二）彭坊凿纸龙灯

彭坊凿纸龙灯，过去叫作"板凳龙"。相传彭坊的纸龙灯是彭坊先人沿汀江从广东引进的，古时只在龙身上写"风调雨顺、五谷丰登"表达民愿。260多年前，彭氏家族的第十五世祖彭景周在泉州经商时，从泉州学会了剪纸技术，便把剪纸技术引进村中并取精弃粕把剪纸、板凳和龙灯结合在一起，形成了今天独特的凿纸龙灯。当初从广东引进龙灯时没有龙爪，1995年始为了纪念母亲河——汀江，便添加了龙爪，龙威即现。彭坊村每年正月十三、十四、十五日都要举行游龙活动。

彭坊凿纸，在刻纸艺人各式各样的刻刀下所凿刻的图样也纷繁多样，但凡大自然中有的花鸟鱼虫等动植物以及文字等都可凿刻在纸上，而且都各具意义。比如，刻有马的刻纸寓意龙马精神、做事马到成功；刻有"福"字的刻纸寄托了彭坊人祈求福气、幸福的希望。

其工序是：先将要凿刻的图案画在一张普通白纸上，再将专门用于刻纸的红纸或绿纸叠起来固定好，根据图案一点点地凿刻，每完成一次全部的凿刻工序，粗糙的要2个小时，若是精细制作的话要三四个小时。一次可以制作出20张相同的刻纸，每张刻纸规格都差不多，大多是10厘米×12厘米。

五、彩扎工艺

彩扎，传统称之为"糊纸"，是民间传统工艺的一种仿真艺术，也是综合性的手工艺术品。早在唐代，彩扎（糊纸）工艺已开始盛行，糊纸艺人用竹篾子做骨架，通过巧妙的构思和娴熟的技艺，可以扎制成各种飞禽走兽、名山古刹和广为流传的戏曲故事。到了宋代已发展到极盛时期，据《东京梦华录》记载，汴京彩扎匠人"剪绫为人，裁锦为衣"，已经能扎出寿星、麻姑和栩栩如生的寿桃、寿面，作为献给长者寿诞的礼品。

以诏安官陂彩楼为例。诏安官陂彩楼，在闽南、在福建乃至在中国，都称得上独具特色。12年搭一次大彩楼，3年后一次小彩楼，每十五年一次循环，彩楼宏伟壮观，吉祥奇特，吸引了无数人。1995年，为庆祝官陂乌石龙风景区落成搭建的彩楼，融民间传统工艺与现代科学于一体，设计考究，制作精致，富丽堂皇。彩楼高25米，底宽15米，底层深10米，用200多根木头架成。共5层,由3部分组成:中心为"八角亭";两侧为"东西阁",经"过桥亭"连接而成。五彩斑斓的彩楼,不用一砖一瓦,而是采用木、竹、纸、布等材料编扎成楼阁框架,层次分明,立体感强;并装饰各种绘画、剪纸、泥塑像和彩灯,雕梁画栋,飞禽走兽,栩栩如生。300多个泥塑像分别组成《封神榜》《白蛇传》《薛丁山》《孟丽君》《八仙过海》《山伯英台》等戏剧片段造型,妙趣横生,古色古香。万盏彩灯构成"金龙腾飞""孔雀开屏""风火轮",远观如一堵高大的火墙,灿烂夺目。彩楼实为民间艺术的一大巅峰成就。[①]

台湾高雄民间扎彩楼一般相隔10年上下,但凡家有人久病不起或村有麻烦时就会聚合议定办一场进香打醮民俗事宜。进香仪式前就得集资扎一个与大庙前壁相当的彩楼。2014年3月,高雄乡下办了一次进香,彩楼面积大于陈靖姑(临水夫人)庙前建筑面积。高4层,与庙前庭大门高低、长宽大体一致。

六、绣工技艺

据《尚书》记载,我国早在四千多年前的尧舜时期就实施章服制度,明文规定"衣画而裳绣"。绣工技艺经先秦、两汉直至明清,长盛不衰,并在明清之时就产生了苏、湘、粤、蜀四大名绣。

闽绣虽然没有上四大名绣之榜,但历史也非常悠久。绣工精致细腻,主要体现在佛祖、神明的修饰上,如寺庙中菩萨的神衣、神帐、佛幡、凉伞、桌帷、门楣彩、绣旗、宫灯,以及民间戏曲班子的戏服、戏帽。神人化的菩萨都被闽台百姓穿上丝绸之服,戴上礼官之帽。

闽台绣工与湖南、苏州、广东、四川不同,主要不体现在达官贵人的衣服和欣赏的艺术品上,可能有以下几点原因:一是与闽台纺织机械化较早有关。早在明弘治年间,福州纺织匠师林洪发明了新式纺织机,号称"改机",提高工效和工艺效果,留有织缎巷、锦巷、机房里等遗迹,是福建纺织现代化的一大进步,但是工业先进给人们提供方便的同时,也会取代传统的技艺。这一点到今日也仍然是保护民间传统手工技艺的最大难题。二是闽台历来为国家边防之地,又是海洋性气候,不盛产蚕丝,为此没有朝廷官定的生产基地,因而无政府扶植。三是闽台人在技艺上扬长避短,相邻的湖南、广东以刺绣见长,聪明的闽台人便将刺绣投向更大空间的民间信仰上。一则诚

---

① 程俊苗.官陂客家民俗及民间艺术——彩楼[R].课题组学生调查报告。

意礼佛,二则市场广大,其绣工的针法和技能仍然得以传承和发扬。

刺绣是最基本的绣工技能,即用平针、打子,采取飞针绣、网绣、框架绣等针法在布料物上上下穿针拉线的技法,又名绣花。现代人又创造了乱针绣,给画面增添了一层神秘的面纱。

刺绣多用于男女头帕、领襟、胸襟、胸兜、妇女上衣、围裙、小孩口水兜、帽子、鞋子、绑腿带、花袋、背带、被面、床单、床帐以及手帕、香袋等,只要有一小块布料就可刺绣。旧时福建畲族地区的姑娘,一般从十来岁开始学刺绣。待到十七八岁出嫁时,刺绣技术基本上学得十分熟练了。到出嫁时,日常刺绣的成品还可作为陪嫁带到婆家。等快到当婆婆时,又为孙儿女一代准备刺绣品。

据《女红:台湾民间刺绣》载,台湾地区的刺绣主要是传承自大陆,以粤绣、闽绣和湘绣为主。17世纪前期,虽然有荷兰人、西班牙人将白线刺绣及十字绣等技法传至台湾地区,但这些西方绣法并没有在台湾地区普及。它的影响只在台北、台南以及平埔人为主的地区。[①] 光绪元年(1875年),清政府解除海禁,允许大陆人入台,大陆沿海地区居民携家带口赴台定居,自然将故乡的手工技艺带到台湾地区。虽然日据时期加强了对台湾地区工业的机械化、半机械化的投入,但民间刺绣也在民间信仰的寺庙中找到传承的空间。

---

① 王瀞苡.女红:台湾民间刺绣[M].台北:商周编辑顾问股份有限公司,2000:21.

第十章

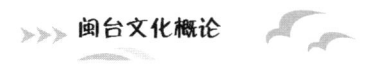

闽台传统中草医药[①]

中国民间中草药历史悠久,我国官方颁布的第一部药典,是唐代《新修本草》,收载中药844种。一生经历南朝宋、齐、梁三朝的陶弘景(456—536),著有《本草经集注》7卷,所载药物凡730种,对后世本草学之发展有很大影响。明代李时珍所著《本草纲目》,收载药方1892种。清代的陈修园也是中国历史上著名的中医家,著有《南雅堂医书全集》。民间还有更多虽未著书却享受世代人间香火、受人尊敬并人神化的中草医师。北宋时期,福建泉州的吴夲因为救治病人,上山采药摔死,死后当地百姓十分怀念他,便建庙供奉,在闽台地区乃至整个东南亚,为其建的保生大帝庙已成为民间求健康的人神庙,多达上万座。

草药,是能治病救人的自然植物。民间传说中,有神农尝百草而得到很多医学感悟。在西方医药未曾在中国普及之前,中国民间治病多用中草药。但是,由于中草药大多药性温和,没有西药见效快,加上民间中草医多是师徒传承、父子传承,口述心教,重实效而轻理论,没有建立一套可用现代科技手段实验的药理体系。这一现象在现代医学严谨的逻辑体系面前,显得话语权很弱。有学者认为,无法合理地判断草药的成分,是哪些活性成分在起作用,或在互相影响下共同起作用。因此,我国的中草医相比西医,发展应用逐步式微。

自中华人民共和国成立之后,1969—1972年全国曾开展过中草药运动,其成果之一《全国中草药汇编》收录的中药资源6500种。1977年出版

[①] 厦门光华大药房中药师邱晓东主撰本章。

的《中华人民共和国药典》收载常用中药713种。1982年,国务院为制订长远开发规划,决定对全国中草药再进行一次全面普查。从1983年开始,组织科技人员4万多名,历时5年采集标本200万份,收集民间单验方10多万个,由中国药材公司汇总,确认我国中药资源达12694种,医学界称之为"现代新的顶峰"。

第一节 闽台传统中草医

自古以来,闽南的山林河流、田间地头就是闽南劳动人民的天然药库,且民众对中草药深信不疑。从几则闽南民间传说中可见民间中草医的神奇力量及百姓的笃信缘由。

相传泉州花桥慈济宫有这样一则药签灵验的奇事。明代晋江沙塘吴氏身患重病,面黄肌瘦,腹大如鼓,不思茶饮,请许多医生诊治均无明显效果。患者久病,气力极衰,命悬一线,家人悲痛不已,后闻花桥慈济宫保生大帝很灵验,于是吴氏家人抱一线希望来到慈济宫祈愿请签。第一次抽得的签方内有一味砒霜,药店老板见有砒霜不敢配方,让其家人重请一次签,哪知再次请签还是此方。吴氏家人想,应是天意如此,于是死马当活马医,到药店说明情况按方配药,将配有砒霜的药方拿回家与面混合做成梧桐子大小的药丸,按方量给病人服下后,没想到奇迹发生,病人便泻大量红色小虫,霍然痊愈,原来吴氏得的是现代医学所说的寄生虫病。民众认为是保生大帝吴真人显灵,对中草医深信不疑。

无独有偶,泉州顶埔张氏一个十二岁的小女孩在夏季得病发高烧,就医后服用了清热退烧的药,但无任何效果。病孩神昏,头与胸腹热极,而手脚冰凉,不进米水,奄奄一息。后来张氏家人来花桥慈济宫内求保生大帝保佑,并诚请签方,请得一张内含附子、肉桂热药的方签,拿去药店配方,药店不敢配,并说:"你女儿在六月患发热的病,现在还用热药,恐对你女儿病情不利呀。"于是张氏家人又回慈济宫,多次合卜请签,但结果都是不同意换方,张氏只好按签抓方,给女孩服用。女孩按签方服药后,一剂热退,二剂神醒,三剂下床,果然神不可言之。此病案传播盛广,经后世名医探论,此小女孩得的应是夏季阴暑病,因病情发展快速又出现了真寒假热阴阳格拒的危症,所以不可不用热药治之。

在闽南,慈济宫的药签被"神化"。真能不用望、闻、问、切,即可治病,而且能治好不少的危症？其实这是靠民间中草医多年望脉积累的经验,为竖立在民众心中的"神医形象",一般民间中草医不会当着患者的面讲具体原理的。这便使民众感觉中草医既神奇又神秘。

在缺医少药的时代,药签的形成是个自然的过程。特别是闽台地区,古称蛮荒之地,地理和气候条件比较恶劣,所以当时的人们渴望有神灵的庇佑,有神医的出现。而神医包含着两个要素,一是医术高操,二是医德高尚。宋代民间中草医吴夲通过身体力行,充分地满足了人们的心理需求,为纪念他而建的慈济宫更是人们驱病求生的心灵寄舍,于是吴夲逐渐成为闽台先民心中的医神,在慈济宫产生的药签则逐步发展成闽台地区特有的药签文化。

第二节　闽台传统土方甄选[①]

一、宫庙药签

传说吴夲著有《吴氏本草》与《灵宝经》两部医药学著作。据《黄龙榜头吴氏家谱》记载,吴夲在泉州花桥亭施医时,曾用《灵宝经》作为教材,向当地老百姓教授医药知识。而现在药店非处方药类的中成药品中,可以看到的藿香正气片(水剂和胶囊剂)、逍遥丸、凉膈散、四物汤等都来自北宋官编的《太平惠民和剂局方》,其又是根据各地民间实效方收集整理的,而《灵宝经》的部分内容也被收集编辑,因此也可认为《灵宝经》内部分药方传承至今。

现闽南一带保生大帝宫庙常用的药签基本一致,如漳州角美白礁慈济宫药签有内科 120 签、外科 28 签、儿科 36 签,而厦门海沧青礁慈济宫药签有内科 120 签、外科 24 签、儿科 36 签,与现已发现的龙海祖山红滚庙的最早的药签木刻板基本相同。而台湾的药签整理于《保生大帝济世仙方》,是由大居士林六善编著,杜尔瞻校订。签方分两科,男科 49 签、儿科 50 签。签方独具台湾特色,签文包括诗文与药物两部分。其中诗文主要由二言、三言与四言诗组成,每签 4 句,用以说明症状、治法、禁忌等,药物部分则注明使用的药物和剂量等。

[①] 本节包含部分民间药方,因人的体质各异,请勿对照书中药方自主吃药,需要使用前请一定要找中医医生诊断后,才能对症按方吃药。否则出现事故,本书作者概不负责。

慈济宫药签分为内科、外科、儿科3种，可以从方剂的来源上分析出药签的形成过程，例如：海沧青礁慈济宫内科方签，第105首内容为"柴胡一钱，酒芩、姜夏各二钱，甘草七分，姜枣各二"，此方为东汉张仲景《伤寒论》的小柴胡汤去党参的加减而来；第113首内容为"金匮丸三粒，滚水淡盐为汤送下"，金匮丸即金匮肾气丸，出自张仲景的《金匮要略》；第28首内容为"神曲一钱，六味四分，甘草五分，水一碗煎四分"，其中的"六味"即六味地黄丸，出自北宋钱乙的《小儿药症直诀》；第110首内容为"六一散一钱，另葛根、升麻二味煎汤调散服"，其中六一散出自金代刘完素的《黄帝素问宣明论方》；第89首内容为"金蝉七个，灯芯十一节，纹银一个，另珠珀散四分调服"，纹银是明代和清代的叫法，所以此方是明清时期的验方；第70首内容为"洋参、白术、角沉各四分，珠珀五分，共为细末和饭汤服"，签方中的洋参是清乾隆年间从美洲逐渐传入我国，到老百姓能广泛使用时，应在清晚期了。可见慈济宫的药签是来自不同时代的，它是经过闽南中医在临床看诊中不断地收集整理，把疗效实确又符合闽南人体质的药方集中而成。

在闽台众多的慈济宫庙签方中，还有一套非常珍贵的跌打伤药签。清末民初，晋江金井有位专治跌打的名医曾广涛，他从医几十年，积累下丰富的临床经验，对保生大帝极为崇信。为了祛除信众的病痛，曾广涛来到深沪镇住进宝泉庵内，潜心将自己的诊疗心得整理成100首跌打伤药签。

用求神抽签的方式能治好病，甚至是疑难杂症，似乎不可思议，不符合科学，可以说是非常迷信的。但事实上药签又确实治好了很多人的病，而且这种求签治病的现象不拘于一个地点、一个时段或一个人的身上，而是历经几百年，流行于闽台广大地区并惠及数以万计的民众，所以我们要深入探寻药签的用药特点，解开药签的奥秘。对慈济宫内科120首药签进行统计发现，单味药4首，二味药4首，三味药35首，四味药42首，五味药24首，六味药7首，七味药2首，八味药2首，药签用药多为五味药以下，大部分是三味或四味，可见用药味数少；再进行药剂量分析：一厘1味，一分3味，三分51味，四分53味，五分48味，六分8味，七分13味，八分23味，一钱162味，一钱半20味，二钱20味，三钱7味，四钱3味，五钱3味，可见药签用药每味剂量多在二钱(即6克)以下，大部分是几分(0.3克为一分)或一钱(3克)，可见药签用药剂量轻。从上述来看，药签味数少剂量轻，如果抽错签用错药对人体的伤害是很小的；但如果签对症，小的药剂量也能治好病。

此外，药签方中调和的药方多，用药食同源的药材多，用调补的药膳多。

例如第 50 首，金包银、糯米各一钱，青仁乌豆、白胡椒各三粒，红枣七粒，水不拘煎服。第 56 首，冬瓜三钱，冰糖一两，六味三分，水不拘煎服。第 76 首，牛乳、米半饭碗，调热酒服。第 90 首，鲜虾八尾，绿豆粉三钱，生肉三两，捣碎为羹服。这些方作为食疗亦可，服用既不伤人又可扶助正气，很多人因久病至虚，扶助正气后便可痊愈。

药签的神奇和灵验还在于庙祝。庙祝是宫庙中管香灯的人，其中一些庙祝也会帮助求签人解读药签，而这些庙祝一般都具备一定的医药知识。如果他们发现求签者所述病症与药签所治疗病症不合，就会让求签者再次求签。例如第 42 首，"川连、大黄、胆草、柳枝、黄田、铁钉，看病人勇弱加减水拘水煎服"。此方是个泻实火镇静的药方，药签的药是没有剂量的，而要"看病人勇弱"，是谁在看呢？自然是庙祝，所以庙祝在解读药签中起了非常重要的作用。

可见，慈济宫的药签并非神力或迷信，而是历代医术高超、医德高善的民间医生继承与弘扬了保生大帝的救死扶伤、悬壶济世的精神，并在临床中长期总结、精选而出疗效实确、服用安全方便的方剂，经过数百年的积累逐渐形成的。

二、普药奇效

自古以来，闽南的山林河流、田间地头就是闽南劳动人民的天然药库。笔者在门诊时，经常有患者拿着各种青草药来认，并问到能不能吃呀，怎么吃呀，吃多少量呀等问题。有时患者还会诉说这些青草药的神奇疗效。笔者也深受启发，常带相机，深入田野山间，寻觅这些青草药的芳踪。

（一）一见喜

一见喜为痔疮药，在闽南又称"斩蛇剑""猫公刺"，台湾称之为"鸟不宿""鸟踏刺"，学名两面针。这味药是闽南山野常见的"百病草"，清热解毒，消肿止痛作用很强。此药叶子中间和背上都长着刺，绿油油的，有很多枝头还发有嫩芽。全年可采，功效是祛风行气，散瘀止痛，主治风湿关节痛，跌打损伤，腰肌劳损，胃痛，中暑腹痛，疝痛，牙痛，咽炎，扁桃体炎，无名肿毒等。

诊疗中，可用一见喜内服，治疗百日咳、中暑、感冒发热等病症。例如：百日咳治疗，一见喜叶用 10 克开水冲泡，调蜂蜜服，一日三次便有奇效。将一见喜晒干研成细末，再按 20% 的比例与医用乳膏调成痔疮软膏，给痔疮病人外敷即可。如有火性痔疮出血,涂抹几日即可好。闽南民间用于治胃脘痛,用根 60 克、羊肉 250 克、酒水各半炖服。治跌打损伤,用根 30~60 克加猪脚或鸡蛋和少许酒炖服。

(二)兰香草

兰香草也叫野薄荷,厦门通称七层塔或九层塔,台湾称之为千层塔、翳子草、零陵香,而东南亚称其为罗勒。九层塔功效是祛风健胃,活血散瘀,消肿止痛。主治感冒、咳嗽、胃及十二指肠溃疡、胃痉挛、腹痛、风湿性关节炎、痢疾、皮炎、湿疹等。例如:气滞胃痛用全草和 30 克水煎服。门诊中,如有胃及十二指肠溃疡或胃痉挛痛患者就医,处方中常会配入九层塔,并获良效。

兰香草还可给汤增鲜。闽南乡下家庭做小肠汤放几叶自家菜地前摘下的兰香草一起煮,美味至极,回味无穷。其汤炖成乳白色,气味极香,沁人心脾,汤入口后味道鲜美。

(三)白花蛇舌草

白花蛇舌草是生长在闽南庭院中或路边、山坡上的一种小绿叶、开小白花的植物,非常普通,很不起眼,随处可见,但有大作用。

全草入药,主要功效是清热解毒、消痈散结、利尿除湿,主治肺热喘咳、咽喉肿痛、肠痛、毒蛇咬伤、热淋涩痛、水肿痢疾、肠炎、黄疸,擅长治疗多种癌肿。现代药理研究发现,其对人体有增强免疫功能,可增强白细胞吞噬功能,以提高血清杀菌力,对多种癌细胞有抑制作用。目前有许多医药科研机构正在研究白花蛇舌草,希望不久的将来以白花蛇舌草为原料的新型特效药品研制成功上市,为人类解决更多的疾病和痛苦。

闽南中草药可以入药的有 1000 多种,常用的有 300 多种。它们就在我们身边,在我们的生活里,我们应该极地感知它们、继承它们,在新时代里我们更要用科学的方法研究并创新中草药,为人类的健康事业添砖加瓦。

三、闽南民间药方

闽南民间药方,可以用淳朴来形容,它里里外外就是一个老实本分又精干的"闽南人"。

其一,闽南民间药方特点之"简",即药方的组成简单,药味较少药剂较轻。例如这个治疗腰膝酸痛方:制首乌 15 克,盐肤木 12 克,千斤拔 12 克,与猪尾骨或排骨适量炖,一次一碗(200 毫升),一天分早晚两次服用。从此方分析,药方组成不过三味药,重量总和也只有 39 克。另一方,用大青治疗丹毒,用大青叶 10～15 克,水煎内服;同时用大青新鲜的根 15 克,磨米汤成浓液,用鸡毛蘸取液汁涂抹于患处。此为单方用药一味,用叶与根的总重量为 30 克,用方简单量少。对收集的闽南民间药方进行统计发现,闽南民间药方组成一般在五味药左右,而用量一般在 100 克上下。

其二,闽南民间药方特点之"便",即药方组成均为民间易得到的常见药物或食物,甚至是家居庭院都有生长的植物,如葱、姜、枇杷叶等。笔者对闽南民间药方的便利就深有体会,有一年夏季一位朋友吃海鲜大排档,又喝了很多冰镇的啤酒,入夜呕吐不止痛苦不堪。电话与我求助,我到时他已瘫坐沙发无力行走。我急忙到厨房切了一片生姜先让他含在口中,又到院子里摘了十几片紫苏叶,洗净后与切好的三大片生姜同煮。此方是闽南民间的"紫苏生姜汤",专治海鲜伤食症。朋友服下一个多小时后,便不再呕吐,气色也慢慢恢复了。

荸荠是日常蔬果,但在闽南民间药方中却有妙用。荸荠可以用于原发性高血压的调节,将荸荠与海蜇皮(浸泡去盐)按 3∶1,加适量水煎服。荸荠还可以用于慢性支气管炎咳嗽的调理,荸荠 7～10 个,陈皮 10 克,冰糖适量,水炖服。此方简单方便,在厨房就能调配。再如柚子,既是闽南特产方便易得,也是调理健康的食疗佳品。用于消化不良,柚子皮 15 克,鸡内金 10 克,山楂 10 克,水煎服;用于关节疼痛,柚子皮 20 克,艾叶 15 克,水煎去渣,熏洗患处;用于咳嗽多痰,柚子肉 50 克,川贝母 5 克,米酒 20 克,蜂蜜 30 克,水炖服。

其三,闽南民间药方特点之"廉",即药方药物价格便宜,均非昂贵稀罕难寻之物。古早时闽南劳动人民并不富裕,犯病后很多是看不起病的也无钱买药,所以廉价有效的药物是贫困老百姓就医治病的首要。以以下药方为例。一、治湿热方:薏苡仁二钱,白扁豆一钱,茯苓五分,白茅根八分。拿此方到中药店估价,一服药还不到一元。二、治消化不良方:陈皮八分,赤芍一钱,山楂五分,木香一片,此方估价在五角钱左右。三、调补肝肾方:杜仲、枸杞、甘菊、粉草各一钱,合末另与白茯苓煎汤口服。此方估价在两元左右。可见闽南民间药方组方精炼,价格低廉。

其四,闽南民间药方最重要的特点就是"效"。这些药方是闽南医生与普通老百姓在生活中长期使用反复验证,从经验中不断总结而来的,所以对症后效果极佳。我们以青礁慈济宫儿科第16首药签方为例,该方是北宋钱乙《小儿药证直诀》异功散的变方,将原方中的人参换成了洋参。签方内容是:洋参二分,炙甘草三分,茯苓六分,白术四分,水二呕^①同煮三支香久。此方功效是益气补中健脾和胃,主治脾胃气虚症,症见面色无华,语音低微,体倦气短,不思饮食,四肢无力,大便稀溏。方组解析:此方巧妙地结合闽南的湿热气候特点,妙用西洋参甘凉之性补气养阴、清热生津,大补肺脾之气,换下原方温补的人参,为君药。脾失健运常湿浊内生,故配"补脾气第一要药——白术"益气补脾,与西洋参相须为用,增强益气补中、健脾益胃之效力,为臣药。脾喜燥恶湿,故入茯苓健脾渗湿,助白术健脾除湿,促进脾胃纳运之功,为佐药。炙甘草补脾和胃,并调和诸药为使药。此方四药妙合,平补不峻,益气养阴,共治闽南湿热型脾胃气虚证。闽南人家以本方煮水去渣炖本地水鸭,解决了小孩子不爱吃药的大难题,至今还在使用且效果显著。

闽南民间药方的特点就是"简""便""廉""效",组方不繁复厚重,而短小精干方便实用。闽南民间药方内容丰富,散落在民间大街小巷,老百姓喜闻乐见,接受度强,并常常应用在生活中,已经成为生活中不可缺少的一部分。

第三节 闽台传统医药历史名人

一、董奉

董奉(220—280),又名董平,字君异,号拔墘,侯官县董墘村(今福州市长乐区古槐镇龙田村)人。少年学医,信奉道教。年轻时,曾任侯官县小吏,不久归隐,在其家村后山中一面练功,一面行医。董奉治病不取钱物,只要重病愈者在山中栽杏5株,轻病愈者栽杏1株。数年之后,有杏万株,郁然成林。春天杏子熟时,董奉便在树下建一草仓储杏。需要杏子的人,可用谷子自行交换。再将所得之谷赈济贫民,供给行旅。后世称颂医家"杏林春暖"之语,盖源于此。

董奉也常在南方一带出行行医。民间传说,有一次董奉到交州(今广东、广西、越南北部一带),恰遇交州太守士燮病危。董奉把3粒药丸放入病

---

① 呕,传统中药方中指液体容量,相当于闽南民间一瓷碗大小。

人口中,用水灌下。稍后,病人手足能动,肤色逐渐转活,半日后即能坐起,4日后能说话,不久病愈。实际上,士燮死于226年,此时董奉才六七岁。但由于董奉深受百姓爱戴,大家便把世上神奇的医术故事安在他身上。人们把董奉同谯郡的华佗、南阳的张仲景并称为"建安三神医"。董奉晚年到豫章(今江西)庐山下隐居,继续行医。吴天纪四年(280年)逝世。[①]

二、吴夲

吴夲,北宋泉州府同安县人,宋太平兴国四年三月十五日(979年4月14日)生于同安县积善里白礁村(现属漳州龙海)。自幼立志学医,信道,以普济众生为己任,生前遍访名师,曾结庐于白礁村东1千米路远的青礁岐山东鸣岭下的龙湫坑畔,凿井取泉,采药炼丹,苦心钻研,医术精通。为治病人,上至官员,下及庶民,不分贵贱,按病投药,不受奖赏,不索酬谢。他的医德受到百姓崇拜,四乡传颂,生前被百姓尊称为吴真人、神医。

据说他信道教,练就"三五飞步"之法,不受室,不茹荤,为民治病,妙手回春。在世时曾遇漳泉二州瘟疫,则携门徒深入疫区,治活病人无数。宋景祐三年五月初二日(1036年5月29日),因上山采药,坠崖谢世。百姓将他人神化,俗称大道公,真神位为保生大帝,香火延续至今。

三、苏颂

苏颂(1020—1101),北宋中书侍郎(宰相),泉州府同安县(现属厦门市同安区)人,英国剑桥大学李约瑟教授称其为"中国古代和中世纪最伟大的博物学家和科学家之一"。苏颂除了发明了震惊中外的水运仪象台,还是我国著名的本草学家,著有《本草图经》。日本宫下三郎称赞说:"北宋苏颂《图经本草》达到了世界(药学)的最高水平。"薮内清亦云:"《本草图经》已经远远超越了它作为补注本草的补充附图的意义。"李约瑟博士亦给予高度评价,说:"这是附有木刻标本说明图的药物史上的杰作之一。在欧洲,把野外可能采集到的动植物标本加以如此精细地木刻并印刷出来,是15世纪才出现的大事。"从该书药图中的地名统计,《本草图经》共记载了北宋150个州、军所产药物。

---

① 董奉[EB/OL].[2019-04-18]. https://baike.so.com/doc/5948314-6161253.html.

《本草图经》现已亡佚，其主要内容被收录于唐慎微（约 1056—1136）的《经史证类备急本草》（简称《证类本草》，约撰于 1082 年前后），从现存《证类本草》尚可窥见其原貌。现《本草图经》为后人从后来的本草著作中辑佚而成。最早将其集佚成书者是皖南医学院尚志钧先生，成书于 1983 年；最新的为胡乃长注、王致谱辑、蔡景峰审定，福建科技出版社 1988 年出版的《本草图经》辑复本，现对《本草图经》中药物、方剂的考证大多以后者为蓝本。[1]

据相关学者研究，苏颂编纂《本草图经》，得益于历史上的第二次全国药物普查，这是继唐朝第一次普查药物所获成果的继续。在技术上更先进于唐代，苏颂借助印刷术，将征集的药图改绘为墨线上版刻印，同时又在图旁写解说，首次合药图与图经为一体，出版了世界第一部雕刻版药物图谱。该书收载和综述了许多文献中的药物知识，更重要的价值是将调查所得药图和实际用药经验全盘托出，灌注了大量的新知识。

苏颂编纂《本草图经》的贡献[2]：

（一）药物考证

1. 植物药考证

《本草图经》中收载植物药 300 余种，经现代学者考证，该书收载的远志为细叶远志（Polygala tenuifolia Willd.）和卵叶远志（Polygala sibirica L.）；黄芪为膜荚黄芪［Astragalus membranaceus (Fisch.) Bge.］；桔梗即为桔梗［Platycodon grandiflorum (Jacq.)］；泽兰为地笋（Lycopus lucidus Turcz.）和毛叶地笋（Lycopus lucidus Turcz. var. hirtus Regel.）；兰草为佩兰（Eupatorium fortunei Turcz.）；桂为肉桂（Cinnamomum cassia Presl.）；金芍药为白芍（Paeonia lactiflora Pall.）；木芍药为赤芍。此外，对王不留行、葶苈子、菟丝子、恶实子、地肤子、木瓜、皂荚、栝楼、诃黎勒、藜芦、萹蓄等也做了相应考证。

2. 动物药考证

《本草图经》第 13～15 卷为动物药，共收载 70 余种，现代学者对其中的节肢动物、环节动物、软体动物、猫科动物、无尾两栖类动物、爬行纲动物、昆

---

[1] 邓明鲁，李宜平.《本草图经》再研究[R].厦门：厦门同安区第四次苏颂国际学术研讨会，2019.

[2] 邓明鲁，李宜平.《本草图经》再研究[R].厦门：厦门同安区第四次苏颂国际学术研讨会，2019.

虫纲动物等以及龟甲及秦龟、海狗肾、药用鱼类等做了考证,长春中医药大学(原长春中医学院)在这方面做了大量工作。

3. 矿物药考证

《本草图经》中收载的矿物药,现代学者也做了比较深入的研究,研究证实丹砂为朱砂;云母为云母族矿物的总称;石钟乳为钟乳石,即钟乳状方解石;无异名为水锰矿;太阴玄精为石膏;碙砂为硇砂;不灰木为石棉等。

(二)医方考证

《本草图经》载方706个,宋代以前的医方299个,当时医方85个,民间偏方64个,神仙方278个。其中大多数为前人医方,是从大量古医籍中辑来,为以前医家长期在临床使用的有效方剂。苏颂亦非常重视当时的医学成就与民间用药经验,有20%为当时流行方剂和民间偏方。在40余个医方后附有病例,开创了药方与病案相结合的先河。

(三)其他考证[①]

《本草图经》记载当时从外国进口的药物达45种,朝廷允许其通行的药物有木香、槟榔、大腹皮、陈香、龙脑、丁香、诃子、荜澄茄等37种,涉及的国家和地区达28个。经考证,安南、占城、交趾为今之越南;大食、波斯为今之伊朗;婆罗门、身毒、贤豆、天竺、摩伽佗为今之印度;新罗、百济、高丽为今之朝鲜;吐火罗、大夏为今之阿富汗;麻逸、伽古罗为今之菲律宾和吕宋岛;南毗为今之印度南端西岸地区等。

苏颂及《本草图经》的贡献集中体现在辨别分析了药物的名实与本原;增加了有关药物产地的资料;补充了药物的采收时间;添加了药物所用部位的记载;注意收集国外或边疆少数民族的药物;增附了单方且新加了民间草药。苏颂治学严谨,学识广博,为官清廉,为后人敬仰。所编著的《本草图经》一书内容涉及广泛而充实,将医、药紧密结合,科学性强,尤在辨药方面成就卓著,对后来医学、药学的发展都产生了深远的影响。

四、杨士瀛

杨士瀛,字登父,号仁斋,生卒不详,南宋三山(今福建省福州市)人。出

---

① 本部分从厦门市同安区苏氏祠堂(芦山堂)提供的材料中概述而成。

身于世医家庭,自幼习医,对《内经》《难经》《伤寒论》等古典医籍及历代医学名著研究颇深,在脉学、伤寒、儿科及内科杂病方面有一定成就。杨士瀛撰有医学著作多部,主要有《仁斋直指方论》《仁斋直指小儿方论》《伤寒类书活人总括》《医脉真经》《察脉总括》等。因年代较远,其书原版多已散佚,明代朱崇正将前四部重刊,后《四库全书》《鲍氏汇校医书四种》等也有部分重刊。所撰《伤寒类书活人总括》7卷乃总括张仲景《伤寒论》及朱肱《类证活人书》,并参附自己的学术见解而成,每条都冠以歌诀,便于后学记诵;《仁斋直指方论》26卷,融会前人效方及自家经验,据证释方,对内科杂病证治做了综合论述,示读者以规矩准绳。[1]

五、宋慈

宋慈(1186—1249),字惠父,福建建阳人,南宋杰出的法医学家,开创了法医鉴定学,著有《洗冤集录》,被国际法医学界称为"法医学之父"。

宋慈的贡献主要是他根据自己几十年验尸的方法,总结整理出一整套理论专著《洗冤集录》。这本以案例为切入口,从尸体解剖得出许多毒理学原理的著作,为世界一大贡献。书中记载了各种毒物中毒症状,如指出服毒者"未死前须吐出恶物,或泻下黑血,谷道肿突,或大肠穿出",死后"口眼多开,面紫黯或青色,唇紫黑,手足指甲俱青黯,口眼耳鼻间有血出"等,提炼出切合实用的解毒方法与急救方法,并对先秦以来历代官府刑狱检验的实际经验进行全面总结,使之条理化、系统化、理论化。在中外医药学史、法医学史、科技史上留下光辉的一页。此书一经问世就成为当时和后世刑狱官员的必备之书,几乎被奉为金科玉律,其权威性甚至超过封建朝廷颁布的有关法律。750多年来,此书先后被译成朝、日、法、英、荷、德、俄等多种文字。直到目前,许多国家仍在研究它。[2]

六、陈修园

陈修园(1753—1823),福建长乐人,清代医学家。陈修园自幼在家长的引导下,一边攻读儒经,一边学医,曾拜泉州名医蔡茗庄为师。乾隆五十七

---

[1] 杨士瀛［EB/OL］［2019-04-18］. https://baike.so.com/doc/9687039-10033283.html.

[2] 宋慈［EB/OL］.［2019-04-18］.. https://baike.so.com/doc/3047496-3212638.html.

年(1792年)中举,任直隶省威县知县等职,在任上曾自选有效方剂救治水灾后罹患疫病的百姓。嘉庆二十四年(1819年)以病告归,在长乐嵩山井山草堂讲学,培养医学生,一时学医弟子极多。①

七、李明光

李明光(1902—1984),福建省三明市清流县人,光绪二十八年(1902年)三月生于清流县仁里乡李村(今李家乡)。李明光幼时天赋敏慧,小学毕业后考取福建漳龙公路局训练班受训,后即投入政界,目睹官场腐败、政局动荡、民生疾苦,他无心政事,不久辗转回乡,潜心学医。

李明光对经典医术悉心探讨,对脉诊体会尤深,曾撰《脉议》一书,称:脉理精微,茫茫难定。初学之士实难简化,应以"浮、沉、迟、数、有力、无力"六者统辖。古人按三部六脉分属脏腑,隔一指位便另一脏腑,实难以置信。对此,他倡议医学院校对传统脉学加以整理,从实践出发,实行改革,从事简化,著立范本,使从医之人更易适从。对于临症,他善用经方,师古而不泥古,有着显著医疗效果。如芍药汤原为治痢经方,在临床实践中,他却运用于治疗蛲虫病,获得成功。

李明光重医德、薄财钱,为乡村贫苦百姓治疗疾病,视其经济承受能力,对许多人只收药费,有时甚至连药费也不收。他常年行医乡里,解除民间疾苦,直至1959年,方转入古坑保健院当医生。

1984年10月,李明光病逝。遗著有手录《临症拾遗》和《内科、妇科验方集》等。

---

① 陈修园[EB/OL].[2019-04-18].https://baike.so.com/doc/5662627-5875283.html.

第十一章 闽台文化调研方法

一、参与观察法

(一)参与观察法的定义

所谓参与观察法,就是研究者深入研究对象的生活背景中,在实际参与研究对象日常社会生活的过程中所进行的观察。

优点:

1.参与观察导致研究者把自己的看法和观点强加于研究对象的可能性最小,它常常是在"没有先入之见"的情况下进行探讨——客观、公正、直接。

2.参与观察时,由于身临其境,观察者可以获得较多的内部信息,为获得社会现实的真实图像提供了最好的方法。

缺点:

1.作为一种研究方法,程序不明确。

2.观察无系统可循。

3.资料难以用数量表示。

(二)参与观察法的应用

1.采用参与观察法进行的研究,通常不是要验证某种理论或假设,其目的是对现象发生的过程提供直接的和详细的资料,以便对其有比较深入的理解。

2.参与观察之初,研究者都需要为自己作为一个陌生人出现而进行某种方式的解释。

3.由于参与观察特定方式的要求,参与观察者往往要经历一个先融进去,再跳出来的过程。

4.采用参与观察法时,应尽量减少观察者与被观察者之间相互作用造成的负面影响。

二、全面观察法

全面考察法是人类学研究的一项重要研究技术,是对研究对象进行全面(全方位)考察和研究的一种方法。

三、比较法

(一)比较法的定义

比较法是通过对研究对象的观察、分析、比较,找出研究对象的相同点和不同点,从而认识事物的一种基本方法。

(二)比较法的分类

1.叙述比较法,即口头叙述比较研究,这是比较法研究的基础。

2.评价比较法,即对研究对象制度性的习惯及发展趋势进行理性分析评估。它建立在叙述比较法的基础之上。

3.沿革比较法,即研究不同历史时期的文化现象和现实的关系。它建立在叙述比较法和评价比较法之上,是比较法研究的最高层次。

四、田野调查报告

(一)田野调查报告的写作要求

1.采访的基本资料

采访时间、地点、主题或专题、被采访者的基本资料信息(如姓名、年龄、文化程度、职业、住址及联络方式等)。

2.采访内容

多以专题专项为主题进行采访。不同的采访,有不同的专题内容和采访方法。采访内容则主要是针对闽南地区不同地方的民间信仰神的分类和信仰群体的环境介绍。即某某地方信仰的对象神是什么,信仰神的来历和渊源,信仰神的祭祀时间和节日时间、地点,祭祀节日形式、程序及目的意义等。如安溪县的清水祖师信仰、莆田湄洲岛的妈祖信仰、漳州漳浦的二月社玄天大帝信仰、厦门保生大帝信仰等。

(二)田野调查报告的写作方法

田野调查报告的写作方法有多种,本章主要介绍几种常用的。

1.田野调查日记

以蔡清毅调查台湾生产习俗的札记为例。

第一例:2011年9月23日台北市,从台湾铭传大学到台湾包种茶的核心区和发祥地坪林进行采访。

(1)联系了坪林茶叶博物馆的管理员林小姐。她全程讲解,对台湾茶业生产和产业习俗有很深的见解,调查者同时录像并拍照。

(2)中午深入坪林,参观镇中间的民俗信仰中心。吃了镇上最特色的小吃——豆腐。参观茶山妈祖,拍了茶园。在一家茶厂(家庭作坊)拍了其做茶工具(遗憾主人不在,没能采访)。

(3)到乡公所遭到拒绝,但获得几个数据。而后观看当地特色建筑——三围房,主人(68岁)很好客,对她做了深度访问(做了问卷,并获得采茶歌两段,有录音,可惜其找不到歌册)。

第二例:2011年9月24日台北市服装刺绣创意展会,就在艋舺大街霞海城隍庙边上,展会体现了艋舺的特色。展会是在商店设置的,充分体现台湾创意产业的深度和渗透力。布匹、丝织品是艋舺街支柱的商贸之一。展会很精致,可以明显感觉台湾商贸充分利用展览的功能为内需和市场交易服务。展会无处不在!

第三例:2011年9月27日台南市,了解台湾338年的制盐历史。中午,到了台南七股乡盐埕村,观看:(1)台湾著名的产业博物馆——台湾盐博物馆,是一间以盐业为主题的博物馆,为台湾一处集盐业文化之教育、研究与推广等功能的场所。(2)七股盐山,为七股盐场的晒盐堆置场,是台湾史上最大规模的晒盐场,在停产后留下的堆储的盐,海拔高度为20米,约相当于5层楼高。长年置放,表层与空气雨水交互作用而自然结块,质地坚硬。盐场停产后转型为休闲观光,结合盐业开发各种文化创意商品。(3)七股潟湖,又称内海仔,是指海湾被沙洲圈围而成的水域。在淡水、海水交汇作用下,孕育出丰富独特的人文生态景观:红树林、吊蚵仔、白鹭鸶、竹筏等,还有黑面琵鹭保护区。该区域的开发模式对于大陆产业遗产、文化保护和自然开发提供了一个不可多得的样本。

可见,田野调查日记(札记)是作者用来保存记忆的一种基本方法。作者可以通过每天做的事来追记其中的具体内容和事件。有时间的话,最好每天把采访的每个细节都记下来,写作时就能完整地使用。

2.问答式

(1)问卷式

以国家社科基金重点课题"闽台历史民俗文化资源保护与产业化问题研究"问卷为例:

姓名		性别		年龄		学历		民族		
职业	农民		渔民		经商		职工	干部		学生
家庭成员		先住民	二代	三代	四代	五代以上		百年古民居	是	否
田亩		林					联系电话			
家庭地址		省	市	县(市、区)		镇(乡)		村	组	
民间信仰	妈祖	保生大帝		清水祖师		开漳圣王	临水夫人		城隍	水仙尊王
	关公	土地爷		五谷神		石敢当	观音		基督教	天主教
	全体村民参与的信仰祭祀:									
生产习俗	稻田养鱼		稻田养鸭		稻田养莲		稻田养螺		其他	
	节气日	二月二		三月三			端午		六月六	
	传承至今的生产工具与生产资料			水车	梯田		船只	耕牛	古晒谷坪	农具
	已开发观光休闲项目									
生活习俗	全体村民参与的传统节庆活动									
	本地特殊饮食茶果									
	本地特色头饰、服饰									
本土文艺	音乐舞蹈类									
	文学体育类									
	戏剧曲艺类									

续表

手工技艺	工艺饰品类	
	竹编木雕类	
	石雕瓷技类	
开发项目	已开发项目	
	可开发项目	
现有问题		
村名： 总户数： 总人口： 稻田： 林(竹)：		

（2）采访问答式

以莆田市秀屿区埭头镇鹅头村海洋民俗调查为例。

调查时间：2015年3月1日。

调查对象：吴周珍，67岁，杭州经商。

访谈内容纪要：

　　Q：您贵姓？是不是在外经商？

　　A：我叫吴国珍，67岁，在杭州工作。

　　Q：在杭州做什么工作？

　　A：做宾馆生意。

　　Q：请问您第一次参加元宵活动是什么时候？

　　A：我第一年是参加乐器队，拉二胡的，那时候我们村里有自己的乐器队，十音八乐。年份记不清，反正是"文革"后，邓小平领导的时候。

　　Q：那"文革"的时候是没有这样的活动的吧？

　　A：当然没有，废除了信菩萨这样的东西，庙宇什么的全部被搞掉了。那时候的庙还被改造为学校呢，我们还在五显庙念过二、三年级。

　　Q：那您很小的时候就有舞龙的习俗吗？和现在一样的形式吗？都会有乩童在跳神吗？

　　A：对，那时候就有了，和现在差不多，其实舞龙什么的都不觉得热闹，最热闹就是在农历十五那天。

　　Q：十五那天是怎么样的流程呢？

　　A：先是早上把妈祖像抬到五显庙，下午就开始跳堂、游山，跳堂的时间要看海水什么时候涨潮,海水舞龙差不多就是晚上八九点的时候。

Q:舞龙有什么特色吗?

A:龙现在全身都是用照明灯照亮的,以前是用洋油,晚上让人看得比较清楚。

Q:请问您是怎么知道今年乩童的人数呢?

A:乩童人数前阵子就知道了,都显灵过了。往年只有两三个,今年特别多,不知道原因。

Q:这里的乩童有什么不一样的地方吗?

A:我们这里有全莆田地区唯一一个妈祖的乩童,前几年记者也采访过他。

Q:妈祖乩童是固定的吗,万一有意外原因不来跳堂呢?会不会出现菩萨选错人的情况呢?

A:恩,是固定的,一般不会有什么意外缘故。选错不选错的,我们也不太清楚,反正我们只知道即使家人不让他参加,他也必须参加,这个不是人装的。

Q:祭祀有什么特殊祭品吗?

A:反正就是迷信嘛,烧香放炮啦,当然,有"红团"、猪头、尾、水果、糕点类的,祭祀是肯定不会有海产品的,鸡肉也一般没有。

Q:乩童是怎么选的呢?

A:乩童都是菩萨选的。我旁边这位的父亲就当过,听说那天他还外出捕鱼,结果就被菩萨叫回来了。其实以前我们也不信的,但是亲眼看见了之后,就没办法不信了。

Q:今天舞龙是怎么样的活动?

A:今天的舞龙是去各庙宇拜菩萨和第一户人家,十五才会去各家各户。

Q:这第一户人家是怎么选出来的呢?

A:看你这一年家里的喜事多少的顺序,由村董事会安排。

Q:如果家里有丧事的话,也会游行到那户人家吗?

A:这样一般就不会去的。

Q:您家以前也是捕鱼的吗?

A:不是,大多数时候都是在村里开店做生意,也有捕鱼的时候。

Q:您家有渔船吗?

A：以前有,现在没了。

Q：那您小的时候,村里人都靠捕鱼为生的吗？有种田的吗？

A：我们这里没有田,只能捕鱼。

Q：村子里大概有多少艘渔船？

A：200多艘,大部分是小舢板,大船很少。

Q：平时饮食都会吃什么呢？

A：就是各种各样的海产品,靠海吃海嘛,我们村过去就是隶属渔业大队的。

Q：鱼一般怎么烹饪呢？

A：都会有,看鱼适合怎么做,各种方式都有。

Q：以前蔬菜类食品都是哪来的呢？

A：基本都是自己种的,虽然我们土地不多,但是种菜的地方还是有的。

Q：兴化湾一年四季捕鱼的时节是怎么划分的呢？

A：第一个时节就是清明,主要的产品就是马鲛、白鳞鱼（凉白刀）,现在马鲛鱼很少了。第二个就是立夏前后,捕黄花鱼等。第三个是端午到农历十月份,捕小鱼小虾。农历十一月到二月初五休渔,天气变冷了,鱼都迁徙到东海了。

Q：村里外出经商或打工的人数占多大比例呢？

A：差不多2/3吧。

Q：那留在村里的一般做什么？

A：一般都是养殖海蛎、紫菜,也有抓鱼的。

Q：村里有什么婚俗吗,例如入赘？

A：很少入赘的,基本也没什么特别的婚俗。

Q：还有其他的习俗吗？

A：和大部分莆田地区一样,因为倭寇入侵的历史,所以都过两个年,大年初四补过"大年"。

Q：关于元宵有什么禁忌吗？

A：十五晚上必须在两旁看表演,不能"冲码头",就是不能正面朝着乩童,尤其是女性。

Q：平时还有什么禁忌吗？类似女人不能上渔船之类的？

A：好像一般没有什么禁忌,不过女人以前确实不能往船头走,夫妻不能同船。现在就不一样了，完全没有禁忌了。

　　Q：你们村有族谱吗？知道你们吴氏是从哪里迁徙过来的吗？

　　A："文革"的时候被烧毁了，传说是从黄石镇那里迁徙过来的，听说都是天津渤海后裔。

　　Q：村子那边有两个无名墓是怎么回事？

　　A：那是以前闽南人到这里看"风水"，偷偷地把墓建在这里。以前明朝的时候，这里还是旧的街道，房子一直盖到海边的都有，你们也有看到那两座残破的城墙了吧。

3.记述体

　　以第三人称进行记述，包括标题、调查时间和地点、调查对象和基本情况、调查内容等。

例一：个案调查报告

台湾餐饮业连锁品牌鼎泰丰个案调查报告

　　一、台湾连锁品牌——鼎泰丰背景资料

　　1927年出生的杨秉彝先生于1948年来到了台湾，在1958年创建了鼎泰丰，1973年聘请了上海师傅制作了第一个小笼包。鼎泰丰的小笼包在毫无宣传之下，凭着真材实料，客人吃过都赞不绝口，上门的客人越来越多，生意极佳。最后，鼎泰丰结束了油行的经营，正式做起小笼包与面点生意，鼎泰丰小笼包秉承传统，一直备受好评。

　　鼎泰丰菜品丰富，风味纯正，多款小吃点击率相当高，蟹粉小笼包、特色小笼包、酸辣汤、担担面等，外形精致且味道极佳。1993年，鼎泰丰被《纽约时报》评选为全球十大最具特色的餐厅之一，成为唯一入选的华人餐厅。鼎泰丰不断发展，先后在日本、美国、新加坡，以及香港、上海、深圳等地设立分店。在台湾地区，鼎泰丰被认为是中华传统美食的代表，很多游客都会到鼎泰丰品尝小笼包。2010年和2011年，鼎泰丰香港店更两度获得米其林一星的评价。

　　每次参加出访参展活动，不论预算多有限，餐厅业务多繁忙，鼎泰丰都会坚持派出五人团队，只因为杨纪华董事长对小笼包制作过程一丝不苟的要求。正是如此用心的经营和现代化的品管观念，才使得鼎泰丰得以赢得口碑，迈向国际。

　　二、鼎泰丰经营管理模式

　　鼎泰丰成起初是一家油行，1972年之后转型，在台北市信义路成立了一家餐厅,卖小笼包。从1996年在日本开设第一家台湾地区外分店以来,鼎泰丰靠着品牌授权,已经在日本、美国、韩国、新加坡、泰国、马来西亚、印尼、澳大利亚和大陆等地一共开设了86家分店,每年在台湾地区外至少卖出2亿个小笼包。鼎泰丰被公认为目前台湾地区自创品牌国际化最成功的餐饮业者。

鼎泰丰对管理有一套自己的标准。如下图所示,董事长还有一个直属幕僚单位(总经理室),除负责台湾地区外分店的管理外,其下分为三大部门:一是生产技术部(即中央厨房),统一供应台湾地区各分店部分食材与餐点;二是营运部,下辖台湾的分店;三为总管理处,下辖人力资源部、财务会计部、资讯部及总务公关部。

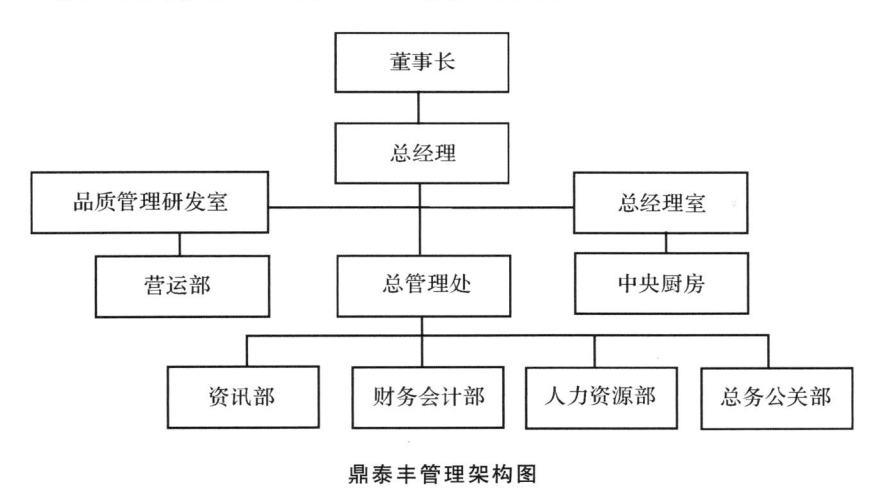

鼎泰丰管理架构图

（一）POS点菜系统

因为鼎泰丰对美食坚持品质的信念,在许多游客心目中,鼎泰丰不只是一家餐厅,也是台湾地区美食的代表。随着鼎泰丰国际品牌形象的提高,来自台湾地区外的客人日益增加,公司在2000年改造POS点菜系统,引进Windows接口的系统,机台端也由计算机置换成一体成型的POS终端机,并增加"国别排菜""锁菜""口味调整"等功能,提供更贴近客户需求的餐饮服务。POS点菜系统不只在于提升服务效率,同时还兼具改善服务质量的功能。

所谓"国别排菜",乃是依据用餐者国别排定出菜顺序,不同国家的客人用餐习惯也各有不同,根据不同国家文化,设定不同的排菜方式。举例来说:欧美人士习惯先喝汤再吃主食;日本人通常先享用精致菜肴,将炒饭等具饱足感的菜肴放在最后食用。为了满足不同国别客户的用餐需求,服务人员在点餐时,只要键入国别信息,系统就会自动排列餐点的出菜顺序。

所谓"锁菜",则是利用"锁菜"按键来控制上菜速度,若客人用餐速度较慢,服务生即可按下"锁菜"按键,等客人桌上的餐点快食用完时,才解除"锁菜"控制,以确保客人随时都有热腾腾的餐点可以食用。

至于"口味调整"功能,则是依客人的喜好做口味上的变化,虽然餐点制作为标准化程序,但还是可以依客人习惯或特殊偏好,进行某种程度的客制化调整,例如汤不要放葱,姜丝多一点,酸辣汤不要加胡椒等。目前系统设有12个口味调整选项,服务员都可以直接在点餐系统上输入客人特殊口味需求,点菜资料则直接传送到厨房的点菜显示系统。利用POS点菜系统传达详细的点餐说明,不仅节省厨房制作餐点的时间,也节省服务人员在厨房与营业楼层之间穿梭往返的时间,更可为客人提供较贴心的用餐服务。

(二)中央厨房与资讯部

为了配合展店及国际化的政策,鼎泰丰于2000年11月成立中央厨房,并在2001年成立资讯部,目的在于建构公司的e化系统,并使中央厨房能更有效地满足门市店的需求。现在,除了小笼包仍保留在店内现场做,饺子、烧卖都移到中央厨房统一制作配送。中央厨房成立的目的除了供应门市店所需之外,也希望能透过更多计量数据化、制造标准化的控制,将产品达到口味一致的最佳状态,让顾客再次光临时,都可以尝到相同口味的产品。生产过程中用科学方法控管原、物料,所有流程都标准化,分析面粉中的水分、盐分和糖分等,归纳出最适当的比例,建立标准,以免厨师因心情变化而太咸或太淡。经过严密的品质控管,将产品急速冷冻、包装,送到各个分店。

鼎泰丰希望信息化能贯彻连接门市店面到中央厨房的物流作业,以食材的控制来说,目前每个店面每天各品项的销售量是以传真的方式传回总公司,同时订购隔天需要的数量。中央厨房厂长的做法是:依据每天的盘点数据,中央厨房端只要管理好,成品不要缺货,安排一个礼拜的量,就是周生产计划的量,之后再依安全系数调整,就可以在后台宏观调控。现在正以这些数据做分析,希望未来这些数据可以直接透过网络传送,并且在累积多年的数据量之后,从中分析出一定的规则,包括预测天气、季节、气候、特殊节日等因素对销售量的影响,由中央厨房自动判断出每天各分店所需要补货的情况。

(三)信息流及物流配送

目前每家分店都有一台专属物流配送车,每一台配送车的装载分成干货区、冷藏区及冷冻区,早上8点配送车装载各店所需订货一起出发。由于目前小菜的制作仍采取分工的方式,即某家分店针对某一样或几样小菜负责制作当天各店全部的需求量,再由配送车送到其他分店。预计以后小菜会慢慢集中在中央厨房统一制作。

另外透过POS系统进行库存管理,除了随时利用计算机查询库存明细外,还可从店端进行小菜的调拨、库存移转作业,以及查询各门市端的库存量。同时在采购管理方面,各门市在营业结束后的盘点,将可依盘点数自动算出订购量,并将订购单自动传真至中央厨房端。而在销售管理方面,POS系统可以记录所有交易信息,并依这些信息计算来客数,以及分析销售情报,例如可分析每一家门市店哪些菜色是热卖的,哪些是较冷门的,以掌握各店的销售信息。

(四)严格的品质管理

鼎泰丰对卫生的控管严格程度与高科技的无尘室不相上下。进入工作区域必须全副武装换上白色制服,通过"浴尘室",让风吹走身上的毛发、灰尘,然后洗净双手,烘干,喷上酒精,从头到尾消毒一遍。

除了卫生之外,鼎泰丰对食材品质的控管更让人叹为观止。为了维持虾的新鲜度,海鲜区必须控制在15℃的室温,全程温控,专人剥虾。鼎泰丰用心挑选食材,肉粽只用第5~8节猪肋骨肉。

三、鼎泰丰连锁经营现状

(一)保守的展店策略

目前在台湾地区外开最多家分店的台湾餐饮业者就是鼎泰丰,鼎泰丰的国际化策略依旧在稳步进行当中。台湾王品集团副董事长王国雄说,国际化是台湾餐饮品牌必走的路,鼎泰丰已经做了最好的示范。严格来说,鼎泰丰布局采取的是被动策略,等于是被推着进行。早在杨秉彝掌店时代,就不断有人上门谈开分店的事宜,但当时他一心只想把一家店做好,20年前杨纪华也和他父亲的想法如出一辙。对于在台湾地区外开店的邀约,杨纪华基本上都会婉拒,实在推不掉才会试着去谈。第一家台湾地区外分店——日本新宿店的成功奠定了鼎泰丰如今世界格局的基础。日本人对品质的严格要求和杨纪华的理念不谋而合,否则以杨纪华谨慎的个性,如果第一次授权失败,他就会停止台湾地区外展店计划。之所以有保守的展店策略,是因为杨纪华担心贸然开店会把他们多年辛苦建立起来的品牌毁于一旦。因此,他在台湾地区外展店设立了一套严格的标准。

1. 高额授权费,寻找合作伙伴

杨纪华设下100万美元权利金和100万美元教育培训费的高门槛合作条件,希望能够过滤掉一些无心经营的人,找到彼此理念相同,能亲自管理并善待员工的合作伙伴。对于合伙人,杨纪华会严格筛选,一旦同意授权就会不惜成本全力协助。在香港开店时,他就从台北派了30个员工去支援3个月,光是机票、住宿和薪资就是一笔相当大的支出。

2. 注重品质,食材从台湾运送

杨纪华总是会派行政总厨到当地实地考察,不满意就直接从台湾往外运送。对于加盟店的管理,他还会定期派主管到店里稽核,有时甚至自己亲自到店去考察。如果加盟店与杨纪华坚持品质和人性化管理的理念相悖,合约到期后,他便会把代理权收回,由他自己经营。

(二)难以复制的鼎泰丰

许多餐饮业者慕名排队去鼎泰丰吃,又派下属去吃,甚至直接去卧底当师傅或外场服务人员;然而,不管怎么学,终究没有学到鼎泰丰的精髓。就连在鼎泰丰学习过技艺的师傅,即使手艺高超,自立门户后,也没有像鼎泰丰一样成功的案例。为何鼎泰丰难以模仿?根据调查资料,总结出以下几个方面的原因。

1. 人力调配精细,一般餐厅学不会

鼎泰丰拥有精通其他语言的国际专员,最佳的辨识方法就是观看他们制服上的国旗徽章,不同的国旗代表着不同的语言认证,能够针对不同国家的客人适时调派专门的外场人员上前接待,让客人感受到宾至如归的服务。

2. 注重细节,小吃店成精品店

鼎泰丰严格落实中华料理的标准化,把小吃店当作精品店来经营。在任何一家分店都能看到温度计和秤,小笼包的重量只允许0.2克的差距。每道菜上桌之前,外场人员都会用温度计确认,例如鸡汤的最佳温度是85℃,肉粽则必须在90℃来确保猪肉快速熟透。

3.彻底执行标准化,确保品质与口感一致

各分店的炒饭达人按照标准作业程序在中央厨房比赛炒饭,从下锅、翻炒到起锅,不仅时间一致,口感也相差无几。鼎泰丰的中央厨房里还有一台机器专做炒饭用的盐包,把每一份炒饭所需的进口海盐和调味料1.6克装成一包,厨师炒饭时轻轻一撕,就可以均匀撒在炒饭上,不会因为师傅手感不一,口味有所偏差。光从一包调味料就能看出鼎泰丰对标准化的彻底追求。

4.持续进步,不断追求完美

鼎泰丰从未停止精进。鼎泰丰坚持顾客的不满意就是持续改善的依据。每件客诉都会在隔天的视频会议上讨论,一起解决,一有结论马上就加入标准作业程序,所有分店立即照办。

5.打破业界标准,人力成本高达48%

鼎泰丰最难以复制的核心竞争力就是对员工的照顾。店长级以上的资深员工最高可领20个月的年终奖金。早在一二十年前,鼎泰丰给员工的薪水在同行业中就是最高的。现在外场的服务人员都是3.8万新台币起薪,相当于五星级饭店的中层主管的月薪。除了给钱大方之外,还为剥虾阿姨预备热汤,帮实习生买水果,员工福利多到像宠员工。

四、闽台连锁类餐饮品牌营销前景与问题分析

随着2012年"三公消费"限制政策的出台,高端连锁餐饮总体在走下坡路,传统高端餐饮逐步向大众连锁餐饮转型,中低端的竞争愈发激烈,特别是低端市场。通过走访调查发现,福建的餐饮连锁品牌当中不乏台湾品牌的出现,最大的一个原因就是福建与台湾隔海相望,文化交流比较频繁,顾客愿意尝试台湾美食。因此台湾连锁品牌对比当地连锁品牌更具优势。

2014年台湾连锁品牌王品在大陆销售额为10.8亿元,较2013年的7.9亿元增长了36.7%。公司旗下的3个高端品牌(王品台塑牛排、花隐日式怀石料理、慕法式铁板烧)在大陆的销售额增长速度均比针对中端市场的TASTY西堤厚牛排的增长速度高。另外,近两年各地出现大大小小的特色餐厅(监狱主题餐厅、海贼王主题餐厅、宴遇),经营得如火如荼,大受消费者青睐。所以,餐饮经营必须保持鲜明特色,顺应市场变化,才能在餐饮行业站稳脚跟。

目前,福建知名连锁餐饮品牌总体经营状况良好,大部分餐饮品牌已经不停留在连锁经营的初期阶段利用传统经营模式发展,以大丰收为例,其旗下拥有"大丰收鱼庄""大丰收李家""大丰收鱼里""大丰收渔家"四个品牌。其中核心品牌"大丰收鱼庄"在10多个城市拥有50多家直营门店,深受各地消费者喜爱,是效益良好、健康高速成长的福建当地企业。公司的品牌宣传语"吃鱼,就到大丰收"现已深入人心,大丰收坚持现代化企业管理模式为先导,利用电子商务营销作为手段,秉承"以人为本"的经营管理理念,适时发展外部市场,不断优化内部管理,面向全国,致力于打造大丰收特色餐饮品牌,为顾客、企业、员工赢取更大的回报。由此可见,福建连锁餐饮品牌拥有良好的发展前景。

连锁餐厅经营中的问题,总的可以归纳为以下几点:

(1)最难以掌控的莫过于控制每家分店的菜品质量和服务品质。通过调查发现,餐饮行业的薪资水平普遍不高,工作强度大,员工流失率高等因素都是造成服务水准和菜品质量参差不齐的重要原因之一。

(2)餐厅服务人员文化水平普遍偏低,培训系统不够完善,造成整体餐饮服务水平不高的现象。

(3)食品卫生安全问题一直是餐饮行业挥之不去的阴影,餐饮企业频频曝食品卫生安全问题,使消费者对整个餐饮业丧失了应有的信任。食品安全是重中之重的问题,餐饮企业应该加强管理,保证食品安全,还消费者一份安心。

厦门理工学院观光与酒店管理学院 2011 级酒店管理专业

林娜琼

例二:专题综合调查报告

泉州古港口综合调研报告

采访时间:2020 年 3 月 14 日

采访地点:泉州市地方学者刘志成家、泉州古码头

采访对象:刘志成,泉州海外交通史博物馆退休学者

采访内容:泉州古港口历史

采访人:刘芝凤、梁亚林、林江珠、王士林、蔡志鹏、曾晓萍、范嘉伟

整理:范嘉伟,台湾世新大学新闻传播学院传播博士学位在读博士

古泉州港最初位于丰州一带,其起点是金溪(鸡)乡岸边原来的一

处码头,即金鸡港(又称金溪港)。其位置坐落于九日山南面,从山下一直延伸至对岸的另一座山。其次是丰州码头,晋江北岸到丰州南面,与九日山下的金鸡港(码头)是六朝到唐以前的码头,也是当时的对外码头。

泉州没有建城之前,最早在泉州一带的应当是南安。根据《南安县志》[①]记载,古泉州曾隶属于古南安管辖范围,"南安置县甚早,历史上曾是福建南部地区的政治、经济、文化中心。三国孙吴永安三年(260年),在境内的丰州建置东安县,西晋改为晋安县,南朝宋改为晋平县,南朝梁改为梁安县。南朝梁天监(502—519年)中置南安郡,为全省三郡之一,辖兴、泉、漳三地。隋开皇九年(589年)改郡为县。唐武德五年(622年),置丰州于南安,州治设在今丰州。贞观九年(635年),并丰州入泉州(今福州)"。当时的南安地理面积大于现在,管辖范围北到莆田、南到广东的东面(包括现在的湄洲、潮州、汕头)。

据刘志成口述,陈夫人墓志铭对厦门和泉州归属关系亦有所记载。此墓于1973年由当地农民发现,发现时并未及时告知文管局和海交馆,而是自行发掘此墓并拿走其中的物品。后由刘志成将数件物品追回,其中就包括了前述的墓志铭,现保存在泉州海交馆并展览。数年后,厦门当局在陈僖(陈夫人伯父)墓中发现另外两块墓碑,据推测两块墓碑已在地下埋藏有千年之久。而这两块墓碑上墓志铭的记载,也证明了南陈北薛开发厦门之举,同时也侧面印证了清朝《厦门志》的记载是正确的。

到了五代时期,王审知(闽王)统治闽疆,大力发展海洋对外贸易,这也使得泉州港发展一时鼎盛。而王审知的独霸一方以及他对佛教的信仰,也使得泉州当地的开元寺在这一时期快速发展。他先后舍钱百万缗造大殿等建筑,并搜集一万两黄金白银,研细为泥,请开元寺义英法师写了两部金银《大藏经》,现二楼还保存有残页。……一楼大厅中藏有 12 口自南宋以来的方钟,其中特别有价值的是清道光十七年(1837年)"鹿港郊公置"的铁钟,钟上铸有与泉州通商的鹿港郊 46 家

---

① 福建省南安县地方志编纂委员会.南安县志[M].南昌:江西人民出版社,1993.

商号的铭文,是研究台湾与泉州经济史的资料。①

开元寺始建于唐垂拱二年(686年),曾经是泉州的一位名为黄守恭的大地主的庄园,黄守恭在泉州拥有多处庄园,并利用庄园种桑养蚕。制造的丝绸除了在本国销售外,还大量出口海外,这一历史在其族谱中也有所记载。传说黄守恭梦见桑树长出莲花,遂舍桑园建寺,初名"莲花寺"。于唐玄宗开元二十六年(738年)响应当时"诏天下诸州各建一寺"之号召,以年号为名,改为"开元寺"。② 开元寺面积最大的时候有100亩之广,南到涂街水门巷,东到中山路,北到西门街,西到上帝宫巷以西(一说西到连灯巷),现因迁移已无法考据。

到了宋朝初年,泉州当时并未设立市舶司,泉州当地若要实现货物出口,必须去南面的广州市舶司办理手续,北面要去宁波办理手续。因此,泉州知府上报朝廷,请求设立市舶司。至元祐二年(1087年),朝廷批准在泉州设立市舶司,日本保存的商船出国文批(出国的证书)中也有所记载。泉州的市舶司于明成化八年(1472年)撤销,迁移至福州,福州现仍保存市舶司遗址。朱元璋曾下达命令,泉州市舶司只负责琉球对中国的贸易,日本、朝鲜对中国的贸易由宁波负责。同时规定,私人不许参与对外贸易,只能有官方的朝觐贸易,也因此导致泉州港逐渐衰落。而泉州港的衰落以及对私人贸易的禁止,也间接导致了走私、海盗等现象的产生。

泉州城历经数次变迁,于唐朝发展,并在宋朝扩大,元朝又经扩大,所以港口也有数次变化。据刘志成口述并整理,泉州当地的古港口有以下24个:

1.金鸡港。泉州最早的港口,位于南安九日山下,一直延伸到对面的山下,现仍存有金鸡寺。此港口始建于南北朝时期。

九日山附近有一座延福寺,是闽南最早的寺院,始建于西晋太康九年(288年),最早位于南安丰州九日山西二里。至六朝时蜚声海外,印度高僧拘那罗陀(真谛)泛海到中国,并在此翻译《金刚经》,现今仍可在九日山上寻得翻经石,那也正是拘那罗陀翻译经文的地方。唐大历三

---

① 开元寺[EB/OL].[2020-03-11]. https://baike.baidu.com/item/开元寺/2253283?fr=aladdin.

② 开元寺[EB/OL].[2020-03-11]. https://baike.baidu.com/item/开元寺/2253283?fr=aladdin.

年(768年)延福寺移建于九日山南麓。唐武宗会昌(841—846年)灭佛时,延福寺一度被废,至大中五年(851年)恢复旧观,并赐名建造寺,至宋乾德中陈洪进增建,才恢复延福寺旧名。① 至宋时,延福寺发展最盛。"托平地,瞰悬崖,加石梯,跨涧水,高与下相叠,背面相依。草树阴森,藤蔓交盘,檐窗隐映以回合,钟磬舂容以遐举。楼台轮奂乎平空,门径委曲于绝顶。"② 延福寺在古泉州港中扮演了重要角色,其主要原因是在延福寺昭惠庙中所供奉的海神通远王。通远王是宋时祈风、祈雨、祈晴和求免病灾的神灵,海神的驻守也使得延福寺成为宋时出海祈福的重要地点,现今九日山上所存有的众多祈风石刻也正因此而为。

2. 丰州港。始建时间不详,位于泉州九日山中部,丰州西南面,由晋江北岸延伸至丰州城下。历史上有"先有丰州(南安),后有泉州"的说法。

3. 西门港。始建于唐朝,原址位于泉州西门地区。其所负责的主要功能是将晋江上游物资经过晋江运送到泉州西门,承担了国内物资转运的功能。所送的物资包括铁器、漆器、纸张(永春土纸)、茶叶、瓷器以及在西门港转运出口的雨伞(丝绸、纸张材质,刷桐油制作)、扇子(丝绸、纸张材质)。现保存的发掘出土的明朝的纸张也证明了西门港当时的功能。

4. 临漳港。始建于唐朝,位于泉州西门下游(西门街西部城楼模样)。它是外国船道和本地(特别是晋江上游)的物资船道,主要运送的物资为竹编。现仅存有临漳门,临漳门始建于南唐(约950年),几经兴废,于清顺治十五年(1658年)大规模修葺。③

5. 通涴(音)港④。又称通涴门(也成通涴渡),始建于元朝末期,是之前泉州最大的水门。通往日本、东南亚、印度、阿拉伯,主要功能是外国船港,但也运送本地的晋江物资。晋江南面同安、厦门、漳州一带的

---

① 林家乐.闽南第一古刹:延福寺[EB/OL].(2019-07-30).http://blog.sina.com.cn/s/blog_c3be75140102yun1.html.

② 林家乐.闽南第一古刹:延福寺[EB/OL].(2019-07-30).http://blog.sina.com.cn/s/blog_c3be75140102yun1.html.

③ 小蜗牛影视.临漳门,泉州七大城门之一[EB/OL].(2018-12-16).https://baijiahao.baidu.com/s?id=1619993349890678901&wfr=spider&for=pc.

④ 据泉州考古学者刘志成口述记录。

物资也从此港口出口。通浥港未能完善保存至现代，仍存有通浥桥和通浥门，位于芳草园北边护城河。西门街改造的时候，那一片呈现出古码头的形象，附近长期有水浸润，后来成为一个可以通过礁石观察潮涨潮跌的地方。（除刘志成口述外，未寻得可考证明）

6.无名码头，现名三堡码头，是市舶司之前的码头，现位置比原址往南推100米左右。

7.浥头埠码头。存有时间为唐朝到宋朝，位于城墙之外。码头的后面就是泉州城墙。西门码头、临漳码头、通浥门码头、浥头埠码头都是以城门为依靠，直接通海。从东到西到南都是码头，总数有四五个，也印证了当时晋江作为国际贸易港的交通运输之方便。（除刘志成口述外，未寻得可考证明）

8.浮桥码头。始建时间为唐朝到元朝之间，原址在浮桥北岸。浮桥附近坐落有泉郡接官亭，现仍保存于泉州临漳门外的黄甲街。接官亭是城内官员出城迎接进出此处的上级官员之处。据史料记载，在宋朝时，接官亭就兼具接官和礼佛两样功能，在"亭"与"庙"之间不断转换。而古代官吏或达官显贵若要来泉，都需要在笋江南岸上岸，过古浮桥，再到接官亭。① 据刘志成研究，南宋时期，外国商船就已不再经过浮桥。

9.水门港。兴建于元朝末年，沿用至新中国成立后。一直存用到1958年，直至修建防洪堤之后才废除。防洪堤修建之前，泉州每年都会遭受水灾。

10.一堡到五堡。由5个码头共同构成，分布于晋江支流破腹沟沿岸，既是渡口，也是市场。②

11.顺济桥以东的第一到第九码头。顺济桥始建于南宋嘉定四年（1211年），长500米，宽4.6米，俗称"新桥"，在泉州市鲤城南门晋江下游。因桥北靠近南门顺济宫（天妃宫），故称"顺济桥"，是福建历史名桥之一。现因积年风雨冲蚀，已毁，泉州市政府将旧顺济桥改建为人行桥，以供市民登桥赏景。

---

① 鲤城的另一边，藏着泉州老城多少秘密！[EB/OL].（2017-08-07）.https://www.sohu.com/a/162817850_773508.

② 傅凝.五堡的故事[EB/OL].（2014-08-05）.http://blog.sina.com.cn/s/blog_60dabd3f0102uyye.html.

关于古时第一到第九码头的记载，记者吴佳弘、黄谨曾于《海峡都市报》闽南版刊登《第九码头搬迁　泉州将迈向海湾港》①一文，其中说道：

> 根据《泉州港志》记载，第九码头是泉州内港作业点的俗称，古称刺桐港南关码头，位于晋江下游，泉州大桥下游左岸。唐代中后期起，这里是中外商船停泊贸易最集中之处。宋代，泉州设市舶司，贸易船舶沿伍堡溪（破腹沟）至三堡，入八卦沟，过水门关，至市舶司仓库装卸货物。
>
> 宋朝时，第九码头一度可停靠海舶。高丽国（朝鲜封建王朝）、印度、真腊（今柬埔寨）等国商船均曾停靠过泉州港，马可·波罗、马黎诺里等意大利人先后到泉州一游，一度"市井十洲人"。南宋，泉州市舶司提举、赵汝适撰《诸蕃志》，写到当时这里进出贸易的国家和地区已达70多个。
>
> 新中国成立后，以顺济桥为基准，泉州内港由北往南共建起9个码头。其中，泉州的水产品全部经由第九码头上岸，市区五堡街一带经销的木材，也都走第九码头。约20年前，由于泥沙淤积、航道堵塞等原因，第一至第七码头逐渐衰落，6个码头先后倒塌，第八、第九码头合并。

据刘志成调查，9个码头通大连、南京、上海、青州、营口、青岛、扬州、宁波、温州、汕头、海南岛以及海外。鸦片战争，英国攻打中国，英国船只顺晋江口进来转向洛阳江，经由乌屿港一直攻打到洛阳桥桥南的一处集镇，当时清朝团练驻守于此，在此处抵抗并打败英兵，英国人只得丢下尸体从原路返回。英国人之后不得不重新选择攻打浙江及台湾地区。

马可·波罗送阔阔真公主远赴伊尔汗国，就是从泉州第四或第五码头出发，采购阔阔真公主的陪嫁品，离开中国。

12. 浔尾港（浔美村）。南宋时期修建。浔尾港有一块碑刻，现已断成两块。这一港口又名普济渡，此碑也成为普济渡碑。上面写，此渡是由宋朝广州一个女性大船主（女实业家）为首修建。可见广州是需要从

---

① 吴佳弘，黄谨.第九码头搬迁　泉州将迈向海湾港[EB/OL].（2011-08-04）.http://www.mnw.cn/quanzhou/news/30511.html.

泉州购入东西再到南洋、印度、阿拉伯，或者北上朝鲜、日本。洛阳桥碑和乌屿桥碑则较少涉及海上贸易。浔尾港的一个码头延伸至海中，人们认为这一码头通往乌屿港。

13.洛阳港。始建于宋代，位于洛阳江中上游，现今因截江蓄水、港道淤塞、围垦等原因，已无船舶抵港。洛阳、法石、后渚、蚶江四港为古泉州湾的四大支港。

14.法石港。古法石港，始建于宋元时期，原名云麓港。位于晋江下游，枕山漱海，宋元以来就是兵家驻守设防之所，又是通商贸易的天然良港。①"上溯溜石而抵泉州内港，下经蟳埔而出岱屿门，可泛海贸蓄，是天然的通商良港，一度成为泉州湾最繁华的港口之一。"②法石港曾是古泉州的造船基地，法石古船及港口周边所发掘出的船板、绳缆都是其作为造船基地的力证。

15.后渚港。据刘志成研究，后渚港存于宋元时期。后渚港作为官方用港，非常之晚，③最早恐怕不会早于理、度宗时期。宁宗嘉定十一年（1218年）真德秀所上《措置沿海事宜状》对于刺桐港的记载中并未见得后渚港之描述。因此，傅宗文推测，直至宁宗年中，后渚港仍非市舶司海外贸易港。

后渚港兴起的主要原因是泉州当地官员对蕃舶肆意掠夺，致使蕃舶不来，易处驻泊。南宋季年前，已有海船使用南关东北方向十多里的泉州湾，以及与其临近的法石港。而海岸南岸后渚港，也因距海口不太远，海船自东海洋域港内掩护条件好，便于泊船的原因，逐渐成为诸多船舶停靠的选择。南宋后期泉州湾后渚港的启用开发，也为元代刺桐港海外贸易的高涨提供了优良港口。④

16.蚶江港。蚶江港扼泉州湾出口处，宋时建有码头，元时港口繁荣一时，为方便蕃舶客商往来，又建了蚶江桥、玉澜桥、海岸长桥。光绪二十一年（1895年）《马关条约》签订，台湾被日本侵占时，蚶江海防官

---

① 你不知道的"三湾十二港"[EB/OL].(2018-01-16). https://www.sohu.com/a/217082412_100019218.
② 张素萍,蔡紫旻.泉州宋代"法石古船"先就地保护两年后发掘[N].东南早报，2012-05-28.
③ 傅宗文.刺桐港史初探（专著连载之一）[J].海交史研究，1991(1).
④ 傅宗文.刺桐港史初探（专著连载之一）[J].海交史研究，1991(1).

署才关闭。① 蚶江港因天然的地理优势,古时一直与台湾保持对渡关系,从蚶江出发,乘船罗盘针坐"乙辛"字,水程九更顺风就可以到达台湾的鹿港,因此《晋江县志》载:"渡台水道惟由蚶江至彰化鹿港最为便捷,一日夜可到。"② 也因此,在清时蚶江被指定为泉州对台贸易的总口。

17. 石湖港。唐朝便建有码头,位于泉州湾滨海入口处,三面临海,背依金钗山,港湾岸线一直延伸到蚶江,可停泊大量海船。北宋政和三年(1113年)在金钗山上建有石湖塔,亦称六胜塔,与南面南宋绍兴间(1131—1162年)建的姑嫂塔遥相对望,那是泉州湾两座标志性的古建筑,起着海岸航标的作用。③

18. 獭窟港。宋元时期,獭窟岛海上交通发达,船舶众多,大都通行南洋群岛。明清两代又转航台湾,由于倭寇出没,曾于明洪武二十年(1387年)筑城,并增置巡检司。与台湾的往来贸易一直持续到民国二十七年(1938年)。

19. 祥芝港。始建于宋朝,位于深沪湾北面。洪武二十年(1387),周德兴入闽整顿海防,祥芝设置巡检司,兴造司城,并由此设置为军港。自成化年间,祥芝刘氏鼓励乡人发展渔业、航运业,至今祥芝港已成为著名渔港。④

20. 崇武港。明朝后期的军事当局发现崇武是船只渡台的最佳地点,因此崇武港在此时已具有军事边防作用。

21. 永宁港(石狮)。位于石狮市永宁镇,宋朝起就是军港"永宁寨",明代初期建永宁城。有诗词为证。据《石狮日报》2016年11月26日报道,历代抄传的《永宁卫志》载有明代诗歌《丹凤朝阳》:"冲霄一举喜翱翔,凤翼翩翩五彩彰。履正不随尘世变,飞来鳌卫每朝阳。"诗人将以镇海石为首的一片形似丹凤的逶迤的大盘石奇景描绘得淋漓尽致。

---

① 你不知道的"三湾十二港"[EB/OL]. (2018-01-16). https://www.sohu.com/a/217082412_100019218.

② 周学曾. 晋江县志:卷一三[M]. 福州:福建人民出版社,1990.

③ 你不知道的"三湾十二港"[EB/OL]. (2018-01-16). https://www.sohu.com/a/217082412_100019218.

④ 李国宏. 祥芝港在明代泉州海交史上的地位:兼释《顺风相送》"长枝"的地望[J]. 海交史研究,2001(1):126-130.

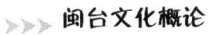

清末进士陈棨仁是从霞源古厝走出的一位诗人、教育家。《石狮日报》记者查阅陈棨仁《藤花吟馆诗录》,发现诗录中有多首吟诵永宁的诗作,如《登观海台,望海作歌》:"天风吹我登高标,倚云极目来飞潮。水天无痕乱一碧,呼吸万里声萧萧。奔流怒啮荒山脚,激石作势成岹峣。惊帆翻涛出大担,桅影倒挂青云霄……"这首长诗总共有22句,描绘了永宁卫作为屹立东南海岸,外控惊涛骇浪的海防要塞的险峻之势。还有一首五言诗《凉马台(在永宁卫)》:"扱身上高冈,烈风鸣其巅。危石挂春溜,置足如旌悬。相将叩云阙,遂欲扪苍天。"诗句描绘永宁卫厉兵秣马、士气高昂的卫城气氛。其"平眺关锁塔,下指玉沟泉",大有"回飙揽我襟,怒沙扬我前。沧溟露空阔,作势挟山骞"之概,抒发了诗人"豪气不可遏,长歌怀古贤"的吊古战场的感慨。陈棨仁诗题中自注凉马台"在永宁卫",据《石狮日报》记者调研考证,石狮文祠附近及孝女姑一带为古卫城军营驻扎之处,凉马台当与这两处地方有关。其与祥芝港、深沪港、福全港组成深沪湾。

22.安海港。始建于宋代以前。宋时安海港为泉州南部围头湾中的主要港口,据《读史方舆纪要》的记载:"安海镇,府南二十里,古名湾海,宋初始改为安,曰安海市。西曰新市,东曰旧市。海舶至,州遣吏榷税于此,号石井津。"① 宋代,外来船舶常泊于此,贸易兴盛。北宋泉州市舶司"遣吏榷税于此"。南宋全盛时,海港渡头风樯林立,货物山积,蕃商与民互市。明代,后渚港衰落,安海港却成为中国东南沿海民间对外贸易中心港口,与漳州月港齐名。清初,一度因"迁界"而海运停绝,"复界"后,交通恢复,渐见起色。②

23.水头港。始建于宋代,围头湾内西北面,是古泉州港的一个辅助港。

24.石井港。隋大业年间(605—616年),隋炀帝遣使开发夷州(台湾),曾泊舟于此,并募舣驾船渡过海峡以达台湾。唐辟海上丝绸之路,石井港为古泉州港支港之一。《南安县志》载:"石井乡系四十三都,朱韦斋(松)监税处。二石夹立海沙上,其下为盘石,泉出小窦,流而为盂,深不盈尺,掬尽辙盈,潮来没焉,潮去则淡。有石井宫,匾曰'石井',

---

① 顾祖禹.读史方舆纪要:卷一九[M].北京:中华书局,2005.
② 历史上的世界大港口:安海港[EB/OL].(2008-11-22).http://blog.sina.com.cn/s/blog_5d5b75b10100b3kz.html.

系宋进士吕大奎书。景定五年(1264年)岁次甲子诏立。"石井古镇地名由此而得。现古地名牌仍立于刻有"海上视师"四字的巨石上。南宋绍兴十四年(1144年),在今石井下坊村建石井巡检司,管理船舶出入海事务。明末,郑芝龙曾以石井港为据点,编结船队,多达千艘,进行海外贸易。清初,郑成功屯兵金门、厦门两岛,编组东西洋船队,航行于日本、吕宋等地,石井港亦为其货物集散、船队停靠的主要港口之一。郑芝龙、郑成功父子相继在南安石井建立造船坊,营造军、商两用船,年造三五艘,修数十艘。①

4. 口述体

福州脱胎漆器访谈笔录

访谈时间:2012年6月27日上午

访谈人:徐辉

访谈对象:倪世莺,女,倪氏脱胎漆器传人,56岁

福州远洋路倪氏脱胎漆器店店主倪世莺自述:

150多年前清朝时,我爷爷倪金秋在沈(兰记)做师傅,现在是第四代了。现在生活用具(餐具)基本不做了,主要做工艺品。

先用纸做模型,再用石膏翻出做范,再在范内布一层漆(几十至上百道),干后脱出的是胎,然后对胎进行加工,用瓦砾灰(粗、中、细)和漆再制坯,再要上几道漆并推光(用手)、揩青(用生漆涂抹器面),最后是描画(或彩绘,或描金,或镶嵌,或贴蛋壳、贝壳之类),这才做成了半成品。半成品还要用上漆—打磨—上漆—打磨……如此十几遍才成成品。做漆器很辛苦,工序多且繁,比如前面说的刮瓦砾灰,先用漆调粗灰,打磨数遍,干后再上中灰,再打磨,然后涂细灰(调漆),如此十几遍。

我爱人陈煊轰(1952年出生),从小在倪家做学徒,手艺、人品皆佳,故做了我家的女婿。我弟弟倪世峰、倪世南也是我们倪家手艺的传人。

我爷爷时公私合营,成立了"第一脱胎厂"。1985年,我们姐弟几个就停薪留职出来做,福州很多卖漆器的店都来我们这里拿货(我们没有厂名、店名)。1995年厂子倒闭,我们打出了"倪氏工艺品经营部"的

---

① 石井港[EB/OL].[2020-03-14]. https://baike.baidu.com/item/石井港/4150671?fr=aladdin.

招牌。但是，现在漆器工艺后继乏人，我们倪家兄弟姐妹几人的下一代都没人做这一行。我们这一代人一生都做这行，老了还是热爱本行，但我们没法强求下一代。脱胎漆器无法用机器做，而手工工艺太复杂，销售状况又不太好，我们的收入很令人郁闷，所以年轻人很少有人学这一行，做这一行。

据说福州有意申报漆器之都，但不知以后有什么政策能对漆器事业的发展有所推动。漆器最鼎盛时期是20世纪五六十年代，80年代以后这块就不行了。现在我们也在创新，比如样式、外表装饰等都会按现代的审美要求，蛋壳、贝壳镶嵌工艺比较多用，仿陶器工艺也兴起。然而基本原材料、基本工艺还是得坚持传统。

参考文献

一、史料

(道光)晋江县志[M].福州:福建人民出版社,1990.
(光绪)漳州府志[M].北京:中华书局,2011.
(弘治)八闽通志[M].福州:福建人民出版社,2006.
(嘉靖)建宁府志[M].厦门:厦门大学出版社,2009.
(嘉庆)惠安县志[M].惠安:惠安县地方志编纂委员会,1985.
(康熙)海澄县志[M].福州:海潮摄影艺术出版社,2017.
(康熙)沙县志[M].清康熙四十年.
(民国)清流县志[M].厦门:厦门大学出版社,2017.
(民国)霞浦县志[M].霞浦:霞浦县地方志编纂委员会,1986.
(乾隆)福建通志[M].文渊阁四库丛书本.
(乾隆)福州府志[M].福州:海风出版社,2001.
(乾隆)泉州府志[M].泉州:泉州市地方志编纂委员会,2003.
端隐吟稿序[M]//南宋群贤小集:第9册.读画斋正本,清嘉庆六年.
佛缘[M]//民国温陵商氏家谱.商文玄手抄本,1932.
常璩.华阳国志[M].杨经刻本,明嘉靖四十三年.
福安县地方志编纂委员会.福安县志[M].北京:方志出版社,1999.
福建年鉴编纂委员会.福建年鉴·1999[M].福州:福建人民出版社,1999.
福建省地方志编纂委员会.福州马尾港图志[M].福州:福建省地图出版社,1984.
福建省地方志编纂委员会.福建省志·民俗志[M].北京:方志出版社,1997.
福建省地方志编纂委员会.福建省志·海洋志[M].北京:方志出版

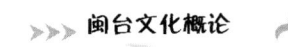

社,2002.

高明士.台湾史[M].台北:五南图书有限公司,2009.

蒋毓英.台湾府志[M].北京:中华书局,1985.

孔昭明.安平县杂记[M].台北:大通书局,1984.

乐史.太平寰宇记[M].金陵书局本,清光绪八年.

李绍章.澎湖县志[M].澎湖:澎湖县政府,1960.

连江县地方志编纂委员.连江县志[M].北京:方志出版社,2001.

刘敬.金门县志[M].福建师范学院图书馆油印本,1959.

莆田市地方志编纂委员会.莆田市志(1991—2005)[M].北京:人民出版社,2014.

石狮市地方志编纂委员会.石狮市志[M].北京:方志出版社,1998.

司马迁.史记[M].点校本.北京:中华书局,1959.

王象之.舆地纪胜[M].北京:中华书局,2003.

魏征.隋书[M].明正德十年重修本.

温睿临.南疆逸史[M].清抄本.

吴秋滨.围头村志[M].围头:围头村志编纂委员会,2005.

霞浦县地方志编纂委员会.霞浦县志[M].北京:方志出版社,1999.

《厦门渔业志》编委会.厦门渔业志[M].厦门:鹭江出版社,1952.

谢杰.虔台倭纂[M].明万历二十三年.

谢玲玉.南瀛渔乡志[M].台南:台南县文化局,2000.

谢肇淛.五杂俎[M].上海:上海书店出版社,2015.

杨时.龟山先生集[M].南京:凤凰出版社,2018.

尹士俍.台湾志略[M].北京:九州出版社,2003.

袁康,吴平.越绝书[M].景印文渊阁四库全书本.台北:台湾商务印书馆,1986.

张哲郎.北斗镇志[M].彭化:彭化县北斗镇公所,1997.

漳州市地方志编纂委员会.漳州市志[M].北京:中国社会科学出版社,1999.

周凯.厦门志[M].台北:成文出版社,1967.

周亮工,施鸿保.闽小纪 闽杂记[M].福州:福建人民出版社,1985.

朱维幹.福建史稿[M].福州:福建教育出版社,1984.

朱熹.晦庵先生朱文公文集[M].北京:国家图书馆出版社,2006.

二、研究专著

蔡相煇.台湾民间信仰专题:妈祖[M].新北:台湾空中大学,2006.

曹永和.明代台湾渔业志略[M].台北:台湾银行经济研究室,1953.

曹永和.台湾早期历史研究[M].9版.台北:联经出版事业有限公司,2003.

曹永和.郑氏时代之台湾之垦殖[M].台北:台湾银行经济研究室,1953.

陈序经.疍民的研究[M].上海:商务印书馆,1946.

陈兆善,杨丽华.虎林山遗址[M].福州:海潮摄影艺术出版社,2003.

陈智勇.中国海洋文化史长编:先秦秦汉卷[M].青岛:中国海洋大学出版社,2008.

陈自强.明清时期闽南海洋文化概论[M].厦门:鹭江出版社,2012.

戴宝村.台湾的海洋历史文化[M].台北:玉山社出版事业股份有限公司,2011.

段凌平.闽南与台湾民间神明庙宇源流[M].北京:九州出版社,2012.

方豪.台湾早期史纲[M].台北:学生书局,1994.

福建博物院.福建考古资料汇编(1953—1959)[M].北京:科学出版社,2011.

福建省博物馆.福建历史文化与博物馆学研究[M].福州:福建教育出版社,1993.

《福建渔业史》编委会.福建渔业史[M].福州:福建科学技术出版社,1988.

高致华.探寻民间诸神与信仰文化[M].合肥:黄山书社,2006.

葛剑雄,曹树基,吴松弟.简明中国移民史[M].福州:福建人民出版社,1993.

何绵山.福建民族与宗教[M].厦门:厦门大学出版社,2010.

胡沧泽.海洋中国与福建[M].哈尔滨:黑龙江人民出版社,2010.

胡建伟.澎湖纪略[M].台北:台湾银行经济研究室,1957.

柯振荣.台湾之渔会[M].台北:台湾银行经济研究室,1957.

孔立.厦门史话[M].上海:上海人民出版社,1982.

连横.台湾通史[M].北京:商务印书馆,1996.

廖武治.新修大龙峒保安宫志[M].台北:保安宫,2010.

林富士.孤魂与鬼雄的世界:北台湾的厉鬼信仰[M].台北:台北县立文化中心,1995.

林国平,邱季端.福建移民史[M].北京:方志出版社,2005.

林衡道.台湾史[M].台北:众文图书股份有限公司,2009.

林惠祥.中国民族史[M].北京:商务印书馆,1998.

林江珠,段凌平,王煌彬,等.闽台民间信仰传统文化遗产资源调查[M].厦门:厦门大学出版社,2014.

林进源.台湾民间信仰神明大图鉴[M].台北:进源书局,2007.

林仁川,黄俊凌.史前时期的台湾[M].福州:福建教育出版社,2007.

林育毅,谢万智.泉州市闽南文化生态保护区规划汇编[M].福州:海峡文艺出版社,2016.

刘惠生.福建海洋渔业史[M].福州:福建科学技术出版社,1988.

刘益昌.淡水河口的史前文化与族群[M].台北:台北县立十三行博物馆,2002.

刘芝凤.闽台农林渔业传统生产习俗文化遗产资源调查[M].厦门:厦门大学出版社,2014.

卢美松,陈龙.闽台先民文化探源[M].福州:福建人民出版社,2003.

粘良图.晋江史话[M].厦门:厦门大学出版社,2005.

片冈严.台湾风俗志[M].2版.台北:众文图书股份有限公司,1996.

苏文菁.福建海洋文明发展史[M].北京:中华书局,2010.

台湾寺庙编纂委员会.台湾寺庙志[M].台北:清流出版社,1986.

唐文基.福建古代经济史[M].福州:福建教育出版社,1998.

王荣国.福建佛教史[M].厦门:厦门大学出版社,1997.

吴田泉.台湾农业史[M].台北:自立晚报社文化出版部,1993.

吴幼雄.泉州宗教文化[M].福州:福建人民出版社,1998.

谢宗荣.台湾的庙会文化与信仰变迁[M].新北:博扬文化事业有限公司,2006.

徐晓望.福建通史[M].福州:福建人民出版社,2006.

徐晓望.妈祖的子民:台湾海洋文化研究[M].北京:学林出版社,1999.

徐晓望.早期台湾海峡史研究[M].福州:海风出版社,2006.

杨国桢.闽在海中[M].南昌:江西高校出版社,1998.

杨瑞堂.福建海洋渔业简史[M].北京:海洋出版社,1996.

佚名.台湾渔业之研究:第2册[M].台北:台湾银行经济研究室,1973.

尤玉柱.漳州史前文化[M].福州:福建人民出版社,1991.

游谦,施芳珑.宜兰县民间信仰[M].宜兰:宜兰县史编撰委员会,2003.

臧振华.台湾考古的发现与研究[M]//东南考古研究:第2辑.厦门:厦门大学出版社,1999.

张崇根.台湾四百年前史[M].北京:九州出版社,2005.

郑镛,涂志伟.漳州民间信仰[M].福州:海风出版社2005.

郑振满,丁荷生.福建宗教碑铭汇编:泉州府分册[M].福州:福建人民出版社,2003.

庄英章,潘英涛.台湾与福建社会文化研究论文集[M].台北:"中央研究院"民族学研究所,1994.

三、参考论文

陈立群.福建东山岛旧石器时代文化[J].汕头大学学报(人文社会科学版),2006(5).

段凌平,张晓松.漳州地区民间信仰调查与研究[J].漳州师范学院学报,2004(1).

范正义.泉州民间信仰现状考察[J].福建宗教,2006(3).

高旗.基隆渔民民俗研究[D].基隆:台湾海洋大学,2011.

黄天柱,林宗鸿.连江汉代独木舟初探[J].福建文博,1980(1).

林公务.福建平潭壳丘头遗址发掘简报[J].考古,1991(7).

卢茂村.福建松政县发现西晋墓[J].文物,1975(4).

潘达生,黄炳元.福建南安丰州狮子山东晋墓[J].考古,1983(11).

祁国琴.福建闽侯昙石山新石器时代遗址中出土的兽骨[J].古脊椎动物与古人类,1977(4).

王文径.从石榴镇东晋墓群的发掘看开漳前的闽南[J].闽台文化交流,2006(1).

吴水田,司徒尚纪.疍民研究进展及文化地理学研究的新视角[J].热带地理,2009(6).

厦门民族宗教局.厦门市民间信仰活动管理初探[J].福建宗教,2005(2).

许清泉.福建福清东张新石器时代遗址发掘报告[J].考古,1965(2).

曾凡.闽侯县昙石山遗址第六次发掘报告[J].考古学报,1976(1).

曾骐.从象山人到浮滨人[J].岭南文史,1998(4).

郑金星,陈龙.福建闽侯白沙溪头新石器时代遗址第一次发掘简报[J].考古,1980(4).

四、调查报告

陈美龄,吴巧芳,蒋倩倩,等.福建省福州市连江县安凯乡奇达村综合报告[R].

陈雅婷.霞浦县盐田乡浒屿澳村民俗调查报告[R].

陈子冲.台湾民俗文化调查:以大甲镇澜宫妈祖绕境为例[R].

黄佳慧.厦门海沧区钟山村送王船调查报告[R].

黄艺娜.福建漳州市龙海角美镇西边村重大民俗活动:请王设醮盛会民俗[R].

林江珠,陈茜倩.莆田海洋民俗田野调查综合报告[R].

林江珠,等.海洋民俗文化资源产业转化问题研究:福建莆田南日岛田野调查报告[R].

林江珠,等.莆田南日岛海洋民俗调查报告[R].

林江珠,郑海锋,高媛媛,等.莆田市秀屿区埭头镇鹅头村海洋民俗调查[R].

林江珠.厦门沙坡尾龙珠殿烧王船民俗调查报告[R].

刘芝凤,陈美龄.2015年5月12日澎湖县白沙乡吉贝村调查笔记[R].

刘芝凤,陈美龄.2015年5月9日澎湖调查笔记[R].

刘芝凤,林江珠,张美龄,等.东山县陈城镇澳角村海洋民俗资源调查报告[R].

王煌彬.屏南县双溪镇民间信仰考察报告[R].

王煌彬.泉州石狮市龙湖镇瑶林村民间信仰调查报告[R].

王煌彬.漳州市云霄县列屿镇、东厦镇节日习俗调查报告[R].

吴应其.传统村落文化遗产旅游利用的调查与构想:以福建省龙海埭美村为例[R].

徐辉.台湾民间信仰调查过程笔录(鹿港景灵宫)[R].

叶志鹏.同安区汀溪镇古坑村"送王船"民俗的调查报告[R].

张凤莲,黄辉海.福州脱胎漆器调查报告[R].

章紫丹,王珍.福建省泉州市南安县石井镇浏江村民俗活动调查报告[R].

五、网络资料

金门风狮爷,你从哪里来[EB/OL].[2016-12-12].http://www.sina.com.cn.

李养正.当代道教[EB/OL].[2016-12-12].http://www.taoist.org.cn/loadData.do.

莲花池山旧石器遗址[EB/OL].[2016-12-12].http://baike.so.com/doc/452957-479625.html.

刘镜恪.台湾渔业发展概况[EB/OL].[2016-12-12].http://www.qdio.cas.cn/.

血缘家族社会[EB/OL].[2016-12-12].http://baike.so.com/doc/28820-30028.html.

沿着菊岛旅行[EB/OL].[2016-12-12].http://www.kgula.com/tags/penghu/.

漳州两文化遗址拟整体保护 整治"海丝"周边环2境[EB/OL].[2016-12-12].zzpd.fjsen.com.

中国福建[EB/OL].[2016-12-12].http://www.fujian.gov.cn/photo/tpxj/lscs/.

中国平潭网站[EB/OL].[2016-12-12].http://www.pingtan.gov.cn/.

后　记

　　闽台地区,自古以来不仅是兵家必争、必守之地,也是东南沿海地区特色文化的发祥地之一。

　　闽台文化是中华文明的重要组成部分,是中国历史文化中不可或缺的东南沿海区域特色文化,具有中国海洋文化特征和在地的文化符号性。闽台文化是东南亚地区乃至全世界闽籍华人文化之根,具有向心力、亲和力和促进中华民族凝聚力的作用。闽台文化的形成见证了中国历史的演变过程,见证了中华民族走出国门走向世界的过程,是世界最早了解中国文化的窗口,是中国海上丝绸之路的历史见证。

　　福建处于中国东南沿海区域,之所以能形成区别于其他地区特殊的文化符号和文化内涵,得益于福建与台湾特殊的海洋文化与历史。这对建构"闽台文化资源学"新知识学科体系具有重大的意义。不仅福建的高校学生应该对此有所了解,全国高校在素质教育学科建设上也应该有这方面的内容。

　　2013年底,课题组完成厦门市社科调研重大系列课题"闽台历史民俗文化遗产资源调查",并在厦门市社科院支持下于2014年出版13本专著,共476万字。2014—2015第一学年开始,笔者给厦门理工学院开设全校公选课"闽台文化概论",在教学实践中发现,本系列研究尚缺乏概论性综述、传统中草医药及闽台地区最显性的宗祠文化。于是,笔者展开相关研究,同时在高校素质拓展课上进行实践,一边教学,一边补充、修改、完善。2017年开始给研究生开公选课"闽南文化谈",同样受到研究生的关注和选报。

　　《闽台文化概论》一书是笔者10年来在总主持"闽台历史民俗文化遗产资源调查""闽台海洋民俗史"等课题的基础上进行的。所有使用资料,一是后续田野中调研而来;二是从厦门大学出版社2014年出版的13部子课题专著中引用、摘录与概要而来。其中增加了"绪论"(笔者撰写)、"闽台传统中草医药"(邱晓冬撰写)二章,约5万字。

具体引用成果如下：

"闽台信俗文化"部分，摘录于林江珠、段凌平等《闽台民间信仰传统文化遗产资源调查》；"闽台方言"部分，摘录于林寒生《闽台传统方言习俗文化遗产资源调查》；"闽台民间文学"部分，摘录于段宝林、袁雅琴等《闽台民间文学传统文化遗产资源调查》；"闽台民间体育"部分，摘录于方奇《闽台民间体育传统习俗文化遗产资源调查》；"闽台茶文化"部分，摘录于蔡清毅《闽台传统茶生产习俗与茶文化遗产资源调查》；"闽台传统节日"部分，摘录于郭肖华、林江珠《闽台民间节庆传统习俗文化遗产资源调查》；"闽台饮食文化"部分，摘录于欧荔《闽台民间传统饮食文化遗产资源调查》；"闽台传统服饰文化"部分，摘录于和立勇、郑甸《闽台传统服饰习俗文化遗产资源调查》；"闽台传统建筑文化"部分，摘录于李秋香等《闽台传统居住建筑及习俗文化遗产资源调查》；"闽台物质生产民俗文化""闽台传统手工技艺""闽台民间艺术"部分，摘录于笔者主笔的《闽台农林渔业传统生产习俗文化遗产资源调查》《闽台传统手工技艺文化遗产资源调查》《闽台民间艺术传统文化遗产资源调查》。

本书特别邀请了厦门著名的中医师、光华大药房的邱晓东老师撰写第十章"闽台传统中草医药"，在此代表课题组向邱老师表示诚挚的感谢。

本书地理环境及省市县基本概况，参考和引用资料源于百度词条和各地官网数据。在此，特别向上述作者和网站表示由衷感谢，同时向课题组的所有老师和同学表示感谢。

本书一稿由厦门理工学院苏冬梅副教授校审，云南大学研究生陈春香同学（原课题组成员）校对；二稿由上海社科院王宏刚研究员、张安巡研究员校审；绪论由厦门理工学院梁亚林教授和厦门大学徐辉教授校审。在此一并表示诚挚的感谢。

刘芝凤

2023 年 5 月 1 日